PAPA DÒK
Ak TONTON MAKOUT LI YO
Laverite sou Ayiti

Bernard Diederich **and** Al Burt

J. Bènye Pyè (J. Bernier Pierre)
tradui l an kreyòl ayisyen.

Henri Drevet tradui angle angle an an franse

Premye edisyon an te ekri ann angle *Papa doc:the truth about
Haiti* Today,1969
by Bernard Diederich and Al Burt

McGraw-Hill Book Company New York
1969

Couverture par Jean-Bernard Diederich

Graam Grin (Graham Greene) ekri prezantasyon liv la

Matyè liv la

Makout yo ap fè Parad

Remak tradiktè a

Nap koupe kout met nan makout. Tradiksyon sa a pa gen lòt non pase tradiksyon. Li te mande anpil tan, anpil pasyans, anpil konsantrasyon, anpil presizyon, anpil prekosyon pou n rive respekte tout ti detay ki soti nan sèvèl tèt jounalis Bèna Didrich (Bernard Diederich). Enfòmasyon li pote pou nou yo, li pase nan sal razwa, li mache sou zenglen boutèy pou l al bouske yo pou nou. Jouk jounen jodi, l ap kontinye fouye zo nan kalalou pou l konplete dosye l yo. Yon jounalis ki pa nan voye moute, yon jounalis ki pa janm bouke chache, yon jounalis ki pa janm fin jwenn, se yon jounalis ki merite respè, ki merite ankourajman. Mwen di aybobo ! Pou li.

Tranch istwa sa a Didrich prezante nou sou Divalye ak Tonton Makout li yo, ann angle ak an franse, nou kwè li te plis ke nesesè pou nou jwenn li nan kreyòl ayisyen tou. Pa mande m pou ki, nou tout deja konnen. Se sa k fè m di n ap koupe kout met nan makout.

Atansyon! Mwen tou di w sa, si w deside antre nan liv sa a, ou p ap anvi soti ladan l toutotan ou pa fin konnen ki jan bagay yo te pase. Gen evennman nan istwa peyi m mwen pa ta janm oze pale de yo paske mwen pa wè ki jan m ta fè konnen yo an detay, an tan ke pwofàn. Sa pran yon jounalis tenas, byen branche, ki konn sa l vle pou l al chache yo met devan nou. N ap di li mèsi pou sa.

Travay sa a pèmèt tout moun antre nan won. Lòt jounalis ka konplete l, sosyològ ka di mo pa yo, sikològ ka fè tèt yo travay, etnològ, antwopològ, jewològ, politològ, filològ, anfen tout espesyalis ap jwenn matyè pou l devlope nan domèn pa li. Ekonomis ak Istoryen menm, se pa pale.

Se yon fyète pou mwen lè otè a ban m pèmisyon fann kokoye l la pou m al chache ni dlo, ni nannan pote pou nou nan lang pa nou an. Eskize m si m di nannan, gen kote yo pito di tonbe a. Deja sa fè nou wè tout ti delikatès ki ka gen nan travay tradiksyon. Men, de moun konprann, pawòl pa soufri.

Liv Didrich yo, mwen konsidere se pi bèl kado yon zanmi Ayiti ka fè pitit tè d Ayiti pou pèmèt yo konprann nan ki anbyans yo t ap evolye, pou ede yo jwenn idantite yo pou yo ka korije depi kounye a devwa ki te mal fèt ayè pandan y ap koumanse fè plan pou demen miyò.

Pran liv la. Koumanse li l. Pa rete fè dilatwa apre chak mo. Dayè, li fasil pou konprann. Òtograf la baze sou gwo etid doktè Iv Dejan fè antan ke lengwis pou l senplifye demach lekti ak ekriti nan lang manman nou an. Sekreteri d Eta pou alfabetizasyon pwopoze nou yon ti liv Dejan siyen sou tit *Ann aprann òtograf kreyòl*. Kenbe twa prensip sa yo nou jwenn ladan:

1. Chak lèt ret nan wòl yo.
2. Chak son ekri menm jan.
3. Nan pwen lèt ki bèbè.

Pa egzanp kote franse a ekri : raisin, thym, moyen, refrain, chagrin, frein, pain

Kreyòl la ekri: rezen, ten, mwayen, chagren, fren, pen.

Ou deja wè diferans lan. Ak sa, pa gen mwayen ret nan wout. W a ban m nouvèl.

J. Bènye Pyè (J. Bernier Pierre)

Prefas

P a gen moun omonn ki pi byen plase pase Bèna Didrich (Bernard Diederich) pou l rakonte istwa makab Ayiti a. Yon istwa ki make san nan yon zile kote doktè Divalye (Duvalier) sèl mèt abò. Moun ki mouri yo menm, yo pa fouti vin sèvi temwen. Nou pa menm konnen ki kote yo antere. Se lespri yo sèlman ki dwe rete an kontak ak Papa Dòk. Didrich (Diederich) pase katòz ane ann Ayiti . Se pa sèl rejim li konnen, li te konnen gouvènman Maglwaa (Magloire) tou ki vin parèt pi bon pase l, lè w konpare toulede. Li marye ak yon Ayisyèn. Lè Papa Dòk te fin arete l, voye l ale, l al rete lòt bò fwontyè a, Sendomeng (Saint-Domingue), pou li te kapab kontinye obsève sa k ap fèt. Se la li tap suiv tou sa k ap pase nan dezyèm peyi l la: bagay dwòl, bagay tris mele ak komedi pou fè moun fremi. Men Papa Dòk k ap benyen ak yon koma sou tèt li pou fasilite meditasyon l. Tèt Filojèn (Philogènes), yonn nan opozan l yo, sou biwo l. Tonton Makout debake devan yon legliz, yo sezi kòbiya k ap transpòte kadav yon lòt opozan. Yo kanonnen yon ekriven yo rele Aleksi (Alexis) ak kout wòch jouk yo touye l. La a, nou jwenn anpil matyè ki ta ka sèvi Siyetòn (Suétone), yon istoryen tan lontan, si li t ap ekri istwa tan modèn yo. Didrich pa Siyetòn, men, nou ka di istwa li yo pi byen dokimante.

Anbyans Ayiti a gen ti resanblans ak peyi Wòm nan tan lontan. Pami Women yo gen moun kè di, gen move zafè (moun ki nan kòripsyon), men gen gason kanson tou. Kote ki gen Ayisyen ou pa bezwen ale lwen pou jwenn kèk non tankou Britis (Brutus) oubyen

Katon (Caton) devan yon boulanjri osinon yon garaj. Yo toujou sèvi ak trip bèt pou yo konnen sa ki pral rive, epi anpil fwa, senatè mete tèt yo an danje nan denonse zak malonèt diktatè. Se sa ki te rive Mowo (Moreau), lè li te leve kanpe nan Sena a kont pouvwa espesyal Divalye (Duvalier) t ap reklamen pou tèt pa li. Li peye sa byen chè, dapre sa nou konnen. Sa plis sanble ak Lewòp (l' Europe) sou Newon (Néron) ak Tibè (Tibère), pase Lafrik (l' Afrique) sou Ennkwouma (Nkrumah).

Nou pa fouti pale de pouvwa nwa lè n ap pale de Ayiti. Se yon trajedi klasik k ap dewoule nan zile sa a, se pa yon ti pyès san enpòtans moun nwa ap jwe pou fè moun plezi jan sa fèt souvan nan nasyon ki fèk pran endepandans yo. Pafwa nou gen enpresyon se yon trajedi Rasin (Racine) yon twoup lokal ap entèprete. Bagay deplizanpli efreyan k ap pase yo, fè nou chonje Titis Andwonikis (Titus Andronicus) nan pyès Chekspi (Skakespeare). « ···Prezidan an pase lyetnan Jewòm (Jerome) lòd koupe tèt Filojèn mete l nan yon bokit glas. Divalye depeche yon ti avyon chas lame anlè al chache tèt la pote ba li. Pouki sa li te mande pote l ba li nan palè a ? Anpil zen te koumanse sèkile nan Pòtoprens. Gen moun ki di Divalye konn chita plizyè èdtan devan tèt mò a pou l eseye kominike ak lespri li. Kon sa tou, sa pa ta etonan pou nou wè Lavinya (Lavinia) moute sou sèn nan ak men l koupe, lang li rache, oswa yon komisyonè ki parèt ak de tèt, yon men.

Istwa reny Divalye sa a, an detay, ak dat ekzat, pral sèvi istoryen k ap pouse yo. Pou yo ka rive jwenn wout yo nan tout kwazman sa yo ant babari, enkonpetans, rapasite pou lajan, sipètisyon, mwen separe reny li an plizyè peryòd. Okòmansman, nou te ka espere moun ki te vle yo rele l Papa Dòk la pa t ap pi malveyan pase anpil lòt ki te vin anvan l yo nan istwa d Ayiti sa a ki klise ak krim nan. Espwa sa a fonn kou bè nan masak ki fèt apre premye mouvman koudeta ki echwe a. Te gen de cherif ki soti an Florid an 1958 ansanm ak sis lòt nèg, twa ladan yo sèlman ki te Ayisyen. Yo reyisi okipe kazèn ki dèyè do palè prezidansyèl la. Ti kras ankò yo ta reyisi. Men pa gen yonn ladan yo ki chape.

Nan dezyèm peryòd la, moun yo sitèlman pè, yo sitèlman pa an sekirite, se lapolis ki tounen Leta. Kòm li pèdi konfyans nan lame a, Divalye kreye milis, gadpalè ak Tonton Makout. Kounye a li pran pli fè chantay sou Etazini ak anpil ladrès. Ayiti gen yon vwa ki gen menm pwa ak tout lòt nan O.E.A.[1] Etazini bezwen sa, epi y ap fè l peye l kach ak dyegi pafwa. Imajinen nan yon òganizasyon ki san sans kon sa, Ayiti ladan l depi lagè te fini. Nèg ki mèt yon ti zuit Leta kon sa rive fè chantay « pwoteksyon » menm jan ak yon ganstè Chicago. Dezyèm peryòd sa a fini ak egzekisyon chèf bouwo yo, Kleman Babo (Clément Barbot). Mouche, ki te gen kontak ak misyon militè ameriken an, te eseye kidnape pitit prezidan an yo. Depi plas la ta vid nan palè a, yo di se li Ameriken yo ta vle mete. Kesyon nou ka poze kounye a, èske chanjman sa a t ap pi bon pou Ayiti ? Èske nouvo bout di a t ap preferab pase ansyen an ?

Twazyèm peryòd la koumanse apre epizòd sa a. Mak fabrik li se foul tèworis yon bò, yon lòt bò, se aksyon geriya ki pa bay rezilta, k ap rekòmanse toutan. Mwatye nan revni nasyonal la sèvi pou pwoteksyon pèsonèl prezidan an. Èd ameriken fini, enpi yo raple anbasadè yo a. Twoup dominiken yo pran pozisyon nan fwontyè. Divalye pwomèt yon beny san nan Pòtoprens. Lè sa a, se sèl yon ennonni ki te ka parye yon goud ayisyen sou tèt prezidan an. Men, geriya yo ap make pa sou plas. Sendomeng (Saint-Domingue) menm, prezidan Bòch (Bosch) tonbe, Djonnsonn (Johnson) nonmen yon anbasadè kapon ; Divalye pral fè l tann senk semèn ann Ayiti anvan li resevwa li. Anplis, li ba li yon leson savwa viv nan diplomasi. Yon diskou li pa fouti bliye.

Kounye a, nou rive nan dènye moman zago loray la, dapre sa nou te atann. Se moman foli pouvwa san limit lan ki moute toutbon nan tèt li. Mak fabrik li, se eleksyon Papa Dòk kòm prezidan avi. Divalye prezante tèt li kòm gwo ekriven, li anonse reprezantan « *Jours de France* » li pral pibliye ouvray li yo okonplè. Li konpare tèt li ak

---

[1] Organisation of American State. Organisation des États Américains. Yon òganisasyon ki rasanble Leta ki nan de bò Amerik la.

Trotsky, Mao Tsé-toung, De Gaulle. Nan katejis Revolisyon an li kontinye deraye.

> Dòk nou an ou menm ki nan palè a pou toutan an se pou jenerasyon k ap vini yo respekte non w.
>
> Se pou yo fè volonte w nan Pòtoprens lan ak nan pwovens yo. Ba nou kounye a yon peyi tou nèf e
>
> pinga w janm padonnen peche lènmi patri a yo...

Li rive nan dènye bout la, sa se kach. Dapre prensip trajedi klasik la mouvman revèy la pa nan fè bak.

Lè dènye moman an rive, menm jan ak otè a, mwen espere ya kite Ayiti jwenn solisyon pwoblèm li yo poukont li, san vwazen toupisan l lan pa foure bouch li nan sa. Sendomeng, se *Marins* yo ki te mete Twouyilyo (Trujillo) prezidan. ann Ayiti , yo te pare kò yo pou yo fè menm bagay la tou ak Babo. Lè zo reken yo fin jwi pouvwa yo, se pou yo kite plas la pou ewo yo. Moun sa yo te peple anpil anba represyon bout di yo. pa t manke sa, tou dènye la a, nan istwa peyi d Ayiti, ke se swa yon depite tankou Serafen (Séraphin), yon senatè tankou Mowo (Moreau), yon ekriven tankou Aleksi (Alexis), yon jenn gason tankou Ryobe « Riobé » ki reziste nan yon gwòt pi wo Kenskòf (Kenscoff) devan lame a, ansanm ak Tonton Makout yo, jiskaske li touye tèt li ak dènye bal li te rete a, oubyen trèz manm òganizasyon « Jeune Haïti » a, ki viv nan kache nan mòn sidwès yo pandan twa mwa jiskaske dènye kras mouri.

Graam Grin (Graham Greene)

Entwodiksyon

Moun sa yo ki ekri liv la, se jounalis yo ye. Yo pa istoryen ni sosyològ. Yo pa gen pretansyon prezante vizaj peyi d Ayiti sa a Franswa Divalye (François Duvalier), yo rele Papa Dòk, ap dirije a, tankou bagay ou oblije kwè, tankou se lasyans k ap pale. Ni tou yo pa moun k ap preche. Kidonk, yo p ap defann okenn kòz, ni nan domèn politik, ni nan domèn ekonomik, ni nan domèn sosyal ou rasyal. Yo seye ekri istwa yon dizèn ane kote Divalye sèl mèt abò, epi Bèna Didrich ki pase prèske katòz ane nan vi li kòm temwen ann Ayiti jouktan Tonton Makout arete l, mete l deyò nan peyi a de jou apre. Al Bèt (Al Burt) menm, li te konn vini souvan ann Ayiti. Opinyon pa li se opinyon yon obsèvatè ki byen enfòmen ki pa patisipe nan sa kap pase yo, men ki rete lwen pou l obsève. Yon kolaborasyon kon sa gen tout valè li lè w bezwen entèprete sa kap pase yo epi egzaminen konsekans yo nan peyi a ak aletranje.

Foto sa a otè a te pran li jou eleksyon an, 22 septanm 1957. Penti ki dèyè do l la nan katye jeneral li a nan Riyèl Waa jou eleksyon an, se ewo pa l la, Janjak Desalin (Jean-Jacques Dessalines).

Pou yo pa mete sitwayen Ayiti yo nan pwoblèm, otè yo oblije pridan lè y ap rakonte sèten evennman. Kòm de rezon, mwenn ti neglijans kapab lakòz kòryanpan bout di sa a, ki pi sanginè pase tout lòt nan listwa, fè anpil represyon. Yo fè konnen tou, pa gen okenn Ayisyen ki kolabore ni nan rakonte istwa yo, ni nan li maniskri.

Liv sa a, nou ofri pèp ayisyen li ak espwa lè Divalye ale, li pral kapab jwenn wout pwogrè poukont li, epi, li merite sa anpil. Nou fè liv sa a, san okenn entansyon denigre Ayiti ni Ayisyen yo, epi, nou fè sa nou kapab pou n evite fè zen pou ti krik ti krak.

Devan patizan l yo Divalye (Duvalier) rele anmwe, nan pwovens yo se li k ap genyen tandis ke patizan Dejwa (Déjoie) yo ap achte vòt nan Lasalin (La Saline). Konpòtman sa a deja moutre nou Divalye pa nan jwèt ak moun.

Nou kwè li nesesè pou n ensiste sou pwen sa a : bi istwa nou an, se prezante ane Divalye yo san ipokrizi. Si Ayisyen yo rive dekouvri ladan, sa ki pa bon nan sistèm yo a, maladi ki rann reny Papa Dòk la posib, nou byen kontan. Pi devan, yo fèt pou yo pi veyatif epi chonje lòt yo, konbat mal la ak kouray, entèlijans, yon fason pou yo bati yon rejim pwòp epi dirab. Nou swete pou pèp Ayisyen an tabli yon demokrasi ki ka fè peyizan an viv o ventyèm syèk, epi mete yon bout nan esplwatasyon Ayisyen ap fè sou Ayisyen parèy yo.

Minis jistis la, kolonèl Andre Fawo (André Fareau) ak jeneral Kebwo (Kébreau),
chèf jent militè ki te reskonsab òganize eleksyon 1957 yo.

Gen anpil bri k ap kouri pou fè kwè kou Divalye pati Etazini ak
lòt peyi nan emisfè sid la pral debake twoup ann Ayiti. Yo di tou
gen kèk peyi nan Amerik Latin nan ki ta dakò ak plan sila a yo. Y ap
pran pretèks vin mete lapè, evite dezòd, reglemandkont nan vèse san,
pwoteje etranje yo. Sepandan nou pa janm fè anyen pou n mete fen
nan menm dezòd sa a, sispann san sa yo ki t ap vèse nan dis dènye
ane sa yo ki te tounen yon bagay ofisyèl. Otè yo swete prezidan
Niksonn (Nixon) ki konnen Ayiti byen (al gade nan chapit 7 la) p ap
repete avanti militè nèg ki te anvan l lan te fè an Repiblik Dominikèn

(chapit 17), li p ap lage *Marins* li yo sou Ayiti yon dezyèm fwa. Yo kwè fòk yo kite Ayisyen yo chèche solisyon pwoblèm yo poukont yo. Yon okipasyon etranje se obstak ak blokay sèlman l ap vin mete nan aplikasyon solisyon nasyonal nan pwoblèm nasyonal.

Bèna Didrich (Bernard Diederich)

ak Al Bèt (Al Burt).

Chapit 1
Jounen eleksyon

Woje Dòsenvil (Roger Dorsinville), chèf kanpay elektoral Papa Dòk ap mete presizyon sou li jou eleksyon yo, 22 septanm 1957. Divalye te di l are konesans se yon lachte ; enben. li voye Dòsenvil byen vit an n egzil, paske mouche te twò onèt pou l rete ann Ayiti.

S e te dimanch sizè di maten. Bri sirèn deklanche. Eleksyon koumanse.

Pòtoprens fè fre toujou ; solèy fèk ap parèt sou mòn yo. Gen fidèl kap prese al legliz, men majorite moun yo rasanble nan biwo vòt yo. Yon long liy Ayisyen tout koulè tout kondisyon gen tan fòmen. Premye fwa depi san senkanntwazan endepandans tout Ayisyen ki gen plis pase 21 an gen dwa vote. Nan nèf mwa, se twazyèm tantativ eleksyon jeneral, epitou kèk moun ki sou men yo ap fè vit anvan anbyans lan ak moun yo vin pi cho. Nan peryòd fèmantasyon politik sa a, peyi a swit an swit adopte epi rejte sis estil gouvènman ki pa dire. Tout soti nan syèk istorik anvan an. Kout gidon sa yo fè anpil viktim ak anpil moun kap pote dèy. Fanmi yo dechire. Gen zanmi lontan lontan ki vin lènmi mòtèl soti jodi rive demen. Te menm gen gè sivil pandan 24 è.

Jou ki 22 sektanm 1957 la, se yon okazyon tou nèf pou fini ak konfizyon politik la. Bagay yo te koumanse gate an desanm dènye lè grèv jeneral te oblije mèt peyi a pran egzil pou li. Dapre jan bagay yo prezante a, elektè yo te gen pou yo fè yon chwa ki senp, ou te ka menm di vote nwa ou blan, men se pa t sa ditou. Pètèt se te nwa kont blan. Ann Ayiti, katrevendis pou san popilasyon an nwa, rès la metis ak diferan degre. Se la bagay yo koumanse gen ti konplikasyon sibtil epi sa pèmèt nou wè tou enpòtans koulè po a vin pran nan koze a.

Men yonn nan kandida pou prezidan repiblik d Ayiti a : doktè Franswa Divalye (François Duvalier). Li se pitit yon jijdepè. Yon nèg nwè. Li pòtre yon frize. Li gen bouch dous lè l ap pale. Linèt li pwès. Se yo ki pèmèt li wè sa kap pase. Se franse li pale. Vokabilè li, se pa bagay nenpòt ti akademisyen. Li pale sou nesesite yon gouvènman onèt ; li reklamen plis jistis sosyal ; li fè chonje li te patisipe nan yon kanpay kont pyan Etazini te finanse. Li prezante tèt li kòm doktè an deyò, ni peyizan, ni teknisyen ameriken, tout fè l konfyans.

Le kontrè Divalye, konkiran li, Lwi Dejwa (Louis Déjoie). Li fè dizan senatè. Li fè pati elit milat la. Koulè kafeolè, bèl aparans, prestij ak bèl prezantasyon.

Li soti nan fanmi ansyen prezidan d Ayiti Fab Nikola Jefra (Fabre Nicolas Geffrard). Pou li, grad prezidan an, se yon eritay paran l mouri kite pou li. Dayè, li fyè pou l di Ameriken yo, òmdafè yo, diplomat yo, dèyè li. Li pretann se li yo pito.

Jou eleksyon an, 22 septanm 1957, fanm yo pral vote pou lapremyè fwa. Yo devan estad la, sou Channmas, nan Pòtoprens. Granmèsi Konstitisyon Maglwa a, yo gen dwa al vote.

Men ki jan pwoblèm nan poze: ki moun elektè yo pral chwazi ? Nèg nwè ki fòmen tèt li poukont li an oswa milat aristokrat ki kont kò l la ? Pou le moman, moun ap tann, yonn dèyè lòt. Tout moun dan griyen. Bilten vòt yo byen di nan men yo. Tanzantan gen ti bourad k ap bay, yonn fè sanblan l ap vòlò bilten yon lòt pou kandida pa l la. Pa t gen bilten ofisyèl. Se pati politik yo ki te bay yo. Elektè a sèlman aksepte yonn nan bilten yo pou l al depoze l nan yon in ann eten ki mezire 25 santimèt lajè sou 45 santimèt pwofondè. Pi fò moun ki al vote yo pa t kapab li non ki ekri sou bilten y ap depoze nan in nan. Yo sitou chonje moun ki konn ekri epi ki vle vote pou kandida pa yo. Yo ba yo yon bilten blan pou yo ekri non kandida yo a sou li. Apa prezidan repiblik la, yo pral chwazi 21 senatè ak 37 depite. Yo pral refè aparèy gouvènman an nèt.

Lari yo chaje toujou ak ansèy elektoral tout koulè. « *Votez Duvalier, abas Déjoie* » « *Votez Dejoie, abas Duvalier* ». Apre plizyè mwa kanpay elektoral, diskou flanm dife nan radyo, bonm ap pete, fizi ap tire, chak jou Bondye mete, peyi a kal yon sèl kou. Ou pa tande lòt bri pase chen kap jape, kòk kap chante.

Malgre lòd lapolis, gen kèk moun kap pwonmnen a pye ak kaskèt ble yo, mayo ki gen non Divalye sou yo. Gen lòt k ap mache ak chapo pay yo sou tèt yo ak nimewo Dejwa make sou yo. Jou vòt la, lalwa defann yo fòse moun al vote pou yo, li defann yo vann bwason ki gen alkòl; li defann moun kite yon komin al nan yon lòt. Yo pa fin obeyi l nèt. Sèl twoup yo gen dwa pote zam. Fwa sa a, jent militè ki nan pouvwa a pwomèt Ayisyen yo eleksyon ap fèt nòmalman.

Patizan Dejwa yo ap fè vayevyen nan machin, soti nan yon biwo al nan yon lòt. Yo depoze bilten vòt yo, enpi, y ap ankouraje travayè yo ak domestik yo al vote menm bò avèk yo. Divalye menm se nèg pa militè yo. Li tou sanble nèg ki pa ka kase yon ze; yo ka fè sa yo vle ak li. Moun ki kwè sa yo, Divalye pa janm di yo anyen. Li jis kontante l li souri jan l toujou abitye fè a. Dejwa menm li pa t ka pe bouch li. Li pwomèt militè yo l ap pini yo si yo ta chache enfliyanse eleksyon yo.

Mil kat san biwo vòt yo simen soti Kap Ayisyen (Cap Haïtien) nan nò rive jis Jakmèl (Jacmel) nan sidwès; ata Lagonav (La Gonave) k ap benyen nan lanmè ble Zanti yo epi ki chita ant penensil siperyè ak penensil enferyè Ayiti yo. Yo te deside chak biwo kapab anrejistre an tou 1 500 vòt, yon chif ki kont pou kouvri 1 500 000 Ayisyen ki gen laj pou vote, dapre resansman 1950 lan.

Aleksann Petyon (Alexandre Pétion), premye prezidan d Ayiti te pibliye dwa pou al vote nan konstitisyon 1816 la. Men jounen jodi a, se premye fwa y ap mete l an pratik toutbon vre. Konstitisyon sa a te prevwa tout sitwayen tap gen dwa moutre preferans yo, sòf fanm yo, kriminèl yo, idyo yo, domestik yo, yon desizyon ki mete akote anviwon twa pou san elektè yo sou popilasyon total la. Kon sa dwa pou vote a, se te monopòl elit la ak militè yo ki tap defann enterè yo. Kòm se delege la prezidans ki tap konte yo, opinyon piblik la te ale prèske nan menm sans. Kwak depi 1950, se pa Chanm yo ki chwazi prezidan repiblik la ankò, se militè yo ki kontinye konte vòt final yo. Se yo ki te anonse kolonèl Pòl Ejèn Maglwa (Paul Eugène Magloire) ki pase nan eleksyon yo san kontestasyon. Lè yo mete l atè, jent militè a ki pran pouvwa a epi pati politik yo ki lènmi fè yon antant ki di prezidan repiblik la, se tout Ayisyen ki gen plis pase venteyennan ki pou chwazi l: sifraj inivèsèl.

Militè yo te gaye tout kote nan peyi a, jou eleksyon yo, 22 septanm 1957.

Senatè Lwi Dejwa (Louis Déjoie), pa t yon politisyen, se te yon agwonòm bizismann ki te pran woulib nan kanpay pou vin prezidan an, an 1957. Jimèi (Jumelle) te di lisi lal nan eleksyon se viktwa Divalye a li pral jistifye.

Madan Lwi Dejwa (Louis Déjoie) te fò nan fè kanpay. La a nou wè li ak yon patizan Dejwa te deja genyen nan Pòtoprens.

Ane 1957 sa a, se kat kandida ki te mennen kanpay pou vin prezidan : Danyèl Fiyole (Daniel Fignolé), Kleman Jimèl (Clément Jumelle), Lwi Dejwa (Louis Déjoie), epi Franswa Divalye (François Duvalier). Apre yon jesyon politik nèf mwa, chak moun, yonn ap kwense lòt, pou yo parèt devan sou sèn nan.

Kleman Jimèl (Clement Jumelle), kandida nouvo teknoktat yo ki te boykote eleksyon yo lè yo te deklare lame a ap ekate yo an favè Divalye. Apre sa li mouri nan kache, kè l vin rete lè Divalye te touye de gran frè l yo.

Mennas, flatri, pwomès, pa gen anyen yo pa fè. Chak moun vle mete majistra yo bò pa li. Se yo menm ki gen pwoteksyon lame, yo menm k ap konte vòt yo, ki konn regleman eleksyon yo epi k ap fè respekte yo. Premye moun ki wete kò l nan konpetisyon an, se Danyèl Fiyole (Daniel Figmolé). Li menm, pa gen lontan de sa, li te antre nan konpwomi pou l pran prezidans lan pou yon ti bout tan.

Men ki jan sa te pase. 16 jen nan aswè, yo te bay angaje volontè yo nan Kazèn Desalin pèmisyon pou y asiste yon seyans sinema. Te gen de fim kòbòy nan pwogram nan. Sou pretèks yon rekri ki pa sa kontwole tèt li kapab tire sou yon trèt nan ekran an, pandan yon epizòd ki gen sispens ladan, tout sòlda resevwa lòd mete zam yo yon kote. Lè seyans lan fini yo voye nèg yo byen lwen san zam. Pandan tan sa a, yon gwoup ofisye antre ak tout mitrayèt yo nan sal kote kabinè a t ap pran desizyon yo. Yo friz tout moun, epi yo kidnape prezidan Fiyole. Menm swa a, tout bagay fini lè yo fin nonmen jeneral Antonyo T. Kebwo (Antonio Th. Kébreau) nan tèt jent militè a. Yo di popilasyon an yo dekouvri yon konplo k ap chache detounen eleksyon yo. Fiyole te vle moute grad yon bann militè, sa k pi dwòl toujou, li te vle peye angaje yo plis kòb. Yo egzile l Ozetazini pou kanpay lan kapab pase nan yon lòt faz. Fiyole, yonn nan kandida nwa yo, se te chouchou gwo pèp Pòtoprens lan. Lè

l ap pale se bon jan kreyòl vitriyòl. Si l te vle li te kapab plen lari yo
nan kapital la ak plizyè milye manifestan chofe a blan. Teknik li an
li te rele l « presse-bouton ». Depi bouton an prese woulo konpresè a
plati tou sa ki parèt an fas li, an jeneral, poto eletrik yo. Kòm limenm
poukont pa l, li pa t si li kapab kontwole machin sa a lè l deklanche,
li te gade teknik sa a pou sizoka bagay yo ta vle gate toutbon vre. Se
te dènye esplikasyon an. Men yon bon swa, poutèt yon pwogram
fim kòbòy, sitadèl la rete san defansè. Li pa menm gen tan pou l
ouvri bouch li, Fiyole disparèt nan figi moun.

Dezyèm kandida nwa ki bay an lagan se Kleman Jimèl. Yon
nonm ki byen prezante, yon ekonomis pwofesyonèl, ki te pran
menm fòmasyon teknik ak Divalye. Sèl andikap li, li te minis Finans
sou rejim Maglwa ki t ap fè gagòt. Nan yon peyi grangou ap menase
tout tan, se pa bagay ou ka bliye fasil. De jou anvan eleksyon yo
Jimèl rale kò l. Li akize lame a l ap fè magouy pou l bay Divalye
pouvwa a, epi, li eseye prevni Dejwa.

Dejwa pa okipe l. Divalye rete kòm sèl kandida nwa sou lis la.

Pandan kanpay lan, li te panche de fwa bò kote advèsè l yo ki te
gen menm koulè avèk li lè Dejwa te sanble vle pran peyi a pou li.
Se dezyèm fwa a Fiyole te kolabore avèk li pou l te ka jwenn plas
prezidan pwovizwa a, yon pòs li gade egzakteman diznèf jou. Nan
tout peripesi sa a yo, reyalite pouvwa a rete nan men militè yo. Se
yo ki kenbe men soti nan yon gouvènman pwovizwa tonbe nan yon
lòt, pandan y ap elimine ekip yo pa vle yo, yonn apre lòt.

Ann tounen nan dimanch eleksyon sa a, ki rive anfennkont.
Anbyans lan cho kou vè lanp. Foul moun ap swe nan liy ; chak
moun ap tann ki lè pou l wè li lage bilten pa li nan bwat la. Pa gen
rejis elektoral. Elektè a bay non li, yo enskri l nan yon liv, devan yon
nimewo. Lè yon sitwayen fin ranpli devwa li, li gen de bagay pou l fè
pou anpeche l vote yon dezyèm fwa. Yon fonksyonè elektoral koupe
zong ti dwèt ki nan men dwat la. Yon lòt tranpe l nan yon ankriye
lank wouj ki pa sa efase. Sa pa pran tan pou atè nan biwo a chaje
bout zong ak tach lank.

Bò otèl de vil la, kote ki gen ma dlo nan lari a, gen ti vakabon ki
akwoupi pou yo efase mak lank yo.

Yonn nan pakèt konferans politik ki te konn fèt an 1957 yo.
Kleman Jimèl (Clément Jumelle) jis nan kwen an, a goch, bò kote Maks Bòlte (Max Bolte), fiyòl kandida Dejwa ki adwat. Bòlte
(Bolte) se te yon tèt cho. Se vye mannèv bosal li yo ki lakòz kanpay Dejwa a echwe.

Divalye (Duvalier) nan move pozisyon apre bonm yo fin touye ofisye yo. Men li nan machwè li.

Salnav, prezidan pwoviswa a, ap prete sèman.

Prezidan Pwovizwa, pwofesè Danyèl Fiyole, idòl pèp la.
Madan prezidan an, lyetnan Toni Pyè (Tony Pierre), kolonèl Chal Tinye (Charles Turnier) Pwofesè Danyèl Fiyole (Daniel Fignole)
prezidan pwovizwa, kapitèn Danyèl Bovwa (Daniel Beauvoir) devan katedral la. Y ap asiste Tedeyòm pou prezidan popilis la,
Fiyole ki pran pouvwa a.
pèp la ranje flè sou mach eskalye katedral la pou tedeyòm pou prezidan Danyèl Fiyole.

Jeneral Kebwo (Kebreau) pran prezidan Fiyole ak madanm li an kachèt li voye yo Mòl Sen Nikola (Môle Saint-Nicolas), apre sa li pimpe yo Mayami (Miami).

Gwo koken yo boure anba zong yo ak salte oubyen savon pou yo pa koupe yo twò kout. Apre sa yo pouse po a sou tach blanch lan kote lank lan t al chita a. Yo lave l byen lave epi yo pare pou y al pase yon lòt enspeksyon.

Jakmèl, ansyen pò kote yo te konn espedye kafe a aletranje, patizan Dejwa yo, kenbe militè yo kap fè magouy nan bwat bilten yo. Batay mare, yon moun mouri. Pòtoprens, yo arete kat patizan menm kandida a ki tap eseye achte vòt yo. Lè w byen gade, yon kanpay elektoral kote patizan ap voye wòch sou yon kandida paske l ap antre yon kote advèsè l pi fò pase l, pa fouti fini yon lòt jan.

Politisyen yo toujou admèt gen de repiblik d Ayiti diferan ki egziste : yonn nan kapital la, yonn nan pwovens yo. Repiblik Pòtoprens lan kote pati Dejwa sèl kòk chante a, eleksyon pa janm echwe. Nan katye jeneral Divalye a tèt moun yo koumanse cho. Nan pyès vila kote li fè biwo l la, patwon an ap syeje, l ap diskouri trankilman nan mitan de gwo bouwo. Nan mi ki dèyè do l la, yon pòtre Janjak Desalin (Jean-Jacques Dessalines) afiche an chapo bikòn a plim. Ewo Endepadans sa a, esklav sa a ki vin tounen konbatan ki pa janm fatige, se limenm Divalye pran pou modèl. Soti 1802 rive 1806, sèl kri pou tande l pouse nan konba kont franse yo, apre sa kont milat yo, se te : Koupe tèt··· Boule kay. Dwòldidòl pou yon ti doktè an deyò tou inosan ki gen bouch dous enpi ki pa sa kase yon ze. Se kon sa nou wè li, dimwens pou le moman.

Deyò a menm bri a ap vin pi fò firamezi chalè a ap ogmante. Kamyon radyo nan tout lari ap ponpe eslogan pou kandida yo. Yon bagay ilegal jou eleksyon an. Patizan Divalye yo mache sou gazon lakay li. Apèn si w tande l nan bwouaha sa a. Li pran pale: « Pèp la ap viv nan mizè nwa; se bagay tris nèt nan mitan richès sa a yo. Gen anpil richès nan peyi a, men yo mal separe. Pou kòmanse, se sò mizerab mas popilè sa yo ki fè doktè Divalye antre nan politik. » Oratè a renmen pale de tèt li alatwazyèm pèsòn. Divalye kontinye, men avèk yon konpliman pou lame a li di ki yon senbòl vijilans. Isaji de onètete, ak entegrite. Apre sa, li tanmen pale de Vodou. Pandan li rekonèt fòk Ayiti libere anba sipètisyon, li ensiste sou valè pratik

majik sa yo kòm fòlklò. « Nou fèt pou nou bay vodou a yon baz ki
chita sou la rezon, menm jan yo fè l pou boudis ak lòt relijyon ».

Divalye debite tousa sou yon menm ton ki reyisi konvenk ou san
fòse pandan nèf mwa kanpay pou eleksyon sa a.

Sepandan, menm lè ti doktè a moutre li odsi tout bagay sa a yo,
sa pa anpeche li toujou rete veyatif, pou yo pa trayi l oswa pran l
nan wanga.

Nou rive kounye a nan pi gwo moman an. Yon èddekan fè tou biwo
a, li bay pòtre Desalin nan do pou l sa pale nan zòrèy Divalye. Nan gwo
linèt li yo ou wè je l rete fiks li pa fè yon jès. Min li toujou mare. Li pran
tout tan l pou moute yon eskalye an bwa ki mennen nan dezyèm etaj.
Li vanse sou balkon ki sou jaden vila a. Kounye a li lonje dwèt sou ti
kounouk Lasalin yo. Tout moun ap tann sa l pral di.

Se yon lòt Divalye ki parèt vin pale. Nan bouch nèg dou sa a gwo
pawòl fanatik sa a yo soti : « Nan lwès peyi a se nou ki ganyen. Nan
Nò, se nou toujou, sepandan nan Pòtoprens, y ap achte vòt yo. y ap
chache vòlò viktwa nou an. Li moutre Lasalin kote y ap peye de goud
(apeprè 2 NF) pou yon vwa. » « Mete lòd nan sa pou mwen··· se pou
yo bloke trafik sa a ». Divalye fin pran chenn. l ap fè jès ak bra li.
Pwent vès li leve, yo wè yon revòlvè nan senti l.

Se premye espektak li an piblik. Pral gen lòt toujou. N ap asiste
Divalye nimewo 2 k ap antre sou sèn nan, Divalye, ti doktè an deyò a,
tap pale de li kòm si se te de yon lòt moun li tap pale ak tout admi-
rasyon sa a. Divalye sa a ki non sèlman li tap jwi lè l ap li esplwa
Desalin ki benyen nan san, men ki pare pou l fè menm jan avè l.

Patizan l kouri soti nan jaden an, yo moute nan yon kamyon, yo
pran lari pou yo. Men lame a la pou arete yo. Gen goumen nan lari a.
Pa gen moun kap gate eleksyon jeneral yo fwa sa a.

Lelandemen maten premye rezilta eleksyon yo koumanse tonbe.
Yo pa t ko menm fin konte vòt yo Pòtoprens, majò Jera Konstan
(Gérard Constant) ki pral vin katriyèm jeneral an chèf sou Divalye,
anonse rezilta zile Lagonav la yo nan yon estil militè : Divalye :
18 841. Dejwa 463. Chif sa yo pa kadre ditou ak rezilta resansman
1950 lan ki bay zile sa a ki pa menm gen wout yon kò elektoral
13 302 manm. Akizasyon fwod koumanse tonbe. Patizan Dejwa yo

pretann majistra yo fè koken, lame fè presyon an favè Divalye. Yo di biwo vòt yo ki pa t ka resevwa plis pase 1 500 elektè, pa t gen plas pou resevwa moun nan sèten sektè ki gen anpil moun, kon sa tout bagay te klè. Se Pòtoprens sèlman kote Dejwa ganyen an yo pa di gen magouy ki fèt.

Rezilta ofisyèl yo prezante kon sa: Divalye 679 884 vwa; Dejwa 266 993. Pati ki ganyen an rafle tout syèj yo nan Sena a, ata pa Dejwa a. Nan chanm depite a, se de moun sèlman ki pase pou Dejwa.

Se premye fwa nan listwa, Pòtoprens wete chapo l devan pwovens. Ayiti fè premye esperyans eleksyon jeneral li. Li chwazi doktè Divalye kòm prezidan, ak ankourajman yon lame byen deside.

Chapit 2
Istwa yon zile

Jeneral Kebwo (Kebreau) prezante echap prezidansyèl la bay Divalye, 22 oktòb 1957.
Divalye gade l nan je kòm si li anvi di l : « Antonyo (Antonio) ou gen pou regrèt ».

Abitan ti zile sa a ki pèdi nan imansite ameriken an, yo toujou konsidere tèt yo kòm pitit san manman, san papa. Li koumanse gen espwa yon alemye lè y ap enstale Divalye nan bèl palè prezidansyèl la an 1957. Se gwo defi nouvo chèf d Eta a te gen devan l. Yon okazyon ann ò li te genyen pou l chanje kouran istwa d Ayiti a.

Jeneral Kebwo ozanj, l ap rejwi jou yo enstale prezidan an nan palè nasyonal la.

Divalye te gen gwo mwayen nan men l. Li te nwa. Diplòm doktè l la te ba li kont prestij li. Konesans li te ganyen nan koze vodou a epi lespri laj li te ganyen nan domèn sa a, ogmante popilarite l. Kanpay elektoral li te chita sou pwogram Dimase Estime a (Dumarsais Estimé) ki se yon refòmatè sosyal natif natal. Li fè sèman l ap reyalize revolisyon Estime te koumanse a. Men kòm pi gwo richès Ayiti se moun yo – popilasyon riral la se 90 % nan tout popilasyon an an jeneral – politisyen yo toujou pwomèt peyizan yo maksimòm pou yo ba yo minimòm sèlman. Se sa nou toujou leve trape. Moun pa pran tan pou rann ou kont apre li fin prete sèman, Divalye te gen de

Prezidan Estime. Divalye wonyen popilarite Estime (Estimé).

Sa k pi dwòl la, sè ke Ayiti te yon pèl nan Karayib la. Se koloni ki te konn pwodui plis richès epòk pa l la. Yo te konn di « rich kou kreyòl » lè y ap pale de moun ki gen gwo mwayen. Lè sa a, Ayiti (lè a yo te rele l Saint-Domingue) se te yon plantasyon franse an penpan esklav afriken tap esplwate. Tèritwa l te okipe yon tyè oksidantal nan tèritwa zile Ispanyola a, lòt de tyè yo se pou Lespay, enpi yo vin tounen Repiblik dominikèn.

Esklavaj tabli Ispanyola egzakteman 18 an apre Krisòf Kolon (Christophe Colomb) te fin dekouvri Lamerik. Yo te vin oblije al chache Afriken pou vin travay tè yo poutèt endyen arawak yo te près fin mouri nan chache lò pou Espayòl yo. Franse yo pa t parèt anvan kòmansman disetyèm syèk la. Kèk avantirye te tabli baz yo sou zile Latòti a, distans sis mil pou rive nan kòt nò Ispanyola. Se la yo te konn soti al piye tè yo, vòlè bèt vwazen espayòl ki pèdi chimen kay yo. Kòm yo te gen abitid pase vyann yo lafimen sou bwòch oswa griy yo rele boukan, sa vin fè yo ba yo ti non boukanye.

Kwak Espayòl yo byen tabli nan rès Zile a, Franse yo foure kò yo piti piti nan pati oksidantal la, epi yo deklare legalman se pou yo li ye nan Trete Rizwik (Trete Ryswick) an 1697. Nan san ane ki vin apre yo, tè sa a kote esklav yo tap kiltive kann nan, li vin tounen kichòy tout lòt nasyon k ap chache koloni ta anvi posede. Epòk sa a, yo te kalkile komès Ayiti aletranje, a limenm sèl, te pi enpòtan pase 13 koloni angle amerik di nò yo ansanm. Revolisyon fransèz la pral chanje tou sa.

Men ki jan popilasyon zile a te pataje. Apeprè 36 000 Blan, aristokrasi lokal la. 28 000 afranchi, pi fò ladan yo se te milat. 500000 esklav nwa. Premye gwo leve kanpe a fèt 14 out 1791. Li fèt apre yon reyinyon sekrè kontremèt nwa yo te fè Bwa Kayiman (Bois-Caïman). Yon gwo jeyan nwa yo rele Boukmann (Boukman) tout moun te konnen kòm ougan,[2] te sèl prezidan asanble a. Yon sèl tanpèt deklare. Sa vin bay seremoni an yon koulè mistik.

Boukmann ak patizan l yo sèmante pou yo "viv lib oubyen mouri" . Pou yo ratifye desizyon leve kanpe a, yo sakrifye yon kochon nan seremoni an. Nan de twa jou ansyen esklav yo mande anraje. Boukan dife rann syèl la wouj san. Kwak Boukmann mouri nan konba, sèman li te mande konpayèl li yo fè a, pral deklanche yon endiyasyon k ap dire syèk enpi ki la jouk jounen jodi.

Nouvo lidè parèt. Yonn nan sa ki pi remakab yo, se Tousen Louvèti (Toussaint Louverture) ki te gen apeprè senkant an lè mouvman an eklate. Se te yon nèg lèd, ti tay ki te gen yon fòs estwòdinè ak yon lespri vif. Li te tèlman bon makiyon, yo te rele l « *le centaure de la savane* ». Nèg ki gen tèt moun kò cheval nan savann nan. Poutèt li te konn li epi li posede syans militè, sa te atire atansyon Espayòl yo. Yo mete l chèf bann ki gaye nan esklav yo, ki te vin patizan yo, pou yo lite kont Lafrans. Tousen Louvèti pa t sèlman gran sòlda, li te gen kalib chèf d Eta tou. Epòk sa a, rèv li se te libere Ayiti, men kenbe kontak ak Lafrans epi reklamen estati dominyonn (eta endepandan, manm konfederasyon an). Sa va pèmèt li jwenn kote pou l vann sik ak wonm zile a pral pwodui yo. Li reyisi fè rèv

---

2 Yon pè nan vodou a

sa a tounen reyalite. An 1794, nan lide Lafrans ka trete pèp li a ki jwenn libète l la pi byen pase wa Espay la, li vire do ba yo epi li mete lame 4 000 òm li an osèvis nouvo alye l yo pou konbat Espayòl ak Angle anba drapo franse. Kou l mèt sitiyasyon an, Tousen ranplase gouvènè franse a, premye mezi li pran pou l ka fè pwomosyon nouvo estati li tap chache a. Direktwa a, nan Pari (Paris), appoze tèt yo kesyon sou entansyon jeneral nwa a. Yo kouri nonmen yon lòt gouvènè. Gouvènè sa a mete flate Rigo (Rigaud), yon lidè milat li pral moute tèt li kont Tousen. Tousen, bò pa li, kouri dèyè gouvènè a epi li pran pouvwa a. Rigo leve kokèn, li òganize yon leve kanpe kont Tousen.

Nan Istwa d Ayiti sa a, ki make san an, se premye epizòd nan chire pit ant Nwa ak Milat.

An 1800, apre ennan konba, Rigo pèdi batay, li rantre an Frans ansanm ak bra dwat li Petyon ak plizyè lòt ofisye milat. Lòt ane a, Tousen mache pòs li nan direksyon ès, li pran Sendomeng, kapital pati espayòl la nan zile a. Lè l fin pran l, li rann li kont peyi a ka reprann kap li menm jan ak lontan. Nan kout kat la, li gan lè te bliye Napoleyon (Napoléon). Napoleyon depeche 43 000 òm fò sou zòd bòfrè li Leklè (Leclerc), pou vin mete « Afriken dore a », jan l te konn rele l la, nan wòl li, epi remete esklavaj. Leklè debake Kap Ayisyen (Cap-Haïtien) an 1802.

Pandan twoup Leklè yo ap rantre nan zile a, politik Tousen se mete dife. Li boule vil yo. Premye ki pase se « Cap-Français », se kon sa yo te rele « Cap Haïtien », fyète koloni an. Tout kote Franse yo pase se sann yo jwenn, tout rekòt boule. Anri Kristòf (Henri Christophe), ansyen esklav ki te goumen kont Angle yo pandan lagè endepandans amerikèn bò kote yon batayon uisan « volontè » ayisyen ki te patisipe an 1778 nan syèj Savana (Savannah) avèk Wachintonn (Washington), mete dife nan pwòp kay li Okap. Desalin fè menm bagay la tou nan kay li kòm gran seyè nan Ti Rivyè Latibonit (Petite-Rivière de l' Artibonite). Franse yo jwenn rezistans fawouch dènye kote. Anpil nan rejiman Napoleyon (Napoléon) yo fè bèk atè. Chak kan monstre pou rezon pa li.

Men, Tousen te rete kwè peyi l la te gen enterè bay Lafrans preferans nan komès li ak lòt peyi. Patizan l yo pa t ka konprann pou ki sa li pa t egzije endepandans total, san grate tèt. Ansyen esklav sa yo pa t jwenn ankourajman ki te ka rann yo brav, fanatik nan konba yo pa ta fèt pou pèdi a.

Kristòf kite Tousen l al jwenn twoup Leklè yo ki te deja gen kèk pèsonalite tankou Petyon, Rigo ak lòt ofisye ki gen prestij. Sa lakòz Franse yo kraze lame Nwa a yo nan Vale Latibonit (Vallée de l' Artibonite). Tousen ak Desalin rann tèt yo devan bèl pwomès yo te fè yo epi yo pa janm respekte. Se esklavaj Franse yo te vin remete. Sa te deja fèt Matinik (Martinique).

Yo kidnape Tousen, yo depòte l an Frans. Li mouri nan prizon. Lè Ayisyen yo koumanse wè veritab bi Franse yo, yo voye pye. Petyon mete ak Desalin, Nwa yo fè yon sèl ak Milat yo.

Lòt lènmi mòtèl Franse yo, se lafyèv jòn. Leklè mouri. Jeneral Wochanbo (Rochambeau) pran plas li. Yon nèg brital. Li voye chache chen drese jis Kiba (Cuba) pou l kouri dèyè nèg nwè.

Se lè sa a yo vin wè nesesite endepandans tout bon an. Lame ayisyèn ganyen dènye batay li nan Vètyè (Vertières). 8 000 òm ki te rete nan espedisyon franse a al rann tèt yo bay flòt angle a pou yo pa lage kò yo nan men moun Desalin yo yo rele « *sublimes va-nu-pieds* ».[3]

Premye janvye 1804, Desalin chanje non ansyen koloni an, Sendomeng tounen Ayiti (Haïti), yon non ki soti nan lang endyen Arawak yo. Endepandans pwoklame. Premye repiblik nwa a fèt. Li se dezyèm peyi endepandan ann Amerik.

Se yonn nan lyetnan Desalin yo, Bwawon Tonè (Boisrond Tonnerre), gason kanson, yo te chwazi pou redije deklarasyon sou endepandans lan ak diskou pou chèf la entwodui l la. Se li menm ki te voye toya sa a : « Pou n konsiyen deklarasyon pou endepandans sa a, nou bezwen po yon Blan kap sèvi pachemen, kalbas tèt li kap sèvi ankriye, san li kap sèvi lank epi yon bayonèt kap sèvi plim ». Moman an grav. Li chaje ak emosyon.

---

3 Pòv malere ki gen gwo valè moral, entèlektyèl oswa atistik.

Apre gwo demonstrasyon lagè total kapital sa a, Ayiti pase yon syèk san mèt etranje jiskaske **Marins** ameriken debake nan peyi a.

Lè esklav yo tap goumen pou endepandans lan, zile a te rich. Tout ane lagè sa yo ak move politik pou konsève tè a pa pran tan pou rann li pòv. Moun sa a yo ki te vle efase nan memwa yo tou sa ki gen rapò ak egzistans yo kòm esklav, yo te detwi sistèm irigasyon kolon franse yo te konstwi nan gran plantasyon yo. Sa revolisyon an te epaye yo tanpèt twopikal donmaje yo. Nèg sa a yo ki fèk pran libète yo a te vle gen pwòp tè pa yo, epi viv jan lide yo di yo. Poutèt sa yo dekonstonbre plantasyon yo. Yo bay chak moun yon ti bout tè. Pi fò moun nan popilasyon an kite plenn yo pou yo moute nan mòn kote lavi a pi trankil pou yo kiltive kafe olye de kann. De jenerasyon an jenerasyon tè pou travay yo ap redui. Yo antre nan travay ak hou ak pikwa. Pafwa menm, se ak men yo y ap travay tè a.

Okòmansman endepandans lan Ayisyen yo te 500 000, enpi tè a te bon toujou. Men nan lakontantman nèg k ap jwi libète yo rache nan men kolon yo, yo bliye sèvitid ki genyen nan konsèvasyon sol. Nan peryòd sechrès ti bout tè yo te pran nan raje a yo vin redui. Lè gen tanpèt, dlo ki sot nan mòn yo, fè ti larivyè yo tounen ravin, li fè ravin yo tounen fant ki fon. Tè a glise nan direksyon lanmè a chak fwa ti kras plis. Chak fwa peyi a ak abitan yo soufri yon ti jan plis. Bèl tèt mòn ki kouwonnen ak nyaj yo pa vèt ankò ; yo vin mawon. Milat yo koumanse okipe pòs kle nan administrasyon ki fèk kreye yo. Franse yo te fòmen yo epi li ba yo kalifikasyon pwofesyonèl. An 1805, Desalin menm jan ak Napoleyon nonmen tèt li anperè. Yo sasinen l an 1806. Anri Kristòf pran plas li. Yo pwodui yon nouvo Konstitisyon pou anpeche Kristòf bay tèt li pouvwa absoli (san limit) menm jan Desalin te fè a. Men Kristòf refize rekonèt fren yo mete pou li yo. Li pran nò a pou li nan zile a epi li kouwonnen tèt li wa sou non Anri 1ye (Henry Ier). Kòm li pa rive enpoze inyon nan sid, li kite l bay milat Petyon t ap gouvènen yo. Nan premye dirijan sa yo, yonn pa t fè lòt konfyans. Men li te toujou posib pou Franse yo chache reprann koloni an. Se poutèt sa li anplwaye yon pakèt moun nan konstriksyon fò. Se pa palè San Sousi ki très rich la sèlman Kristòf fè pou nou, men li ba nou tou Sitadèl Laferyè (Citadelle Laferrière) ki pandye sou tèt mòn nan. Yon gwo reyalizasyon ki reprezante pou pèp ayisyen sa piramid yo reprezante pou Ejipsyen yo. Separasyon ant nò pou Kristòf epi sid pou Petyon kontinye pi rèd jis 1820. Kristòf te vin gen emoraji nan sèvo. Li te paralize. Li pa t fouti moute chwal ankò. Omoman lènmi l yo vin frape nan pòt Sansousi (Sans-Soucis) li touye tèt li. Lejann nan pretann li tire yon bal ann ajan nan tèt li. Nan sid, Janpyè Bwaye (Jean-Pierre Boyer) ranplase Petyon an 1818. Apre lanmò Kristòf, yo reyinifye Ayiti.

Lè pati espayòl nan zile a leve kanpe kont dominasyon Madrid, Bwaye ede rebèl yo kwape kolon yo. Tout zile a nèt tonbe anba mayèt li pandan 22 ane ki vini apre yo.

An plis tout pwoblèm li yo Ayiti t ap pliye anba dèt. Pou Franse yo te ka rekonèt endepandans peyi a Bwaye konsanti vèse 150 milyon fran ann ò pou domaj enterè pou byen ansyen kolon yo te pèdi pandan revolisyon an. Apre sa yo vin desann montan an 60 milyon fran lò, yon montan ki te kont pou kokobe finans peyi a. 1843, ane gè sivil. Bwaye tonbe. Dominiken yo pwofite leve kanpe, pran endepandans yo. Depi lè sa a, jiska debakman *Marins* an 1915 Ayiti pa sispann viv nan dezòd ou nan diktati. Firamezi revolisyon ap fèt, 22 diktatè moute yonn apre lòt. Kòm toujou se mas popilè yo ki sibi konsekans move jesyon yo. Lè sa a, pouvwa a se nan men elit milat la li ye. Poutèt kalifikasyon yo ki pi bon, yo gen esperyans gouvènman, se yo ki te ka manipile diktatè nwa yo pi byen. Pwoblèm koulè po a vin pi grav. Lelit la ap kontinye pran tout pou li, epi nwa yo ki an majorite mekontan.

Près tout nasyon ki te gen ekonomi yo chita sou esklavaj te vin pè ; yo konsidere Ayiti kòm yon movèz egzanp oubyen yon eta nwa endepandan. Ayiti vin gen anpil pwoblèm pou l fè rekonèt li sou plan diplomatik epi devlope komès li ak etranje. Li pa t fè bèl figi pami nasyon Amerik Latin yo ki te fèk pran endepandans yo. Boliva an pèsòn, ewo nan gè endepandans yo ann Amerik Latin, pa t reyisi fè yon konfederasyon entèmedyè nan kongrè Panama a an 1826. Epòk sa a, gran liberatè a tap dirije gran Kolonbi (Colombie) ki te rasanble plizyè peyi Amerik di Sid. An 1816, apre de kal nan men Espay (Espagne), Boliva (Bolivard) voye kò l bò Ayiti kote Petyon ba li ekipman pou l al fè yon twazyèm atak kont Venezwela (Vénézuela) li pa reyisi men lòt ane li ranpòte laviktwa, epi viktwa sa a vin fè anpil peyi antre nan konpozisyon Gran Kolonbi.

Moun ki te patisipe nan kongrè Panama a yo, pa t rekonèt ende-pandans Ayiti. Etazini menm jis an 1862 sou prezidan Abraram Linkòn (Abraham Lincoln) an plen gè sivil, nan yon epòk koze esklavaj la te cho anpil nan tèt moun yo, li pa t rekonèt li.

Kidonk, fòk nou pa sezi wè Ayiti santi l tankou sa ki ò lalwa nan Amerik la. Revolisyon yo detwi richès li yo. Tè yo te mal esplwate. Rasis lan te tèlman fò li te rann lòt peyi yo mefyan.

Chapit 3
Panorama (prezantasyon jeneral)

Menm jan ak lang lan, ak fòlklò a, cham Ayiti se sou tè d Ayiti li chita. Kwak lang yo pale ann Ayiti a prete anpil mo nan franse 17 yèm syèk la, li sizonnen yo ak angle ak espayòl, ou pa sa rele l lòt jan ke ayisyen. Se son mo yo ki fè fòs yo nan deskripsyon. Son an tèlman tradui lide a byen, yon Ayisyen ki tande l pou premye fwa konprann touswit sa l vle di. Li sonnen jis ; li sonnen vrè. Danyèl Fiyole, kandida ki te pèdi eleksyon pou prezidan an, te tèlman pale kreyòl la byen nan yon seyans sinema; nan diskou a li menm envante nouvo mo. Dapre sa moun yo te konn di, se mo sa yo ki te konn bay pawòl li yo fòs. Nan yon espas kote yo plis sèvi ak espayòl epi angle, lang ayisyen an inik menm jan ak lòt faktè kiltirèl endijèn yo, sa vin pèmèt li bay atirans, an menm tan tou li kenbe moun yo lwen. Pwoblèm separasyon tè yo an pasèl ki près pa gen solisyon vin rann moun yo nayif, fè yo pèdi espwa. Gen 2 pwovèb ki moutre nan ki eta moun yo te ye: « si travay te bon konsa, moun rich yo ta pran l pou yo depi lontan.» «Lè yon moun enbesil sa pa touye l, sa fè l swe». An jeneral, lè y ap pale de lang ayisyen an, yo rele l « kreyòl ».

Pwoblèm dlo a gen menm laj ak zile a. Apeprè 80 % nan 2 775 000 ekta nan zile a se mòn epi yo dekouvri twa zòn klimatik prensipal diferan. Nan nò, li fè ti lapli fèb, men souvan. O sid ak sant, tanzantan move tan, lapli, loray, tanzantan sechrès. 90 % pwodiksyon agrikòl pèmèt popilasyon an siviv apèn. Yon sechrès kapab pwovoke famin tou. Gen fanmi ki oblije mache senk kilomèt si se pa plis pou y al chache dlo. Tout dlo a se pou bwè sitou, pa gen ase pou benyen, ni pou wouze tè ; sa ki agrave domèn sanitè a.

Malgretou, peyizan an rete yon moun ki degaje l ak sò li. Ni limenm ni ansyen yo pa janm konnen lavi miyò. Gan lè se pou sa lè l ap soufri li konsidere se sò pa li. Li rele « Bondye. Bondye ». Mande l ki jan l ye, l ap reponn ou ak diyite : « pa pi mal, mèsi ». Gen granmoun figi zo kap kache pou etranje pa wè yo kòm si lè yon moun grangou se yon dezonè. Anvan Divalye te pran pouvwa a, se ra pou te jwenn yon pòv kap mande andeyò jan sa te konn fèt lavil. Si w jwenn ak yon peyizan sou wout ou, l ap salye w an dizan : « Onè ! » Ou menm w ap reponn « respè ». Pafwa y ap salye w sou wout la : « kouray konpè ». Kokenn filozofi. Moun bay laj li pa rapò a prezidan ki te la lè l te fèt la. Lè nou gade Ayiti tèlman chanje prezidan souvan, metòd la bon.

Se sistèm finansye a ki reskonsab eta delabreman zile a plizyè fason, an menm tan tou li anrichi l. Li kreye yon sosyete ti pwo-priyetè esplwatan. Ayisyen rive moutre li pa menm ak tout lòt moun. Li gen yon kilti inik ki devlope nan mitan ti sèk fèmen. Yonn nan konsekans sitiyasyon sa a, chak endividi esprime pèsonalite l nan kèk aktivite atistik, yo konsidere vodou a kòm nannan tout a. Ke se swa dans, mizik, literati, penti, tisaj osinon eskilti sou bwa, yo parèt nou dwòl, yo pa swiv lamòd. Se pwodui natirèl yon peyi kote pi fò nan abitan yo kwè zonbi yo pi fò pase lasyans oubyen yon espri nan vodou gen yon egzistans pi reyèl pase yon astronòt. Imaj ki reprezante senbòl vodou, vèvè kreye yon a primitif yo apresye anpil. Yon prèt vodou kou Ektò Ipolit (Hector Hippolyte) gen yon renome ki depase limit zile a. Li pa janm al lekòl pou sa, ni li pa janm gen pwofesè. Karyè li kòmanse nan dekore yon ti bout wout tou pre Pòtoprens, nan penn zwazo ak bèl flè. Li vann premye zèv li ui dola. Epi repitasyon nèg biza figi zo sa a tèlman gaye vit valè l moute plizyè milye dola. Yon epòk yo pa t ko tèlman konn pale de ipi « *hippies* », pèsonaj la vlope kò li nan yon karako li fabrike limenm, cheve l gaye sou zèpòl li, vizyonè kap esprime l an parabòl, li vin tounen yon veritab vedèt. Se yon ka patikilye, men li pa sèl e inik. Yo pa jwenn sa ankò, travayè ki sot fè yon gwo jounen travay, lè yo tounen lakay yo, y al voye penti sou yon po bèt oswa y al dekore mi lakay yo ak plim poul. Rezilta a gen dwa pa yon chedèv, men li chaje ak lavi.

Poligami se yon koutim ki kouran ann Ayiti. Gen dwa se sa ki nan baz kreyativite atistik la kay peyizan an. Chak fanm okipe fè travay nan kay, sa pèmèt nèg yo fè kèk travay ki mwen ba. Okòmansman yo te byen renmen koutim sa a sou plan ekonomik. Yon kominote pouse kòm vilaj kote yon nonm deside moute yon kay pay. Firamezi fanm ak pitit koumanse peple, lòt ti kay koumanse bati nan viwònman premye kay la. Tout ansanm, fòmen sa yo rele lakou a.

Ou ka jwenn diferan kalite kay. Yo tout gen chapant bwa fabrike a la men, sòl la fèt ak mòtye. Kèk ladan yo gen mi ki fèt ak yon melanj labou seche ak lacho yo voye sou klis banbou oswa lòt klis. Ou gen dwa jwenn tou mi ki fèt ak pay oswa plat ki pentire. Touris yo kontan wè travay lacho sa a ki bay kay la yon bèl aparans pwòpte. Se bèl bagay pou li. Anndan, ou jwenn nat ki fèt ak vantrès bannann. Yo sèvi matla. Si peyizan an gen mwayen pou l achte yo, ou ka wè poul ak kochon kap flannen nan lakou a. Yon rapòte kouvri ak fèy palmis sèvi kuizin, ki vle di 3 wòch kote lanp etènèl Ayisyen an limen. Si dife a mouri fòk ou ale byen lwen nan lòt lakou a pou al chache dife kouri pote vini. Sa konn rive ti moun nan vwazinay la boule ak dife sa a kap limen deyò a. Lè w byen gade, lavi peyizan an pa toujou agreyab. Li mennen yon vi ki kraze li. Li pa viv lontan. Lè l fèt li pa gen espwa viv jiska karant an. Relasyon yon nonm ak fanm li yo chita sou antant konsènan sa chak moun gen pou l fè epi pouvwa chak moun genyen. Nan peyi a, lè moun viv ak plizyè patnè yo rele sa plasaj. Apa aktivite atistik li yo, se gason an ki fè tout gwo travay di yo. Se li ki sekle, plante, konstwi osinon repare divès kay li genyen ak fanm li yo. Se li k al koupe bwa pou limen nan dife a, l al chache ajil pou l fè po, li fè panye ak fèy palmis ou latanye. Se li toujou ki achte bèt epi li okipe yo. Anfen, pi gwo travay toujou, li rekòlte pit ak kann.

Madanm nan menm se li k ap panse pou kay la. Li fè manje, lesiv, li okipe timoun yo, li fè kontablite kay la, li fè tout acha, sòf bèt. L al vann rekòt yo nan mache ki pi pre a osinon li sede l bay yon entèmedyè k al revann li lavil. Jou mache, ou jwenn li kap mache byen vit nan tout bwa a. Yon panyen chaje byen chita sou tèt li. Ou ta di yon renn ak yon gwo kouwòn.

Si gen mwayen, yon nonm gen dwa marye ak yonn nan fanm li yo. Sa konn pran tan pou l fèt. Se kon sa yo rekonpanse yon moun ki sakrifye tèt li pou l bourike epi okipe timoun. Yo pral fè gwo demons-trasyon nan nòs la. Se gwo banbòch. Gen yon lwa ki pa ekri ki defann yon nonm pran lajan travay yon fanm al pote bay yon lòt.

Soti nan yon mòn al nan yon lòt ou ka tande yon lanbi kònen oubyen yon bri twonpèt banbou. Y ap sonnen rasanbleman nan konbit[4]. Ou ka jwenn yo nan plizyè bouk. Se rezèvwa travayè lè y ap plante oubyen y ap rekòlte. Gen de zòn yo tounen sosyete enpi chak sosyete gen drapo pa yo. Pafwa se relijyon ki kenbe yo ansanm.

Granmaten fanm yo bwè yon tas kafe kòm dejennen. Lè sa bon yo manje biskuit avè l. Apre sa se charye dlo ki koumanse. Depi yon tifi koumanse mache yo moutre l pote panye pwovizyon oswa bwote dlo. Chak maten byen bonè, fanm sa a yo lage kò yo nan mòn nan, y al nan sous oubyen larivyè. Yo pran anpil tan anvan yo tounen ak chay yo sou tèt yo. Ti moun ki rete yo menm, y ap pile mayi osinon kafe.

Leswa ou wè lafimen kap moute nan lokalite yo nan mòn nan. Se lè soupe a pou tout fanmi an. Souvan se sèl chodyè yo moute pou jounen an. Apre sa yo chita bò dife a ap rakonte istwa lougawou. Ti dife gaye nan tout mòn yo, nan tout ravin.

Yo pouse fòlklò ayisyen an lwen. Se baz kwayans nan mistè yo. Yo di sa soti nan sipètisyon ki soti nan plizyè jenerasyon ann Afrik. Lage yon ti zès krisyanis sou li, sa va ba w yon lide sou vodou a, yon sijè nou gen pou n trete an detay nan chapit 20 an. N ap jis siyale sware sa yo kote ti dife mouri limen, ti odè fò nan chalè nannuit epi kout tanbou san pran souf kap frape nan tèt ou, yo gen yon gwo enfliyans sou imajinasyon moun yo. Lè yonn di « krik» si lòt yo

---

4 Koperativ

reponn «krak» bagay yo kòmanse. Zonbi, lougawou, denmon tout kouri parèt nan lonbray la, bò dife a.

Istwa tonton makout kap fè timoun pè sa a yo, yo toujou prezante yon pèsonaj prensipal, yon jeyan kap travèse mòn yo, l ap mete ti moun radi nan dyakout li. Se sa k fè yo rele l Tonton Makout. Yo tou adopte non sa a sou rejim Divalye (Duvalier) a pou yo deziyen nèg yo mete pou mache touye moun yo. Depi yon moun di pawòl sa a, li frape dènye moun, piti kou gran.

Depi peyizan ayisyen an fèt lanmò ap mennase l san l pa janm bliye l. Nan yon akouchman, souvan se ak manchèt oswa moso boutèy yo koupe nonbrit la. Si ti moun nan chape nan kondisyon sa a yo, vè pi ta vèmin ak malnitrisyon pral atake fòs li. l ap vin yon sib fasil pou malarya ak tibèkiloz.

Ayisyen renmen jwe anpil. Se pètèt paske egzistans li chita sou defi li lanse bay lanati. Jwèt zo popilè anpil. Yo jwe l ak de. Yo renmen jwe kat tou. Jwèt ki gen plis siksè a se batay kòk. Yon pakèt moun ki gen tout kalite pwoblèm, sechrès nan kò yo, y ap rasanble kanmenm le dimanch nan gadyè, omwen sa ki gen lajan yo. Moun yo fòmen yon miray kote kòk yo ap goumen an. Machann yo menm y ap pwonmennen vann kasav ak pistach griye. Bò tab jwèt yo nèg ap rele byen fò. Goud, lajan peyi a ap tonbe pil sou pil. Pasyon pou jwèt sa a se yon ti kote nan mantalite majik Ayisyen an. Li plonje. Sa l fè l fè. Li di w : « vi mwen pa ta ka pi mal pase jan l ye a. Kidonk Bondye ka byen fè m ganyen omwen yon fwa.»

Si chans li pa mache, peyizan an kapab al konsilte yon ougan oubyen yon bòkò. L al chache pwoteksyon kont move je k ap atake l. Se menm bagay tou lè l bezwen chase yon denmon sou yon fanmi li ki malad. Lè se limenm ki tonbe malad, li pa gen chans, pou li se Bondye kap pini l pou move ajisman oswa pou sa l te dwe fè li pa fè. Li kwè ougan kapab konsilte lespri yo pou yo di l kòz malchans sa a epi fè l sispann. Li gen sakrifis pou l fè pou lwa yo oubyen y ap ba li yon sekrè majik.

Lanmò se yonn nan evennman ki pi enpòtan nan vi yon peyizan. Lè l ap tann gwo jou sa a, peyizan ayisyen an ka ipoteke jiska kay li pou l peye ougan an. Nan veye finèb byen konplike ougan an ap libere lwa a, nanm moun ki mouri a. Gen moun ki panse nanm nan tounen nan peyi zansèt yo lan Ginen (La Guinée).

Lènmi yo ki lòtbò a toujou ap veye. Esperyans pèsonèl li ak pinga paran l yo kont pou konvenk li. Fòk nou bay mò a yon pwoteksyon anplis. Ougan an la toujou. Fòk l anpeche kadav kò moun nan tonbe nan men yon lènmi l ki pral fè l tounen zonbi. Nèf jou apre antèman an, se dènye priyè yo ki pral anpeche kadav la deplase.

Kon sa lanmò a se yon lòt gwo chay pou fanmi an. Eritye l yo separe tè a antre yo. Pafwa yo oblije vann yon pòsyon pou peye frè antèman an. Avoka ki sèvi entèmedyè nan tranzaksyon yo pran yon senkyèm nan tè a kòm frè pa li. Gen de lè pou evite frè avoka, eritye yo konn fè pataj la alamyab san yo pa anrejistre operasyon an devan lalwa. Pi devan, ka byen gen chirepit ak pwose. Lè yo pa rekonèt tit pwopriyete yon peyizan li gen de chwa : oubyen li pèdi pwose a, oubyen li aksepte bay yon pati nan tè a pou l peye avoka kap defann li an. A fòs yo separe ti tè a ki pa t menm kont, peyizan ki te pwopriyetè a vin twouve l ap travay demwatye. Sistèm feyodal ap pran pye. Chèf seksyon kòm potanta nan kè kesyon an ak pouvwa li ki prèske san limit. Depi endepandans jiska Divalye popilasyon ayisyèn nan vin ui fwa plis ou menm plis. Se yon pèp ti pwopriyetè esplwatan ki te soti nan lit pèp ayisyen an. Kounye a rapasite moun yo ak tout lòt kòz koumanse chanje sitiyasyon an.

Peyizan an pa marye ak lavil. Leplisouvan li menm pè lavil la. Premye moun lavil li annafè ak li se espekilatè ki vin achte pwodui l nan men l a vil pri nan mache lakay li pou l al revann li byen chè Pòtoprens. Malgre tou, pèsonaj ki pi enpòtan an se chèf seksyon an. Se nan men l tout pouvwa gouvènman an konsantre, depi nan ranmase lajan enpo jis ka lòd piblik. Anba l plim pa gouye. Gen de lè li egzije yon kòb lè l fin regle yon diskisyon pou tè ant de pwopriyetè. Lè l deside li deside nèt. Pratikman li gen pouvwa kite w an vi oswa touye w. Pou peyizan an se li k gouvènman an. Yon lè, gen yon prezidan ki te fèk moute ki t al vizite yon vilaj. Li tèlman fè bèl efè sou chèf kominote a, mouche swete pou prezidan an vin chèf seksyon yon jou.

Pwovens lan ki gen 90 % popilasyon an , pwodui 90 % pwodui espòtasyon yo. Pou enpòtasyon yo ki kontrekare espòtasyon an li nan menm pwopòsyon 90 % Pòtoprens. Kwak pwodui enpo dirèk depase raman 10 % ansanm revni yo, gouvènman an gen abitid enpoze kiltivatè yo de kwa pou l tire 60 % ou plis nan resous fiskal li yo. Kouran pou lavi a ant kanpay ak vil fèt nan sans inik epi toujou nan enterè lavil.

Yonn nan ra enfliyans blan yo genyen sou peyizan an se koze « mon pè » a. Pè katolik, oswa pè pwotestan. Pou anpil Ayisyen Blan an yo se *Marins* meriken an ki te okipe peyi a soti 1915 rive 1934 sou pretèks y ap vin mate leve kanpe peyizan an yo, y ap vin enpoze lalwa ak lòd. Kwak relijyon katolik la te rive nan zile a epòk Kristòf Kolon (Christophe Colomb) an, li pa janm aji an pwofondè sou mas popilè yo. Menm jan an tou, gen yon sentaks afriken ki pran plas franse a epi premye lang lan tounen lang kreyòl, sen legliz womèn yo tounen sen ki nan vodou a.

An jeneral tout moun dakò se relijyon katolik la ki gen plis moun. An reyalite Ayisyen an plis kwè nan vodou a. Pwotestan yo sot fè kèk pwogrè nan konvèti moun. Gen kèk sèkt ki atire anpil fidèl ak pwogram èd sosyal, distribisyon manje, ouvèti lekòl, klinik ···Gen misyonè ki konn fè presyon sou fidèl yo pou yo divòse ak vodou a, ata ak tanbou a. Sa konn kreye gwo konfli ki konn anpeche konvèsyon fèt. Peyizan an rete soude ak senbòl kiltirèl zansèt li yo mouri kite pou li yo. Wete vodou a, ou riske kreye yon twou vid nan vi li sou tè d Ayiti. Sou Divalye yo te konn pèsekite legliz. Yo paralize fonksyònman l. Yo enpoze vodou a kareman.

Lavil, kote k gen 10 % popilasyon an, sistèm klas sosyal la òga-nize sou baz koulè po, richès, pozisyon sosyal. Kwak Divalye ensiste sou negritid, fyète ras nwa, eritye kilti afrikèn, yonn nan mwayen pou pran grad nan nèchèl sosyal la, se marye ak yon moun ki pi klè pase w. Se sa Divalye fè poukont pa li. Men, lajan oubyen pouvwa ka bay menm rezilta a. Pwovèb la di: «Milat pòv se nèg, nèg rich se milat». Se yon bagay ki klè, zòn lavil yo se te toujou pitit afranchi anvan endepandans yo ki te rete la. Depi 1804 se yo ki te fè etid, se yo tou ki te gen kapasite pou okipe pòs enpòtan.

Elit milat la gen koutim meprize « moun mòn yo ». Menm lè se yon prezidan nwa ki sou pouvwa li toujou chache mwayen fofile kò l pou l byen mennen. Depi nan ane 20 yo, gen yon gwo mouvman nasyonalis nan klas mwayèn nwa yo ki koumanse manifeste. Men, jis 1957, dat yo te nonmen Divalye a, sitiyasyon an te rete menm jan an. Pandan l ap ensiste sou negritid, Papa Dòk te san pitye pou klas pa l la menm jan ak tout lòt.

Si nan zòn riral yo peristil yo se sant vi espirityèl peyizan an, kè Ayiti swiv kadans Pòtoprens lè l ap bat. Tankou tout lòt kapital yo nan Amerik la, se yon koleksyon bagay ki nan estremite. Diferans lan klè ant mizè, kras Lasalin, depo sou waf yo, rezidans klas mwayèn yo nan estil pen epis epòk Rèn Viktorya an Grann Bretay (Grande Bretagne), vila dènye kri, otèl gran panpan nan ren mòn yo. Pòtoprens, chalè k ap toufe moun tout ane, nan wotè Kenskòf distans demi è ak Pòtoprens, ou oblije gen mayo lenn. Touris ki debake sot nan avyon reyaksyon tonbe nan yon anbyans ki pa gen anyen pou l wè ak sa yo sot kite a. Yo pral dekouvri yon vil ki byen ke li gen plizyè dizèn ane avans sou kanpay la, li gen yon rezo telefonik ki fonksyone raman, yon izin eletrik menm patriyòt yo kalifye l enstab, yon enstalasyon pou tretman ak distribisyon dlo ki pa respekte pi piti nan règ ijyèn estanda.

Zòn endistriyèl peyi a santre près konplètman otou kapital la. Sik ak pit se de pwodui ki pi enpòtan. Men nou jwenn izin twal, distilri wonm, tànri, moulen mayi, moulen diri. Nou bliye atizan yo ki fò nan motif konplike sou twal oswa bwa.

Moun ki nan klas pi ba yo, se moun ki rete nan bidonvil tankou Lasalin, moun yo anplwaye nan yonn nan endistri nou sot site non yo a. Si se yon fanm, pètèt li ka jwenn yon djòb domestik kay yon milat ki rich. Rèv la se vin zanmi yon politisyen. Si w vle pouse l pi lwen ou ka reve vin prezidan la Repiblik. Se pa enstitisyon yo ki konte, se moun yo. Se sa k fè se relasyon ki konte. Se sa k fè ou pa sa pa nan yon pati politik. Tout avantaj yo al jwenn prezidan an ak konpayèl li yo. Yon ofisye moun li yo renmen anpil, yon bizismann rize, yon pwofesè ki gen enfliyans, plas yo se nan pouvwa a. Depi tout tan, politik se mwayen ki pi rapid si se pa sèl mwayen pafwa pou moun vin rich.

Divalye pran pouvwa a, li pwomèt mas nwa a yo l ap wete yo nan mizè. Lè a rive pou n resevwa pa nou nan gato a, pou nou pa di nan biten an. Se te an 1957. Ane apre yo, egzistans peyizan an vin pi frajil toujou. Sèl ti konsolasyon li, sè ke kouzen li an ki ret lavil la gen menm bezwen avèk li toujou; pafwa vi kouzen an pi espoze toujou pase pa li.

Chapit 4
Politik kout kanno

P esonn pa konnen kote Divalye soti. Anpil Ayisyen bay kèk esplikasyon, men yonn kontredi lòt. Sa ki sèten ane jenès li yo kòresponn ak yonn nan moman kritik nan istwa d Ayiti yo. Peryòd kominis te an vòg ak peryòd okipasyon amerikèn. Divalye te viv peryòd cho sa a nan kòmansman syèk la. Epòk la ba yon moun ki anbisye kont leson 1. Li moutre w ki jan pou chape poul ou. Ou riske peri lè w devwale kat datou w twò vit. Nan kafouyi politik ayisyen an sèl pouvwa ki ka pran pye se pouvwa absoli, sa ki pa gen limit lan. An 1907, ane Divalye te fèt la, lari Pòtoprens pa t ko asfalte. Chak bò trotwa a yo se twou ki rete bouch ouvè. Te gen ti chwal mèg k ap rale ti kabwèt ki kite fose byen fon nan labou ki nan lari yo. Bò bodmè a, machann yo konstwi magazen yo ak materyo solid epi yo fèmen yo ak pòt an fè. Tèlman revolisyon fèt souvan.

Kriz ekonomik, eskandal politik, yonn vin apre lòt. Yo akize direktè bank lan li detounen yon milyon dola ak konplisite yo sipoze twa ansyen minis te gen nan koze a. Nèg sa a yo pral vin prezidan, yonn apre lòt.

Etranje a menm ap bay presyon pou entimide moun. Depi gen yon diskisyon sou koze lajan, Franse, Alman, Ameriken pare pou yo vin kore reklamasyon yo ak kanon yo. Gen Alman ki gen gwo relasyon ki vin rich nan finanse yon revolisyon. Si pati yo a ganyen, y ap double kòb yo te mete a. Leplisouvan se ka a jiska pwochen revolisyon an. Kifè la, fòs gouvènmantal yo pa goumen ak anpil konviksyon piske ti salè yo twò mèg. Trè souvan nou konn wè kèk jeneral enpwovize men byen sibvansyone fòmen yon lame peyizan mèsenè. Kako yo, soti nan nò zile a vin sou kapital la pou vin chanje figi prezidan an ak chanm depite a. Pi fò nan sèvis piblik yo se pou Alman yo. Se bato alman yo ki transpòte pi fò komès eksteryè yo. Men, se Lafrans ki rete pi bon kliyan epi prensipal kreyansye ti zile sa a. Washington pa fin twò renmen anbyans yon ti jan twò entènasyonal sa a, nan zafè ayisyèn yo. Tèz entèvansyonis yo ki gen rasin yo nan doktrin Monnwo (Monroe) yo vin deplizanpli popilè bò kote kèk palmantè enfliyan ak kèk editè jounal.

Palè Nasyonal la, se Ayisyen ki fè plan an epi ki konstwi l.

    Yo pa konn anpil bagay sou premye ane Franswa Divalye yo, lè l te jèn. Menm alèkile, pa gen anpil moun k ap pran chans al fouye zo nan kesyon sa a. Sa ki sèten, li te nan premye lòj nan makakri pafwa trajik ki tap dewoule sou sèn Pòtoprens lan, kapital ki sèvi twal de fon anime nan yon sitiyasyon sosyo ekonomik k ap chanje vizaj chak jou. Se tou pre palè preziansyèl la Divalye fèt, sou diktati militè Nò Aleksi (Nord-Alexis). Papa a, Dival Divalye (Duval Duvalier) te marye ak Iritya Abraam (Uritia Abraham) ki t ap travay nan yon boulanjri kote yo te konn wè l ap mache pye atè. Divalye te gen ennan lè jeneral Simon jete Aleksi. Li te gen katran, lè yon revolisyon te kouri dèyè Simon epi senkan lè yon esplozyon detwi palè prezidansyèl la ki te fèt an bwa ansanm ak nèg ki te ladan l lan, Sensinatis Lekont (Cincinnatus Leconte). Lè yo anpwazonnen prezidan Tankrèd Ogis (Tancrède Auguste) li te gen sizan. Yo sispann antèman an, lè de jeneral tap goumen pou konn kilès nan yo kap ranplase l. Se yon sèten Michèl Orès (Michel Oreste) ki ganyen. Yon ane apre, yon sèten Zamò (Zamor) dechouke l. Zamò menm li kite plas la pou Davilma Teyodò (Davilmar Théodor) sou ennan.

Nou pa konnen si evennman sa yo te konn fè ti Franswa soufri lè sa a, men konsekans yo sou Ayiti pa te mens.

Peyi a te pran reta pou l peye dèt li yo, sitou dèt Lafrans yo. Revolisyon ki pa janm fini yo te lakòz yon tralye reklamasyon. Ameriken, Angle, Alman, Italyen, Franse, tout vin dèyè lajan. An 1910, ak fon gouvènman ayisyen avanse, yon konsòsyòm bankye ameriken, franse, alman fonde bank nasyonal, enstitisyon dwa prive ki pran direksyon Trezò a. Li se gadyen tout fon gouvènman an. Enterè ameriken yo gen 40 % kapital la. An 1914, pou klèsi yon sitiyasyon finansye ki bwouye, bank lan fè presyon sou Etazini pou l pran kontwòl dwàn ayisyèn yo menm jan l te fè l an Repiblik dominikèn an 1905.

Yon lòt diskisyon soulve apwopo yon akò ki te siyen an 1910 ant gouvènman ayisyen ak yon fim ameriken. Dapre kontra a, Ameriken yo gen pou yo konstwi yon chemen an fè ki ini Pòtoprens ak Kap Ayisyen (Cap-Haïtien). 21 bout wout an tou. Apre twa premye twonson yo, fim nan voye yon fakti 3 600 000 dola bay otorite yo. Otorite yo peye enterè yo pandan yon sèten tan epi apre 1913 yo sispann peye sou pretèks konstriktè yo pa fini wout la, yo pa respekte siyati yo. Yo reponn, yo pa fè l poutèt enstabilite ki pa janm fini nan peyi a, ki fè yo deklinen tout reskonsablite. Etazini antre nan koze a pou l pran defans konpayi an.

An 1914, lavèy premye gè mondyal la, enterè etranje yo ap bay Ayiti gwo presyon epi Ameriken fini pa okipe zile a ane apre a. Diran epizòd revolisyonè janvye 1914 la, gen bato lagè angle, alman, franse ak ameriken ki vin fè vizit doktè. Senp demonstrasyon pou moutre fòs yo lè y ap voye je sou enterè etranje yo ann Ayiti. Mwadout nan menm ane a, lè bank nasyonal refize èd finansye li, prezidan Zamò (Zamor) aksepte prete lajan nan men Alman yo nan kondisyon ki ka winen peyi a. Demach sa a, te fè moun krenn Alman yo te ka asire dominasyon finans peyi a epi tabli yon baz naval. An novanm Teyodò (Théodore) chase Zamò enpi li pran pwoblèm finansye yo met sou do li. Li eseye yon kout fòs pou l pran fon gouvènman an te depoze nan bank nasyonal yo, ki fè pati kòb yo te prete Ayiti an 1910 yo. Se fon sa a yo ki garanti papye monnen yo. Paske zak sa a, se yon vyolasyon akò a ak bank lan. Yon mwa apre, an janvye 1915, yon lame kako Vilbren Giyòm Sam (Vilbrun Guillaume Sam) kòmande, desann sot nan nò li pran pouvwa a. Amiral Kapètonn (Caperton), ki t ap fè patwouy abò batiman li, an menm tan ke plizyè lòt bato lagè ameriken, reyisi konvenk Sam pou l pa detwi vil Gonayiv (Gonaïves) ak Sen Mak (Saint-Marc) pandan l ap mache sou Pòtoprens. An mas, Sam pran pouvwa a. Tansyon an bese, Bato ameriken yo al fè wout yo. Men, kalmi sa a dire lontan. Nan nò zile a yon lòt revolisyon ap bouyi anba mayèt Wozalvo Bobo (Rozalvo Bobo). Mouche rekrite kèk mèsenè, men sa toumante etranje yo ki nan peyi a. 19 jen, senkant maren franse debake nan Dekat (Descartes), Okap Ayisyen (Cap-Haïtien). Misyon yo se pwoteje refijye politik ki te jwenn azil nan konsila Lafrans (France) lan kote sekirite yo mennase. Imedyatman Etazini espedye Kapètonn (Caperton) ann Ayiti. Ameriken an renmèsye Franse a enpi li pran larelèv. Pandan tan sa a revolisyon Bobo a ap vale teren. Amiral ameriken an, konsilte lòt konsila etranje yo anvan l fè konnen li pa p tolere moun yo vin goumen Okap (Cap-Haïtien). Pati ki genyen an, an deyò vil la, ap gen dwa antre vin pran l a kondisyon tout bagay fèt nan lòd. 27 jiyè, yon lòt leve kanpe nan Pòtoprens. Kapètonn dirije l sou kapital la abò Wachintonn (Washington) nan. Li kite yon lòt batiman, Igèl (Eagle), dèyè l, pou asire lòd o Kap.

Omoman leve kanpe a fèt Pòtoprens, Sam rafle 167 manm opozisyon an li voye yo nan prizon. Li pase direktè a lòd egzekite nèg li kaptire yo si revolisyon an reyisi. Sitiyasyon an evolye tèlman rapid Sam oblije kouri kite Palè a l al chache refij nan anbasad Lafrans. Yo masakre tout prizonye yo sòf senk. Pi fò nan viktim yo soti nan fanmi ki koni nan Pòtoprens. San ap koule nan lari yo. Paran yo oblije pwonmennen nan yon lakou plen kadav anvan yo rekonèt moun pa yo a. Lelandemen maten 28 jiyè, apre yon nuit tèt chaje yo pase ap fouye fòs, kòtèj finèb yo koumanse defile nan vil la pou y al nan simityè a. A dizè trant, Wachintonn mouye nan rad la. Bri koumanse kouri kòm kwa Ameriken vin sekouri Sam. Kounye a kòtèj yo tounen gwoup kraze brize. Yo antre nan anbasad Lafrans lan. Foul la atrap Sam. Gen moun ki di li te kache nan sal de ben an, gen lòt ki di li te kache anba kabann. Yo trennen l sou griyaj ki sèke edifis anbasad la. Yo dechikte mouche.

Menm jou a gen de konpayi *Marins* ak twa konpayi maren pou asire kontwòl kapital la. Pi devan, y a voye ranfò pou yo. Yon okipasyon ki pral dire 19 an fèk kòmanse. Yo enpoze Ayiti yon trete li siyen pou dizan epi yo renouvle l ann apre pou dis lòt ane. Etazini pran tout administrasyon zile a, eksepte ministè jistis, enstriksyon piblik ak P.T.T. Epòk sa a Divalye te timoun 8 an. Toujou nan premye lòj, l ap asiste dewoulman espektak la.

Jounen 30 out la, alòske *Marins* yo rive Leyogàn (Léogane), premye gwo aglomerasyon nan lwès kapital la, yo kontre ak yon pèsonaj grann tay, figi l dekore ak moustach. Se Chalmay Peral (Charlemagne Péralte), kòmandan awondisman an. Li refize bay pouvwa a, remèt zam li epi bay drapo a. Li pa janm fè anyen jiskaske nouvo prezidan an (Sid Datignav (Sudre Dartiguenave) fè l konnen li revoke l. Péral repliye nan domèn fanmi li Ench (Hinche), aglomerasyon Plato Santral (Plateau Central) ki pa lwen fwontyè dominiken. 11 oktòb 1917 yo akize Peral san rezon li te patisipe nan yon atak sou Ench. Espedisyon an te reyini yon bann kako yon sèten ofisye Gabriyèl (Gabriel) tap kòmande. Yo arete l Ench, apre sa yo voye l nan prizon Wanament (Wanaminthe).

An janvye 1958, yon kou masyal *Marins* yo kondane Peral ak frè li Sayil (Saül) pou yo pase 5 an travo fòse. Travay yo se bale lari a nan ti vil ki nan fwontyè a. Yo transfere l o Kap. Yon jou nan mwa dawou a, li kite bale a, li sove.

Li rasanble yon gwoup zanmi, l atake Ench ann oktòb 1918. An 1919 *Marins* yo tounen ak kòve, ki vle di yo fòse popilasyon an antretni wout yo. Kounye a Péral fòmen yon lame peyizan an kòlè kap mennen aksyon geriya kont *Marins* yo. Pou epòk la se bagay ki te ra. Laplipa di tan, peyizan an kontante l chanje hou li pou yon fizi pandan lanui.

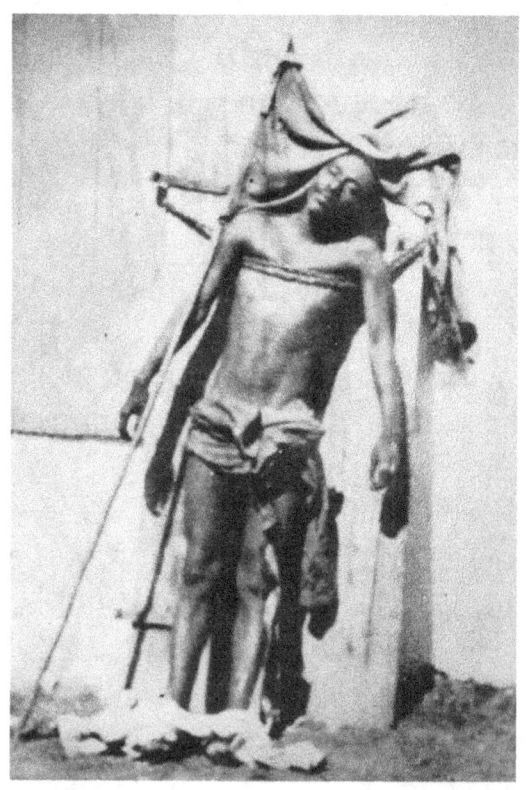

Marins yo anplwaye yon Ayisyen yo rele Jan Konze (Jean Conzé). Yo pwomèt li 2 000 dola rekonpans si l mennen l ba yo mò ou vivan. Premye novanm 1919 yon patwouy moute y al chache P.C. de Péralte nan mòn nan. Se kapitèn Enekenn (Heneken) ki nan tèt li. Li nwasi vizaj li. Lè yo apèsi kan an depi byen lwen Konze moutre yo Peral. Men l laba a ak yon rad swa. Nèg la gade li wè moun yo k ap mache vin sou fe d kan an. Enekenn epole fizi l, li tire, li touye Peral. Gouvènman ameriken rekonpanse Enekenn. Li medaye l ak *"Congressional Medal of Honor"* . Peral menm yo mare kò li demi ni nan yon pòt, pye l ap trennen nan labou. Y ap espoze l kon sa nan katye jeneral jandamri Kap Ayisyen an. Yo pa bliye Konze (Conzé), yo medaye l Òd Ayisyen Onè ak Merit.

Leve kanpe peyizan yo dire lontan. Divalye te gen douzan lè Kako yo te lanse kòmando swisid de fwa kont de mil *Marins* yo ki pozisyone nan kapital la. Yo repouse yo de fwa epi yo pèdi anpil moun. Kadav gaye nan lari yo epi odè lafimen dife yo mete yo rete grave nan tèt ti moun nan.

Pandan okipasyon amerikèn nan, malgre kantite patizan Bobo gen nan pèp la, se prezidan sena a, Sid Datignav (Sudre Dartiguenave) ki pase kòm prezidan. Sou administrasyon li, papa Franswa, Dival Divalye, pwofesè nan yon lekòl primè. Li te touche 4 dola pa mwa. Yo revoke l sou pretèks li fèt Matinik (Martinique), li se etranje. An 1916, *Marins* yo okipe Repiblik Dominikèn tou. Yo poze lapat sou tout zile a nèt. Si w pale ak yon ansyen nan Pòtoprens l ap di w li chonje yon jenn gason yo te rele Franswa ki te byen dou. Li pèsonèl. Li toujou pou kò l. Li pa mele ak lòt yo. Se gran papa l ki te konn koud rad li. Li fè klas li nan lise Aleksann Petyon (Alexandre Pétion). Petyon, premye prezidan milat ki te fè bati lise sa a ki kouvri ak tòl ondile an 1816. Lise a nan distri Bèlè (Bel-Air). Ou ret nan fenèt li, w ap dominen pò a ak palè prezidansyèl la. Nan pwofesè Franswa nan sik segondè nou ka site Jan Prays Mas (Jean Price Mars) ak Dimasè Estime (Dumarsais Estimé). Ane elèv yo a pran diplòm fen d etid li an 1928, Doktè Jan Prays Mas, pi gran etnològ ann Ayiti pibliye yon liv li rele *Ainsi parla l'oncle.* Yon dat moun pa sa bliye nan literati ayisyen an. Dimase Estime, jenn nèg, ti kò, ki soti nan peyizànri a, pral fè pale de li pi lwen. Se li ki pral lanse revolisyon klas mwayèn nwa a yo. Tout pwofesè Divalye yo milite nan òganizasyon kap reklamen lafen okipasyon amerikèn. Yon lekòl tankou sa Divalye te frekante a pa sa fè bèl figi ann Amerik. Ann Ayiti, moun yo fyè. Kwak Ameriken yo te eseye mete konseye pedagojik ladan yo, se Ayisyen ki plis fòmen kò pwofesoral la. Yo jis kopye pwogram fransè a. Elit la chaje ak

prejije aristokratik kont pwofesyon liberal yo oswa karyè literè. Yo
meprize travay manyèl. Nan tèt li travay manyèl se menm bagay ak
esklavaj. Se pou moun pòv ak moun sòt li fèt. Li pè pou Ameriken
yo pa detounen sistèm edikasyon fransè a, fè l chita sou bit materyèl.
Tout peyi a ap sibi konsekans yo genyen pou ansèyman agrikòl ak
endistriyèl. Sa vin fè moun ki kiltive yo ale nan pwofesyon liberal.
Yon pakèt avoka, medsen, politisyen, men pa gen enjenyè, pa gen
teknisyen. A sipozisyon Divalye te gen yon ti jèm nasyonalis, pa
gen anyen ki te pèmèt moun devine l. Nan yon epòk kote powèt
ak literatè ap siyale parante espirityèl ki genyen ant Ayiti ak lan
Ginen (Guinée) pa gen moun ki te ka pran ris di nèg sa a ki pral vin
prezidan an te anbrase eritaj afriken ak fyète.

Apre etid segondè 1 yo, Divalye te enskri nan yon lekòl med-
sin Ameriken yo te reyòganize malgre pwotestasyon kò medikal
ayisyen an. Li reyisi antre ladan san l pa t oblije pase egzamen
admisyon.

Ane apre yo, ansyen kondisip li yo twouve yo nan tèt yon pati
opozisyon ki mande depa Ameriken yo ak tout sekoutye yo a, pre-
zidan Bòno (Borno) (1922-1930). Zanmi Dival Divalye yo remete
l nan pòs enstititè li. Novanm 1929 etidyan yo fè grèv. Peyi a ap
bouyi. Jenn ekriven koumanse soulve popilas la nan resite pwezi
patriyotik sou plas piblik yo. Lè sa a, Divalye gen 22 zan. Li plis rete
ap obsève. Men, li rankontre Lorimè Deni (Lorimer Denis), yon jèn
mistik 24 an, espesyalis vodou. Yo di li te gen gwo enfliyans sou
Divalye. Yo met ansanm pou y evalye modòd nasyonalis yo. Grèv
etidyan an rive chase Bòno. Yo koumanse reflechi sou pwoblèm
okipasyon an yo. Prezidan Houvè (Hoover) baze l sou konklizyon
yon komisyon ankèt Wachintonn (Washington) pou l evakwe
Marins yo. Yo prevwa operasyon an ap dewoule an bonn òd epi l ap
dire senkan.

Ansyen majistra Pòtoprens lan, yon milat yo rele Estenyo
Vensan (Sténio Vincent) fè kanpay elektoral li sou tèm nasyonalis.
Yon asanble 57 manm mete l prezidan. Se *Marins* yo ki te chwazi
asanble sa a nan eleksyon jeneral yo te sipèvize. Efikasite grèv la

ak Vensan ki moute prezidan an moutre nou aklè ki fòm lit pou pouvwa a pran.

Se nan moman sa a Divalye koumanse moutre sa l gen anba pye l epi ak ki fasilite li ka oryante l. Se papa l ki premye benefisye. Yo nonmen l jij de pè Granbwa (Grand-Bois), yon kominote riral ki bò fwontyè Dominikani. Franswa menm li retwouve l bò kote militan negritid yo. Mouvman yo a ap vale teren. Konpayèl li toulejou se Lorimè Deni (Lorimer Denis), nèg mistik la. Premye atik Divalye siyen 10 janvye 1932 te parèt nan *Le Petit Impartial*. An 1933 li siyen ansanm ak Deni ak Ati Bonòm (Arthur Bonhomme) yon liv *Les tendances d'une génération*, yon sòt de manifès an favè literati otantik ayisyèn.

An 1934 yo retire *Marins* yo. Wouzvèl (Roosevelt) an pèsòn deplase. Li prezide seremoni an Okap (Cap-Haïtien). Se premye prezidan ameriken an fonksyon ki mete pye nan zile   a.

Menm si yo kite anpil rayisman dèyè, *Marins* yo reyalize anpil bagay : wout, dlo potab, amelyorasyon ijyèn kolektif. Mwayen transpò yo enstale ni pou machandiz ni pou moun. Lekòl, lopital, pon, enstalasyon nan pò yo. Yo pwoteje sante piblik. Yo bay agrikilti bourad. Yo kreye enpi yo antrene yon fòs jandamri ki gen pwofesyonèl ladan. Lajan ayisyen an chita sou bon baz epi pwoblèm finansye yo regle selon prensip klasik.

Menm ane twoup okipasyon yo pati a, 1934, Divalye resevwa diplòm doktè li. Pwomosyon l lan te gen 15 etidyan. Yo pran li kòm entèn nan ospis Sen Franswa d Sal (Saint-François-de-Sales). yonn nan pwofesè l yo, rakonte yon ti istwa ki ka pèmèt nou wè karaktè jenn ti doktè a. Li te nan yon pansyon nan yon fanmi. Te gen yon kondisip nan menm chanm avèk li. Yon jou gason kap fè mennaj nan chanm nan fè l konnen konpayèl li a ap denigre l. San l pa menm chache verifye si se vre si se pa vre li demenaje enpi li pa janm pale ak lòt la. Doktè a di : « *une personne moins instruite ne pourrait prétendre à le tromper*». Kon sa, li kwè li. Lè l rive prezidan se kon sa li pral aji. Konfyans li mete nan èd li yo, li totalman endepandan de iyorans yo, menm pi gwo iyoran   an.

Enterè li genyen k ap grandi pou negritid la se pa nèg k ap chante nasyonalis la ak anpil pasyon k ap ba li l. Se konsepsyon yon ti gwoup nèg k ap chache lyen mistik ki makònen yo ak pase yo. Manm yo esprimen teyori yo ak nasyonalis yo nan kèk piblikasyon ki gen kòd sekrè.

Toujou an 1934, Divalye fè parèt kèk atik nan yon jounal nasyonalis, *L'Action nationale*. Non li chwazi pou l siyen atik li yo se Abderrahman, pou l rann omaj bay fondatè arab lekòl medsin Kòdou (Cordoue) a pandan Mò (Maures) yo te okipe Espay. Li trete yon bann sijè nan tèks li ekri yo. Estil li prezante epòk li plizyè fason, ke li pale de literati, de moral, de politik, de gam l ap fè pou otè popilè ayisyen epòk pa l la ou non. Li fleri, li sèvi ak anpil mo vodou, santiman patriyotik la fò sou li. Otè a denonse okipan yo piblikman avèk raj. Li kritike elit la san menajman pou egoyis li, pou endiferans li pou pèp la. Sò pèp la, eta lamantab l ap viv endiyen jounalis la lè l konpare pèp la ak elit la ki initil, plen ògèy, enbesil (*Action nationale*, 13 juillet 1934). Destine Ayiti bay Abderrahman degoutans ak dekourajman tou patou, enpi, nan tout bagay, yo toujou pito gwo medyokrite yo, gwo machann pwostitiye yo pase òm de valè ki soti nan fènwa a ak pwòp fòs yo. Depi plis pase yon syèk, se yon sèl bagay yo konnen krache nan figi veritab pitit patri sa a ki pa janm mouri a. (12 jiyè 1934) Li gen espwa yon nonm pral kanpe pou l fini ak enjistis, enpi korije bagay yo.

Marins yo ki pati a fè manèv politik yo siy. Ak ankourajman prezidan Vensan, mas yo nan Pòtoprens fin pran chenn kont okipasyon an. Kòlè fè yo detwi pon, enstalasyon telefonik san gade dèyè. E poutan peyi a tèlman bezwen bagay sa a yo. Vensan dekrete lwa masyal. Yo sispann tout garanti konstitisyonèl epi yo kouri dèyè palmantè ki nan opozisyon yo. Ak mezi sa a yo li se premye diktatè peryòd apre okipasyon an.

Chapit 5
Bagay yo ap kouve

1937 se yon ane tribilasyon nan istwa d Ayiti. Depresyon ameriken an aji sou ekonomi zile a. Espòtasyon pwodui agrikòl pa reprezante anyen. Plis Ayisyen al vann kouray yo nan plantasyon kann Kiba oswa Sen Domeng. Toulede se peyi diktatè : Batista ak Twouyilyo. Toulede wè resous fiskal yo ap ratresi danjerezman. Pri sik la desann sou mache mondyal la. An plis yo oblije rezoud pwoblèm travayè Ayisyen sa a yo kap vide sou yo pa pakèt.

Pa gen anyen k pi di pase travay nan chan kann. Se travay fyèl pete. Batey yo menm, se depotwa mendèv ; yo plis sanble kan konsantrasyon. Peyizan ayisyen an pare pou l viv esperyans lan. Sa yo pwodui sou tè lakay yo pa kont pou nouri fanmi yo kap kontinye gwosi. Yo vwayaje ak espwa ya retounen lakay yo ak yon ti lajan kap pèmèt yo achte bèt, rebati kay yo, agrandi tè yo. Pi fò nan yo tounen nan peyi a. Anpil ladan yo rete tann lòt rekòt. Kiben yo ak Dominiken yo pa tèlman enterese travay nan chan kann. Menm Twouyilyo pa t reyisi fòse konpatriyòt li yo al pran brimad anba solèy cho nan plantasyon kann yo kote y ap batay kont gwo fomi jeyan. Yo di ann kite sa pou malere Ayisyen yo. Ayisyen yo menm, yo sote sou okazyon an. Lè pri sik la moute sou mache mondyal la, yo byen kontan resevwa yo.

Malerezman pou yo, nan mitan ane 30 yo, pi fò nan sikreri kiben ak dominiken oblije fèmen. Anpil Ayisyen tonbe nan chomaj; yo oblije chache travay nan lòt branch. Se Batista ki reyaji an premye. Li pase lòd mete koupè kann ayisyen yo deyò nan peyi a. Solisyon sa a kapab brital. Twouyilyo menm li mennaje yo   plis.

Pou l rive fè Ayisyen yo kite Dominikani, Twouyilyo envante « operacion perejil » operasyon pèsi. Yo konnen vwazen kreyòl yo gen pwoblèm pou yo pwononse mo pèsi an espayòl. Souvan se sèl mwayen pou distenge yo ak Dominiken. Sòlda Twouyilyo yo degize tèt yo an peyizan, yo mete apante zòn fwontyè a. Lè yo jwenn yon endividi yo gen pwoblèm pou yo idantifye, yo moutre l kèk branch pèsi, yo mande l sa yo ye. Si l gen malè pa pwononse lèt **R** la kòrèkteman, li se yon nonm ki peri.

Pandan yon mwa anviwon lemonn pa konn anyen nan beny san sa a diktatè dominiken an te pase lòd fè sou Ayisyen yo. Apre sa se yon tralye moun ki vin prezante nan lopital Okap Ayisyyen (Cap-Haïtien), sa k blese, sa k gen janm ou bra fraktire anba kout manchèt oswa bayonèt. Nouvèl la gaye. Se an septanm 1937 masak la koumanse. Nan nò fwontyè a, yo touye Ayisyen sou pretèks y ap vòlè bèt moun. Kochma a ap rive nan dènye bout li 2 oktòb nan nuit Dajabon, yon kominote dominikèn ki bò larivyè ki fè fwontyè a. Yo rele larivyè sa a Masak (Massacre). Bagay yo kòmanse apre vizit jeneralisim nan. Se nan nuit sa a menm masak la kòmanse. Yo pral fè menm egzekisyon masif sa a yo nan lòt vil an Dominikani. Ayisyen tout laj fou, panike, fonse nan zòn larivyè Masak la ki separe de peyi yo. Nan espas trannsizè, kantite moun yo touye yo depase 20 mil.

Twouyilyo pa vle tande koze li ta gen Ayisyen nan ras li. Epòk sa a, yo panse se pou l prezève sa l rele blanchè konpatriyòt li yo. Atitid li a se menm ak atitid anpil lòt manm gwo boujwazi dominiken an ki gen kèk ladan ki sot nan chouk ewopeyen. Li te konn di bon zanmi l yo li pè pou san peyi a pa febli poutèt prezans yon peyi vwazen ki gen plis moun pase peyi pa l la. Men sa l konn di de Ayisyen: « yon bann nèg etranje nan peyi a, yo meprize yo, se vòlè bèt yo ye, pratikan vodou. Prezans yo sou teritwa dominiken an se deteryore l ap deteryore kondisyon lavi moun yo nan peyi a. Anyen pa fè l doute, sòf opinyon piblik monn nan. Depi epòk ki pa twò lwen depi li pran pouvwa a, li deja moute yon fòs ame pèsonèl 30 000 òm, yonn nan pi gwo yo nan Amerik Latin nan. Menm epòk sa a, Ayiti te gen yon fòs 2 500 zòm yo mete prensipalman pou l jwe wòl lapolis enpi se enstriktè *Marins* ki te fòmen yo.

Prezidan Divalye (Duvalier) bò fwontyè a ansanm ak Jeneralissim Twouyilyo (Trujillo) ki lotè jenocide 1937 la (li te deside detwi Ayisyen kòm ras nwa)

Lòt ane yo apre masak la Twouyilyo mete yon kòdon sanitè pou pwoteje peyi l kont Ayisyen. Nan tout zòn fwontyè a li konstwi vilaj ak legliz espesyalman pou imigran espayòl, japonè, Ongwa. Yo tout gen dlo ak eletrisite.

Yon jou, yon ofisyèl dominiken di Jan Prays Mas (Jean Price Mars), anbasadè Ayiti, ki rapòte l kon sa: "Nou menm Dominiken, nou pran reskonsablite zafè sa a nou byen regrèt la. Men sa w pa konnen an, mesye Anbasadè, nou gen bon jan enfòmasyon. Dapre enfòmasyon sa yo, gen gwo pèsonalite ofisyèl peyi w la ki fòmèlman patisipe, kwak endirèkteman nan dram sa a."

Emosyon masak sa a kreye mennen prezidan Vensan al chache yon akò ak Twouyilyo. Yo mande Etazini ak Meksik vini kòm abit. Akò final la prevwa dedomajman 750 000 dola pou viktim yo. Sa

reprezante apeprè 38 dola pa tèt. Twouyilyo pral bay 500 000 dola
sèlman. Lè reprezantan domininken an al fè dènye vèsman an
Pòtoprens li distribiye 25 000 dola an biyè dis ak ven bay politisyen
ak chèf pati pou montre bòn fwa yo. Konbyen peyizan yo touche
nan dedomajman sa a, asipoze yo te resevwa kichoy, pèsonn pa
janm konnen. Ane apre a, moun yo rekòmanse fofile kò yo nan
fwontyè a.

Beny san sa a pral bay Twouyilyo plis anvi toujou pou l dominen
Ayiti. Kon sa li kapab bouche twou moun ki kont rejim li an. Depi
plizyè ane li t ap seye mete yon nèg pa li kòm prezidan d Ayiti. Nan
peyi pa l, diktatè a gen kontwòl sitiyasyon an. Li moute yonn nan
pi gwo sèvis sekrè nan Amerik Latin nan. Li vle gen enfliyans sou
tout peyi ki pre lanmè Ozantiy.

Vè fen 1933 Twouyilyo ak prezidan Estenyo Vensan (Sténio
Vincent) rankontre sou fwontyè a. Eli Lesko (Élie Lescot), minis
enteryè te la tou. Se li ki kouvri sèvis sekirite tèritwa a ak polis
sekrèt la. Premye rankont sa a ant 2 zòm yo pral kreye yon zanmitay
kap dire lontan. Se zanmitay sa a ki pral pèmèt Lesko moute kòm
prezidan, 9 an apre.

Twouyilyo vin Pòtoprens an vizit ofisyèl an 1934. Pou onore li,
Demostèn Kaliks (Demosthène Calixte), jeneral an chèf lame ayisyèn
ofri l yon gwo festen. Apre sa jeneral la pral pwofite tou zanmitay
sa a li tabli ak diktatè dominiken an.

Prezidan Vensan rann Twouyilyo vizit tou. Li antre Sannto
Domengo an 1936. Pandan yon dètou sou fwontyè Montekristi
Twouyilyo resevwa l nan rezidans Izabèl Mayè (Isabel Mayer), yon
koutizàn ki abitye bay diktatè a sèvis. An reyalite se kay dam sa a
Twouyilyo aprann disparisyon ak arestasyon yon kantite ajan li tap
okipe Pòtoprens pou l jete Vensan enpi ranplase l pa kolonèl Kaliks.

Nan konplo a, yo te prevwa y ap mitraye chèf lapolis la, kolonèl
Dise Aman (Durcé Armand), ansanm ak yon ofisye, kòlèg li. Se kon
sa yo prevwa prezidan an pral kite palè a oubyen pou l al wè l
lopital oubyen pou l al nan antèman l. Lè sa a Kaliks ap pran palè
prezidan an daso.

Konplo a te fin mare nèt lè yon manbo, fanm kolonèl la deklare moman an pa pwopis. Yo enfòmen Vensan sou konplo a, li revoke Kaliks. Gen yon kolaboratè Divalye, Ati Bonòm (Arthur Bonhomme), ki te redije yon esè antropoloji avèk li epi ki te nan konspiratè yo ki te retwouve yo nan prizon. Te tèlman gen lit politik fen ane 30 yo, gen yon zanmi Divalye ki deklare ann apre se sèl Franswa nan jenerasyon pa l la ki pa t janm met pye nan prizon.

Epòk Divaliye koumanse entèna li nan ospis Sen Franswa d Sal (Saint-François-de-Sales) se pa etid medsin sèlman ki te enterese l. Li te manm yon ti sèk entèlektyèl, *Les Griots*. Yo te rele l kon sa paske mo gineyen sa a vle di powèt k ap pwonmennen chante. Gwoup sa a rive fòmen yon senak literè ki konsidere nasyonalis nwa ak vodou a kòm veritab sous literati a ak Ayisyen an. An 1938, ak èd papa yonn nan manm yo ki te majistra, yo kreye yon revi ki pran non gwoup la. Objektif revi *Les Griots* a, jan fondatè yo defini l, se mete asòtò ak ason alonè kòm enstriman ki sèvi nan seremoni   vodou.

> "Nou gen nostalji lè n ap gade manman nou Lafrik k ap soufri. Kè n ap senyen lè n chonje bèl sivilizasyon soudanèz sa yo yo detwi yo. An gason vanyan e gloriyezman, pètèt tou kòm ti moun inosan, nou sèmante fòk nou fè patri ki manman nou an tounen yon mirak nwa menm jan Elad (Hellade) te yon mirak blan."

Lè l fin fè entèna li, yo nonmen doktè Divalye medsen konsiltan, delege gouvènman an, nan klinik Emili Segino (Émilie Séguineau), yon mezon retrèt, 16 kilomèt nan sid Pòtoprens. Li sipoze vizite klinik sa a plisyè fwa pa mwa, pi fò nan tan li, li pase l nan Glòb (Globe), klinik an menm tan famasi pwotektè li, doktè Feliks Kwakou (Félix Coicou). Li tou kole palè nasyonal. Nenpòt kout fizi⋯

Yonn nan kòlèg li yo dekri Divalye epòk sa a, kòm yon eleman fèmen ki pa sa fè yon bèl kliyantèl prive. Anplis talan pou fòse senpati ak bòn manyè pwofesyonèl, li bezwen lajan epi yon bèl aparans sosyal ki kont pou kraze baryè yo mete devan yon nèg nwè. Fonksyon l yo garanti l yon salè ofisyèl jis 1943. Li gen yon pakèt tan pou l redije atik antwopoloji ke "siyantifik" ' nan *Les Griots*. Li pa janm kite yo konnen opinyon politik li.

Prezidan Repiblik Dominikèn nan, Joakim Balagè (Joaquin Balaguer) ak yon pòtre Jeneralisim Rafayèl Twouyilyo (Rafael Trujillo). Yo toulede pa vle wè Ayisyen.

An 1939, zanmi Divalye yo konvenk li li lè pou l marye. Yo prezante l yon enfimyè ki rele Simòn Ovid (Simone Ovide). Jenn fi pi grann tay pase l. Anfans li ak karaktè l gen plizyè resanblans ak pa mennaj la. Papa l se te yon machann milat yo te rele Jil Fèn (Jules Faine). Manman l te yon sèvant kay Fèn yo. Lè Simòn te piti, yo te mete l nan òfelina yon Fransèz elit la te sibvansyone. Zanmi yo ankouraje de moun yo marye vit. De jou apre Nwèl, Franswa al marye ak Ovid nan legliz Sen Pyè (Saint-Pierre), Petyonvil (Pétionville), yon fobou ki nan mòn kap dominen Pòtoprens yo.

An 1941, prezidan Vincent ap sibi presyon ki pa rete ak presyon. Yo vle l wete kò l. Li pa dakò. Se yon vye gason ki gen pwoblèm vizyon. Li menm pral vin avèg. Masak 1937 la pa janm soti nan tèt li. Li pati al pran swen aletranje, chanm yo chwazi Eli Lesko (Élie Lescot), yon lòt milat, pou ranplase l.

Eli Lesko ki renmen mennen gran tren d vi, te anbasadè Sen Domeng an jen 1934. Pandan 4 ane li pase nan pòs li Sendomeng, li te antre nan sèk koutizan gran panpan ki te nan siyay Twouyilyo yo. Epòk yo te nonmen l Wachintonn yo se Twouyilyo toujou ki te finanse aktivite mondèn li nan kapital federal la. Kou Vensan fin bay demisyon li, se lajan diktatè dominiken an toujou ki pral mete Lesko prezidan. Men, amitye a pral gate; enpi, an 1943, pral gen diskisyon ant de nèg yo.

An oktòb 1944 yo pral ofri 15 Ayisyen 30 mil dola ak zam pou yo Touye Lesko. Konplo a avòte. Yo vin rann yo kont zam yo te fè pati ekipman Lamerik te prete Dominiken yo kòm bay.

Sepandan Lesko pa vle kite pouvwa a. Poutèt sa li anile eleksyon yo te prevwa pou 1945 yo. Twouyilyo pral touye l frèt lè l pibliye kòrespondans yo te genyen soti 1937 rive 1945. Li moutre mouche se yon panten l ap manipile, yon nonm ki literalman vann enterè peyi l, yon koken ki prete lajan nan men diktatè domoniken pou l kache detounman fon piblik yo lè l te Wachintonn.

Lesko pa gen lespri politik. Pandan l te prezidan an li ranfòse privilèj elit la. Menm kote a tou vin gen gwo mekontantman. Akoz baryè sosyal yo, nwa anbisye yo pa sa vanse selon merit yo, y ap distribiye sitiyasyon ofisyèl enpòtan bay gwo boujwa yo. Lesko mete pitit li yo nan kabinè ministeryèl. Zanmi l yo ap vale teren. Se li ki pral ede Maglwa (Magloire), arivis la, moute nan pouvwa a. Li nonmen l chèf lapolis epi dezan apre, kòmandan Gad palè.

Ak api Lesko, legliz mennen kanpay kont vodou. Nan pawas yo, pè yo òganize otodafe kote yo boule tanbou, ason ak lòt senbòl rityèl an grann ponp. Alfred Metwo (Alfred Métraux), yon antwopològ franse ki te vin vizite Ayiti epòk sa a te koumanse enkyete seryezman pou kilti popilè a li wè ki ka disparèt. Li ankouraje yon jenn ekriven, Jak Woumen (Jacques Roumain), fè bilan vodou a nan listwa. Y ap mennen nan zile a. Woumen fonde Biwo etnoloji, epi, se doktè Prays Mas li mete alatèt li. Kon sa, yo rive sove kèk bèl koleksyon vodou epi Woumen fè rechèch tou sou sa moun mwens konnen nan relijyon an.

Yonn nan premye manm Biwo etnoloji a se Lorimè Deni (Lorimer Denis) ki vin direktè ann apre an sektanm 1942. Entèlektyèl ayisyen yo jwenn yon nouvo pwogram. Divalye fè yo pran l nan biwo a ki vin ranplase *Les Griots* nan pwomosyon mouvman Negritid la.

Deni soti nan yon fanmi pòv Okap Ayisyen. Nan jenès li, li te jwenn yon bous pou l al etidye. L al Pòtoprens, li pa janm tounen lakay li. Avèk le tan, li vin yon nonm mòksis, ki pa nan rans ak moun. Li renmen pran pòz gran potanta ougan yo. Se sou yo li tap fè rechèch. Poutèt konesans yo genyen sou vodou a, yo konsidere Deni ak Divalye kòm de ougan.

A karantan Deni pwofesè nan kolèj Pòtoprens, yon lekòl prive elit la frekante. Pèsonaj la fè enpresyon sou moun. Li toujou gen chapo, kokomakak li toujou nan men l. Pou elèv li yo mouche se yon mistik komik. L ap gen gwo enfliyans sou Divalye. Se li ki pral prezante l bay kòlèg li Fiyole (Fignolé). An 1946, li pral ankouraje l al nan Mouvman Ouvriye Peyizan an (MOP), yon pati politik Fiyole kreye ak Deni. Anpil fwa Divalye gan lè li pa fouti ekri atik li yo poukont li. Près tou sa ki pote siyati pa li ak siyati Deni se travay Deni fè. Gen yon Ayisyen ki konnen yo byen. Men ki jan li pale de relasyon yo: « Divalye se yon ovil femèl ki bezwen yon mal pou l fè pitit. Nan ka sa a, mal la se Deni. »

An janvye 1942, gen yon konferans Riyo de Janeywo (Rio de Janeiro) ki reyini minis afè etranjè de Amerik yo. Etazini pwomèt l ap ede peyi ki vle yo devlope sistèm sante piblik yo. Menm jan ak 17 lòt nasyon, Ayiti aksepte pwopozisyon ameriken yo. Se lè sa a Divalye aksepte antre an kontak ak Ameriken yo enpi an menm tan tou li pral mete l pi pre prezidans lan.

Komisyon Afè entèamerikèn bay 150 000 dola pou ranfòse pwogram ayisyen ijyèn ak sante piblik. Yo bezwen elimine pyan an, yon enfeksyon ki fè maleng sou kò moun enpi ki pa geri fasil. Li pa touye moun yo, men li atake pwen sansib ki ba yo anpil pwoblèm. Manm yo gan dwa vin sèch, yo tòdye, moun nan pa sa sèvi ak yo, figi yo ravaje, tout anba pla pye yo koupe. Kwak li pa maladi veneryèn, se yon espiwochèt ki kòz li epi li sanble ak sifilis. Sa nou remake, yon viktim sifilis iminize kont pyan ; viktim pyan tou iminize kont sifilis. Yo trape l nan kontak, enpi, li pwopaje sitou nan rejyon twopikal kote moun yo mache pye atè epi yo pa benyen souvan. Ann Ayiti se kondisyon peyi a ki fasilite devlopman l. Epòk sa a, apre malarya se pyan ki pi gwo pwoblèm nan, sitou pou timoun.

Se an 1918, Ayiti koumanse konbat pyan. An 1924. Yon ankèt fondasyon Wòkfelè (Rockefeller) te patwone, revele sou yon total 2 500 moun yo obsève, te gen 78 sou chak 100 ki te gen pyan. Yo te trete malad yo ak piki bismout (bismuth) ak asenik. Men metòd la pa t tèlman bay satisfaksyon. Gen twòp malad ki kontante avèk premye ti soulajman yo, yo pa fin swiv tretman an nèt pandan 3 mwa. Apre 1942, yo vin sèvi ak penisilin ki pi efikas, epitou, pi rapid. Pri li pa t pèmèt yo geri anpil moun avèk li.

Komisyon Afè entèamerikèn t ap chache yon espesyalis dèmatoloji ak sifilografi pou reyalize pwogram nan. Se Doktè Djems Dwinèl (James Dwinelle), yon ofisye lame amerikèn, yo anchaje ofisyèlman pou dirije pwogram antipyan an.

Ann Ayiti pa gen anpil medsen. Sètwouve Divalye disponib. Li poze kandidati l, li bon ak twa lòt asistan. Dwinèl pa pale kreyòl epi, konesans li an franse mens. Divalye menm li konn angle a plis pase kòlèg li yo. L ap pèfeksyone l, epi, se li ki pral vin tounen entèprèt Dwinèl.

Achiv ijyèn nasyonal Ayiti moutre se Gresye (Gressier), distans 20 kilomèt sidwès Pòtoprens pyan an plis an vòg. Yo deside konsantre aksyon yo nan yon sèl rejyon alafwa. Yo ouvè yon klinik santral Gresye. Yo fòmen medsen, oksilyè ayisyen pou fè dyagnostik ak tretman, san n pa bliye siveyans apre tretman. Yo fè ankèt tou nan lòt rejyon sitou pou yo konpare bon rezilta diferant kalite tretman. Gresye pa lwen klinik Segino (Seguineau) kote Divalye te premye travay ofisyèlman an.

Klinik lan pral gen siksè. Okòmansman, li te konn fè 25 konsiltasyon pa semèn, yon sèl jou jiska 1000 moun vin konsilte. Apre sa, Divalye t al fè jounalis etranje yo konprann se sekou li t al pote ki fè popilasyon Gresye a te apiye l politikman. Men tout moun konnen zòn nan te toujou epi li rete chato fò pati Fiyole a. An reyalite ni Divalye ni lòt doktè yo pa t janm bay piki. Se te djòb oksilyè yo. Se pwosesyon moun ki te konn vin nan ti kay blanch anba lonbray gwo pye mapou a. Yo vini sou bèt ou apye. Sa k pito mache yo, yo desann mòn yo dousman. Anba pla pye yo fè maleng, yo oblije mache sou rebò pye yo. Ou ta di yon kolonn krab.

Lè mwadjen rive klinik Gresye a pa ase pou fè djòb la. Antretan medsen ayisyen yo fin pran fòmasyon, epi, yo pare pou y al travay nan lòt sektè. Pwogram nan kòmanse fè branch. Yo nonmen Divalye direktè sant fòmasyon Gresye a. Ann out 1943, Dwinèl ouvè yon klinik Kay Jakmèl (Cayes-Jacmel). Malgre siksè de etablisman sa a yo, yo pa pran tan pou yo wè batay kont pyan an mande dispansè mobil nan mòn yo. Yo gen pou yo òganize tou yon sèvis apre swen pou anpeche fleyo a tounen.

Ansanm ak 20 lòt doktè ayisyen, komisyon afè entèamerikèn chwazi Divalye ann out 1944 pou l fè yon estaj nan lekòl sante piblik ki depann de inivèsite Michigan. Li pase ennan la, apre sa l al jwenn Dwinèl nan klinik Gresye a.

Lè Dwinèl ap chonje Divalye, li wè yon asistan byen pezib, ki myòp, ki ouvri bouch li sèlman pou l reponn yon kesyon. Li konsidere l kòm yon move administratè; li pa janm refize yon bagay yo mande l menm lè se tout sèvis la kap peye konsekans lan. Plizyè ane apre Dwinèl deklare li pa t janm soupsonnen Divalye te enterese nan politik ou menm nan vodou. Konpayèl li yo te konn rele pwòp kòlèg li, doktè Orèl Jozèf (Aurèle Joseph) ansanm avèk li marasa bèbè ann Ayiti , kote moun toujou ap bay blag, fè zen, yo konsidere silans nèg sa a yo kòm prèv yo pa gen anyen nan brisak yo.

Ane lagè ap pase. Prezidan Lesko pran nan presyon Etazini ki fè l prete lajan nan men yo. Lajan sa a pral kreye SHADA (Société haïtiano-américaine pour le développement de l' agriculture). Se yon sosyete ki granmoun tèt li ; sèl bagay, gouvènman ayisyen gen pou l rann kont. Li deside se li ki gen pi gwo dwa domèn ; ak sa li pran tout bon tè peyizan yo ki ka pwodui manje. Yo koupe pyebwa yo, sitou sa ki bay fwi tankou pye mango, pye labapen ki jwe yon gran wòl nan alimantasyon peyizan yo. Nan plas yo, yo plante lòt bagay pou fè esperyans. Se *erypotoseguia*, yon ti pyebwa ki sipoze bay kawotchou. Yo echwe. Yo pral oblije rache l. Yo pral mete vetivè nan plas li, yon gramine ki pwodui luil esansyèl. Yo bezwen konpanse sant tradisyo-nèl pwodiksyon ki nan Pasifik (Pacifique), zòn lagè a.

Pakèt bezwen lagè a kreye yo, lajan yo anglouti nan SHADA, tou sa bay ekonomi ayisyèn nan yon pwosperite relatif. Kèk òmdafè bati fòtin yo nan trafike sou rate sèten pwodui, rate ekonomi lagè okazyone. 1945 rive, epi, li pral endike kòmansman fen Lesko. Li mande Etazini prete l lajan toujou. Yo refize prete l. Li move, li desi. Kounye a li atake Lamerik piblikman. An patikilye la SHADA.

Nan fen ane a Lesko anonse li deside rete prezidan jis an 1951. Yon desizyon kon sa pa reyalis ditou. Li atake Etazini, li koupe fache ak Twouyilyo. Se mòd politik sa a yo ki pral jete l pi vit. Se kounye a pral gen revolisyon ki gen resanblans ak lagè pou endepandans lan. Lòt konsekans ankò Divalye pral antre di di nan politik.

Chapit 6
Yon politisyen ki fèt tou kon sa

Apre lagè se lapè. Dènye ane sa a yo, administrasyon nil, Lesko, nèg ki sèl mèt a bò a, te mete sou pye a, fè moun yo swaf yon gwo refòm. Yo vle plis jistis sosyal. Ane 1946 pral make kalfou lit ki opoze de klas moun lavil. Yon bò, se Milat yo ki rete sou pozisyon yo, lòt bò a se Nwa a yo ki fòmen klas k ap moute a. Ant yo de a, se kous pou pouvwa. Pòtoprens, ou tande yon nouvo son: « nwa yo nan pouvwa a··· ! » Kòm dabitid, se pa de peyizan yo y ap pale.

Lesko reyisi bay tout moun an jeneral degoutans, yon grèv sèlman yo pa sa evite deklanche an janvye. Etidyan, liseyen antre nan yon grèv jeneral. Yo fè grèv la pou yo pwoteste kont yon entè-diksyon yo mete sou *La Ruche*, yon jounal ki fèt prensipalman pou jèn entèlektyèl. Sou avi legasyon yo ki pral vin anbasad pi devan, òmdafè ameriken yo ankouraje grèv la. Nan lame a gen yon rimè kap sèkile kòmkwa Etazini ta dispoze aksepte limojay Lesko. Lame pare. Y ap tann.

Lè yo fin depoze Lesko, se yon direktwa militè twa manm ki pran pouvwa a. Kolonèl Maglwa pran pòtfèy interyè ak defans nasyonal. Pasaj li nan direksyon gad palè a familyarize l ak entrig, ak sibtilite lit pou pouvwa a. Yo prevwa eleksyon jeneral pou out 1946.

Enflasyon nan ane lagè yo ogmante mizè mas yo lavil la. Yo pare pou yo bat bravo pou chanpyon yo a. Li pral manifeste nan Danyèl Fiyole, yon pwofesè matematik ki gen 26 zan.

Nan tou premye moman revolisyon 1946 la, Fiyole fòmen yonn nan ra pati politik nou jwenn nan istwa d Ayiti a. Li rele l MOP, (Mouvement des ouvriers et paysans). Pami moun ki antre ladan yo, nou jwenn Franswa Divalye, sosyo antwopològ vodoulòg. Entèlektyèl sa a li rekrite a, bay katye jeneral pati a yon sèten prestij, epi Fiyole nonmen ti doktè bèbè a sekretè jeneral MOP.

Kolonèl Maglwan (Magloire) ak Pwospè (Prosper) ann inifòm.

Baz ideyolojik MOP kapab parèt yon ti jan vag odebi. Vwa ann ò Fiyole a ak fason li metrize kreyòl la, pral fè bliye limitasyon sa a. Sèmon l yo pral drese Nwa kont Milat. Fay minit popilarite l bò kote pòv yo nan Pòtoprens vin estwòdinè. Rayisman li nouri kont moun rich lavil yo, se yon bari poud yo vin met dife ladan.

Kòm li pa gen laj legal pou l prezante nan prezidans, Fignolé prezante kandidati kolonèl Kaliks. Nèg mens, wot tay sa a, se li menm menm ki an 1937 te manke deklanche yon koudeta kont prezidan Vensan. Lè l te fin tradui l devan kou masyal, Vensan, san rezon moun ka wè, nonmen l nan yon pòs diplomatik aletranje. Li te apèn rive, li aprann yo jije l pa defo epi yo kondane l amò pou wot trayizon. Ane apre yo, Kaliks pral pase yo sou kont zanmi l Twouyilyo ki fè l ofisye lame dominikèn. Yon sèten epòk, yo mete l nan yon ganizon nan fwontyè a pou bay Vensan pwoblèm. Fen 1946, Twouyilyo pral apiye kandidati Kaliks.

Sepandan tout bagay pa fin yès ant kolonèl la ak Fiyole. Pou lapremyè fwa Fiyole pral pale ak mas lavil yo, ouvriye ak domestik. Yo pran pawòl mouche yo pou lajan kontan nan inosans yo. Yo gen konviksyon lè nèg pay sa a, Kaliks, va pran pouvwa a, y ap ka pran bèl kay, medam elegant yo, gwo machin amerikèn milat ki anplwaye yo a. Kalite demagoji sa a anbarase kolonèl Kaliks. Pandan tan sa a, nan lari Pòtoprens, se yon sèl kri « viv kolonèl Kaliks ! Viv Fiyole ! Aba la mizè ! »

An plis MOP, gen de mouvman maksis ki parèt nan ane 1946 la : pati sosyslis popilè ak pati kominis ayisyen. Nan direksyon premye a, yon entèlektyèl nwa, Edga Nima (Edgard Numa), ki gen yon repitasyon pope twèl. Sa ka parèt dwòl, men se li milat yo ak anbasad amerikèn prefere. Se elit la k ap mennen nan asanble nasyonal la. Syèj li se yon zile fòtifye nan mitan tanpèt revandikasyon sosyal yo ki make jounen anvan eleksyon mwadout yo. Fignole parèt ak woulo konpresyè l yo. Lari yo myèl. Manifestan ap bay palmantè yo presyon. Se pou yo mete Kaliks ak MOP nan pouvwa a. Goumen mete pye. Anpil moun blese grav.

Woulo deyò ! Woulo deyò ! Depi yo tande kri sa a, tout moun se prese fèmen pòt, fèmen boutik. Palman an ki sanble yon fò yo anvayi akize Fiyole ak patizan l yo yo di ki fachis. Apre plizyè jou manifestasyon, depite yo refize kite yo entimide yo. Yo nonmen Dimase Estime (Dumarsais Estimé), yon peyizan nwa, moun Vale Latibonit (Artibonite), prezidan. Li ganyen nan dezyèm tou. Nouvèl sa a esploze Pòtoprens.

Fiyolis yo fin dechennen. Yo pase raj yo sou poto eletrik yo, sèl sous limyè nan kapital la. Se premye fwa nou wè rakay la fin debòde kon sa. Pral gen lòt toujou. Lè nouvèl la gaye, tout peyi a pran tranble. Yo nonmen Dimase kòm palmantè ase kapab. Li te pwofesè. Li te minis edikasyon nasyonal an 1937. Yo di tou li te espekilatè kafe. Men, pa gen moun ki kapab sètifye li konnen l byen. Lelandemen eleksyon li, li fèk sot ganyen, nouvo prezidan an vin fè popilasyon Pòtoprens lan wè li. Moun yo rete bouch fèmen lè kòtèj ofisyèl la ap pase. Ou te ka wè machin blende kap fè patwouy nan katye popilè yo. Pawòl koumanse pale ni Etazini ni Twouyilyo, yonn pa satisfè de eleksyon an.

Men Estime te ase prevwayan. Li kite gwo vag emosyon kanpay elektoral yo pase poukont yo. Li fòmen yon kabinè ki reyini divès moun ki te nan konpetisyon yonn ak lòt.

Li bay Fignolé pòtfèy Edikasyon nasyonal. Li nonmen yon milat enfliyan, manm pati sosyalis popilè ki te pèdi eleksyon pou senatè, minis komès.

Yo pa met mizo nan bouch opozisyon an. Tout moun gen dwa di sa yo vle, nan jounal, nan radyo kòm si kanpay elektoral la pa t janm fini. Fiyole pwofite pou l pale ak fidèl li yo. Li atake moun li vle, ata kòlèg li yo nan gouvènman an. Li vize dirèkteman doktè Rigo (Rigaud) ki deside bay demisyon l poutèt Estime te refize fè presyon sou Fiyole pou l chanje ton. Prezidan an ogmante salè ofisye ak volontè gad d Ayiti yo pou l ka pare move kou. Apre sa li kite kabinè a tonbe. Se kon sa li rive kontrarye plan yon pòsyon moun nan opozisyon an.

Poutèt wòl li jwe nan MOP la, yo nonmen Divalye direktè sante piblik. Kounye a, l ap touche yon pi bon salè, li ka mennen fanmi li, 4 moun, nan yon kay nan Riyèl Wa (Roy). L ap ret ladan jis li rive prezidan. Li nan yon katye klas mwayèn. Divalye yo kontinye mennen yon ti vi byen senp. Yo pa t menm gen yon frijidè, se kay vwazen yo te konn al pran ti glas. Se kay vwazen yo toujou li te konn konsève medikaman ki pa sa pran chalè.

Lè Fignolé demisyone apre swasannsenk jou nan ministè Edikasyon nasyonal, Divalye vire do bay MOP la. Nan li sèlman li santi l alèz, men li deja gen yon pye sou nechèl kap mennen nan palè a.

Li pa tèlman gen relasyon etwat ak Estime. Poutèt milye kote li tap evolye a, Estime te gen dout sou li. Divalye menm, bò pa li, ap ret trankil. Se yon gwo atou nan politik ann Ayiti. An 1958 yo nonmen l sousekretè d Eta nan ministè Travay. Ennan apre, li vin minis Travay. Yo ba li ministè sante piblik ansanm ak ministè travay. Moun epòk li yo pa chonje li janm fè anyen. Se estrateji pa li, pa fè anyen. Sa te deja sèvi l. Y a di w li te renmen fè mistè ak aktivite pwofesyonèl li yo. Nan yon kongrè medikal, gen patisipan ki te sezi wè sèl kominikasyon Divalye fè se prezante kèk foto viktim pyan. Li gen anpil lènmi epi li enpresyone anpil moun.

Legliz gen pwoblèm ak yon gwoup entèlektyèl ki enterese nan vodou. Divalye ladan yo tou. Pè yo pretann jan rechèch etnolojik yo ap dewoule a, li difisil pou konnen ki moun k ap fè rechèch, ki moun ki patizan vodou a. Se epòk sa a *Les Griots* reparèt epi se gouvènman an ki enprime l. Revi a parèt chak senmenn pandan ennan, avèk non Divalye kòm yonn nan fondatè l yo.

Estime toujou rete solidè frè l yo ki nwa, men sa pa anpeche li rete reyalis nan rapò l ak milat yo. Gen ladan yo li kenbe nan pòs kle poutèt esperyans yo genyen. Nwa a yo menm, yo pral konsantre aktivite yo sou politik epi y ap neglije devlope baz pouvwa a nan etann relasyon yo ak moun biznis yo. Yo pito pwofite okazyon an pou yo rich. Ekonomi peyi a tounen jwèt. Y ap fè magouy ak piyay sou fon piblik yo. Yon espès elit nwa ap devlope an fas yon elit milat ki gen plis pouvwa ak yon baz pi solid.

Estime aplike yon pwogram refòm pou bay mouvman li deklanche a jarèt. Salè travayè yo soti nan trant santim pou l moute swasanndis. Yo fè lwa ki reprezante premye kòmansman sekirite sosyal ann Ayiti. Yo ankouraje endistri, komès ak envestisman etranje. Yo bay touris la bourad nan finanse otèl ak espozisyon bisantnè 1949-1950. Nan lide sa a, yo kraze 24 ekta ki gen vye kay sou yo epi yo depanse sis milyon dola. Yo kolabore ak òganizasyon entènasyonal ki gen vokasyon kiltirèl ak ekonomik. Yo remèt kòb Ameriken te prete yo an 1922 a, epi bank nasyonal la reprann dwa granmoun li. Pwogram Estime a chita sou nwa a yo. Li vle fè refòm, men li pa vle boulvèse estrikti ki egziste yo.

Nan pwojè Estime yo gen rekonstriksyon Beladè (Belladère), vil fwontyè ki an fas Elyas Pina (Elias Pina), Twouyilyo te rekonstwi. Beladè sou wout prensipal ki ini Pòtoprens ak Repiblik Dominikèn.

Estime pave gran ri a, li konstwi nouvo otèl, li enstale dlo ak eletri-site. Twouyilyo pa renmen sa kap fèt an fas li a. Pou moutre li pa kontan li detounen sikilasyon repiblik dominikèn nan, li fè l pase pa Jimani ki plis o sid fwontyè a. Beladè rete pou l deperi.

Malgre echèk sa a, Pòtoprens reyisi fè yon gwo pwogrè ekono-mik. Kote yo te chwazi pou yo fè espozisyon an chanje figi katye debakadè yo. Ledè a rekile. Touris apre lagè yo vini pa pakèt. Zile a gen yon bote natirèl ki atire yo. Epi tou otèl yo fre. Estime deside peyizan yo dwe mete soulye lè y ap vin lavil. Li mete enpo sou lajan w fè. Agrikilti ak enstrikyon piblik prezante yon nouvo vizaj. Etranje pa gen dwa anseye Istwa peyi a ankò.

Kounye a se elit nwa a ki nan bon pozisyon an. Konpòtman l pral kreye kèk pwoblèm. Li manke disiplin. Li akrèk pou lajan. Pa konsekan, politisyen, òmdafè tonbe nan eskandal bannann. Yo akize kèk gwo fonkyonè nwa yo di ki resevwa anvlòp nan konstrik-syon kay espoziyon yo. Distans ant Nwa ak Milat la ap vin pi gran. Elit tradisyonèl la pral jwenn yon alye nan lame a, an patikilye nan yon nèg nwè ki fò, kolonèl Pòl Maglwa (Paul Magloire). Pou l ka kalme Ameriken yo ki gen pou ba li èd finansye men ki sispèk li, Estime oblije konbat mouvman ouvriye ak etidyan yo. Sa vin bay opozisyon ni agoch ni adwat. Estime pèdi tou patizan li te genyen nan pèp la.

Yon lòt fwa ankò Divalye chita nan premye lòj pou l asiste batay k ap fèt pou pouvwa a. Men fwa sa a, l ap di ki sa li santi. Nan ministè a li te ka wè ki jan milat yo te dirije mouvman etidyan ak ouvriye yo nan enterè pa yo. Lè Estime eseye fè vote yon amannman nan konstitisyon an ki ka pèmèt li mande yo reeli li, li pa lwen tonbe. Eleksyon ki fèk fèt nan chanm depite yo, te febli pozisyon l. Lejislati nouvo a refize andose amannman li vle fè pase a. Pou l vanje li, yon bann patizan Estime sakaje syèj Asanble nasyonal la. Yo pran lari pou yo ak kèk moso mèb palmantè yo, y ap rele Viv Estime !Se nan moman sa a Divalye pral fè konnen kijan li se yon nèg fewòs.Tout bagay pral pase an prive, dayè. Manm kabinè yo chonje li t al kote Estime pou l mande l pèmisyon pou l regle pwo-blèm nan ak Maglwa ansanm ak klik li a. Estime fè bèk atè.

Pandan tan sa a, bri ap kouri. Lame ap prepare yon koudeta ki pa lwen fèt. Li pa enposib pou se Divalye menm ki deklanche l. Se limenm ki ekri yon rapò li fè pibliye pou l kritike Maglwa epi akize l li trayi administrasyon an. Estime konvoke chak ofisye poukont li nan biwo l pou l mande l deklare pou ki moun li ye, pou li oswa pou Maglwa. Yo tout chwazi Estime epi yo mete kò yo bò kot Maglwa. Menm foul ki de jou anvan tap kriye viv Estime yo, kontinye kounye a kriye aba Estime ! 10 me 1950, Maglwa ki te patisipe nan mete Estime nan pouvwa a, depoze l tou dousman san vèse san. Se premye fwa depi 1915 lame aji sèl poukont li nan chanje yon gouvènman. Popilasyon an pa moutre okenn   mekontantman.

Nuit ki vin apre Estime fin tonbe yo, Divalye menase l ap mete dife nan kapital la. Li fè sa vre. Men sa pa vle di li dakò ak yon koudeta. Maglwa fòmen yon gouvènman ki gen ladan l yon pati nan pèsonèl politik Estime a. Divalye refize al jwenn li. 20 me, Estime pran madanm li ak pitit li yo li pati Ozetazini. Li rete Nouyòk, Se la li mouri twazan apre. Se yon lòt Divalye ki vin tounen nan misyon sanitè ameriken an, yon nonm kòlè fin minen. Li wè travay lame a ak je l, epi li sèmante pou l pa janm bliye sa.

Chapit 7
Maglwa, lajdò

Ane Maglwa yo parèt laj dò ann Ayiti. Lavi atis yo pral devlope. Estime te deja ankouraje sa. Touris vide sou Pòtoprens pa pakèt. Abi pouvwa yo pa sanble anyen devan sa k te konn fèt anvan. Kolonèl nwa sa a pa t fouti jwenn yon sitiyasyon ki pi favorab pase sa a nan premye moman li sou pouvwa a. Li gen elit la, lame, legliz, Etazini avèk li. Li pa nan chirepit ak Twouyilyo. Li popilè toutbon. Ou menm jwenn kèk patizan Estime ki apresye l. Omwen li sot nan ras nwa. Moun yo konnen menm si afè yo pa pi bon menm jan sa te ye sou Estime, omwen yo pran tousa yo te deja posede. Se deja yon gwo satisfaksyon. Maglwa reyisi met près tout moun bò kote l. Li pral reyentegre Lwi Dejwa (Louis Déjoie) nan fonksyon elit li. Fiyole menm ki toujou popilè, yo pral eli l nan yon sikonskripsyon Pòtoprens.

Nan eleksyon 1950 yo tout moun ki gen laj pou sa, gen dwa al vote, eksepte fanm. Se bagay grandyoz lè y ap ouvè seyans nouvo lejislati a. Sou Maglwa, Ayiti pral pran abitid fè bagay ofisyèl yo an gran jan. Premye seremoni an fèt 5 desanm. L ap dire twa jou. Yo tire 21 kout kanon pou envestiti nouvo prezidan an. Yo moute drapo. Yo selebre mès solanèl. Maglwa parèt sou foul la tout an nwa antoure ak yon eskòt militè an teni gala blanch.

« Mwen se yon sòlda, mwen osèvis nasyon an. Mwen p ap dezobeyi.» Se sa Maglwa deklare. Li di l ap ede peyizan, l ap mete   yon bout nan peze souse, l ap konbat kòripsyon, rebay moun diyite yo, konbat kominis, garanti libète laprès.

Yonn nan premye jès prezidan an fè se aksepte yon envitasyon Twouyilyo. An fevriye 1951, de chèf d Eta yo ki pa te wè depi katòz an, vin rankontre nan fwontyè a. De rankont ki dire menm longè. Premye a Beladè sou tèritwa ayisyen, dezyèm nan Elyas Pina, an Repiblik Dominikèn. Yo siyen yon kominike ansanm. Ladan yo pale de relasyon pi etwat, de koperasyon nan lite kont kominis, epi de regilasyon mouvman migratwa ant de peyi yo. Lè de nèg yo bay akolad, men Maglwa al tonbe sou revòlvè ki te sou hanch Twouyilyo. Apre sa Twouyilyo deklare: Mwen te konnen baton Maglwa a se yon zam li ye.

Kidonk Divalye rekòmanse travay kòm konsiltan nan misyon sanitè ameriken an. Plis tan ap pase, se plis l ap santi nesesite pou l opoze l ak Maglwa. Yonn nan ansyen asistan l yo, Kleman Jimèl (Clément Jumelle), li t ap pwoteje nan ministè sante piblik sou Estime, moute nan pòs minis finans sou gouvènman Maglwa. Li se yonn nan chouchou prezidan an yo. Jimèl kòm nèg anbisye, esplike si li pa t demisyone lè Estime tonbe a, se paske, pou li, fonksyon piblik la pase anvan politik. Sistèm renouvle tout pèsonèl administrasyon an lè yon nouvo prezidan moute, sa pa lamòd ankò. Fanmi Jimèl soti nan yon vil yo rele Sen Mak (Saint-Marc). Se moun nwa epi anpil moun renmen yo. Pòtoprens, yo rete nan menm ri ak Divalye. Yo pa lwen yonn ak lòt. Yon ti distans sèlman. Lè Estime prezidan, Divalye te konn al manje souvan lakay yo, le dimanch maten sitou. Yo remake li te konn chanje asyèt ak Kleman lè yo pral koumanse manje. Li te toujou pè pou yo pa anpwazonnen l.

Premye moman administrasyon Maglwa a, Divalye te kontre ak Kleman Babo (Clément Barbot). Mouche se yon nwa ti trè fen, toujou byenn abiye. Li pral jwe yon gwo wòl nan vi nèg sa a ki gen pou l prezidan an. Lè Estime tonbe, Babo pèdi yon pòs soufif li te okipe nan ministè agrikilti. Limenm tou, li se moun Sen Mak. Se yon ansyen enstititè ki marye ak pitit majistra a. Divalye fè Babo jwenn yon pòs administratif kay Ameriken yo. Babo òganize l ak yon ti gwoup ki twouve Divalye gen kapasite pou l prezidan la Repiblik.

Li pale. Li itil. Limenm ak Divalye se senkant kòb ak de gouden. Se li ki gen ladrès pou l òganize.

Bagay dwòl, sou Maglwa, kanpay anti pyan an rive nan dènye bout li. Yo rive konbat fleyo a. Yonn nan rezon ki fè yo reyisi, se pri penisilin nan ki te vin bese. An 1945 yon milyon inite koute 4 dola. An 1950 pri a tonbe senkannsenk santim. Timoun yo peye chè pou maladi sa a. Se pou sa UNICEF ofri pou l finanse penisilin nan. Ameriken ede gouvènman ayisyen an ouvè dispansè an 1951 pou malad yo vin pran piki yo. Swasann douz oksilyè medikal ap sèkile a cheval nan mòn yo an plis enstalasyon fiks yo. Yo vin abitye wè yon enfimye rete sou chwal, l ap ekzaminen sektè pa l la, sou yon kat eta majò. Nan sak li, yon twous medikal ak yon sereng ipodèmik. Apre sa, l al kay chak abitan pou l foure sereng lan nan po dèyè l. Kanpay la fini an 1953. Li koute Ayiti 500 000 dola, UNICEF, 650 000. Yo rebatize misyon amerikèn nan Sèvis entèameriken sante piblik SCISP. Lè yo fin konbat pyan an, fòk yo anpeche l tounen. SCISP ouvè sèz klinik nan tout peyi a. Y ap anplwaye Divalye nan yonn ladan yo.

Kwak Maglwa ap favorize elit tradisyonèl la, li reyalize yon aparans ekilib ant gwoup rasyal yo ak klas sosyal yo, epòk kote tout bagay li antreprann sanble reyisi. Lapolis ak lame mentni lòd ak anpil severite. Gen ti pwogrè ki fèt nan peyi a. Yo pa fè anyen ki pou mekontante nèg danjre Twouyilyo a. Relasyon ak Etazini pa t janm pi bon pase kounye a. Si Estime te sekle teren an, Maglwa ale pi lwen. Se li ki alabaz yon plan kenkenal pou akselere devlopman estrikti ki nan baz la epi endistriyalizasyon. Kantite touris ki antre nan peyi a bat rekò. Yo bay envestisman etranje yo anpil avantay. Pwogrè kontinye fèt nan sante piblik ak enstriksyon. Vin gen yon pozisyon pi fò sou mache entènasyonal kafe a.

Si Ayiti satisfè, Maglwa ap benyen nan yon anbyans ki favorab pou li. Jeneral la gen yon repitasyon plebòy ki renmen wiski, fanm, epi fè gran panpan. Pèsonalite nan aktyalite mondyal la vin fè dekore yo ann Ayiti oubyen vin nan yon fèt y ap selebre. Se yon Maglwa byenn abiye ak konplè li ki akeyi yo oubyen abiye ak yon inifòm ki flache. Magazin ameriken an, *Time* mete l sou

kouvèti li, epi, se pwobableman premye prezidan ayisyen ki vin gen
yon popilarite ki depase limit zile a. Yo mete batri pwojektè limyè
ble toutotou palè a pou l prezante yon aspè fèt pandan lanui. Pou
atis yo, ekriven, moun teyat yo, Ayiti vin yon zòn ki branche. Nwèl
Kowad (Noel Coward), Polèt Goda (Paulette Godard), Twoumann
Kapòt (Truman Capote), Ivin Bèlin (Irving Berlin) ak lòt toujou
vin fè wè yo. Gouvènman an fè gwo resepsyon. Ann avril 1952, yo
konsakre 20 000 dola pou yo resevwa jeneral Ektò B. Twouyilyo
(Hector B. Trujillo), vis prezidan Repiblik dominikèn pou yon
vizit kat jou. An jiyè, pou anivèsè li, Maglwa inogire yon nouvo
estad foutbòl ki koute 120 000 dola. Ann out, yo resevwa diktatè
Nikaragwa a Somoza ansanm ak madanm li. Nan bal ki make rese-
psyon ofisyèl la, de nèg yo tap fè pledman pou elegans. Pledman
nan dekorasyon tou. Yon swa Maglwa parèt an jakèt ble nuit òne
ak zepolèt, dekore ak galon sou tout devan an, chapo bikòn ak plim.

Prezidan Aysennawè (Eisenhower) ap resevwa prezidan Maglwa (Magloire) nan Kay Blach lan (White House) Wachintonn.

Men gen de lè yo fose tou. Maglwa te gen yon frè li, Asèn (Arsène) ki te enjenyè. Li nonmen l minis travo piblik. Lajan sèvis li yo depanse, se bagay yo pa janm wè. Gen yon sèten Dezinò (Désinor), yon anplwaye nan administrasyon li ki sibi yon agresyon ki toujou rete yon mistè. Li soti anba l ak kèk blesi. Enkoni masakre rès fanmi an. Bagay la kreye malèz. Yo sispèk Maglwa ak frè l la, piske yo akize fonksyonè travo piblik yo de kòripsyon. Lè Dezinò geri, yo espedye l Nouyòk an kalite de diplomat. Kèk ane apre, pandan li ann egzil, Maglwa deklare li te panse, epòk sa a, Divalye ak patizan l yo te kapab moute kou sa a pou y anbarase gouvènman an.

Vis Prezidan Richa Niksonn (Richard Nixon) ann Ayiti.

Pandanstan, ansyen prezidan Estime mouri Nouyòk an jiyè 1953. Maglwa fè transfere kadav la ann Ayiti. Yo fè fineray nasyonal pou li. Yo espoze kò a sou yon kabann espre pou sa, epi lame a ba li onè ki rezève pou chèf d Eta.

Menm ane a Maglwa kòmande inifòm ble ak ò pou gad palè a. Yo depanse sèt milyon dola nan pwogram renovasyon vil Kap Ayisyen. Yo konsève menm aspè vye pò a te genyen an. Yo agrandi enstalasyon yo ladan l. Yo fouye yon dig. Yon nouvo wout ini Okap ak Pòtoprens. Yo rebati Channmas (Champs de Mars) nan Pòtoprens. An fas palè a, yo òganize yon plas pou ewo endepandans yo. Ou ka wè estati yo. Pami yo, Desalin (Dessalines) ki peze kat tòn.

An novanm yo koumanse simen trak sou Maglwa. Yon swa lapolis touye de nèg k ap met afich epi yo tap seye sove. Maglwa al jwenn polisye yo ki te fè sa a, li di yo: « Nou konnen m pa sa sipòte okenn abi d pouvwa, men si se sikonstans yo ki mande sa, jan sa rive nou an, fè devwa nou. Mwen, m ap pran sa sou kont mwen. »

Gonayiv, vil istorik, y ap prepare seremoni ki pral fèt nan okazyon senkantyèm anivèsè endepandans lan. Maglwa bati yon katedral plis ke modèn. Li reyòganize de jaden piblik enpi li òdone yon selebrasyon grandyoz. Pandan seremoni an, yo fè yon reprezantasyon dènye batay nèg ki an rebelyon yo. Moun bat bravo. Pandan Desalin, nèg ki gen batay la ap egzòte twoup li yo, madanm anbasadè Lafrans lan fè yon ti kriye. Sa te touche l. Lè l wè sa, anbasadè Angletè a, eseye konsole l. Li di l li pa bezwen enkyete l, enperyalis franse a se yon senp souvni li ye jounen jodi a.

Kèk fwa epizòd yo trè reyalis. Nan rekonstitisyon dènye batay la, yo touye yon chwal an souvni yon sòlda vanyan ki te pèdi chwal li pandan li te sou li. Le jann nan di franse ki t ap goumen kont li an tèlman sezi pou kouray li, li ofri l yon lòt chwal menm moman an.

Pandan kò diplomatik la ak pèsonalite ofisyèl yo tap asiste espektak la, jeneral Maglwa tèlman sou tansyon, li deboutonnen tinik li, li pase men l anba jilè li, jan Napoleyon konn fè a. A en moman done Fransè yo sanble yo pral ganyen. Plizyè santèn peyizan si tèlman chofe, yo pote yon nòt enprevi nan espektak la. Yo moute mòn nan byen vit, yo rive nan vye fò a ak drapo twa koulè a lè yo fin venk lènmi an. Yo menm prevwa jeneral brigad la Levèl (Levelt) pral li deklarasyon endepandans Ayiti a ak prefas Bwawon Tonè (Boisrond Tonnerre), sekretè Desalin, te redije a : « Pou n redije deklarasyon endepandans sa a, se po yon blan ki pou sèvi n pachemen ··· eks. » Fèt yo klotire ak yon gwo resepsyon yo ofri devan debri palè Sans-Souci yo, tou pre Kap Ayisyen, kote Mariyàn Anndèsonn (Marian Anderson) pral chante.

An janvye 1954, Maglwa rekonèt ofisèlman gen yon mouvman opozisyon. Li rasanble plizyè milye travayè ak fonksyonè sou gazon lakou palè a kote li fè yon kokenn chenn diskou:

« An 1946, se sèlman grad chèf batayon mwen te genyen, lè sa a mwen te ka debarase pye m

ak moun sa yo. An 1950, mwen te oblije mete kanson fè mwen. Jounen jodi a toujou m oblije mete l

pou m kwape kèk vagabon. »

Li arete de depite, Danyèl Fiyole (Daniel Fignolé) ak Wosini Pyèlwi (Rossini Pierre-Louis). Yo akize yo, yo fè konplo kont Leta poutèt yo ankouraje etidyan yo ak travayè yo fè grèv. Yo repwoche yo tou dèske yo distribiye ti liv sibvèsif nan twoup yo, pou yo fè yo revòlte kont yon rejim « aryere ». Lapolis ap chache senatè Masèl Era (Marcel Hérard) ki reyisi chape poul li. Yo entèdi jounal Fiyole a *Haïti démocratique*. Direktè li rete nan prizon jis ann avril, dat gouvènman an dekrete amnisti jeneral pou tout moun yo te enkriminen yo.

An desanm, Maglwa koumanse enterese nan aktivite Divalye yo. Li avèti administratè SCISP yo ranvwaye anplwaye yo a. Pou ki rezon: li pwofite de fonksyon li nan yon administrasyon amerikèn kòm paravan pou aktivite politik li yo. Lè l vin konn sa, Divalye antre nan kache. L ap rete nan kache jis ann out 1956. An premye, li refijye kay vwazen tou pre l yo. Kon sa li te ka rete an kontak ak fanmi li. Men, yo enkyete fanmi li. Ann apre Maglwa pral avwe li pa t vreman vle arete Divalye, li te vle sèlman mete l sou konpa l.

Sektanm 1957, Divalye al kache yon lòt kote. L al lòt bò lari a kay pè Janbatis Jòj (Jean-Baptiste Georges). Pè sa a pral vin yonn nan lènmi jire ti Kaligila (Caligula) nwa a. Manèv mouche pou l deplase ta merite antre nan yon liv doktrin sou estrateji. Li degize an fanm. Yon zanmi vin rive, li fè l moute nan machin li. Yo vire won kont yo lavil la ; apre sa yo tounen kay pè a. Li anpetre nan jip li. Li desann machin nan nan zòn nan. Li pase nan pòt dèyè pou l antre kay pè a. Ou ta di ti moun k ap jwe teyat, paran yo ap opsève yo san yo pa konnen.

Nan premye etaj vila pè a te gen yon li d kan, se sou li mouche te konn dòmi. Te gen yon chapèl tou. Lè pè Jòj ap di mès li Divalye pliye kabann li, li antre avèk li nan sal de ben an. Aswè li enstale l nan biwo a enpi li apante bibliyotèk kanmarad la.

Babo toujou ap rakonte yonn nan liv Divalye te pi renmen pandan tout tan li te nan kache a, se Le Prince. Yon liv Makyavèl (Machiavel) te ekri. Li pran « egzil li » oserye. Lè l ap pase devan yon fenèt diran lanui li bese tèt li. Lè li li ankò li pran nòt nan yon ti kanè elèv. Peryòd sa a kote lide yo ap jèmen an, se ladan l premye lwa sou analfabetis la ak baz « Institut d' études internationales » yo ap soti.

Pansyonè pè a pa bay pwoblèm. Li pa sa manje bagay ki gen sik poutèt li fè dyabèt. Li pa bwè, li pa fimen. Sèl eksè li fè se ponm yo enpòte yo ak limonad ameriken.

Se Kanada pè Jòj pran diplòm doktè nan dwa kanon an. Lè l tou-nen ann Ayiti sou Estime an 1949, yo nonmen l omonye inivèsite a. Gen yon sant pou etidyan bò lakay li a. Trezorye li se yon jennonm yo rele Liknè Kanbwòn (Lucker Cambrone). Divalye te rankontre l deja. Jennnonm sa a te gen yon don espesyal pou l fè lajan antre nan kès yo. Li pral moutre li itil anpil lè pi gran zanmi l lan moute prezidan la Repiblik.

Nan peryòd sa a toujou Divalye gen zanmi li ka konte sou yo tankou frè Jimèl yo. Li pral peye yo sa ann apre ak kout revòlvè. Lè l te nan gouvènman Estime a, Divalye te moute yon ti biznis pèsonèl. Li achte yon "break" li konvèti l an tap tap. Se non sa a yo bay mini bis kap fè trafik lavil yo. Yon bon jou polis Maglwa yo arete chofè a, yo konfiske machin lan. Jimèl yo entèvni. Yo lage chofè a, yo reprann machin nan. Fanmi Divalye yo pral kontinye touche kòb ti antrepriz sa a rapòte nan peryòd difisil sa a. Bonte twa frè Jimèl yo pa rete la sèlman. Yo sèvi ak enfliyans yo pou yo fè Dival (Duval), papa Franswa Divalye kontinye touche chèk li kòm fonksyonè. Yo pral bay zanmi yo a tou yon pansyon 150 dola pa ane.

Divalye rete sis semèn kay pè a. Li pral jwenn anpil lòt kote pou l kache. Pandan l ap plede chanje adrès, fè konplo pou l jete Maglwa, li vin pi zanmi ak Babo. Mouche vin tounen konseye l. Yon lòt kontak dwòl ankò li genyen se chèf polis rejim nan, Makès Pwospè (Marcaisse Prosper). Pèsonaj sa a, ap mennaje demen li, nan pwoteje fijitif de mak sa a ki rele Franswa Divalye a. Yon jou dife pran nan kay kote l te kache a. Te gen yon estasyon gazolin tou pre l. Lapolis rive an twonb. Yon jenn ajan ouvè yon pòt. Kilès ki dèyè pòt la, Divalye. Ajan an fè yon ti sali timid enpi li wete kò l. Anpil detektif Maglwa pral antre ann apre nan klik Tonton Makout Divalye yo. Pami yo gen tiyè d elit. Yo pral gen okazyon pratike. Abitid yo se desann kriminèl yo kenbe a. Kon sa yo pa fouti wè yon tribinal vin lage yo ak kèk pwosedi tèt chat.

An janvye 1955, prezidan Aysennawè (Eisenhower) envite Maglwa ak madanm li ofisyèlman. Y ap resevwa prezidan d Ayiti a an gran jan. Se vis prezidan Niksonn (Nixon) ki resevwa yo. Li akeyi yo ak yon parad li te òganize pou yo. Premye nuit lan y ap pase l nan Kay Blanch lan ; apre sa y ap mete yo nan « Blair house », rezidans yo konn mete adispozisyon chèf d Eta etranje yo lè yo vin Wachintonn. Kòtèj ofisyèl la kite kapital la pou l al Nouyòk. Fwa sa a parad sou Bwòdwey (Brodway), avèk yon lapli konnfeti. Men sa Maglwa deklare nan konferans pou laprès li a :

> « Depi nou mete kominis yo hòlalwa, gen diznèvan de sa, wouj yo pa reyisi fofile kò yo nan peyi nou an. Dayè pèp ayisyen fondamantalman iminize kont maksis lan, paske lakay nou richès yo separe egal ego ».

Si yo te tande pawòl sa yo, gen kèk peyizan ki ta ka diskite sou dènye pwen sa a.

Menm moman Magloire tap diskouri kon sa a, de ti pati ki gen enspirasyon kominis, tenas oswa enpòtan dapre kantite moun yo genyen, te koumanse òganize yo epi fè plan pou lavni. Lè yo fin rete Chikago epi yo fè yon dètou Kanada, gwoup Maglwa yo rantre nan peyi yo an pasan pa Jamayik. Yo rive Pòtoprens abò « Triumph », yon pòt avyon britanik. Senkant mil Ayisyen akeyi prezidan yo an ewo.

Prentan apre a, se tou pa Niksonn (Nixon) ak madanm li pou yo fè yon dètou ann Ayiti lè y ap soti nan yon vwayaj an Repiblik Dominikèn. Niksonn se premye vizitè Maglwa resevwa nan vila liks an mab li fè konstwi Tijo (Turgeau), nan mòn nan. Vis prezidan Etazini an anvi esplwate favè sa a yo fè l la sou plan politik. Nan yon « garden party » ou ka wè li k ap prepare yon kòktèl ak wonm babankou pou envite l la. Nan yon konferans pou laprès li deklare si peyi etranje yo gen abitid moutre vizitè yo kote ki pi bèl la, limenm tou,

Niksonn, li te ka rann li kont dirèkteman ki pwogrè ibanizasyon an fè nan zòn Pòtoprens yo. Pou li chanjman sa a se bagay efrayik.

Anpil fwa li rete pou l poze peyizan yo kesyon. Yonn nan dyalòg li yo merite figire nan yon antoloji. Niksonn jwenn yon jenn ti madam sou wout li ki moute a òm sou yon bourik chaje bidon lèt. Li tanmen konvèsasyon an ak èd yon entèprèt ofisyèl. Premye repons fanm nan an kreyòl: "Di kokoye sa a kite m pase." Entèprèt la tradui: « li di li byen kontan fè konesans ak vis prezidan Etazini an. » Kounye a Niksonn mande l nouvèl fanmi li. Fanm nan reponn li pa gen mari men li gen twa pitit. Entèprèt la tradui li fiyanse. Niksonn pase men sou bourik la enpi li mande kouman yo rele bourik la. Repons: « mouche fou··· yo rele l bourik. » Enpi li koumanse depasyante. Tradiksyon: « li di bourik li a pa gen non enpi li mande eskiz poutèt l oblije kontinye wout li. » Li koumanse ta. Kòtèj ofisyèl la kontinye wout li. Li kite fanm lan dèyè k ap bougonnen, kap tchuipe.

Malgre tout demonstrasyon sa a yo, Maglwa wè pwoblèm li yo ap moute yonn sou lòt. Lavil la se de kòripsyon sèlman y ap pale. Lènmi prezidan an yo eseye enterese Etazini nan kòz yo a. Nan yon eleksyon lejislatif, Fiyole, nèg ki popilè a, pèdi syèj depite li. Se yon kreyati Maglwa ki pran l, yon chèf eskout yo pa menm konnen, Andre Janti (André Jeanty). Kat mil elektè bay mouche vwa yo kont karant pou Fiyole. Lè nou konsidere mouche se pèsonalite ki pi popilè nan Pòtoprens, yo entèprete sa kòm dirèkteman an rapò ak sitiyasyon kounye a. Gen afè baraj Pelig la ki gen yon siyifikasyon tou. Baraj sa a dwe pèmèt wouze 32 000 ekta tè nan Vale Latibonit. Gen yon gwo potansyèl agrikòl nan zòn nan. Premye devi a te 14 milyon dola. Yo gonfle l jis li rive 31 milyon. Estasyon idwoelektrisite baraj la pa janm konstwi. Yo plenyen tou nouvo wout yo, si yo koute chè, yo pa nan pi bon eta pase sa. Malgre tout bèl reyalizasyon li fè yo, imaj li koumanse pali. Yonn nan antrepriz li te favorize enpi ki gen pou l dire nan avantay peyi a, se lopital Albè Chwaytzè (Albert Schweitzer). Prezidan an te fè l kado yon gwo teren ak kèk konstriksyon, tout te pou la « Standard Fruit Company ». Yo poze premye pyè yo an desanm 1954 epi yon lopital modèn pouse nan kad sovaj sa a.

Nan kòmansman 1956, alòske Divalye toujou nan kache, li gen nèg pa l yo ki antre an kontak ak Kalòs Priyo Sokratès (Carlos Prio Socrates), ansyen prezidan Kiba (Cuba) a, ki tap konplote kont Batista. Konplotè kiben an pwomèt pou l soutni Divalye nan kanpay l ap mennen kont Maglwa. Lè l rive prezidan li pral ba li baz pou l atake Batista. Pou kounye a Divalye gen pou l touche 20 000 dola enpi resevwa konsèy taktik. Emisè Priyo a rive sou non Temistoklès Fwenntès Rivera (Temistoclès Fuentes Rivera), yon jenn gason ki prezante tèt li bay Divalye kòm prezidan federasyon etidyan kiben. Li vin sèvi Ayisyen an konseye. Si pèsonaj la gen talan pou aksyon politik, li gen mwens talan pou aksyon klandesten. Lè Divalye reyisi kou l la Priyo pa wè anyen vini nan pwomès yo te fè l yo. Li sanble bliye tout bagay lè Batista prete gouvènman Divalye a 4 milyon dola an 1958.

An me etidyan yo koumanse bay pwoblèm. Lapolis bay patizan Divalye yo pote fado a. Nan yon seri manifestasyon an favè grèv la, lapolis blese yon douzèn etidyan nan represyon. Trak kont Maglwa koumanse soti. Okap, yo kenbe yon jennonm ki tap eseye mete dife nan yon lekòl. Mouvman an rive jwenn peyizan yo. Yo di yo, yo lage lougawou yo. Gen machann ki disparèt misteryezman sou wout ki mennen lavil ⋯ Opozisyon an ap gen plis moun. Moun yo pretann dapre konstitisyon an ki te ann aplikasyon sou Estime, manda prezidan an sipoze fini 15 me 1956. Dapre konstitisyon apre a ki ratifye an 1950 sou Maglwa, manda a fini ennan apre, 15 me 1957.

Dezòd kontinye pi rèd. Palman an dekrete eta d syèj 21 me. 25 me, nan yon deklarasyon li fè nan joural *Le Matin*, chèf polis la, Pwospè, kòmante konpòtman pati ki kont Maglwa a. Li bay yon demi douzèn manm komite revolisyonè ayisyen an pote chay la. Li site non yo. Ladan yo te gen kèk patizan Divalye. Yo arete de moun ki tap simen trak nan mitan etidyan yo. Se te Dato Domèk (Dato Daumec) ak Pòl Blanchè (Paul Blanchet). Dènye nèg sa a menm, l ap rete bon asosye Divalye ki pral vin prezidan. Anpil repòtaj ap fèt pou konvenk Maglwa Divalye pouryen nan konplo kont gouvènman an, tout akizasyon yo mete sou do l yo, se manti. Divalye jwenn garanti yo pa p arete l, li mete tèt li deyò o mwad-out. Kounye a li pare pou l mennen kanpay tout bon. Li toujou abiye an nwa. Chapo li pa janm pa sou tèt li. Li rann redaksyon *Haïti Sun*, yon jounal ki ekri ann angle, ki parèt chak semèn, vizit. Souri o lèv li poze inik kesyon ki enterese l la: « Ki sa Ameriken yo panse de mwen? »

7 sektanm 1956, nan yon lèt li ekri *Le Jour*, yon jounal ki parèt chak jou enpi ki kore Kleman Jimèl, chouchou Maglwa, Divalye anonse ofisyèlman li se yonn nan moun ki kandida pou prezidan yo. Nan atik la, gen yon biyografi mouche, yon pwogram an douz pwen, epi yon kòmantè ki mansyonnen li pran trèzan pou l prepare pwo-gram sa a ak anpil presizyon.

Dezòd kontinye fèt, men Divalye pa bouke di li menm li pa ladan. Men pou tout moun, ti nonm sa a yo pa menm ka wè a, li pa sa limen yon peta. 15 oktòb, li fè deklarasyon sa a:

> « Mwen, Franswa Divalye, kandida pou prezidan, ki siyen kominike sa a, mwen deklare bay popilasyon an, bay tout enstitisyon òganize ki nan peyi a, mwen pa gen okenn rapò ni m pa janm eseye gen rapò ak mouvman revolisyonè yo. Mwen vle prezante nan eleksyon pou prezidan yo nan yon anbyans lapè, trankil. Mwen deklare, m ap swiv pwogram nou te deja pibliye a, epi, mwen pase tout zanmi m yo lòd, sou tout tèritwa a, pou yo pa mele nan sa k ap fèt la a ».

Maglwa antre Ozetazini pou l al fè bilan sante l. Lè l tounen 22 oktòb, se yon foul estwòdinè ki vin akeyi l. Sa k plis atire yo, se kalite akèy yo ba li aletranje a. Nan diskou li fè a, Maglwa deklare laba a yo mande l ki sa l panse de eleksyon yo ki tou pre a, epitou sa l panse de kandida ki enskri yo. Li reponn:

> « Bri k ap kouri pretann Ameriken ki ann Ayiti yo, sitou sa ki nan Pwen 4 yo (Point IV), apiye kandidati Divalye. Divalye ta konte sou enfliyans yo pou l pase.
>
> Pa gen dout nan sa, Mesye Divalye pa janm kolabore ak gouvènman m nan, men, li pa kont mwen tou. Men, mwen kwè li twò gran patriyòt pou l kite Ameriken mete l sou pouvwa. » Li mansyonnen Dejwa, Fiyole, Jimèl. Li fè remake : « Lè l nan karantèn li tout bon, Ayisyen vize pi wo pase yon syèj nan sena a ».

Pòtoprens, bonm kontinye pete pandan tout mwa novanm nan. Yo plis vize ansyen mache fè a. Li pi fasil pou simen panik nan mitan machann yo, fè yo gaye, pran kouri kou moun fou nan lari. Komèsan yo menm pran abitid bese rido fè yo. Gen moun ki panse se Maglwa menm ki mete bonm yo. Kon sa, yo kreye yon anbyans favorab pou moun ki gen enterè aske yo rekile dat eleksyon yo te prevwa pou janvye a. Sa pral pran anpil tan anvan yo sispèk Divalye.

Dollar 1,000 Reward For Each

Themistocles Fuentes and Fritz Cinéas
(Photo Police Department)

Maglwa marye ak pouvwa a. Sa vin rann li mefyan. Li pa patrone Jimèl ankò. Li menm akize l « manjè d milat », ki vle di rasis. Pandanstan Divalye ak Dejwa siyen yon pak pou yo debarase ak Maglwa. Akò a dire toutotan chak pati yo panse se nan enterè yo li ye. Pandan evennman yo, se Dejwa ki pase pou moun ki gen preferans moun yo.

Sipriz La Havàn (La Havane). 29 oktòb apre midi, polis Batista, sènen anbasad d Ayiti, antre nan lokal yo epi yo touye dis Kiben ki te refijye nan anbasad la. Semèn apre a, etidyan yo nan Pòtoprens òganize yon manifestasyon an silans. Nan mitan kòtèj la yon gwo banyè kote w ka li: «Onè nasyonal egzije reparasyon.» Fwentès Rivera, emisè Kalòs Priyo Sakaras (Carlos Prio Sacarras) te voye pou konseye Divalye a fè yon diskou flanm dife nan Sèkdèzetidyan.

Anbyans lan koumanse cho seryezman. Li vin danjere pou kandida yo kontinye fè kanpay an pwovens. Yon swa nan mwadnovanm, Fiyole manke tonbe nan yon anbiskad sou wout Leyogàn (Léogane). Li chape. Nan menm okazyon an, Pwospè, chèf polis la, deside li lè pou l met lòd. Li pale prensipal kandida pou prezidan yo, an kòmansan pa Divalye. Li akize l ansanm ak patizan l yo, se li ki fè atanta kont Fiyole a. Li di se yon tantativ pou elimine yon advèsè ak vyolans enpi fè yo soupsonnen gouvènman an.

Kòmansman desanm, Maglwa konvoke Wòy Tasko Devis (Roy Tascot Davis), anbasadè Etazini. Li sigjere l apre tou li pi bon pou l chawzi lòt dat pou eleksyon yo ann atandan peyi a vin kal. Kèk jou apre, anbasadè a ansanm ak nons apostolik la anonse Maglwa li pèdi tout api, li ta pi bon pou li si li ta kite djòb la lè lè a rive. Msye gen menm reyaksyon ak Estime sizan oparavan. Li konvoke ofisye eta majò lame a, li poze yo kesyon konfyans lan. Sèl moun pami yo ki te gen kouray di sa l panse se kolonèl Leyon Kantav (Léon Cantave). Li di Maglwa ofisye yo pa avèk ou men yo pè di w sa. Yo arete Kantav. Maglwa reyini twa jenn ti ofisye anbisye pou l fòmen yon kabinè de sikonstans. L ap pare kò l pou l reziste. Yo pase lòd arete yon karantèn advèsè politik. Majorite ladan yo chape poul yo, men yo arete Dejwa. Konfòm ak kontradiksyon politik ayisyèn nan, yo lage l pwovizwaman, le tan pou l fin konkli yon afè seriz l ap negosye ak kèk etranje.

Jou J a tonbe 6 desanm. Sou yon ton senp, plis ensiltan ke l manti, Maglwa anonse nan radyo, li wete chapo l byen ba devan opozisyon an. L ap demisyone. Konstitisyon an prevwa se prezidan *« La Cour Suprême »* nan Jozèf Nemou Pyèlwi (Joseph Nemours Pierre-Louis) ki pral vin prezidan pwovizwa. Lè y al pale avè l, li refize pòs la. Pa konsekan se lame ki dwe pran peyi a an men. Maglwa di an plis se lame a ki mande l rete nan tèt peyi a jiskaske lòd retabli.

Jwèt tikoulout sa a deklanche yon grèv jeneral ki fèt anba konsiy « rezistans pasif ». Aktivite ekonomik Pòtoprens bloke a katrevendis pou san. Boutikye yo fèmen pòt yo. Avoka refize al plede. Ouvriye pa travay. Maglwa fè yon dènye tantativ an dezespwa, li parèt an pèsòn « La Belle Créole », yon magazen gran jan nan kapital la. Polisye ak zam akonpaye l. Yo pase pwopriyetè a lòd ouvri. Apre sa li konvoke 32 nan pi gran komèsan yo, kèk ladan yo se Ameriken yo ye. Li mande yo pran angajman pa ekri pou yo ouvè magazen yo. Okenn biznis pa ouvè pòt yo. Yon kominike ofisyèl bay konpayi etranje ak ògàn ki nan gouvènman ameriken yo pote chay grèv la. Wachintonn, anbasad d Ayiti pwodui yon pwotestasyon kont entèvansyon amerikèn nan. Pandan tan sa a, Pòtoprens trankil ou ta di se yon simityè.

Bout pou bout Maglwa bese byen ba devan volonte pèp la. 12 desanm, li pwopoze prezidan Kou Siprèm nan yon lòt fwa ankò l ap ba li pouvwa a. Fwa sa a, li dakò. Nouvo ansyen prezidan an ta byen kontan reprann karyè militè li. - ane anvan an palman an te nonmen l jeneral pou tout tan. Dejwa ki fèk soti nan prizon pa dakò ak sa. Li se sèl òm politik ki gen plis pwa nan moman an. Kidonk li gen kapasite pou l egzije Maglwa kite peyi a anvan yo fòmen yon gouvènman kowalisyon. Se kapitèn Aliks Paskèt (Alix Pasquet) ak lyetnan Filip Dominik (Philippe Dominique) ki pral pote nouvèl la bay jeneral la. Lè li wè de nan gwo sipòtè l yo lage l, li bat ba.

13 desanm sa a nan aswè, fè fre. Yon avyon militè ayisyen moute nan syèl la, li pran direksyon Jamayik. L al mennen Maglwa ale ak fanmi li. Li oblije kite bèl bèl vila an mab la ak divès lòt byen li posede. Ansyen rezidans lan pral tounen *le Musée national.* Koul fin soti nan peyi a, Maglwa pibliye yon kominike pou l di se pou evite san koule ki fè li sede. Kòm de rezon, san pa koule, men Pwospè

jije pi pridan pou l degize tèt li an fanm epi mande azil nan yon anbasad etranje.

Pèp la ki toujou pare pou l reyaji, te kontan wè boulvèsman politik sa a li panse ki mennen sou wout demokrasi.

Chapit 8
Kanpay elektoral

S e ak chante Ayiti bat bravo, se ak chante tou li pase pouvwa nan betiz. Se yon koutim ki soti nan tan esklavaj. Maglwa ak klik li yo pase anba yo tou. Malis popilè a prezante yo kòm banbochè ki pa janm satisfè.

Gen yon chante ki an vòg moman sa a:

> Toulejou m sou
>
> Se wisky m bwè
>
> Toulejou m sou
>
> Nan tete manman m se wiski m bwè.

Se sou lè mereng majorite kandida yo ap fè kanpay. Divalye antre nan won tou. Sa konn rive li met tèt li nan sitiyasyon kote l ap fè rizib san l pa ta vle. Twa konkiran l yo, Fiyole an premye pa manke brase kouto a nan maleng lan. Li toujou kenbe lòt la. Li pran atitid teyatral yon entèprèt Chekspi (Shakespeare) ak kote ti vakabon nan lari, li, l ap plede griyen dan li sou ti doktè a. Fiyole di:

> «maten an pandan m ap savonnen kò m, mwen rann mwen kont doktè Divalye se yon ti bonnonm pafètman estipid.»

Etamajò Divalye a patisipe tou nan blag yo. Manm li yo rete kwè y ap rale fisèl yo epi popetwèl yo a ap rive prezidan.

Èske Divalye vle reyèlman vre prezante peyi a modèl imaj sa a? Èske se yon taktik elektoral ? Moun yo pa dakò ak sa. Gen moun kap di w li moutre inosans li. Gen lòt ki di yo kwè lè Divalye sonde opinyon moun yo, li rann li kont advèsè l yo popilè, li deside twonpe moun yo, li pran pòz popetwèl li. Li gen yon ti kote doktè « Jekyll-Mr. Hyde » ki koumanse parèt··· Evennman yo pral pwouve sa ann apre. Pou moman sa a, sentòm yo enkyetan.

Se franse Divalye pale, li pa pale kreyòl. Li pale de gouvènman onèt. Li pwomèt mas peyizan yo y ap byen trete. Lè se nan radyo, li renmen fè chonje wòl li te jwe bò kote Ameriken yo nan lit kont pyan. Li prezante tèt li kòm medsen kanpay peyizan yo ak teknisyen èd ameriken yo renmen anpil. Pwogram elektoral kandida a byen senp: Li pwomèt pou l respekte panse politik prezidan Estime a. Depi Estime mouri a, imaj piblik li grandi. Kèk nan patizan l yo fòmen sa yo kwè ki se yon direksyon operasyon pou fè Divalye genyen.

Nan kolaboratè ki pi pre l yo, nou jwenn Woje Dòsenvil (Roger Dorcinville), yon politisyen rendonn ki chape anba Maglwa, yo te ofri l fonksyon ofisyèl nan plizyè kabinè. Mouche maton nan literati. Li konn pale tou. Li pral gide Divalye kòm sa dwa. Te genyen tou Lisyen Domèk (Lucien Daumec), ansyen manm Pati Kominis ayisyen. Se li ki pral ekri pi fò nan diskou patwon an. Madan Estime lage kò l nan pran defans kòz Divalye. Divalye pa fè anyen pou l wete sou tèt li repitasyon anti klerikal yo fè l la, epi yo di tou, li se amatè vodou. Patizan Estime yo si Divalye ap pase.

Yo pran abitid di : « Divalye se nou. ». Yon manm konsèy elektoral la tonbe ri : « Granmoun nan pa menm ka fè yon bon diskou. Li te moutre m sa l te vle fè Okap Ayisyen an ». Li tuipe, epi li di : « mwen chire l, mwen fè yon lòt pou li. »

Poutèt li deklare li se eritye politik Estime, sa fè l jwenn api espekilatè kafe yo. Se entèmedyè enfliyan ki konn prete peyizan yo lajan pou yo degaje yo jis pwochenn rekòt. Lame bay konkou l tou. Ti nonm sa a ki sanble li pa sa kase yon ze a, ki kouche zòrèy li pou l koute lè y ap pale avè l la, militè yo panse yo ka fè l fè sa yo vle. Nan diskou li te fè lè Maglwa fin tonbe a, Divalye plis pale pou lame a:

« Solda a bliye ti pwoblèm pa li pou l okipe diyite ak libète moun. Li mare sosis li ak kolektivite a.» Li rele lame a senbòl vijilans. Li priye li pou li pa bliye tradisyon l yo pou operasyon elektoral yo ka vin tounen yon bèl paj nan demokrasi ayisyèn nan··· Mwen kwè li pral tankou yon lepe ki pa gen tach san sou li. Li bat yon dènye wochan pou sòlda ki te ranvèse sistèm esklavajis Maglwa a. Pou l fini li di Bondye mèsi; li di pè yo, jenès la, fanm yo, tout moun, mèsi.

Granmesi sa l konnen nan vodou a ki an vòg, ti doktè a jwenn vòt yon pòsyon nan entèlektyèl yo.

Dezyèm kandida a se Lwi Dejwa. Li fèt Pòtoprens an 1896. Nan ras li te gen maki d Ènri a (Le marquis d' Hennery), gouvènè Sendomeng, sou rejim wa yo ; Nikola Jefra (Nicolas Geffrard), yonn nan kat jeneral ki te fè pale de yo nan lagè endepandans lan; Fab Nikola Jefra (Fabre Nicolas Geffrard), pitit Nikola Jefra, ki vin prezidan la Repiblik. Dejwa te etidye nan « Petit Séminaire » Pòtoprens lan. Apre sa paran l yo voye l al kontinye etidye kay Jezwit yo an Bèljik. An 1920, li pran diplòm agwonòm. Ane apre a, li tounen ann Ayiti li vin okipe divès pòs ofisyèl. An 1924, yo nonmen l direktè « École pratique d' Agriculture. »

Yo toujou konsidere Dejwa kòm nèg de byen. Li konn abiye. Menm lè li te delege ministè agrikilti nan rejyon ki gen forè yo. Chak swa li chanje rad pou l al soupe, tandiske kòlèg li yo rete ak inifòm kaki yo.

Li te pwofesè chimi nan Lise Petyon, chimis nan yon sosyete sik, "Haitian-American Sugar Co." Li te prezidan chanm komès an 1945, senatè pou sid an 1946. Yo reeli l an 1950.

Elit la rekonèt Lwi Dejwa pou pitit li. Cheve nwa ak lanm lanmè, koulè bren cho fè l sanble yon vedèt varyete. Li konn sa, enpi li jwe wòl la souvan. Li melanje nan pèsonalite l pi fò nan santiman ak teyori klas sosyal li a. Si li senatè diran dizan, li te plis distenge l kòm endistriyèl epi agwonòm nan branch luil esansyèl. Li te antre ladan pandan dezyèm gè mondyal la ak èd finansye ameriken.

Dejwa pa fin twò vle yo pran l pou politisyen. Li pran pòz grandon li ak chapo lenn gran bòday li, li pral enspekte biznis li nan pwovens. Chak senmenn li envite moun ak soulye vin manje lakay li. Anpil fwa se manm anbasad ameriken li envite. Kòm bon tchoul. Depi menm jou Dejwa soti nan prizon lè Maglwa fin tonbe a jiskaske l al jwenn li ann egzil, Dejwa rete prizonye konseye l yo ak souflantchou l yo. Moun sa yo pa wè byen pou peyi a ni pou Dejwa. Se sel prestij yo ak enterè pa yo ki enterese yo nan tou sa y ap fè.

Patizan l yo rele tèt yo « Fòs ki la pou fè byen ». Yo takse « revolisyon 46 la » ansanm ak gouvènman ki soti ladan an « dizan sosyete a anbreye sou bak ». Jan yo pale, se kom si lè Dejwa pran pouvwa a, se òmdafè ak endistriyèl yo ki pral pwofite. Elit tradisyonèl la ap tounen an fòs. Pè yo, anbasad ameriken, ofisye siperyè milat yo kap voye l moute. Li ka konte sou peyizan yo tou ki jwenn endistri luil esansyel yo pou yo vann pwodui yo, swa nan konpayi pa l swa nan lòt.

Le Professeur Daniel Fignolé

Pwofesè Fiyole (Fignole) te pale yon kreyòl ki fè moun wè tout koulè. Pèp la te renmen li pou sa.

Dejwa toujou ap di prezidan peyi a bay tèt li twòp pouvwa. Li pwopoze yon sòt de teknokrasi k ap devlope agrikilti ak endistri nasyonal. Senatè a, jan y abitye rele l la, pa kache di Ameriken yo, bizismann yo ansanm ak anbasad la pi pito li pase Divalye. Ann Ayiti lè yon moun di w sa se prèske viktwa li ki asire. Men kanpay elektoral apèn koumanse Dejwa gen tan fè lame a desteste l poutèt kritik l ap fè enpi pwomès li fè pou l netwaye l, mete lòd ladan lè l pran pouvwa a.

Twazyèm kandida a, Danyèl Fiyole, fèt an 1913 nan yon fanmi pòv Pestèl, nan sid-wès Ayiti. Li nan lòt ekstrèm nan. Lè se pa li ak pwòp men li ki te konn travay ti bout tè li te genyen an, papa l te pwofesè nan yon ti lekòl riral. Li mouri an 1927. Fanmi an pral abite Pòtoprens kote manman an pral travay pou l peye etid Danyèl ak frè li. Ti nèg sa a kap vin yon politisyen an se te yon elèv entèlijan lekòl primè, men maladi ak travay li oblije fè pou l ede fanmi li, lakoz li double dènye ane li nan segondè nan lise Petyon. Epòk sa a li te oblije pase mwatye tan li ap travay pou l ka pote manje nan kay la. Se nesesite toujou ki fè l abandone etid li tap fè nan lekòl de dwa pou l te vin avoka. Li tounen nan lise Petyon l al anseye matematik, matyè pa l la menm. An 1942, li rantre nan yon ti sèk politik kòm moun ki konn pale an piblik. Menm ane a, yo revoke l kòm fonksyonè poutèt yon atik li ekri nan magazin *Chantiers* kote li kritike rejim Lesko a. Kounye a, vle pa vle, li nan politik.

Nan evennman 1946 yo Fiyole konsidere tèt li kòm yon aktivis. Se lè l fin fonde MOP, li koumanse vin popilè nan elit la. Li koumanse gen fanatik nan Lasalin, nan Lakou Breya, Bolòs, Bèlè (yon dwòl de non lè w konsidere ki kalite odè kap degaje nan zòn sa a).

Fiyole pral pretann Divalye pa t fè anyen nan leve kanpe 1946 la. Gan lè gen yon ti verite nan sa, men li pa janm di anyen sou desizyon li te pran pou l mete Divalye nan pòs sekretè jeneral MOP la; yon desizyon li te pran pèsonèlman. Li pito pale de swasann katòz jou Divalye te pase nan ministè edikasyon nasyonal sou Estime. Nan peryòd sa a, li te mete sou pye de nouvo lekòl segondè.

Lè l vin koupe fache ak gouvènman an, Fiyole vin jwe wòl yon sendikalis ki gen anpil enfliyans. l ap reyalize pwomès li te fè kòm politisyen. Se li ki mete sendika pou travayè nan sosyete sik La Hasko. Anvan, yo te konn touche yon goud edmi (1,5), alèkile y ap

touche senk goud (5) pa jou. Salè gran nèg. An 1950 lè l pase pou
depite nan Pòtoprens yo bat bravo plis pou li pase Maglwa lè l tap
prete sèman kòm prezidan. Jiskaske li pèdi chèzli nan eleksyon fo
mamit 1955 yo, li toujou rete gran defansè kòz ouvriye yo. Kòm
opozan, li rive pase disèt jou nan prizon sou Estime, twa mwa sou
Maglwa. Moun lelit yo te pran l pou kominis. Moun ki pi konnen l
yo te pran l pou yon diktatè fachis. Li menm li wè tèt li kòm yon
demokrat nan estil Wouzvèl (Roosevelt). An 1946, diskou li te konn
fè nan radio yo vin ba li repitasyon moun kap simaye latwoublay.
Diskou sa yo tèlman fè efè, patizan l yo, sa k pi cho yo, deja ap konte
konbe milatrès yo pral pran lè pati a rive sou pouvwa a. Gwo erè!

An 1957 se yon Fiyole chaje ak esperyans ki vin kandida pou pòs
prezidan. Sel pwoblèm li, li manke patizan nan lame a ki toupisan,
menm lè nan Pòtoprens, solda yo, souzofisye yo, anfen dènye nèg nan
ganizon lokal la nan pòch li. Lòt feblès li toujou, li pa gen patizan nan
pwovens. Sèlman, nan kapital la li rive konvenk moun yo li sensè, li
pa al abite nan bèl katye, ni li pa aji an politisyen arivis.

Advèsè ki pi danjere pou li a se Divalye. Se sou ti doktè sa a li
pral choute plis nan diskou l yo kòm kandida. Lè l an prive, Fiyole
pa menm moun sa a ki konn posede foul la lè l moute sou estrad la.
Se yon nonm ki mens, ki bèl malgre graton li gen nan figi l. Se yon
moun tanperaman fèmen, li pa estravagan. Se kapab paske li rann
li kont yo pa konnen l an deyò Pòtoprens ki fè li pa fè bri.

Katriyèm kandida a se Kleman Jimèl. Yon nèg nwè, kosto,
entelèjan. Ak souri l sèlman li ka mete w nan pòch li. Li fèt an
1915. Li diplome nan fakilte Dwa ann Ayiti an 1937. Li jwenn yon
bous pou l al etidye sosyoloji nan inivèsite Fiske. Li diplôme ak
mansyon felisitasyon. Apre sa, li travay kòm chofè taksi, mesaje,
manèv pou l ka peye lòt etid nan inivesite Chikago (Chicago), tankou
finans piblik. Lè l tounen Ayiti, yo anplwaye l nan ministè Travay
sou Estime. Li rete nan pòs la sou Maglwa epi yo nonmen l minis
finans. Li toujou di limenm li fè afè l pwòp, li pa janm tranpe nan
okenn sòs eskonbrit. Pwogram li se ankouraje bon rapò ant klas
sosyal yo. Apre pwoblèm pa konn li, pa konn ekri, fè kalkil la, li vle
rapwoche pòv ak rich. Kòm lidè ki pa p dòmi, li vle bay revolisyon

1946 la yon dimansyon teknik epi kreye yon administrasyon ki gen nen nan figi l.

Atik 81 Konstitisyon an prevwa nan ka sikonstans enprevi se prezidan Kou Siprèm nan ki pou dirije Leta a. Kidonk se Nemou Pyèlwi ki ranplase Maglwa lè l tonbe. Gouvènman pwovizwa li pral mete a pral dire sèt semèn.

Yon kanpay elektoral

Patizan Divalye ak patizan Dejwa fè yonn. Pi gwo erè yo te ka fè. Lòt pati yo santi yo vle wete yo nan jwèt. Yo kritike nouvo prezidan an poutèt li pran de lòt majistra **Kou Siprèm** nan kabinè li, medsen pèsonèl li epi yon zanmi l ki gen katrevenzan. Toulede ka vin prezidan otomatikman.

Diskisyon pete: èske se yon nouvo gouvènman konstitisyonèl oswa revolisyonè? Pyèlwi refize pran pozisyon. Ofon, men veritab kesyon an: eske n ap kontinye make pa sou plas oubyen n ap antre nan lojik revolisyon 1946 la ? Nèg ki fè plis bri nan koze revolisyon an pran koulè Pati Pèp ayisyen *Le Souverain*. Lè Maglwa te deklare yo hòlalwa, yo te rasanble anpil senpatizan divalyeris. Se menm moun sa a yo ki pral akize Pyèlwi kòmkwa l ap eseye bòykote revolisyon desanm nan an favè Maglwa. Sou baz « jistis popilè », yo òganize kòmando kal fè va sou patizan Maglwa yo nan administrasyon piblik yo. Chak larivyè toujou vin ak gravwa pa yo, men fwa sa a, li pi brital. Kon sa nou prèt pou tonbe nan anachi.

Dèt Ayiti moute sèt wotè, Kès Trezò piblik vid. Pòl Kasayòl, minis finans, yon kreyati Dejwa, t ap chache prèv pou l mete fayit la sou do Kleman Jimèl ki te la anvan l. Kabinè de grenn gòch sa a gen pou l lite kont koze chen manje chen nan politik, vyolans, rate lajan.

Tou sa pa lwen fini. Kat minis nan kan Divalye ak Dejwa akize Pyèlwi yo di ki fè espre li bloke ankèt sou gagòt Maglwa tap fè yo. Premye fevriye 1957 Pyèlwi izole nan yon kabinè ki kraze. Kounye a li konvoke kandida ki ka ranplase l yo pou l kalme moun yo. San pèdi tan, Dejwa ak Fiyole egzije demisyon prezidan pwovizwa a brid sou kou. De jou apre, se Divalye ki mande Pyèlwi rache manyòk li. Li met ansanm ak Dejwa pou l dekrete grèv jeneral.

Pyèlwi demisyonnen 4 fevriye. Yo fè konnen dezòmè se lame k ap asire sekirite.

Yon lòt fwa ankò Pòtoprens paralize. Magazen fèmen, pa gen gaz, machin pa sikile. Radyo pa sispann atake Dejwa. Se limenm yo di ki anpeche moun okipe zafè yo, ki fèmen pòt lekòl, kap fè moun mouri grangou nan kapital la.

5 fevriye se tou pa Fiyole pou l peze ti bouton ki pral deklanche woulo konpresè a. Lari a benyen ak moun kap rele « Aba Dejwa ». 7 fevriye tout kandida yo, sòf Dejwa, bay palmantè yo 2 non pou yo chwazi yon nouvo prezidan. Yo antann yo sou dezòm. Yonn se Frank Silven, yon avoka ki te kandida men ki pa t gen okenn espwa pase; li dako pou l wete kò l si yo ba li plas prezidan pwovizwa a. Lòt la se doktè Edwa Petris (Édouard Pétrus). Li te fè anpil bagay pou konbat pyan. Gen moun ki panse li plis gen panchan pou Jimèl, men majorite moun yo kwè se sèl pèsonalite enpotan ki pa gen etikèt politik sou do l. Toulede pwomèt pou yo respekte Konstitisyon an si yo chwazi yo.

Pati Pèp ayisyen an pa wè bagay yo kon sa. Kòm se li ki te deklanche mouvman an, li mande pou l gen reprezantan pa l tou. Ni Silven ni Petris dakò. Palmantè yo ap kapab chwazi yon twazyèm kandida, Kòlbè Bonòm (Colbert Bonhomme). Se lakay avoka sa a Divalye te pran refij pou yon bout tan sou reny Maglwa.

Omoman palman an reyini pou l pran yon desizyon, pèp souvren an rasanble. Tèt yo cho, men lame a pa vle mele nan koze sa a. Jeneral Kantav mande Divalye pale ak moun yo pou fè yo tounen lakay yo. Ti doktè a seye fè sa, men sa pa mache. Fiyole fofile kò l yon kote tout moun ka wè l, li leve bra l anlè. Silans konplè. Lidè a di kèk pawòl nan lang pa nou an, tout moun vire y ale.

Bout pou bout se Silven asanble a chwazi. Pèp souvren an fonse sou barikad polis yo. Li kriye viktwa epi li tanmen chante im nasyonal la. Moun pran danse nan tout lari. Grèv fini. Pèp ap fete nouvo prezidan l kòm dabitid. Yon moun ki fèk vini ta ka panse Silven se yon nonm ki popilè dènye degre. Manti. Yon senmenn anvan, moun yo pa t près janm tande pale de li. Se jis mas pèp la kap defoule l.

Sa pa pran tan pou yo santi panchan Silven genyen pou Divalye. Yo te revoke l kòm jij sou Maglwa an 1955. Ann avril 1956, li te yonn nan moun ki te pran plim li pou l di manda prezidan an fini dapre sa Konstitisyon an di. Kòm prezidan pwovizwa, Silven rekomanse mennen kanpay kont Jimèl. Yo bezwen pwouve li te fè lajan Leta fè wout kwochi lè l te sou pouvwa a. Ni limenm, ni Divalye te gen enterè wete l nan batay pou plas prezidan an.

Nou rive nan moman verite a. Tout kont ap regle. Silven nonmen Kòlbè Bonòm nan ministè Jistis. Se tout vwa ki te leve pou mande li pran mezi legal kont moun yo sipoze ki te patisipe nan kò asasinay ki te fèt sou madan Lidovik Dezinò ak senk pitit li yo an 1953. Dezinò te gen yon pòs nan travo piblik sou ansyen gouvènman an.

Se nan klima bouldozè sa a kanpay elektoral la ap fèt. Divalye fè yon vizit yo pa fouti bliye nan Jakmèl, vye pò kote yo konn espedye kafe a. Yo resevwa l ak kout wòch. Mouche vole gagè. Li pran sa fè jwèt. Li di si yo te asfalte ri yo, moun yo pa ta jwenn wòch pou yo voye. Li pwomèt l ap asfalte ri yo. Men pi devan li respekte pwomès sa a. Ti doktè a ap koutize pè yo tou. L al nan Chapèl Nòtredam Fatima, Pènye, kèk kilomèt distans ak Pòtoprens. Apre lamès li pran lapawòl pou l pale sou edikasyon kretyèn li te resevwa epi solidite fwa li. Li tou fè yo chonje li te fè pati Jenès katolik yo.

Epòk sa a, Divalye te deja koumanse plenyen pou jounalis ki de pasaj isit. Pa t gen anpil ki te konn enterese poze l kesyon. Epitou, li pa t fè anyen ki te merite rapote. Lè yo poze l yon kesyon, olye l reponn dirèkteman, mouche resite yon litani deklarasyon mistik. Jounalis la koumanse pran nòt epi li sispann poze tèt li kesyon sou sa lòt la vle di. Gen yon jounalis ki te poze l yon kesyon byen senp pou l reponn wi ou non, li pran yon pakèt dètou pandan yon kadè pou l pa di anyen ki fè sans. Lè l wè mouche pa reponn anyen, jounalis la repoze kesyon an ankò ak tout respè l. Se bagay ki agase Divalye. Mouche di entèprèt li a:

« Dites à ce reporter que s'il manque d'instruction, moi j'en ai. Je réponds comme je réponds »[5]

---

5   Di jounalis la pou mwen si li menm li manke enstriksyon, mwen m genyen. Mwen reponn jan m vle.

Pou yo konbat lide ke jounalis ameriken yo pito Dejwa poutèt li konn envite yo nan kòktèl agogo, a jan elektoral Divalye yo mete ofri kòrespondan etranje yo byè kèd. Si doktè politisyen an pretann li se disip Estime, Jimèl menm li gen sipò majorite teknisyen revolisyon sa a. Yo wè nan li yon nonm ki gen konpetans pou l vin chèf d Eta. Sepandan li pèdi prestij li poutèt li te nan konfyolo ak Maglwa. Li pa janm ka repare donmaj sa a.

Anpil moun nan klas mwayèn nwa a panse l ap pèdi eleksyon yo poutèt sa. Malgre yo konnen li gen kapasite pou sa, epi li kapte yo kòm nèg ki gen bon jan, yo koumanse plis panche sou ti doktè a. Divalye bay aparans yon nonm trankil, emab, dwòl men janti, ki menm gen vye mannyè pa li.

Li vle kontante tout moun. Li pwomèt plis jistis sosyal, gwo jefò nan koze enstriksyon piblik, djòb pou travayè. Li mande tout moun vin kolabore, menm kapitalis yo li di ki nesesè. Il pwomèt pou l pwoteje lajan yo envesti, ke l lokal, ke l etranje. Li lonje dwèt sou elit yo pou l mande yo ede l enstwi travayè yo. Li deklare tout moun ki gen yon manchèt nan men yo gen dwa jwenn enstriksyon siperyè. Plis sa prale plis Danyèl Fiyole reprezante sèl e inik advèsè Divalye gen pou l elimine.

Pandan tout kanpay elektoral la, akizasyon ak vyolans dominen aktyalite a. Pandan kanpay li nan sid peyi a, Dejwa tande yon bri vit yo kraze nan kay kote li te antre a. Se fiyolis yo ki tap manifeste. Patizan Dejwa yo move kou kong, yo rale revòlvè yo, yo kouri sot deyò. De moun mouri. Lè Dejwa rive pi devan, yo kenbe yonn nan a jan l yo yo bat li jis li mouri. Potoprens menm, omoman kòtèj Divalye tap sot Jeremi, yo voye wòch sou yo. Lè pousyè a fin abat, yo jwenn yon moun mouri atè a figi l kraze ak bal.

25 mas yo koumanse ouvè rejis elektoral yo. Fiyole, ki pa dijere panchan Silven genyen yo, konvoke kandida yo, prefè polis yo ak laprès. Fiyole fè konferans lan lakay li. Sou yon tab kajou ansyen ki kouvri ak yon nap ki gen dantèl, li redije yon lèt pou Silven. Ni Divalye ni moun ki reprezante l yo, yonn pa t la. Mesaj la akize Silven l ap fè magouy nan eleksyon yo an favè Divalye. Li fè l chonje li te pwomèt l ap rete net. Li ekri « An reyalite yon dekrè

elektoral se bagay ki de paman ak Konstitisyon an, se fwod sèlman sa ka ankouraje nan eleksyon. » Se kamyon Leta, chofè Leta kap transpòte elektè yon sèl kandida (Divalye), lòt yo pa ladan. Biwo enskripsyon yo ap fonksyone an dezòd. Lè delege yo pwoteste, se menas ak entèvansyon lapolis. Yo di tou pou yo anplwaye fonksyonè Leta yo se sòv si yo remèt delege lokal Divalye a kat elektè yo. Yo denonse lòt abi toujou. Men pou fini ak tou sa, yo mande Silven pou l kraze kabinè a epi mete yon lòt kabinè ki reprezante tout sektè politik yo. Sèl kandida ki pral asiste konferans Silven an se Divalye.

Menm jan l te fè ak gouvenman Pyèlwi a, Dejwa pral chèche mete yon bout nan sa. Li voye telegram sa a bay Silven:

> « Regrette d'avoir à vous informer que les sommes allouées – tout à fait inutilement – par le gouvernement à un programme spécial de travaux publics, sont dépensées de manière honteuse…, servent exclusivement à acheter des votes à Duvalier. »[6]

Li di Silven, si l pa fè anyen pou l korije abi sa yo, l ap deklanche grèv jeneral.

Silven reyaji sou konferans Divalye a, sou telegram Dejwa a tou. Li anonse l ap aksepte demisyon kabinè a ak kondisyon lidè politik tout tandans rasanble pou yo pwopoze l yon nouvo gouvènman. Li tou di yo tou li bay tèt li dwa refize tout pèsonalite li jije inakseptab.

Pandan tan sa a Fiyole kòm nèg ki pran plezi nan fabrike wa, òganize yon lòt rankont bò bèl tab lakay li a. Fwa sa a, tout kandida yo te reprezante, sòf Divalye. Yo ekri Silven yon lèt pou yo egzije kraze kabinè a, sispann fè enskripsyon pou eleksyon, konsilte chak kandida an pèsòn pou fòmen yon nouvo gouvènman.

Silven mande pou l konsève sa ki la yo jiskaske konferans politik li vle fè a fini. Kounye a opozisyon an franchi yon lòt etap, li mande pou Silven rache manyòk li tou. Kòm repons, li disoud Palman an, epi li pase lòd arete Kleman Jimèl. Fòk mouche vin bay esplikasyon sou de milyon goud, swa 400 000 dola li te depoze sou kont li Nouyòk lè l te minis finans Maglwa.

---

6 Mwen regrèt sa pou ou, m oblije fè w konnen lajan sa yo gouvènman an mete nan yon pwogram espesyal travo piblik ki pa itil anyen ditou, yo sèvi avè l inikman pou y achte vòt pou Divalye. Se yon wont.

Grèv jeneral la fèt premye avril. Lame a al sere Silven nan yonn nan rezidans Maglwa te konstwi yo. Menm nuit sa a, yo tanmen bat tenèb. Lè y ap bat tenèb isit ann Ayiti , se yon kantite moun ki fè bwi ak tou sa yo jwenn, vye mamit an tòl, poto eletrik. Lari yo chofe nan kapital la.

Kèk kilomèt ak Pòtoprens yo dekouvri yon depo kote y ap fabrike bonm, epi yo arete yon sèten Danyèl Fransis (Daniel Francis). Lame a fè soti yon kominike

> Le soir du 1ᵉʳ avril 1957, l'armée d'Haïti a été informée de l'existence d'un dépôt d'armes et de munitions à Thor. Expédiés sur les lieux, un détachement de soldats et leurs officiers ont découvert chez Mme Esther Poulard, cohabitant avec Daniel Francis, un certain nombre de cocktails Molotov, de grenades et autres explosifs. Alors que le juge de paix était occupé à faire son rapport, une explosion s'est produite sur les lieux de la perquisition à environ huit heures quinze du soir ...[7]

Se lyetnan Michèl Kont (Michel Conte) ak Frenèl Andral Kolon (Frenel Andral Colon) ki gen pou yo egzaminen materyèl yo sezi yo epi dezamòse bonm yo. Jij Founye Fòtine (Fournier Fortuné), sipleyan jij Dival Divalye, te la tou. Yo chita bò tab kote yo te espoze materyèl yo sezi yo. Kont soulve kichoy ki sanble yon bwat siga. Esplozyon fèt. Jij la vòltije nan yon kwen. De bra Kont rache, de je l pete. Kolon menm pèdi yon bra, yon grenn je. Plizyè santèn moun anvayi sal komen lopital kote yo te transpòte yo a. Moun eksite, y ap diskite san bwi bò kote malere yo. Tout bagay pase byen senp. Se pa sansasyon moun yo te vin chache men yo te plis vin chache konprann. Kòm viktim yo te sou gwo kalman prezans moun yo pa t tèlman deranje yo. Yonn mouri apre de twa jou, konpayèl li a pa tann lontan pou l mouri tou.

Yo fè remak la, papa kandida Divalye parèt nan zòn esplozyon an menm moman y ap soti avèk jij Fòtine, sipleyan l lan ki benyen san. Eske gen yon moun ki t al avèti papa Divalye ? Se kesyon sa a

---

7 Premye avril 1957 nan laswarè, lame d Ayiti te jwenn enfòmasyon sou egzistans yon depo zam ak minisyon nan Tò (Thor). Li depeche yon detachman sòlda ak ofisye yo nan zòn nan. Yo dekouvri kay madan Estè Poula (Esther Poulard) ki ap viv nan menm kay ak Danyèl Fransis (Daniel Francis) yon bon kantite koktèl Molotòv, grenad ak lòt kalite esplozif. Pandan jij de pè a t ap redije rapò li, gen yon esplozyon ki fèt kote yo t ap fè pèkizisyon an. Li te anviwon uitè kenz di swa.

tout moun ap poze tèt yo. Apre sa, se yon lòt rimè k ap dominen aktyalite a. Gen yon moun ki pare pou l fè Dejwa ak Fiyole pase yon « nuit wouj » . Lotè krim sa a se menm moun sa a yo ki te mete bonm an desanm 1956 ak an janvye 1957. Yo dekrete yo lènmi piblik epi yo mete manda dèyè yo pou arete yo: Frits Sineyas, Chal Layens, Temistòk Fwenntès ak yon sèten Kleman Babo ki pral fè pale de li anvan lontan. Yo ofri mil dola pou chak tèt nèg sa a yo.

Yo sispèk kat nèg sa a yo ki nan kache a se Divalye, ti doktè afab la kap pase yo lòd. Men li pwoteste li pa menm konnen yo. Li deklare nan mikwo Radyo Pòtoprens, sa etone l. Kouman w ta vle, amwen ke l ta fou, pou yon doktè, pitit pèp la, kap geri moun, ta antre nan konfyolo ak brigan, tèworis, lènmi piblik, menm pou l ta kwaze avèk yo pa aza?

Kandida ki rete toujou nan batay la, yo mete tèt yo ansanm pou yo deside sou ki fòm pwochen gouvènman pwovizwa a pral parèt. Gen uit moun ki te reyini an tou. Kleman Jimèl voye twa reprezantan, yo pa aksepte yo. Fòk Jimèl pran ris prezante tèt li an pèsòn devan advèsè l yo. Se sa yo mande.

Apre anpil negosiyasyon, anpil toudètyè, yo rive bay twa zòm dirije Ayiti. Chak kandida prensipal sa a yo jwenn twa ministè. Lòt ti kandida yo jwenn yon ministè pou yo chak. Twa nan ti kandida sa a yo rale kò yo nan koze a.

« Kolèj elektoral la » vin soti gen onz ministè ak de sousekreta-rya d Eta, yonn pou Fiyole, yonn pou Dejwa. Kou nouvo minis yo koumanse fè netwyaj nan ministè yo pou yo mete moun pa yo, yo koumanse ba yo pwoblèm.

22 avril, Divalye pwoteste piblikman kont nouvo sistèm sa a li di kap pouri peyi a. 23 avril, twa minis pa l yo bay demisyon yo. 24 avril, yonn nan ti kandida a yo voye minis pa l la ale sou pretèks li nan konfyolo ak pati Dejwa a.

Minis ki rete nan pòs yo a soti yon kominike pou yo fè Divalye konnen twa pòs li fè minis li yo kite a y ap bay Dejwa yo ak Fiyole. Divalye di enposib. An bon patriyòt li pral konvenk kolaboratè l yo pou yo reprann plas yo. Lè sa a Jeneral Kantav mande tout kan-dida yo reyini pou yo bay pozisyon yo.

Divalye fikse pozisyon pa li : pa gen okenn kolaborasyon posib lè se sekirite nasyon an ki menase. Li rabese l nan chita pale ak kèk endividi k ap chache inikman plis popilarite ak avantay pèsonèl yo. Kantav ranvwaye reyinyon an pou demen. Apre vennkatrè li deklare sitiyasyon an tèlman grav l oblije konfye yon jent militè pouvwa a jiskaske eleksyon fèt.

Divalye dakò ak sa, men Dejwa ak Fiyole pa dakò. Reyinyon anile toujou. Twazyèm jou a, Kantav reklamen pouvwa a pou lame a, Dejwa ak Fiyole dekrete grèv jeneral kont Kantav. Kantav dakò pou l demisyone, men lame montre l se avèk li l ap mache. Lame a mande bizismann yo pa kite yo pran yo nan pyèj. Sa pa tanpeche grèv la dire ui jou. Nan espas tan sa a, Kantav mande Majistra **Kou Siprèm** yo kisa yo panse. Yo fè konnen pwoblèm sa a pa antre nan konpetans yo, men, dapre yo menm, manm Konsèy yo ki pa demisyonnen yo reprezante gouvènman legal peyi a. Yo di toujou kòm se pèp la ki te nonmen yo epi ki te rekonèt yo legalman, minis ki rete yo, se bay pèp la inikman yo gen pou yo rann kont. Kandida pou plas prezidan an yo pa gen dwa kouri dèyè yo. Kantav ak lame a pral mache ak opinyon Majistrati Siprèm nan.

Depi Divalye ak Jimèl pa nan jwèt la ankò, se pou yo òganize yo pou yo paralize kabinè a. Yo panse li pral fè magouy pou l voye Dejwa oswa Fiyole moute. Yo mande boykote eleksyon yo. Divalye deklare « Sans moi, le gouvernement est une farce et les élections une plaisanterie ». Se nan moman sa a yon nouvo anbasadè ameriken, Jeral A. Dwou (Gérald A. Drew) antre nan peyi a. Peyi l la rekonèt ofisyèlman direktwa Fiyole-Dejwa a. Eleksyon fikse pou 16 jen.

Yo koumanse fòmen lis elektoral. Chak moun ki vin enskri, yo remèt li yon kat pou li remèt kote l al vote a. Lè n konsidere kantite moun ki pa konn li nan peyi a, anpil elektè oblije pote kat yo a bay kandida yo a jouk dat eleksyon an rive.

Jiska prezan Divalye swiv pwovèb « voye wòch kache men» an. Kounye a, li koumanse aji ouvètman. Dezyèm semèn mwadme a, wout Nò a bloke tou pre Sen Mak, ak gwo wòch. Se travay patizan de kandida ki pa nan won yo. Nan sid Pòtoprens kontestasyon eleksyon yo pa fèt ak mwens vyolans. Tansyon an moute wo nan kapital la. Direktwa a fèmen de estasyon radyo ki soutni Fiyole ak Jimèl. Lapolis oblije tire anlè pou l gaye foul la kap grennen kout wòch sou ajan l yo. Dizui me, jou fèt drapo a, pandan tout ofisyèl yo ansanm ak kò diplomatik la okonplè t ap asiste yon mès solanèl, nan bazilik Nòtre Dam, manifestasyon kont gouvènman an eklate. Gen tire. Bilan: de moun mouri, anpil moun blese. Lapolis vide baton sou moun yo devan legliz la. Lame antre nan koze a.

Yon lòt fwa ankò, Ayiti nan kriz poutèt pouvwa. Direktwa tèt chat la deside wete Kantav nan tèt lame a. Nan plas li, li nonmen kolonèl Pyè Aman, chèf polis la. Aman refize. Kantav anonse li kraze kolejyal la pou l ka sove peyi a anba anachi. Kounye a Aman chanje lide. Li aksepte nominasyon an nan men gouvènman Kantav fèk sot jete a.

23 me, lagè deklare. Lame a anba presyon. Li divize an de. Yon bò se patizan Kantav, yon lòt bò se patizan Aman. Dejwa se yonn nan patizan Aman an yo.

Batay pou pouvwa sa a yo, ant militè gen yon lòt sekrè dèyè yo. Lame pa touche depi de mwa. Tonton Nwèl pral parèt. Li pral pote 46 000 dola lajan kontan bay Kantav pou l peye mesye l yo. Nèg sa a Lapwovidans voye a li rele Klema Jozèf Chal (Clémar Joseph Charles), epi li prezante nan non Divalye.

Kantav ak sòlda l yo tabli katye jeneral yo nan kazèn Desalin, pa dèyè palè prezidan an. Yo pran pozisyon pou yo defann tèt yo. Jeneral la al nan radyo pou l voye mesaj bay ganizon pwovens yo ak popilasyon an. Li mande yo leve kanpe, enpi fòmen komite pou sove la patri ki an danje. Menm moman an gen bann peyizan ame ak kouto, wòch kap bat pou anpeche sòlda yo debloke wout Sen Mak la. Aman voye yon pinga (iltimatòm) bay Kantav. Li ba yo demiyè pou yo rann tèt yo. Avyon ap simen trak sou tèt kazèn nan. Trak yo di pi fò moun nan lame a apiye Aman. Apre demiyè malè pandye a, yon lòt avyon lage yon bonm ki tonbe sou gazon an san l pa pete. Yo te bliye amòse li.

Moun kouri al gade eskonbrit la. Pi bon plas yo se sou chann-mas la , an fas kazèn nan. Atoufè yo nan tout kwen lari. Yo sakaje magazen, estasyon radyo, jounal. Bouwo Divalye yo dejwe yon atak kont mezon rezidans prive li. Fiyolis pran yon machin yo dechèpiye sa yon sèl ti moman.

Sou Channmas la, Aman mete kanon deyò epi li bay lòd tire sou kazèn nan. Kantav fè nèg pa l yo ki te kache tire nèg ki sou kannon yo. Yo pran twa kanon nan men lènmi an. Pandan yonn ap touye lòt san okenn desizyon serye, Fiyole fè yon jan l al jwenn Divalye ak Jimèl nan Kazèn Desalin. Kon sa li bandonnen Dejwa. Yon desizyon ki pral bay bagay yo yon lòt koulè. Lelandemen maten, lit la fini. Fiyole reparèt ak tit prezidan peyi a ann atandan.

Lè moun yo tande nouvèl sa a, yo fin fou nèt. Moun pa janm wè yon kalite bagay kon sa. Yon foul mons rasanble devan palè a kote kolonèl Aman pral bay akolad ak lènmi li, jeneral Kantav li t ap konbat yè a, pou moutre se menm yo menm yo toujou. Se kon sa yo rive evite yon gè ki ta riske dire lontan. Gè sivil la dire yon jou sèlman epi li fè disèt viktim sèlman.

Aman ak Kantav rale kò yo tou dousman. Fiyole chwazi yon nouvo kòmandan an chèf pou lame a, jeneral Antonio Th. Kebwo. Yon nonm ki pral mòde pwòp men ki te ba li manje a. Pou kounye a tout bagay oke. Sou balkon palè nasyonal la, Fiyole fè yon diskou inogirasyon ki yon chedèv moderasyon.

> « Sous ma présidence, Haiti bénéficiera d'un gouvernement démocratique authentique. Il n'y aura pas de dictature. Les Etats-Unis d'Amérique n'aiment pas ce genre de régime. Moi non plus. »

Klòch legliz yo pran karyonnen. Foul yo dakò ak sa. Moun lelit yo bat bravo ak anpil pridans. Jeneral Kebwo nan bòl grès li. Gen dwa se pwogram kòbòy li l ap prepare depi kounye a. Venteyen kout kanno salye nouvo chèf d Eta a. De jou an plis pase kantite jou li pral pase sou pouvwa a.

Kebwo tèlman madre, premye soupson Fiyole genyen sou sitiyasyon reyèl la pral jwenn li. Kòmandan an chèf la kraze pòt biwo l ak kout pye pou l al arete l pandan li nan plen reyinyon ak kabinè a. Menm moman an yo pimpe l ann egzil.

Apre epizòd sa a, yo vin remake, epi, yo fè kòmantè tou sou Twouyilyo, poutèt diktatè dominiken an rayi Fiyole, gen moun ki panse lonbray diktatè a te dèyè ekran an ap fè menas nan dènye epizòd fim nan. Men pa janm gen prèv ki bay sou sa. Pòtoprens vin plizoumwen kal pandan de jou.

Jent militè a dekrete etadsyèj ak kouvrefe ki pa bay chans. Kòm li pèdi prensipal sèvo a, woulo konpresè Fiyole a gan lè pran pàn toutbon. Dizuit jen nan aswè gen yon rimè ki pati kòm kwa Fiyole ta nan prizon Fò Dimanch. Okòmansman moun yo pran tan pou yo reyaji, men lè rimè a vin pi sèten, gen yon bagay efreyan ki pral pase.

Depi byen lwen ou tande yon bwi bèf ki kase chenn. Se patizan Fiyole yo kap desann anba lavil. Sou tout wout la y ap kraze brize, poto eletrik, lanpadè. Limyè koumanse etenn nan tout lari kote yo pase. Fò Dimanch menm, dezagreman yo atake ak kout wòch, kout baton. Lapolis mete pwojektè sou batri. Yo desann sistematikman tout manifestan yo reyisi apèsevwa. Lè yo fin anpile kont kadav yo, yo menm kounye a yo pase a latak. Y al aji sitou nan bidonvil yo. Ondire yo bezwen derasinen tou sa ki fè fòs pouvwa Fiyole a. Fas a fas sa a, se bagay fewòs nèt. Le landemen maten moun leve nan yon klima tansyon, san bri san kont.

Jeneral Leyon Kantav (Léon Cantave) ak kolonèl Pyè Aman (Pierre Armand). Lagè te fini.

Kebwo pral deklare li regrèt sa ki pase yo. Men li pral jistifye desizyon l lan, lannuit ki sot pase a. Vil la te tounen yon *"jungle"*, (zòn kote k gen zannimo sovaj). Yo estimen yo touye mil moun. Yon chif moun pa sa verifye poutèt pèsonn pa tap pran ris kite yo kenbe yo k ap konte. Yo voye twoup vin chaje kamyon militè ak kadav pou yo bwote al jete. Ponpye yo menm y ap netwye kras san nan lari yo. Sitiyasyon an vin retounen nòmal.

2 out 1957, ministè enteryè anonse eleksyon pou 22 sektanm. Moun pa bezwen enskri pou eleksyon. Kote w rive a w ap jwenn bilten pou vote. Moun ki vle kapab vin ak pwòp bilten pa l. Gen asesè ki disponib pou ede moun ki pa konn ekri. Zak vyolans ak lòt zak malonèt ap jwenn gwo pinisyon. Dènye anons sa a se sitou pou moun ki gen lide al foure men nan in yo pou chanje rezilta vòt yo. Dekrè a di toujou moun yo chwazi pou prezidan an pral prete sèman sou baz Konstitisyon 1950 lan, men premye travay asanble nasyonal la se redije yon nouvo Konstitisyon. Y ap ratifye Konstitisyon sa a de mwa apre enstalasyon tout moun ki pase yo. Lorimè Deni (Lorimer Denis), an j kondiktè Divalye depi plizyè lane, mouri 17 out 1957. Lè w konn wòl vodou a jwe nan panse Divalye, zanmi l yo rakonte li sakrifye zanmi l lan bay lwa yo pou lespri yo ka fè l rive prezidan. Menm jan moun pa janm konnen konbe moun ki te mouri 19 jen an, se kon sa tou moun pa janm konnen laverite sou dènye pwen sa a.

Divalye (Duvalier) nan parad militè sou Channmas (Champ de Mars) (1958). Jozèf Bagidi (Joseph Baguidy), Jan Maglwa (Jean Magloire), kolonèl Pyè Mèswon (Pierre Merceron), Papa Dòk, kolonèl Danyèl Bovwa (Daniel Beauvoir), madan Pyè Mèswon (Madame Pierre Merceron), Janklod Divalye (Jean-Claude Duvalier) ak sè li yo Dede ak Nikòl (Dédée et Nicole).

Chapit 9
Premye pa yo difisil

Komèt travèse syèl d Ayiti. Se kantite prezidan sa a yo zile a konnen yo. Si yo te kite Franswa Divalye trankil, li te ka byen swiv wout li san konplikasyon. Depi nan koumansman li moutre li se yon fotokopi administratè san esperyans. Opozisyon an bò pa li pral moutre li pi medyòk toujou. Olye yo kite l anfè je tèt li poukont li, yo moutre yo enpasyan. Yo chache desann li anba move mannèv ki fèt move moman. Sèl rezilta yo jwenn se rale sou bò prezidan an sèten moun ki, nan lòt sikonstans pa tap mande mye pou yo debarase ak prezidan an.

Depi okòmansman jiska mentnan sovajri (tirani) Divalye a te toujou sanble yon bagay ki pa pe dire lontan. Jan fonksyonè yo mal òganize a, sa agase menm moun sa yo ki te deja ap benyen nan enpwovizasyon dènye minit ki te konn fèt nan administrasyon anvan an yo. Jefò ki fèt yo se jis pou yo jennen advèsè a. Nan domèn sa a, gran òganizatè a se Kleman Babo. Divalye pral voye sa ale.

Anvan yo enstale li ofisyèlman, Divalye te gen tan gen yon apèsi sou konplo ki te reyisi voye anpil nan sa anvan l yo ale. Bonm ap eklate. Tèworis ap komèt zak malonèt. Grèv dekrete.

Pandan l prezidan an, koumanse gen envazyon, konplo ap fèt, maji nwa ap boule.

Nan ki anbyans l ap viv tout difikilte sa a yo ? Se nan kapital la kote yo te refize kite l antre pandan eleksyon yo. Tout moun konnen se Pòtoprens tout bagay konsantre nan peyi a. Bizismann yo make Divalye fwadè, mas popilè lavil yo, tout pou Fiyole. Prezidan an konprann vit sitiyasyon sa a se kòz lènmi l yo l ap sèvi. Se poutèt sa l ap pare kò l pou l kòresponn ak moun ki soti pou pran pouvwa a nan men li. Men li pral pran tout prekosyon pou l pa enkyete anbasad ameriken san rezon epi tou pou l pa bay opozisyon an okazyon lige kont li.

Kleman Babo (Clément Barbot) an kostim nwa kòm dabitid ak revòlvè ameriken li nan men li.

Jan yo te ka prevwa li, rezilta eleksyon yo kreye anpil dezòd nan kapital la. Dejwa, kandida ki echwe a, pretann yo fè magouy nan eleksyon an. Li vle pou asanble nasyonal la ak enstans ki anchaje verifye validite operasyon elektoral yo, sèvi kòm abit. Lè yo mande l si l gen lide dekrete yon grèv pou l apiye epi defann kòz la, li reponn :

« Te l n'est pas mon but, mais en ce moment je n'arrive pas à retenir mes partisans. »[8]

---

8 Se pa sa k nan tèt mwen, men pou kounye a m pa sa rive kalme patizan m yo.

Kon sa, kat jou apre eleksyon, grèv deklare. Move òganizasyon. Mouvman an tonbe nan tchouboum. Sou 100 magazen nan Pòtoprens pa gen 5 ki rete fèmen. Kounye a se patizan Divalye yo ki touse ponyèt yo. Se premye fwa yo pral moutre ki bwa yo chofe. Revòlvè yo te konn pote an kachèt pandan kanpay elektoral yo parèt byen aklè. Yo pa pral pèdi tan nan palmante ak komèsan pou mande yo ouvri pòt magazen yo. Se ak tòch, gaz asetilèn yo pral kraze griy ak rido an fè. Yo piye kèk magazen san sa pa parèt. Se reyaksyon rapid Divalyeris yo avèk konkou lapolis ki pèmèt yo kraze grèv la. Dezòmè grèv pa reprezante anyen kòm zam politik toutotan se Divalye ki sou pouvwa a.

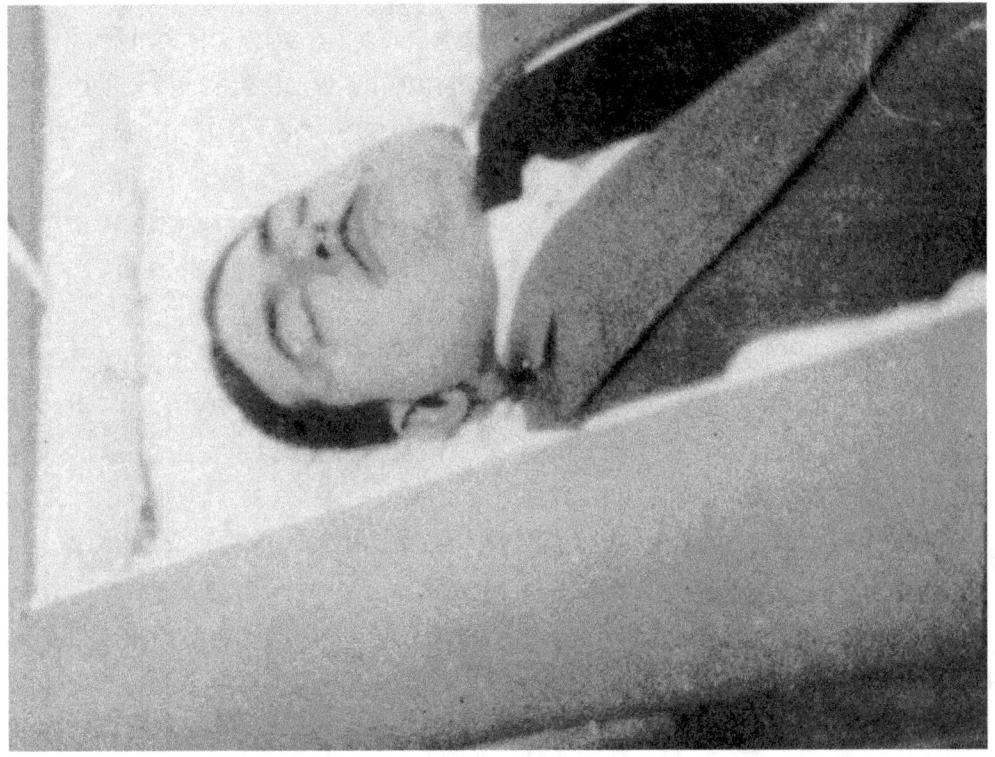

Talamas peye chè pou sa ki vin pase a.

Men opozisyon an pa fin dekouraje nèt. Kèk pòs militè izole pral sibi atak tèworis. Yonn nan atak sa yo pral kreye premye deblozay entènasyonal pou rejim nan. Tèworis pran pòz sitwayen pèzib pou yo moute jis Kenskòf lannuit, nan yon espas lib sou mòn kap dominen Pòtoprens yo. Te gen yon pòs militè ak yon santinèl ladan.

Nan yon sal pa dèyè pòs la te gen yon prizonye ki tande yon vwa gason k ap mande pèmisyon pou y al mennen yon fanm ki prèt pou akouche kay doktè. Gen tire. Tèworis yo touye santinèl la ak twa sòlda ki tap dòmi nan sak dekouchay. Se sèl prizonye a ak yon kaporal ki tap dòmi nan sal pa dèyè a ki soti vivan pou rakonte masak sa a. Kadav yo rete espoze tout lajounen demen an pou sa ka fè efè sou moun ki vin fè jouda a yo. Ofisye yo monstre. Jent militè ki la pou jiskaske nouvo prezidan an prete sèman 22 oktòb, dekrete lalwa masyal. Sivil kou militè gen pouvwa arete ou touye nenpòt moun ou wè ki sanble yon hòlalwa. Se kon sa yon sitwayen ameriken ki te fèt ann Ayiti pral pèdi lavi li. Chible J. Talamas (Shibley J. Talamas) se yon nonm ki mezire yon mèt katreven, ki peze santrannsenk kilo. Se yon Siryen d orijin, yon machann twal... Li popilè. Gen yon ane yo te kouwonnen l wa kanaval Pòtoprens. Twazè apre fiziyad Kenskòf la, yo arete l Petyonvil kote li t al chache yon medsen « obstétricien » pou vin akouche madanm li ki gen tranche. Li fè kont ak polisye yo ki kenbe l pou jis denmen maten sou pretèks li pa respekte kouvrefe a ki te fikse pou dizè di swa. Lè yo lage l, l al lopital Kanape Vè, l al vizite pitit li ki fèt a onzè nan maten. Lè l soti lopital la, li pran direksyon rezidans anbasadè ameriken an, Jeral Dwou (Gerald Drew), lè yo te fin avèti l yo te vin fouye lakay li epi y ap chache l tout kote. Nan apre midi konsil la ak vis konsil ameriken an gen asirans yon ofisye sibaltèn kòm kwa yo pa p maltrete l. Yo konvenk li al rann tèt li lapolis. Yo te menm akonpaye l. Pi devan, lapolis pral deklare yo jwenn kay Talamas bal menm kalib ak sa tèworis yo te itilize yo. Yo ta jwenn tou yon revòlvè « *Luger*», yon karabin pou chas ak yon bayonnèt. Lapolis pral di pi devan tout moun konnen nonm nan se yon patizan Dejwa. Li te jwe yon gran wòl nan konba 25 me yo. Jou sa a, yo te sezi sou li yon fizi otrichyen ki vize lwen. Pòs polis la transfere l Fòdimanch kote lapolis bat li jistan li mouri nan poze l kesyon. Lè li fin mouri nan men yo, kèk ofisye al eseye antre ak kadav la nan Penitansye nasyonal, men ofisye ki de sèvis la refize resevwa yon kadav. Lame fè sa li kapab pou li kache jan bagay yo pase a. Pòt pawòl la di se kapab yon kriz kè ki pote l ale. Otopsi menm revele li te deja gen yon lezyon. Vèsyon ofisyèl la di yo te frape prevni an ki tap eseye pran yon mitrayèt pandan entèwogatwa a. Kòm pwotestasyon, Etazini sispann egzekisyon yon pwogram asistans teknik. Rezon yo bay : Ayiti pa onore pati pa l la nan akò finansye ki mache ak pwogram yo. Divalye jwenn eritay sa a lè l prete sèman 22 oktòb. Apre twa mwa negosiyasyon li fè eskiz ofisyèl nan non Ayiti. De ofisye ki te touye Talamas la, li mete yo an disponibilite san sòl pou dis jou.

Ambasadè ameriken an Jeral Dwou (Gerald Drew).

Pou madanm defen an ak pitit fi a, yo ba yo 100 000 dola domaj. An menm tan tou yo deklare sitwayen ameriken ak tou sa yo posede gen garanti sekirite. Yon bò opozisyon an ap esplwate zafè Talamas la pou l denigre Divalye ansanm ak lame a, yon lòt   bò

Dejwa konteste eleksyon Divalye kòm prezidan poutèt li di papa a
fèt nan Antiy fransèz yo, non pa Ayiti jan Konstitisyon an mande
sa a. Yon pòs radyo ki sou kontwòl divalyeris yo akize Dejwa pou fo
temwayaj. *Haïti Miroir,* yon jounal ki pou Dejwa, pibliye yon atik ki
gen tandans pwouve Divalye papa a, pa Ayisyen. Nouvo prezidan an
pa founi dokiman ki te kabab konbat agiman advèsè l yo. Li pa bay
okenn prèv papa l se Ayisyen.

Apre eleksyon yo se yon Divalye an penpan jounalis yo t al ran-
kontre nan premye konferans li pou laprès. Gen yon kòrespondan ki
mande l esplike viktwa l la. Li reponn li an souriyan ; « Les paysans
adorent leur doc ». Doc: se doktè ann abreje. L ap chache met nan
tèt tout moun kap koute l lide patri a avèk li fè yonn. « Je ne repré-
sente ni le rouge ni le bleu, men bikolò enseparab pèp ayisyen an ».
Li vle pale de drapo a ki reprezante inyon Nwa ak Milat yo.

« En tant que président, je n'ai pas d'ennemis et ne peux en avoir. Il y a seulement les ennemis
de la nation, et ceux-là, il appartient à la nation de les juger. »[9]

Li pwomèt pou l respekte dwa Konstitisyon an garanti yo. Li
envite lòt kandida yo vin jwenn li epi li swete pou Ayiti vin tounen
pitit gate Etazini menm jan ak Pòtoriko. Divalye wè nesesite pou
gen yon gouvènman onèt. Li repwoche gouvènman Maglwa a li di
ki konfonn enterè peyi a ak pwòp enterè pa li. Li di li pral mande èd
finansye Etazini pou l rezoud pwoblèm finansye Leta genyen. L ap
favorize envestisman prive nan domèn touris. Anfen, li koupe souf
tout moun, ata patizan pa l yo, lè l anonse li pral mande Wachintonn
espedye yon misyon militè pou vin kolabore ak fòs ame Repiblik
Ayiti a. Li mande sektè politik yo mete tèt yo ansanm menm jan
limenm li te deja fè sa nan yon resepsyon bò yon tab pòkè kote
pitit Dejwa, prensipal advèsè li, te chita tou. Wout pou fè inite a te
deja chaje ak dekonm ki soti nan kraze brize anvan l prete sèman
pou yo te wete pouvwa a nan men li. Grèv jeneral ki te avòte a, atak
tèworis yo, zafè Talamas la, tout evennman sa a yo gen lonbray yo

---

9 Se prezidan m ye, mwen pa sa gen lènmi. Se sèlman lènmi nasyon an ki egziste. Moun sa a yo se nasyon an
ki pou jije yo.

kap dòmi nan apèl pou inite sa a ki rezonnen nan palè a. Divalye pa t ko menm prete sèman, Trouyilyo te voye yon delegasyon vin jwenn jeneral Kebwo. Toujou mefyan sou nouvo prezidan an poutèt akwentans li ak lènmi li, Estime, diktatè a vle asire l li gen yon moun pa li nan Kebwo, yon fòs li ka byen bezwen yon jou. Malgre tout madichon li gen dèyè l, Divalye reziyen li 22 oktòb 1957, li antre nan kay blanch lan, palè prezidansyèl la ki kouwonnen ak twa dom sou tèt li. Li prete sèman nan Sal bis yo. Li kanpe nan mitan estati an bwonz ki reprezante prezidan anvan l yo. Lè l voye je l pi lwen pase gazon pak la ki byen taye, li ka wè do tòl ondile, wouye, kote l te pase jenès li. Nan vokabilè vodou a gen yon mo – ranje – ki fè w chonje yon bagay oswa yon moun ki gen yon move lespri sou li. Lejann yo vle fè konnen chèz kote prezidan Divalye chita a « ranje » tou. Sitiyasyon nouvo prezidan an sanble frajil menm jan ak lòt ki te chita anvan l sou chèz sa a pandan ane a. Y ap fè paryaj Pòtoprens pou yo konnen konbe tan Divalye ap rete sou pouvwa a. Anpil konplo deja koumanse mare kont li.

Depi sou epòk Desalin, Ayisyen yo te konn pran abitid neglije tit ofisyèl dirijan yo pou yo ba yo yon ti non jwèt. Petyon se te « Papa bon kè ». Dènye « Papa » yo se te Danyèl Fiyole. Pitit li yo nan kapital la te konn vin plenyen ba li nan chante yo konpoze. An 1946 yo rele kont mache nwa sou savon. Refren an: « Papa Fignolé on a caché le savon ». An 1957 lè yo tap plede koupe dlo a, yo konpoze yon nouvo kouplè: « Papa Fignolé, on a fermé le robinet ». Pou ka Divalye a, se limenm menm ki deside fè yo rele l « Papa Doc ».

Yonn nan premye aksyon Papa Dòk

Li rekonpanse Kebwo. Nan yon seremoni palè nasyonal, prezidan an lwanje mouche kòm nèg fidèl. Li nonmen l kòmandan an chèf lame d Ayiti pou sizan. Koutim nan vle se twazan sèlman pou okipe pòs sa a. Kebwo nan bòl grès li. An novanm, mouche pran tèt yon delegasyon 15 manm li travèse an Repiblik dominikèn pou l al dekore Twouyilyo ak frè li Ektò. Ayisyen yo pase yon senmenn ap fete evennman an san pran souf. Pòtoprens, nan koridò palè a, pawòl ap pale. Yonn di lòt, Papa Dòk pa fin renmen sa. Kebwo fè yon tounen an pwovens. Li jwe wòl majeste li kap fè tout moun wè pisans li. Ondirè li toujou kwè li nan tèt jent militè a toujou. Li bliye si se osèvis prezidan tou nèf la li ye. Alaverite, li pran pawòl kandida a oserye. Pandan kanpay la, Divalye te deklare limenm, tou sa ki enterese li se tit prezidan an. Kebwo te ka gade pouvwa reyèl la si l vle. Djonni Abès Gasya (Johnny Abbes Garcia), espyon nimewo 1 Twouyilyo pral koumanse parèt tanzantan ann Ayiti. Chak fwa se Kebwo ki pral akeyi l ak de bra.

Apre yon mwa kòm prezidan, Divalye dekrete amnisti. Tout moun yo te akize pou krim politik benefisye amnisti a, sòf dejwayis ki te patisipe nan leve kanpe 25 me a. Se yon manèv li fè pou l sove Kleman Babo ak Frits Sineyas ki te patisipe nan konplo "lannuit wouj" la pandan kanpay la. Epòk sa a Divalye te derekonèt yo piblikman. Kou yo fin remete l nan fonksyon li, Babo ap vin tounen nèg yo pi pè ann Ayiti. Menm epòk li te nan kache a, li te tèlman si de li, li kite kat vizit li ak non l grave "Chèf polis sekrèt". Kounye a, li pa bezwen moutre kat li ankò. Lè w tande bri motè DKW a, yon machin militè alman, se pou tranble. Chak fwa yo arete yon opozan rejim nan, se li ki pou entèwoje l. Li toujou jwenn bon rezilta menm lè sa mande pou l aji an sovaj. Prizonye a pale oubyen l mouri. Pafwa se toulede.

Se menm epòk sa a, nèg kagoul fè aparisyon yo. An franse yo rele yo « cagoulards ». Se moun ki vlope figi yo lè y ap opere, lannuit sitou. Nan istwa rejim nan, yo te la anvan Tonton Makout yo. Se yomenm ki te konn fè djob sèkèy yo, lè Divalye pa vle non li nonmen nan deblozay. An janvye 1958 yo fè pale de yo pou premye fwa. Yon demi douzèn ame antre ak fòs ka yon jounalis opozisyon an ki rele madam Ivòn Akim-Renpèl (Yvonne Hakim-Rimpel). Limenm ak de pitit fi li, yo t ap dòmi aletaj. Nèg yo rantre tou maske, yo maspinen medam yo. Yo lage timoun yo sou twotwa a, yo pati ak manman an. Le landemen yo jwenn manman an sou yon wout moun pa frekante fasil nan Petyonvil. Prèske san konesans, prèske san rad sou li, yo mennen l lopital nan yon eta deplorab. Lig feminin Aksyon sosyal mèt vole ponpe, lapolis pa brendeng kò yo. Se yon pinga yo bay opozisyon an.

Relasyon Divalye ak anbasad amerikèn sou tansyon nèt. Gen afè Talamas la tou, men sa yo plis pa dijere se sipò anvwaye espesyal Etazini an te pote prèske ouvètman bay Dejwa pandan kanpay elektoral la. Lè l al chache èd nan men Ameriken yo, li fè yon jan pou l adrese l dirèk dirèk Ozetazini san pase pa anbasad la. Lè l ann afè ak fim ameriken li pa enterese konnen ki sa anbasad la panse.

Menm jan ak Estime, Divalye rann li kont kolaboratè l yo se ti biznis pa yo ki enterese yo. Menm sa ki gen pi gwo plas yo, y ap goumen pou kontra kap founi yo bon jan komisyon. Dènye moun ap chache yon asyèt pou yo niche pandan resous peyi a ap diminye. Yon bizismann, ki konnen l byen, deklare prezidan an te deside depi lontan ou ka achte chak Ameriken, ke li nan biznis, ke l nan politik. Kidonk li pran yo pou sa yo ye.

Ti Bab Morison (Morrison) yon eskanmòtè nan Bwouklin, Nouyòk (Brooklyn, New York). Bon patnè Papa Dòk (Papa Doc) ak Babo (Barbot). Li te kouri kite Ayiti ak tout byen li te ranmase yo.

Gen lontan de sa, Twouyilyo te sèvi ak yon konseye nan relasyon piblik, Kranklen D. Wouzvèl (Franklin D. Roosevelt), pitit ansyen prezidan an. Pou l ka fè menm bagay la tou, Divalye anplwaye yon lòt pitit, Djonn (John) k ap dirije yon fim an relasyon piblik nan Nouyòk. Yo anonse yon kanpay enfòmasyon ki koute 150 000 dola, kap dire ennan.

Divalye pa pran tan pou l fè konnen l kòm nèg ki fò nan woule m de bò nan fason li rale lajan nan men ansyen prezidan kiben an, Priyo Sokaras (Prio Socarras), pou l finanse aktivite elektoral li yo. Te deja gen yon antant ak rebèl kiben k ap goumen kont Batista a yo, pou yo gen yon baz ann Ayiti. Lè l pran pouvwa a, Divalye jwenn prete plizyè milyon dola nan men menm Batista sa a. Kondisyon prè a se pou Ayiti pa pèmèt rebèl kiben yo opere an patan de tèritwa   li.

Yon mwa apre enstalasyon li, Divalye voye senk nan pi pwòch kolaboratè l yo La Avàn (La Havane) al regle koze lajan li mande prete l la. Lè yo resi rive transfere montan an soti La Avàn rive Nouyòk, Jil Blanchè (Jules Blanchet), prezidan « Cour des comptes » jent militè a te kreye pou kontwole depans gouvènman an, anonse Ayiti prete 4 milyon dola nan men « Banco de colonos », Kiba. Yo prete l pou 7 an a 5,5 % enterè. Sa ki garanti prè sa a, se 7 milyon dola Ayisyen k ap travay nan chan kann Kiba te depoze kòm ti ekonomi yo nan bank Kiba. Mèt yo pa wete yo, yo gen pou yo idantifye yo, yo menm ak tout eritye yo. Sa Blanchè bliye di sè ke nèg Batista yo ki te ede nan negosiyasyon an resevwa yon komisyon en (1) milyon dola. Divalye vin jwenn twa milyon li pa janm remèt.

Yon lòt pa nèg ki te espesyalis nan poze bonm pou Divalye pandan eleksyon yo pral aprann rekonesans se pa yonn nan pi gwo kalite Papa Dòk. Temistoklès Fwenntès (Temistocles Fuentes), Priyo Sokaras (Prio Socarras) te voye vin bay kout men, an 1956-57, nan lit klandesten yo tap mennen an, li te vin ede Babo ak ekip tèworis li yo. Li parèt Pòtoprens de fwa, toude fwa yo, yo mete l deyò nan peyi a.

Apre sa, Batista voye yon delegasyon vin dekore Divalye. Yo ba li grad Kalòs Manwèl de Sespedès (Carlos Manuel de Céspedes). Ofisyèl kiben yo di gouvènman yo a regrèt sa ki te pase ann oktòb 1956 la, lè lapolis La Avàn te anvayi anbasad Ayiti a lè lènmi rejim li an te pran refij ladan. Yo fè sèman yonn ap rete zanmi ak lòt,

« maintenir les relations entre les deux gouvernements dans un climat de respect réciproque et de bienveillance mutuelle »[10]

---

10 Kenbe relasyon ant de gouvènman yo nan respè yonn pou lòt

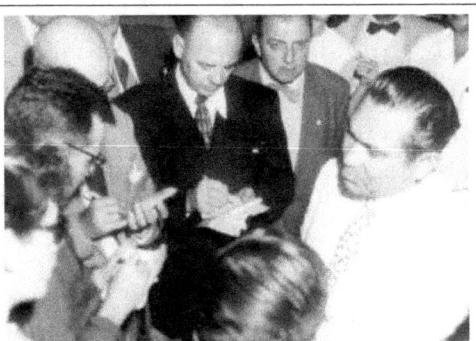

Y ap fè entèvyou ak diktatè Batista Lahavàn

Se kon sa Divalye rive fè lapè ak Batista. Pou li pwouve ki jan li gen bon santiman li espedye doktè Wolanndo Masferè (Rolando Masferrer) vin esplike Divalye anvan lontan yo pral degèpi Kastwo (Castro) ak akolit li yo nan Syera Mayestra (Sierra Maestra) ki nan Pwovens Oryennte (Oriente), pati nan Kiba ki pi pre Ayiti a. Sezon ete sa a, Divalye bò pa li dekore Batista. Yo ba li Tit Gran Kwa Lòd Tousen Louvèti (Grand-croix de l' Ordre de Toussaint Louverture). Se Divalye limenm ki fonde Òd sila a. Batista se premye pèsonalite ki resevwa li.

Jimèl mete kò li a kote apre eleksyon advèsè a. Dejwa menm li retwouve li nan kache lè grèv jeneral ki avòte a. 16 fevriye 1958 Divalye anonse lapolis ap chache ansyen senatè Lwi Dejwa (Louis Déjoie). Kèk jou apre, yo resevwa li nan palè. Jounal Dejwa a *Haïti Miroir* deklare rankont a de sa a, se te bagay swa nèt. Li di Divalye deklare:

> « Monsieur Déjoie et moi-même sommes deux techniciens de la discipline. En cette qualité nous avions le devoir de nous concerter sur les problèmes auxquels le pays est confronté. »[11]

Atik la kontinye pou l di rankont a de sa a te dewoule sou yon sèten nonm de sijè, tankou libète laprès, libète pati politik yo.

12 mas 1958, jeneral Kebwo ap woule sou wout Petyonvil la. Sanzatann li tande yo tire 13 kout kanno. Li mande sa ki genyen, yo fè l konnen y ap salye ansyen adjwen Estime a, kolonèl Moris Flanbè

---

11   Mesye Dejwa avèk mwen nou se 2 patizan disiplin. Se poutèt sa nou deside chita ansanm pou nou egzaminen pwoblèm peyi a ap travèse yo.

(Maurice Flambert) yo fèk nonmen kòmandan an chèf lame d Ayiti. Kebwo pase chofè a lòd fonse nan direksyon Sanntiyè anbasad dominikani an. Nominasyon pou sizan l lan dire grenn sis mwa. L ap rete la an sekirite jiskaske yon bon jou Divalye konfye li anbasad Wòm nan.

Papa Dòk ap moute grad Flanbè (Flambert)

« Depanè » Twouyilyo a pa pèdi tan. Yon senmenn apre revokasyon brital Kebwo a, Djonni Abès Gasya (Johnny Abbes Garcia) vin fè yon enspeksyon pèsonèl sou sitiyasyon an nan Pòtoprens. Apre vwayaj li a, yo pral fè yon pwopagann fewòs kont Divalye. Emisyon an kreyòl sou radyo « la Voz Dominicana », yon estasyon radyo pisan Truyilyo genyen. Y ap eseye kreye yon klima ensekirite ann Ayiti lè yo pretann kominis yo ap eseye pran pouvwa a. Yo denonse aklè Lisyen Domèk (Lucien Daumec), ansyen manm pati kominis ayisyen, bòfrè Divalye, prensipal kolaboratè li, kòm « konspiratè » (moun kap fè kònplo).

Radyo Libète parèt premye fwa ann avril. Radyo dominikani an anonse nouvèl la. Ayisyen yo koumanse koute emisyon yo an kachèt. Babo (Barbot) eseye detekte operatè yo san siksè. Divalye rive menm mande asistans yon destroyè ameriken pou ede l dekouvri ki kote emisyon yo soti. Teknisyen ameriken yo di se nan palè prezidan an emetè a ye. Yo wè 370 NFP a fè gwo erè. Se yon Kiben yo rele Anntonyo Wodrigèz (Antonio Rodrigez), yon fanatik Kastwo, yon zanmi Jimèl ki operatè klandesten an. Li gen yon bouchri jis an fas Palè a. Se sa ki sèvi li kouvèti. Yo pa janm jwenn li.

Pandan tan sa a nouvo rejim nan ap travèse pwoblèm finans. Dapre Blanchè, prezidan « Court des comptes » vennsenk pou san sèlman nan Ayisyen 14 rive 65 an nan travay. Mwayèn salè pa jou yon senp manèv se 70 santim (3 NF: nouvo fran) salè yon ouvriye kalifye ale de 2 al 5 dola (10 al pou 25 nouvo fran). Kòb yo touche pa ane estimen 74 dola pa abitan (apeprè 370 NF). Yo tèlman koupe nan premye bidjè administrasyon Divalye a, gen plas pou pwogram devlopman endistriyèl. Kòm se kesyon politik la ki plis bousòl li, prezidan an siyen yon kontra ak yon fim Miyami pou l netwaye Lasalin. Se nan tout ti kounouk sa a yo twoup Fiyole yo soti. Papa Dòk pè yo. Blanchè estimen pou reloje 5 000 rezidan, konstwi yon sant komèsyal, sa pral koute en milyon dola. Kote yo pral mete chantye yo make « Ici bientôt ». Apre ennan ou de, bwa a yo pouri y ap tonbe an ti moso. Yo pran kèk fanmi yo mete yo nan kèk barak, andeyò vil la. Yo batize site a Simòn Divalye pou rann madan prezidan an omaj. Pou Lasalin, li toujou rete byen vas, toujou pi sal.

Yo te prevwa y ap konstwi yon otèl tou Okap Ayisyen. Yo pral agrandi ayewopò a. Pòtoprens menm yo pral konstwi enstalasyon pou dyèt vin ateri. Pwodiksyon farin ak siman tounen monopòl. Ladan ou jwenn Babo (Barbot) ki figire nan tranzaksyon yo ki gen anpil avantay. Anvan lontan aktivite l yo sèvi sèlman pou asire sekirite pèsonèl Papa Dòk. Li pral siyen kontra anpil lajan ak Twouyilyo. Ayiti pran angajman pou l founi mendèv bon mache nan plantasyon kann Sendomeng. Tout regleman lajan pral fèt an dola.

Bidjè repiblik d Ayiti gen sa a ki espesyal, li gen yon kantite resous ki pa parèt ladan ofisyèlman. Se bagay sa yo kap finanse antrepriz Divalye yo: kagoula, polis sekrèt ki pral gen yon pakèt enpòtans. Se sa ki pral garanti pouvwa li. Lajan yo, se benefis li fè nan sèten monopòl tankou monopòl tabak. Fon monetè entènasyonal sipèvize resous peyi a regilyèman. Li founi resous nesesè pou garanti estabilite goud la, men si administratè yo tande pale de lòt resous ki pa figire nan bidjè a, yo pa posede okenn kont presi. N ap asiste yon espektak entrigan: yon gouvènman ki an difikilte sou plan finansye, ki an reta pou l peye dèt esteryè li epi anmenm tan li anbake nan gwo pwogram travo piblik. Tablo sa a gen sant dezòd administratif, rapasite pou lajan, kòripsyon. *Haïti Miroir* pibliye yon editoryal pou l denonse bagay sa yo. Yo pote presizyon kòm kwa yon sitwayen franse te vèse 2 milyon goud pou l ka jwenn yon kontra nan men gouvènman an. Yo mete Albè Oksenad (Albert Occénad), direktè piblikasyon an nan prizon pou difamason.

Anvan avril rive opinyon piblik la pral manifeste enèveman li. Pandanstan manm gouvènman an yo okipe nan diskite kontra ki rapòte anpil kòb. Le uit, yo pibliye yon dekrè prezidansyèl sou yon kontra ki gen trant an depi yo te siyen l ak yon sitwayen italyen. Msye te anfèmen jwèt yo nan kazino entènasyonal. Gen venteyen egzèsis ki rete. Anbasad Itali pwoteste kont sa li rele yon nasyonalizasyon ilegal. Sa pa anpeche kazino a tonbe anba ponyèt divalyeris yo. Babo gen enterè pa li l ap defann. Li sèvi ak kèk voryen pou l fè konsesyon an pase nan men twa moun diferan. Chak fwa, se kont chèf polis sekrèt la kap gwosi labank. Li pretann l ap aji nan non Divalye epi se drèt nan pòch prezidan an lajan an ale. Gouvènman an anonse yon lòt konsesyon li bay yon fim japonèz pou vennsenkan. Limenm l ap gen dwa peche nan dlo ki sou tèritwa peyi d Ayiti, vann pwason yo nan lòt peyi ak tout lòt pwodui ki soti nan pèch. Lè yo vin wè nan ki pwen politik ayisyèn nan aryere, « bizantinisme », Japonè yo depoze sa, yo wete kò yo tou dousman.

14 avril, Divalye fete senkantyèm anivèsè li. Nan okazyon sa a, li libere kèk prizonye politik, ladan yo te gen de ofisye siperyè ki te patisipe nan lagè sivil ki te dire yon jou nan mwadme ki te sot pase a. Te gen lòt ofisye nan koze a tou, men se te patizan Dejwa. Yo menm yo rete nan prizon san okenn esplikasyon.

30 avril, gen yon esplozyon ki detwi yon ti kay pay Mawotyè (Mahotières), uit kilomèt, nan sid Pòtoprens. Divalye pral reyaji sovajman. Se premye atanta yo fè kont li. Yo dekouvri ti kay la se te yon fabrik bonm ak lòt kalite esplozif yo t ap prepare kont prezidan an pou fèt premye me yo. Minis enteryè a, Frederik Diviyo (Frédéric Duvigneaud), ak api Divalye, akselere ankèt la. Menm gen kòmantè ki fèt sou nominasyon mesye sa a. Orijin sosyal li, koulè klè a fè yo pa konprann prezans li nan kan divalyeris yo. Li fè pati elit peyi a. Li manm klib Bèlvi (Club Bellevue). Pi rèd, madanm li se Italyèn. Kòmantè Divalye, li te jwe pokè ak pitit Dejwa. Men kominike Diviyo pibliye a:

> Louis Déjoie, principal instigateur du complot criminel de Mahotières, est déclaré hors-la-loi.
> Toute personne qui donnerait asile au fugitif sera considérée comme complice de crime contre la sécu-
> rité de l'État et traitée en conséquence. Une récompense de 25 000 gourdes sera payée à quiconque
> fournira des renseignements conduisant à l'appréhension et à l'arrestation dudit Louis Déjoie.[12]

Lòt pwoblèm Divalye toujou, se Kleman Jimèl ki toujou nan
kache a. Li pibliye yon dekrè ki nasyonalize byen Kleman Jimèl ak
frè li Dikas (Ducasse), akoz patisipasyon li yo sipoze nan konplo
Mawotyè a. Otorite yo pretann gen de eleman yo te arete ki site
non yo nan entèwogatwa yo. Pa gen anpil Ayisyen ki kwè bagay sa a.
Yo bay frè Jimèl yo karantuitè pou yo rann tèt yo bay lapolis, san sa,
y ap konsidere yo kòm hòlalwa menm jan ak Dejwa. Dejwa mande
azil nan anbasad Meksik. Yo ba li sovkondui pou l kite peyi a.

Asanble nasyonal reyini 2 me. Depite yo dekrete eta d syèj. Enpi,
yo vote pou yo bay Divalye pouvwa aji ann ijans. Yo sispann tout
dwa konstitisyon an ba moun, menm iminite pou palmantè yo.
Opozisyon an pa ko konn magouy sa a. Premye viktim nan se
yon depite Dejwayis, Frank J. Serafen (Franck J. Séraphin). San l
pa mezire danje ki pandye sou tèt li, Serafen, an brav gason, pran
defans libète endividi yo. Li baze l sou Konstitisyon an pou l mande
jistis pou jounalis yo mete nan prizon yo, jounalis sa a yo ki te ede n
jete Maglwa a. Gouvènman an te gen tan plen tribin nan. Diviyo
mande palmantè yo vote plen pouvwa pou Divalye. Yo tou vote
ogmantasyon pou sòlda yo tou. Apre seyans lan, yon foul andyable
soti pou yo sote sou Serafen, men yon detachman solda pran
mouche, mete l nan machin, yo kondi l nan prizon. Yo kondane li,
apre sa y ap ba li amnisti, epi an 1960, yo arete l ankò. Depi lè sa a,
pesonn pa konn sa li devni.

Yon bon swa, yo antre nan *Miroir* ak *L'Indépendance*,
yo sakaje yo. Malgre tou sa Diviyo ap di, pa gen okenn dout sou
kagoula Divalye yo ki ta fè kou a. Jòj Peti (Georges Petit), redaktè an

---

12   Lwi Dejwa se prensipal sèvo konplo kriminèl Mawotyè a (Mahotières). Nou deklare li hòlalwa. Depi yon
moun sere nèg sa a lakay li, y ap konsidere moun sa a kòm sitirè konplis krim kont sekirite Leta epi l ap sibi
konsekans yo. Si yon moun ba nou enfòmasyon ki pèmèt nou jwenn epi arete nèg Lwi Dejwa sa a, n ap ba li
25 000 dola kòm rekonpans.

chèf *L'Indépendance*, retwouve l nan prizon pou disetyèm fwa nan vi li kòm jounalis. Premye fwa a se te epòk Okipasyon amerikèn. Diviyo kòmante evennman an, li akize de joural yo kòmkwa yo tap mennen kanpay kont gouvènman an, yo tap fè manti.

Sèt mwa sèlman apre Divalye fin eli, opozisyon an antre nan kache oswa yo pran egzil. Laferyè, yon kreyati prezidans lan, majistra Pòtoprens, pibliye yon kominike chaje ak menas. Majistra a deklare peyi a nan estad mobilizasyon total. Li pwomèt lènmi peyi a pinisyon yo pa p janm bliye menm apre senkant an. Anbasad amerikèn pran frikat pou byen sitwayen pa l yo, li pwoteste kont pwojè beny san sa a. Asosiyasyon entè amerikèn pou demokrasi ak libète rete Nouyòk li voye yon telegram bay kòmandan an chèf lame a, jeneral Flanbè (Flambert):

« La conscience internationale est choquée par les abus continuels commis par la police du président Duvalier ».[13]

Mesaj la mansyonnen menas Laferyè yo epi li kontinye pou l di :

« Nous vous tenons pour responsable de la vie des prisonniers ainsi que de toute effusion de sang ou de tout massacre qui pourraient survenir. »[14]

Dezoutwa zè apre yo revoke Laferyè. Men, pou pèp la, se pa sa ki pral chanje sans menas li yo. Gen kay k ap boule. Se rezidans opozan tout moun konnen. Babo ak gang li k ap opere. Yo dekrete etadsyèj. Yo mete kouvrefe. Ekip divalyeris koumanse parèt nan lari ak mitrayèt yo pandan lanui. Se yo kap verifye idantite tout moun kap deplase. Chèf yo, se gwo zotobre yo nan rejim nan. Disiplin nan pa yon bagay rijid. Gang kap opere nan vil yo prèske depann de pwòp tèt yo. Piblik la koumanse wè resanblans yo genyen ak Tonton lejann nan envante pou fè timoun pè a. Yo vin tounen Tonton Makout. Alèkile yo tèlman fyè, yo pa kache figi yo ankò. Yo kache dèyè linèt solèy ak yon gwo zam. Yon swa pandan anbasadè amerikèn an, madanm li ak 2 pitit pitit li tap pral mete yo a tab pou

---

13   Abi san rete polis prezidan Divalye yo ap plede fè yo, se yon chòk yo ye pou konsyans entènasyonal la.
14   Nou konsidere lavi prizonye yo se nan men w yo ye. Se ou menm k ap reskonsab tout san ki koule, tout masak ki ka fèt.

soupe, yon ventèn koudfe tire nan direksyon rezidans yo san yo pa konn pouki. Lè l pran nouvèl la, Diviyo konvoke yon konferans pou laprès. Li deklare gouvènman an byen dispoze anvè Etazini, epi li pwomèt y ap byen pwoteje anbasad la. Diviyo di jounalis yo yo pa ko konnen si tire sa a sou anbasad la se yon fèt espre osinon se yon erè. Tout jan, tout mannyè, yo pa konn ki moun ki fè zak sa a. Li kontinye pou l di gouvènman an gen kontwòl sitiyasyon an. Se Dejwa li rann reskonsab sa ki pase a. An konklizyon, li deklare Ayiti dispoze ofri Etazini

« toutes facilités pour établir sur le territoir haïtien des bases de fusées, des champs d'expériences balistiques et des stations de repérage. »[15]

Ameriken yo deja gen kèk bagay sa yo an Repiblik dominikèn.

Anvayisè Paskèt yo mete pye atè kòm touris

---

15   Fasilite li tabli baz pou fize sou tèritwa ayisyen an, chan pou fè esperyans balistik en pi fè reperaj.

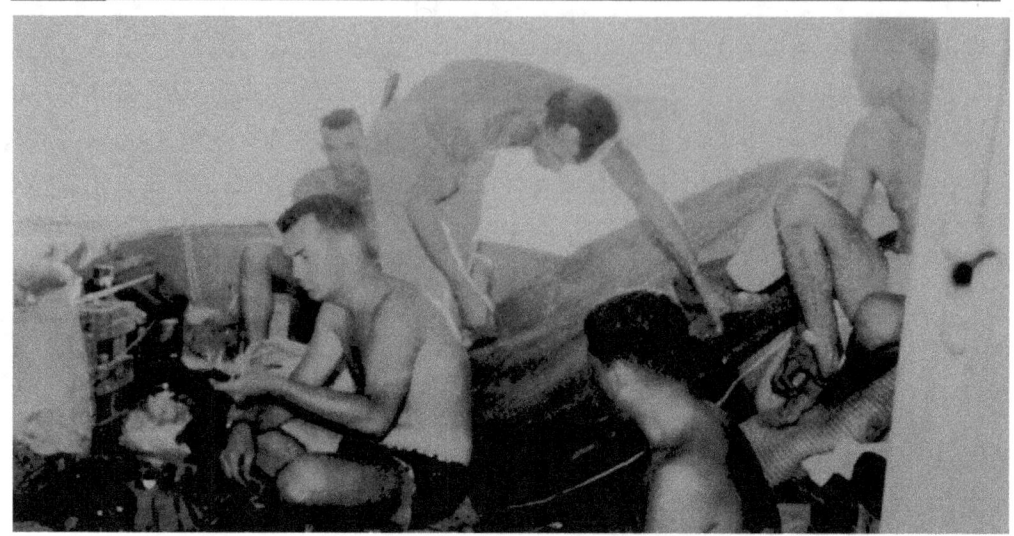

Abò Moli (Mollie C) y ap prepare zam pou konba a.

Divalye pa patisipe nan batay la men li ame jiskodan.

Papa Dòk ap fè parad nan tout villa pou li fete viktwa li.

Papa Dòk chanje teni; l ap pale nan radyo. Li fè konnen Etazini ak Paskèt fè gouvènman li an pi gwo kado a.
Li fè konprann li ka konte sou sivil li yo – Makout yo.

18 me 1958, uit **Marins** debake. Se Ayiti ki mande sa.
Wachintonn voye yo an misyon vin etidye. Se eklerè ekip enstriktè
k ap vini yo. Yo vini sou kòmannman majò jeneral Djems P. Rayzley
(James P. Riseley), yon zo reken, sa yo rele « leatherneck » la (se
kon sa yo rele twoup chòk yo Ozetazini, menm jan yo rele enfantri
fransèz la malswen « marsouins ». Li te kòmande distri Petyonvil
la epòk okipasyon an. Li te aprann pale kreyòl. Lame anlè ak nan
lanmè Misyon amerikèn deja sou plas. Yo vin kolabore ak aviyasyon
ayisyèn ansanm ak gad kòt.

Opozisyon an panike lè l wè *Marins* yo mete yo bò kote Divalye. Fòk nou di apre ventan okipasyon tèt moun yo tèlman cho, yo te entèdi *Marins* yo fè pòs devan anbasad la ak inifòm estanda. Kounye a, men Divalye envite menm *Marins* sa yo vin antrene lame. Sou plan psikolojik se pa yon ti bagay piti. Ak menm souri vag li a, prezidan an pa menm fè yon ti jefò pou l jistifye desizyon l lan. Souvan l ap mamònen lame a tèlman dechire ak divizyon depi kriz 1957 la, li lè pou yo reyòganize l. Ofon, li bezwen fè tout moun wè Etazini ap soutni l, epi *Marins* yo la pou anpeche lènmi yo nwi l. Divalyeris yo fè anpil piblisite nan netwaye kapital la. Yo kreye polis k ap konbat move mès, kouri dèyè jamè dodo ak pòv k ap mande charite. Moun ki plis pase mizè anba men polisye se kliyantèl Fiyole yo ki fè pati sa k pi pòv yo. Yo entèdi chante pwen kote y ap di betiz, chante kap pase gouvènman an nan rizib.

Nan yon entèvyou li ba yon kòrespondan *Miami Herald,* Divalye di li gen asirans Etazini ap soutni l tèt kale:

« Nous sommes arrivés à un état de stabilité politique et nous avons la situation bien en main. »[16]

Menm jou a, menm jounal la pibliye yon entèvyou ansyen kapitèn Aliks Paskèt (Alix Pasquet) ki ann egzil Miyami. Li te nan kan Dejwa nan evennman me 1957 yo. Ofisye a di :

« Haïti peut s'attendre à encore plus de meurtres, plus d'incarcérations, plus de pauvreté. »[17]

Nou rive mwadjen. Bonm rekòmanse pete. Fwa sa a, se *Le Patriote,* Babo ak ekip li a vize. Jounal sa a te sipòte kandidati Jimèl nan eleksyon yo. Vè zòn midi, yo voye de bonm nan antre redaksyon an ak enprimri a. De enprimè blese. Lè lapolis vini, li arete direktè piblikasyon an, Antwà J. Peti (Antoine G. Petit), pitit yon ansyen konbatan nan jounal *l'Indépendant,* Jòj Peti (Georges Petit) ki deja dèyè bawo.

29 jen nan lasware, yon lòt bonm menm ak sa Mawotyè 30 avril la, eklate. Fwa sa a, yo dekouvri yon fabrik bonm sou wout

---

16   Nou deja rive nan estad estabilite politik. Nou metrize sitiyasyon an.
17   Nou mèt atann nou pral gen plis asasinay toujou, plis moun nan prizon, plis mizè toujou ann Ayiti.

Frè tou pre yon kote Divalye gen pou l pase al nan yon festival. Ti kay la sote. Yo jwenn nan dekonm yo yon ouvriye metalijis ki rele Keli Tonmsonn (Kelly Thompson). Msye blese nan de janm epi li boule nan kò. Yo mennen l lopital militè. Li avwe li nan konplo ak Jan Deskiwon (Jean Desquiron), yon bizismann ansyen patizan Kleman Jimèl (Clément Jumelle) ki peye li pou sa. Yo arete Deskiwon, madanm li ki ansent gwo vant ak yon douzèn lòt moun. Otorite yo deside Divalye soti bèl nan yon dezyèm atanta, poutèt li te gen pou l al asiste fèt Sen Pyè Petyonvil, pou l al sou wout Frè le landemen an pasan nan zòn kote bonm nan pete a.

Pandan dezildani sa yo, Dejwa ak atache militè li, Morepa Ogis (Maurepas Auguste) fè aparisyon li sanzatann Siyoudad Twouyilyo (Ciudad Trujillo). Yo soti ann egzil Meksik. Y ap kite tèritwa Repiblik dominikèn nan lè Twouyilyo santi yon aksidan kapab rive l tou.

Malgre tout bonm kap plede eklate, malgre aktivite Babo chak swa ak gang li yo, touris toujou kontinye vini ann Ayiti. Dayè, yo pa tèlman okouran tout chirepit sa a yo. Gen yon jounal ki ekri :

« Haïti devient l'escale favorite des croisières antillaises. »[18]

Vè mi jiyè, gen yon lòt kalite kwazyè ki tanmen. Yon ti bato, *Le Mollie C.*, kite Florida Keys, li mete van nan vwal li ak uit pasaje ladan pou Ayiti. Se pa touris. Yo gen yon plan envazyon tèlman odasye, tèlman dwòl, menm Divalye manke tonbe. Yon ti batiman 17 mèt ki debake yon ti twoup twa ofisye lame ayisyèn, de cherif adjwen Florid, twa avantirye.

Militè yo se te ansyen kapitèn Aliks Paskèt (Alix Pasquet), ansyen lyetnan Filip Dominik (Philippe Dominique), ak Anri Pèpiyan (Henri Perpignan). Cherif yo (shérif) se te Ati Penn (Arthur Payne) ak Dani Djonns (Dany Jones). Twa avantirye ameriken yo se Levant Kèstenn (Levant Kersten), Wobè F. Hike (Robert F. Hickey), Djo D. Walkè (Joe D. Walker), kaptenn *Mollie C.*

Yo kite Florid pandan lanui. Lalin te klè. Yo ranpli rezèvwa batiman an ak 4 434 lit esans pou yon distans 1000 kilomèt.   Yo

---

18   Ayiti tounen zòn kote kwazyè ki pase nan zanti yo pi pito fè eskal.

pase Detwa Florid, yo fè tou mòn Kiba a pou y al tonbe be Lagonav ann Ayiti .

Peyizan yo abitye wè touris vin nan plaj yo. Kidonk ti batiman an pa atire atansyon yo. Ati Penn (Arthur Payne) yon gwo gason byen kanpe, ak kostim de beny. Li lage chaloup la pou l sot deyò, li pran pòz touris li. Moun yo gen tan antoure l pou yo vann li chapo. Li fè foto ak plizyè chapo sou tèt li.

Malgre kalite chalè sa a, twa Ayisyen yo ret chita nan batiman an. Yo sere pami manm ekipajla.

Penn eseye esplike moun yo li gen pwoblèm ak batiman an. Fòk li jwenn yon machin pou l al Pòtoprens. Lè l rive l ap jwenn yon bato ki ka vin remòke l. Li ta bezwen yon « break » pou mennen li Pòtoprens ak konpayèl li yo···

Lannuit 28 jiyè, *Le Mollie* C. ap mouye Delije (Délugé). Y ap tann lalin leve. Batiman an al akoste jis bò yon ti ponton, akote bèl kay yon òmdafè ayisyen ki rich. Li apeprè dizè di swa. San bri san kont, nèg yo koumanse debake zam yo ki te byen kache. Men, sa yo pa t konnen an, gen yon peyizan ki te gen tan fè chèf seksyon an konnen yo la. Tou pre Delije nan Senmak, gen yon pòs militè. Yo voye twa zòm nan yon djip al fè patwouy.

Lè yo rive nan debakadè a yo jwenn Penn ak nèg li yo k ap debake zam. Yo tonbe tire. Nèg yo replike. Twa manm patwouy yo rete kou kadav atè a. Penn blese nan kuis. Yo pran djip la, yo travèse Monwi (Montrouis). Yo pase devan yon pòs militè. Yo pa rete. Lè yo près rive Akayè (Arcahaie), tou pre yon lòt pòs polis, Yo pran pàn. Sa pase tou pre yon rezidans Divalye fèk ap konstwi.

Twa ansyen ofisye ayisyen yo ap degaje yo pou yo lwe yon tap-tap, yon kamyonèt yo transfòmen pou pote pasajè. Yo ekri sou chak bò li: « En dépit de tout, Dieu est le seul Maître ».[19]

Yo tout abiye an kaki, tankou solda ayisyen. Pandan y ap antre Pòtoprens, Dominik fè yon koudèy sou yonn nan ansyen P.C. li yo. Se la li tap okipe yon ekiri anglo-arab pou Maglwa. Limenm ak Paskèt se te de fanatik Maglwa. Men sa pa t anpeche yo jwe yon

---

19   Nan tout sikonstans se Bondye ki sèl mèt.

gwo wòl nan iltimatòm lame ki te jete Maglwa a. Twazyèm ofisye a, Pèpiyan, yonn nan konseye entim Maglwa. Li te nan kabinè enfòmèl prezidan an yon ti bout tan anvan li tonbe. Li te suiv chèf li ann egzil.

Dominik plonje sou volan taptap la, li travèse Pòtoprens. L ale tou dwat sou antre prensipal Kazèn Desalin nan, pa dèyè palè a. Paskèt jape yon lòd bay santinèl la. Yo di li se yon konvwa prizonye. Santinèl la fè yon sali tou egare. Taptap la pote boure.

Lè yo rive nan lakou kazèn nan, yo fè demi tou rapid. Yo moute nan verannda ki mennen nan biwo administratif kòmandan an chèf la. Ti kras ankò yo t ap gen tan kaptire jeneral Flanbè. Se aswè, mouche tap fè yon ti pwomnad sou tèren antrènman an nan direksyon palè a.

Paskèt konn kazèn nan fen. Li te kòmandan ladan l. San pèdi tan, yo plonje nan yon biwo, yo jwenn yon ofisye de gad ki sezi. Li apèn fè jès degennen yo te gentan desann li.

Lè l tande tire a, gen yon lòt ofisye ki parèt opadkous. Li tap fè enspeksyon woutin. Bouch mitrayèt ouvè, mouche blese, òdonans li mouri.

Apre kèk minit sèlman nèg yo te mèt barak la. Fo pa plis. Yo reveye sòlda yo nan dòmi. Yo fèmen pòt sou yo oubyen yo fè yo chita atè, an kalson ak mayo, men kwaze sou tèt.

Paskèt pran telefòn nan, li eseye antre an kominikasyon ak laprezidans, prizon, katye jeneral lame a ak kèk patikilye.

Li menase l ap sote palè a si li pa rann tèt li. Nan telefòn yo mande Klod Remon (Claude Raymond), èddekan Divalye pou li rejwenn rebèl yo. Chwa a senp: vin jwenn nou oswa w mouri. Kazèn nan sou kontwòl, rès peyi a tou. Paskèt pase kòmandan prizon an, Jera Konstan (Gérard Constant) lòd lage ansyen lyetnan Remon Chasay (Raymond Chasagne) yo kondane pou ennan. Konstan twonpe yo. L al gade nan palè ki sa kap pase.

Mesye anvayisè yo komèt de gwo erè. Yo pa t konnen si Divalye pa mefyans te fè pote anpil nan zam ak minisyon kazèn yo nan palè. Se sa ki fè yo gen mwens chans reyisi.

Dezyèm erè a pral fè balans lan panche an favè Divalye. Anri Pèpiyan, yonn nan konjire yo gen yon sèl anvi fimen ki pran l. Byen bonè nan maten, li voye yon prizonye achte de pake Esplandid (Splendid) pote ba li. Sigarèt pa l la menm! Prizonye a rele Masèl (Marcel), chofè madan prezidan an.

Divalyeris yo jwenn ak Masèl la. Yo sote sou li, yo pran l yo mennen bay sousekretè d Eta enteryè, Lisyen Chovè (Lucien Chauvet). Msye fimen sigarèt yo pandan l ap entèwoje chofè a. Li vin konnen anvayisè yo pa plis pase uit. Li voye enfòmasyon an bay Divalye. Lè li pran nouvèl envazyon an, Divalye te panike. Li te deja fè malèt li. Li te pare pou l al mande azil nan anbasad Kolonbi. Kounye a li pran fòs, li defèt malèt li pou l al kòresponn ak atoufè. Menm lè sa a toujou Divalyeris yo pa ko ka fin kwè moun yo pa plis pase uit òm.

Jis lè sa a, pòt palè yo rete ouvè toujou. Lari yo prèske vid. Se tanzantan yo tande yon kout zam ki pati sot nan fenèt palè a. Mesye anvayisè yo ap tann repons sou iltimatòm nan. Si rebèl yo pa t ezite kraze palè a yo te ka ganyen. Men yo pèdi twòp tan. Premye chalè a pase. Kou l jou, fòs gouvènman an yo koumanse gwoupe yo. Radyo ofisyèl lanse apèl pou yo pran zam, kouri nan palè.

Pòt pawòl gouvènman an deziyen fanatik Maglwa yo kòm reskonsab. Yo di yo mare sosis yo ak Dominiken nou pa vle wè yo pou yo pran kazèn nan. Radyo a pase lòd:

> « Tous au palais. Aidons notre président!...La racaille magloiriste s'est emparée de la caserne!... Et, pour comble, ils ont des étrangers avec eux! »[20]

San yo pa konn sa ki ganyen, kèk maren parèt ak fizi yo. Fanm ki pral nan mache defile tankou renn. Ak panyen sou tèt. Yovoye je gade sòlda yo ki kenbe fizi yo byen di sou lestomak yo, yo kouche nan kanivo a, an fas palè a.

Nèg ki pral vin chèf polis sekrèt la, lyetnan Jan Tasi (Jean Tassy), pwoche bò palè a pou l mande sa ki genyen, yo di gen de san ak kèk

---

20   Tout moun rann nou nan palè! ann ede prezidan nou an. Vakabon Maglwa a yo pran kazèn nan. Pi rèd, yo gen etranje avèk yo.

rebèl ki anvayi kazènn nan pou yo pran palè a, mouche fè demi tou, li mete van nan vwèl li.

Divalyeris yo menm yo gwoupe yo nan yonn nan antre palè a. Yo distribiye zam bay tout moun, menm ti chany yo. Tanzantan gen yon gwoup ki met ansanm pou yo antre nan kazèn nan. Kou yo tande tire, yo kouri sere yon kote.

Lisyen Chovè, sousekretè d Eta enteryè, parèt nan tèt yon ti gwoup Tonton makout. Li fè yo tire sou yon fenèt ki ouvè nan dezyèm etaj kazèn nan. Gen Tonton makout ki ame ak lat long ki sèvi fizi. Chak fwa yon zam tire yo met dife atè a. Firamezi lè ap vanse, fizi ap ranplase baton.

Palè a ak kazèn nan fas pou fas. Apeprè 400 mèt ki separe yo. Se chandbatay la. Firamezi y ap konnen konbe mesye yo ye toutbon anndan an, vin gen plis moun, epi, yo vin pi agresif. Kapitèn Bovwa (Beauvoir) voye ranfò ki soti Petyonvil (Pétionville). Yo pran pozisyon lopital la, dèyè kazèn nan. Jeneral Flanbè mennen yon chay grenad, Kleman Babo ak yon minis, Mak Chal (Marc Charles) ki te malad leve tou senpleman pou yo patisipe nan sa kap fèt la. Depi palè, yo fè fe ak yon mitrayèt antiayeryèn.

Lè batay la rèd vre, yonn nan prizonye yo nan kazèn nan baskile chèz li nan yon fenèt li sot tonbe nan lari. Yo ranmase l san l pa gen anyen. Li konfimen nèg yo pa plis ke uit. Menm lè sa a gen divalyeris ki pa fin kwè toujou.

Kounye a masak la kòmanse. Premye k mouri se Aliks Paskèt. Yon grenad al tonbe nan biwo kòmandan an.Tèt li près fin koupe, li tonbe sou do, an fas yon pòtre Divalye ki kwochte sou mi an ak yon souri sinik. Gen yon bal ki pèse pòtre a. Lè divalyeris yo rantre an fwond nan kazèn nan, yo jwenn Penn (Payne) vlope nan yon matla k ap mande gras : « Je suis journaliste··· journaliste. »[21] Yo koupe souf li ak yon rafal. Sou janm li kèk pansman plen san, souvni batay ki te fèt anvan.

Nan menm pyès la yo jwenn kadav Dominik krible bal tankou paswa. Men li byen rèd toujou sou detant yon mitrayèt. Bò   kote

---

21 Mwen se jounalis, jounalis...

Dominik, yo jwenn kadav yon nonm mi, yon mèch cheve blon sou kalbas tèt li, sou kou l, yon pake louki strayk (Lucky Strike) vid, bra li tatouwe, an kwa. Se, oubyen pito n di, se te Walkè, kaptenn *Mollie C.* Nan fon sal la, Dani Djons (Dany Jones) akokiye dèyè yon biwo, yon ti twou nan fwon li.

Envazyon an bout. 29 jiyè, nevè di maten. Foul la plonje nan kazèn nan pou y al gade kadav lènmi yo. Gen moun ki tranpe mouchwa yo oswa pwent chemiz yo nan san an. Yon divalyeris, sivil, ki konn fè mèb, foure mouchwa l nan sèvèl Paskèt epi li pran lari pou li, l ap rele :

« Regardez ! Regardez bien la sacrée cervelle de de ce dingue de Pasquet ! »[22]

Twa lòt santinèl pèdi yo reyisi glise kò yo deyò. Yo rive lwen. Pèpiyan blese le jè. Hike (Hickey) te avèk li. Toulede travèse lari, yo rive sou tèren lopital militè a. Yo sote yon baryè, yo separe. Hike gen yon mitrayèt nan men li. Yon sòlda apèsevwa li, li pran yon fizi esprinfil (Springfield), li vize l. Li tire l rèd mò.

Pèpiyan rive opadkous nan jaden yon vila. Li pase gadyen an lòd sere li nan yon poulaye. Lè li tande bri foul la nan lari a, gadyen an kaponnen. Li pran kouri pou l chape poul li. Mitrayèt Pèpiyan an pati, li blese mouche. Nèg ki tap kouri dèyè l yo tande bri mitrayèt la. Yo sènen zòn nan, yo desann Pèpiyan. Yo tonbe sou li ak kout kouto, kout baton. Yo chire rad li, yo trennen kadav li nan lari jis nan palè. Yo moute avèk li nan apatman prezidans yo pou Divalye ka admire kadav lènmi l.

Se poukont li Kèstenn (Kersten) fofile kò l, li met deyò nan kazèn nan. Pèp souvren an apèsi li nan lari a. Yo dekoupe li an tranch ak kout manchèt. Yo chire rad sou li, yo trennen kadav li nan lari jiskaske otorite yo pase lòd transpòte l nan mòg pou yo kontwole konbe yo te ye egzakteman.

Lè asayan yo te antre nan kazèn nan, advèsè yo te atann yo yo pral bonbade pa avyon. Yo te enstale yon mitrayèt antiayeryen nan lakou palè a. Men pa t gen anyen ki fèt. Men, nan menm tan

---

22 Men ! Gade, gade non. Men sèvèl moun fou yo rele Paskèt la.

sa a, ajan F.B.I Miami sezi yon aparèy ki pare pou dekole, san dout pou Ayiti. Abò li te gen 16 òm ak zam, minisyon, ti liv pwopagann kont Twouyilyo.

Konba a bout. Divalye mete kas ann asye li, inifòm militè l sou li, yon revòlvè « colt » nan senti l, yon lòt nan pòch li, l al poze pou fotograf. Minis Daviyo (Davigneaud), kaptenn Klod Remon (Claude Raymond) ak lyetnan Grasya Jak (Gracia Jacques) eskòte li. Ekip la kontan l al fè tou vil la ansanm ak Tonton Makout yo kap moutre zam yo.

Apre sa, prezidan an pibliye yon kominike ki di anbasad ameriken ap bay presyon pou yo libere Penn (Payne) an mas. Maglwa ak Dejwa pote reskonsablite tantativ envazyon an. Yo mande Etazini remèt yo bay Ayiti. Li di anvayisè yo soti sou tèritwa ameriken. Pami yo te gen de cherif adjwen, sitwayen ameriken. Li tire konklizyon:

« En dépit de ces preuves, cette conspiration internationale n'affectera pas nos relations avec les États-Unis. »[23]

« de façon à éviter la détérioration des relations entre les États-Unis et Haïti. »[24]

Anbasad la refize reponn kominike a. Divalye fè pwen sou yo. L ap chache mwayen konfimen avantaj la. Jil Blanchè (Jules Blanchet) deklare nan yon entèvyou Nouyòk gouvènman l lan swete yo raple anbasadè Etazini ki ann Ayiti a.

Menm nan toumann Ayiti a, gen de bagay enkwayab kap fèt. Yon ankèt yo mennen Miyami fè konnen ann apre, konplotè yo te gen pou yo chak resevwa de mil dola. Firamezi dat envazyon an tap pwoche, fon yo te vin fini. Genyen menm ki te oblije mete kòltizasyon pèsonèl pa yo pou operasyon an te ka derape. Yo pa janm fikse ki moun ki tap finanse operasyon an. Gen endis ki ka pèmèt yo panse ni Etazini ni Ayiti te konnen envazyon an tap prepare. Malgre sa, yo pran Divalye pa sipriz enpi tou yo manke jete l.

Viktwa sa a, se yon leson pou prezidan an. Li fè l konnen li bezwen yon lame pèsonèl pou li rete sou pouvwa a. Se sa ki pral

---

23   Malgre prèv sa a yo, konplo entènasyonal sa a pa chanje anyen nan relasyon nou ak Etazini.
24   Pou relasyon Etazini ak Ayiti pa deteryore

lakòz plizyè desizyon. Li reyòganize gad palè a. Li vin tounen yon inite otonòm ki sou zòd Divalye dirèk dirèk. Katye 1 yo twouve yo anndan palè a, yon distans sis mèt de kazèn lame regilye a. Pou 1 anpeche nèg trayi li nan lame a, Divalye devlope wòl milis la. Li bay Tonton Makout yo yon lòt wòl. Anvan sa, se te yon polis a pa. Yo leve gwo mi pou evite moun soti nan lari antre nan kazèn nan. Yo met gwo pwojektè pisan toutotou palè a.

Chak jou ponyèt Divalye vin pi lou sou palè a. Chak jou, Ayiti ap toufe plis anba otorite yon mèt ki san pitye. Rido a fèk sot leve sou yonn nan trajedi ki bay plis san nan istwa peyi a. Ewo a se Papa Dòk. Men malerezman pou li, se li ki kreye pwòp lènmi l yo. Rezilta yon politik medyòk, kòwonpi (pouri).

Chapit 10
Pòtre yon diktatè

D ivalye pral esplwate rezilta li jwenn nan envazyon « shérifs» yo. Li pral kontinye nouri sa nan lespri moun yo epi tou toujou mete Etazini nan pozisyon pou l eseye defann tèt li. Se yon lòt moun ki soti anba kalamite sa a. Aparans fizik li chanje. Moun yo wè sa. Pa gen anyen ki rete nan senp ti medsen d kanpay ki pa sa touye yon pinèz la, pòtre li te sou tout miray nan kapital la. Se yon Divalye kaske kap moutre grif li omonn antye ki ranplase pòtre yo. Pa gen okenn ensiy sou kas la ni inifòm kaki a. Akwabon ! Yon revòlvè nan senti l, sa l te bezwen ankò ? Patizan l yo pral imite nouvo louk patwon an. Yo menm tou, fòk yo moutre yo di.

Tandiske Asanble a reyini pou l pwolonje plen pouvwa a sis mwa anplis, sou pretèks defans de la patri, fonksyonè yo rasanble enpi yo mande kòtèj yo mache sou anbasad ameriken. Ponpye ak lapolis prezan nan zòn nan, foul la menm gonfle kò l devan griyaj batisman ofisyèl la. Sou tèt moun yo ou ka li enskripsyon ann anglè sou bandwòl ki fèk penn. Yonn ladan yo di nayivman:

« U.S.A., pourquoi protéger les dictateurs ? Êtes-vous une démocratie ? »[25]

Lòt bandwòl denonse Maglwa ak Dejwa. Yo egzije pou Etazini voye yo tounen:

« Renvoyez Déjoie et Magloire. Nous voulons la paix. »[26]

---

25   U.S.A., poukisa w ap pwoteje diktatè yo? Èske w se yon demokrasi?
26   Voye Dejwa ak Maglwa tounen. Nou vle lapè.

Manifestan yo pa pèdi nosyon tan an. A 2 zè egzakteman lè fonksyonè ayisyen fin travay, kòtèj la gaye.

Papa Dòk kontinye ak yon diskou sou sitiyasyon peyi a. Nan tout gran panpan sa a, li te gen yon ti kòmantè satisfè sou Batista ki te ofri l gason ak zam. Diskou sa a ki fèt nan yon franse pwenti kon sa, li pa rive nan zòrey moun yo ki pale kreyòl pou laplipa. Lòt yo menm sa fè yo mal pou yo wè yon nonm ki konprann pwoblèm pèp la si byen, l ap esplwate li jan sa a.

Mem jou a, yo bay jeneral Flanbè ki te vin apre jeneral Kebwo, grad majò jeneral. Premye fwa yo bay grad sa a. Nan menm dekrè a, tout zam yo vin anba kòmannman li.

Kouvrefe a dire 27 jou apre envazyon an. Sansi a dire plizyè mwa. Yo chanje kòd penal la. Yo mete lapèn de mò pou konplotè. Prizon pou moun kap pale gouvènman mal. Palmantè yo deside y ap enprime yon tenm yo rele Defans nasyonal. Kòb li rapòte pral antre nan yon fon Divalye kreye pou l achte zam. Prezidan an anonse li fè kado yon mwa nan salè li. l ap tann lòt manm administrasyon l lan yo fè menm bagay la tou. Yo rekonèt Kleman Babo kòm chèf Tonton Makout yo. Divalye dekore l pou devouman li nan kouri dèyè anvayisè. Yo vann byen Maglwa a yo. Yo fè kwa sou fim Dejwa yo nan rejis komès. Yon tribinal militè kondane Albè Oksenad (Albert Occénad), Jòj Peti (Georges Petit), Danyèl Ati (Daniel Arty), twa jounalis opozisyon an a 5 an prizon pou Etazini bay enpresyon li bezwen soti nan malèz sa a ki vini ak espedisyon sa a ki avòte a. 22 out, yo pibliye yon kominike ansanm.

« incitation à la révolte ».[27]

« à l'avenir elles (les relations) seront encore consolidées ».[28]

Yo di relasyon ant de peyi yo pa t janm pi bon pase jan yo ye kounye a, Gouvènman ameriken pral bay Ayiti 400 000 dola pou l devlope rezo wout epi amelyore sistèm irigasyon yo.

27   Poutèt yo pouse moun yo fè rebelyon
28   Pi devan y ap pi solid toujou

Yo mete kadav twa Ameriken yo, Peyn (Payne), Hikey (Hickey) ak Djons (Jones) nan avyon voye bay fanmi yo Miyami. Walkè (Walker) ak Kèstenn (Kersten) antere nan simityè an deyò Pòtoprens. Twa ansyen ofisye ayisyen yo pa merite resevwa mak respè sa a yo. Yo antere yo san okenn enskripsyon sou tonm yo···

Babo ak Tonton Makout yo dekouvri de nan frè Jimèl yo. Li pran yon kaptenn nan lapolis, Jan Bovwa (Jean Beauvoir) kòm adjwen pou l al kondi yon detachman Bwa Vèna. Yo rive nan yon ti kay demontab. Gen de moun k ap dòmi anndan l. Se Dikas ak Chal, de frè ansyen kandida pou plas prezidan an, Kleman Jimèl. Yo asasinen yo menm moman an nan kabann yo. Yo mete rad sou yo. Polisye yo jwe yon ti teyat. Yo mete de kadav yo sou wout la, devan kay la. Bò men yo gen revòlvè. Ou ta di yo fèk lage revòlvè yo. Fotograf kouri vin pran foto. Malerezman, yo te bliye efase tras ki moutre aklè yo te trennen yo mete kote yo ye a.

Nan espas kelke zè, minis enteryè a, Diviyo (Duvigneau) pibliye yon kominike:

> La nuit dernière, un mois exactement après les événements du 29 juillet, les forces de l'ordre ont dû de nouveau faire face au vieux démon révolutionnaire. Une fois encore elles ont triomphé. Charles et Ducasse Jumelle, lesquels avec leur frère Clément partageaient la responsabilité des attentats criminels de Mahotières et de Pétionville ainsi que des événements tragiques du 29 juillet, ont été abattus la nuit dernière...[29]

Kay kote de frè Jimèl yo te kache a, se pou yon sèten Jan Jak Monfiston (Jean-Jacques Monfiston) ki te nan prizon Fòdimanch. Pou yo te ka fòse l di kote Kleman kache yo tòtire l jiskaske li mouri. Yo touye lòt manm toujou nan fanmi li, men pèsonn pa pale. Liy politik Divalye se akize tout lènmi l yo an blòk kòmkwa yo mele nan divès kalite deblozay. Li pa bezwen konnen si yo antann yo ou non. Epi pa gen anyen ki pwouve yo te nan konplo ansanm.

---

29   Lanui dènyè, yon mwa egzakteman apre evennman 29 jiyè yo, fòs de lòd yo te oblije fè fas yon lòt fwa ankò ak denmon revolisyonè yo. Yon lòt fwa ankò yo ranpòte laviktwa. Chal Jimèl (Charles Jumelle), Dikas Jimèl (Ducasse Jumelle) ansanm ak frè yo Kleman (Clément) pote reskonsablite atanta kriminèl Mawotyè ak Petyonvil yo ak evennman trajik 29 jiyè yo. Yo desann yo lanui dènyè.

Lyetnan Jan Tasi (Jean Tassy) te konn pran plezi nan bat prizonye, Djonn Bovwa (John Beauvoir) li menm se te bon tirè.

Dikas Jimèl, 60 an, se te yonn nan gwo diyitè yo nan Konfreri Mason ann Ayiti . Maglwa te nonmen li minis enteryè. Lè Divalye te nan kache, se li ki te kouvri l epi pwoteje fanmi li. Yo te mete tèt li a pri ansanm ak tèt Kleman a 5 000 dola chak.

Gaston tou se yonn nan frè Jimèl yo. Se yon doktè. Yo te mete l nan prizon ak de sè li. Gen zanmi Kleman ki di mouche pa janm ri ankò nan vi li jan sa te konn fèt anvan. Li santi se limenm ki reskonsab lanmò frè l yo ak fanmi li kap manje prizon. Lè Divalye pwoklame amnisti apre eleksyon, li te panse se yon senp mannèv pwopagann pou enpresyone etranje. Fanmi l avè l te konn itilize tout yon seri kachèt. Souvan se kay peyizan y ale. Kwak yo deklare li hòlalwa, li refize mande azil nan anbasad etranje jiskaske maladi vin oblije l ale an 1959.

Yo koumanse anvizaje de pwojè Divalye renmen anpil. Konstriksyon yon ayewopò pou akeyi avyon a reyaksyon. Yo revize plan yo plizyè fwa epi sa pran plizyè ane anvan yo reyalize li. Lòt la se envite yon misyon amerikèn.

Nan Afè Etranjè, Wachintonn, Wilyam A. Wilann (William A. Wieland), chèf depatman Karayib (Caraïbes) deside antre ann Ayiti ak kolonèl Viktò J. Kwaza (Victor J. Croizart). Yo rive an sektanm epi yo koumanse konsiltasyon ak ofisyèl ayisyen yo. Yo soti kominike pou di tout bagay byen pase, nan zanmitay ak kè kontan.

Lè li fin si *Marins* yo pral rive, Divalye koumanse fè pwòpte. Yo sere boulon bizismann yo. Yon dekrè 13 oktòb 1958 entèdi tout biznis fèmen pòt yo oubyen kriye fayit san otorizasyon.

> « Il est de notre devoir d'empêcher tout ce qui pourrait compromettre la vie économique du pays. Dans certains cas la fermeture d'établissements industriels, commerciaux ou agricoles peut constituer un moyen de provoquer l'agitation sociale et politique. »[30]

Ekonomi peyi a pa estab. Fayit ap miltipliye. Yo oblije kite pòt yo ouvè, menm si se moun yo dwe sèlman kap antre ladan yo.

Apre vizit Wilann nan, *Marins* yo voye yon misyon pou yon bout tan. Se Majò Djems T. Brekennridj (James T. Breckenridge). Gen yon pwojè ki ka sèvi kòm modèl. Dis enstriktè ameriken gen pou yo vin antrene rekri ayisyen pandan twa mwa. Prentan anvan sa a, yon misyon *Marins* te deja etidye pwojè a, epi li te di li reyalizab. Yo pral eseye mete lide a an pratik. Nan okazyon selebrasyon san trantuityèm anivèsè fondasyon *Marins* yo, chaje d afè ameriken an Filip Wilyams (Philp Williams) di envite l yo rekèt gouvènman ayisyen an pwouve gwo konsiderasyon li genyen pou kò lelit yo a.

Antretan Divalye depeche yonn nan kolaboratè l yo, Jozèf Bagidi (Joseph Baguidy) ann Itali. Yo ba l lajan yo ranmase nan Mouvman Revolisyon Nasyonal Divalye te kreye a (Mouvement de Révolution Nationale). Bagidi tounen sot an misyon avèk san senkant tòn materyèl pou fè lagè. An plis zam ak minisyon, gen twa tank lejè yo jwenn nan rès bagay pou lagè Amerikenn pa bezwen. Divalye te deja gen sis anjen sa a yo, yo te fè Ayiti kado pou ede l pandan lagè a.

---

30   Devwa nou se anpeche tou sa ki ka konpwomèt lavi ekonomik peyi a. Gen de lè si w fèmen pòt etablisman endistriyèl, komèsyal oubyen agrikòl ou riske pwovoke dezòd onivo sosyal ak politik.

Yo ame ak yon kanon 37, de mitrayèz, yonn 50, yonn 30. Ayiti pa fouti sèvi avèk yo, li pa gen mekanisyen espesyalize, ni amirye, ni kondiktè ni atiyè. Yo anplwaye chofè pwa lou ak mekanisyen otomobil. Men pi fò tan an, tank yo rete nan alantou palè. Yo demoute kèk mitrayèz. Yo enstale yo kèk kote fiks. An plis acha sa a yo, asnal Divalye gen ladan l apeprè 600 fizi tip M-I, kèk mitrayèz se lè ki rafredi yo, mòtye 60 ak karabin otomatik Browning. Ou jwenn ankò yon fò anlè 4 Mustang P-51, uit aparèy antrènman ak de DC-3.

Kolonèl Wobè Debs (Robert Debs Heinl) USMC ap salye kapitèn Wilyamson

Dezòmè, fèt lame a pral selebre 18 novanm pou raple batay final nan lagè pou endepandans lan. Li pwofite okasyon an pou l fè parad epi moutre **Marins** yo ak sivil yo zam li fèk achte. Gen ti zòrèy ki pretann zam lou yo, kanon anti ayeryen yo, pa t la. Sa ki pa di toujou, sèke

Divalye gen tout lòt kalite materyèl pou lagè an rezèv. Ofisyèlman yo depanse 60 000 dola pou achte zam. Chif la ka plis toujou.

Marin yo ki fè pati Misyon naval ameriken Divalye te fè vini an

Apre yon mwa, jeneral Mangwòm (Mangrum) sot Ozetazini vin fè enspeksyon. Li bezwen wè ki pwogrè enstriktè yo fè. Yo fè twoup ayisyen yo fè demonstrasyon sou sa yo te aprann devan ofisye yo, *Marins* yo, pakèt kirye evennman an atire. Apre sa se jeneral Flanbè pèsonèlman ki dekore jeneral Mangwòm, kolonèl Kwaza, majò Brekennrid ak kaptenn Wilyams. Yo ba yo Lòd Merit militè Desalin te fonde. Ayisyen yo wè se yon bagay ki ta pou fè moun ri. Tout moun konnen santiman Liberatè Desalin genyen pou blan. Yo menm raple sa nan yon mach militè *Desalin pa vle wè Blan* (Desalines n' aime pas les Blancs). Sa k pi komik lan se mach sa a yo fè jwe nan parad la.

Yon senmenn apre, Divalye fini ak netwayaj la bò militè yo fwa sa a. Li limoje eta majò a o konplè. Li wete ofisye ansyen lekòl yo pou l ranplase yo ak pi jèn konpatriòt ayisyen oswa yonn nan twa ti misyon militè ameriken yo te fòmen. Disèt kolonèl akonpaye Flanbè nan retrèt fòse. Sis mwa pa ko pase depi Flanbè te resevwa grad ki pi wo okenn militè nan peyi li pa t janm jwenn anwetan yon diktatè. Li gen 27 an d karyè. Anpil nan kolonèl yo gen 25 an sèvis.

Divalye wè klè nan sikonstans sa a. Li soti nan yon jenerasyon ki te viv okipasyon amerikèn nan. Li gan lè santi yo gen dwa oubyen kanpe an kwa kont *Marins* yo oubyen mare sosis yo avèk yo. Li pa vle etranje gen twòp enfliyans sou lame a poutèt tout pwoblèm lòt prezidan anvan l yo te konn genyen.

Se chèf polis la, kolonèl Mèswon (Merceron) ki ranplase Flanbè. Se Divalye ki chwazi l. Nan yon seremoni, yon dimanch maten nan palè a, li mete sou zepolèt nouvo kòmandan an chèf la ensiy ki deziyen grad li a : zetwal dajan jeneral de brigad. Prezidan an pa ko gen ennan nan fonksyon l, li deja revoke de jeneral an chèf.

Nan menm lojik la, 15 desanm, li pibliye yon dekrè an kat pwen ki chanje non yon inite espesyal ki afekte nan palè. Alèkile y ap rele l Gad prezidansyèl. Sòlda l yo sou kòmannman dirèk Divalye. y ap kantone nan sen palè a. Yo drese yo pou yo vin yon kò elit. Se yo ki gen pi bèl inifòm, zam ki pi modèn, pi bon manje. Yo menm ki pi byen peye. Prensipal egzijans pou yo pran w ladan, se pou gen fidelite total anvè Papa Dòk.

Sou ensistans Babo epi tou pou netralize atak opozisyon ki ka vini pa fwontyè, Divalye antann li ak Twouyilyo pou yonn bay lòt le bra. Se Babo ki ranplase Kebwo nan wòl li tap jwe pou Twouyilyo. Se li ki pral bay vwazen yo mendèv pou y al travay nan kann. Ann di an pasan li jwenn kont avantay li nan sa. Ayisyen yo move. Yo pale de « traite des Noirs ». Se zanmitay li avèk lietnan kolonèl Lwis Twouyilyo (Luis Trujillo) ki fè Babo jwe wòl sa a.

Divalye te toujou mistik. Chif pa l la menm se 22. Se 22 desanm 1958 li chwazi pou l rankontre vizavi dominiken an. Zòn Jimani, nan mitan marekay yo, gen yon fò. Se prensipal pòs fwontyè avèk Repiblik Dominikèn. Se kote pa Ayisyen an rankont lan pral fèt. Yo drese de tribin byen òne, san mèt distans yonn ak lòt. Randevou fikse pou uitè nan maten. Se lè sa a yo wè yon kadilak kouvri ak pousyè k ap vini. Yo ouvè pòt, Twouyilyo desann. Li gen yon kostim gri klè. Dlo sikonstans sa yo koumanse koule anba chalè a.

Dizè trant. Chalè deja ap toufe moun. Moun ap transpire nan tribin ki bò zòn dominiken an. An fas, Gad ayisyèn an inifòm kaki. Sèl Divalye ki pa ko parèt. Moun ap toufe anba chalè. Apre inè d tan Twouyilyo koumanse ennève. Makiyaj epè li konn mete nan sikonstans sa yo koumanse fonn. Li pase fotograf yo lòd al pi lwen. Yon sèl kou yo tande sirèn kòtèj Divalye a. Premye machin nan parèt nan koub la. Eske se yon fèt esprè ? Se abitid prezidan d Ayiti pou yo toujou an reta. Twouyilyo menm, repitasyon l, li toujou a lè. Ayisyen yo byen kontan wè y ap fè Dominiken an tann. Ladan yo, genyen ki pa dijere rankont amikal sa a ak yon nonm ki te masakre 20 000 konpatriyòt yo an 1937.

Kontra de diktatè yo ap siyen an mansyonnen lit kont kominis. Men, fraz kle a se sa a :

> « se mettent d'accord pour ne pas tolérer les activités subversives d'exilés politiques dont les entreprises portent atteintes aux bonnes relations entre les deux pays ».[31]

Yon lòt kloz nan akò a di :

> « qu'ils se consultent mutuellement de façon à harmoniser leurs positions respectives aux Nations Unies et à l'organisation des États américains (O.E.A.) autant qu'il sera possible et en accord avec le principe de solidarité interaméricaine ».[32]

Pandan de gwo patwon yo ap fini ak òd di jou a (pwen pou yo diskite nan rankont lan), de reskonsab rankont yo, Djonni Abès Gasya ak Babo ap sable chanpay an koulis. Pi devan Divalye fè santi kouman li satisfè lè yo di l Twouyilyo t ap tann tout tan sa a, epi, pa gen anyen pi mal ki pase.

Marins yo pa t ko menm debake, yon kout loray gwonde kay vwazen nou Kiba (Cuba). Ond chòk yo pral sèkile lontan nan tout emisfè Amerik Latin nan. Batista oblije mete van nan vwèl li san pèdi tan. Li kite plas la ba yon geriyewo plen bab yo rele Fidèl Kastwo (Fidel Castro). Desann li desann sot nan mòn siera Mayestra yo (sierra Maestra) li pran pouvwa a premye janvye 1959. Pòtoprens, jis an fas palè prezidan an, te gen yon bouchri ak ansèy Oso blanko (Oso blanco). Se la yon emetè radyo klandesten t ap opere. Pwopriyetè a, Antonyo Wodrigèz (Antonio Rodrigez) se yon zanmi Kleman Jimèl. Se limenm ki kowòdonatè Revolisyonè

---

31   Antann nou pou n pa sitire okenn aktivite revolisyonè egzile politik yo ap fè ki ka konpwomèt bon rapò ki egziste ant de peyi yo.

32   Se pou yonn konsilte lòt pou yo sa gen menm atitid otan k posib devan Nasyonzini, Òganizasyon Eta ameriken yo epi ann akò avèk prensip solidarite Ameriken ak Ameriken.

kiben yo ann Ayiti. Kou l fè sa li pran nouvèl Batista tonbe, li kouri nan anbasad peyi l, li moute drapo revolisyon an epi li libere kèk kès chanpay ak wiski san taks pou l al selebre viktwa mouvman 26 jiyè a. Apre sa, l al rann Divalye vizit, yon Divalye ki byen sezi tande viktwa Kastwo a. Wodrigèz egzije pou yo libere tout rebèl kiben yo ki nan prizon ann Ayiti , mete yo nan avyon voye yo Sanntiyago (Santiago) vil kiben ki pi pre a. Gen kat Kiben nan prizon Pòtoprens. Y ap tann jijman yo. Yo akize yo, yo te touye yon kaptenn bato ayisyen, yo eseye pran batiman l lan pou yo travèse Kiba. Divalye dakò tousuit pou l pa gen pwoblèm ak vwazen sila a ki sanble byen pisan. Li menm ofri pou l voye medikaman Kiba. Lè l konn ki kalite rapò li genyen ak Batista epi repitasyon pa li pèsonèlman, kè l pa poze. Li pè pou lènmi l yo pa jwenn azil Kiba kote yo ka jwenn èd ak zam. Pou l amelyore imaj ofisyèl li, li rekonèt Kastwo depi 8 janvye 1959. Li yon ti jan desere vis la tou ann Ayiti.

Dejwa yo te jije pa defo, kondane a mò a, yo fè l gras san restriksyon. Serafen, palmantè yo te fè fè twa jou prizon sou yon kondanasyon twa zan an, yo amnistye l tou. Yo lage jounalis ki te nan prizon yo, Oksenad Peti ak Ati, Gaston Jimèl ak sè l yo, san n pa bliye Iv Baje (Yves Bajeux) yo te bat, maltrete ak konpayèl li yo ki te gen santans lanmò sou tèt yo. Ayisyen ki te pran azil nan anbasad etranje yo, li ba yo sòvkondui pou yo kite peyi a.

Divalye gen lòt rezon toujou pou l enkyete. Twouyilyo tou sou lis nwa Kastwo. Tout moun konnen li mare sosis li ak kòlèg li prezidan d Ayiti a. Gen egzile dominiken ki te batay ansanm ak Kastris yo. Kastwo dwe yo sa pou l kore yo nan lit kont Twouyilyo. Anplis, li gen yon kont pèsonèl pou l regle ak diktatè a ki te aksepte vann zam bay Batista lè pesonn pa t vle vann ba li. Li te ofri l azil lè l tap chape poul li. Twouyilyo voye yon kòvèt devan Pòtoprens pou l moutre patnè li Divalye li pare pou l ede Ayiti defann tèt li. Pandan egzile ayisyen yo ap prese voye kò yo La Havàn, Ozetazini yo koumanse poze tèt yo kesyon sou opòtinite pou yo voye enstriktè toujou. Nèg ki nan tèt majorite a nan sena a, Mayk Mansfid (Mike Mansfield), mande administrasyon an al dousman nan afè misyon sa a.

Marins yo menm yo te deja debake. Kat ofisye, kat souzofisye sou zòd kolonèl Wobè Dèbs Haynl Jinyò (Robert Debs Heinl Jr.) debake a bò *S.S.Ancon.* Kolonèl la tèlman chèlbè, ou ta di yon ofisye lame Ozend.

Wilyams Wilann (Williams Wieland) ansyen konseye gouvèn-man an nan Depatman d Eta ameriken pou «les affaires cubaines » fè Hayn konnen Wachintonn deside soutni Divalye. Limenm Hayn se pou l suiv menm kouran an.

Le landemen, anbasadè Dwou (Drew) prezante Hayn nan palè. Divalye esplike mouche ak ki rapidite tansyon politik la desann. Li di li prensipal wòl *Marins* yo se ede lame ayisyèn nan rete andeyò kerèl politik. Yo bay misyon an yon lòt non pou evite vye souvni. Ofisyèlman se yon misyon *Marins* amerikèn. Divalye pral fè veye yo de prè.

Kolonèl Hayn jwenn nan Babo, chèf Tonton Makout toupisan ki vin sekretè patikilye Divalye a, yon sous ransèyman presye. Se li ki pral moleste yon manm wot eta majò ayisyen an ki pa t kache santiman hèn li pou *Marins* yo. Sis mwa pa pase yo voye nonm sa a ale. Ameriken yo vin yon bon sib pou kritik opozisyon an. Yo mete rele yo *Tonton Makout blan.*

Se kòm anbasadè Kiba Antonyo Wodrigèz (Antonyo Rodriguez) tounen ann Ayiti anvan fen 1933. Li tonbe nan fè konplo revolisyonè. Apre sa li tabli Pòtoprens. Li marye. Li pase ven ane nan vi li ann Ayiti.

Nan yon seremoni ofisyèl ansyen konplotè a prezante Divalye lèt kreyans li. Prezidan an gade l ak mefyans. Li konnen nouvo anbasadè sa a se yon nonm ki koryas, epitou, se yon fran patizan Jimèl. Menm jan ak tout lòt manm opozisyon yo, Wodrigèz konnen pa gen anyen ou ka tann de Divalye. Li konnen byen sa pwomès amnisti li yovo.

Gen kèk epizòd ki moutre nou metòd rejim nan epòk sa a. Yon maten mwad janvye, lapolis siprann yon enkoni k ap distribiye sa li rele literati sibvèsiv la. Sa ap pase gran maten. Yo pran kouri dèyè mouche. Tonton Makout yo file dèyè li nan lari yo ki koumanse vid. Zam koumanse tire. Nonm nan pèdi kontwòl machin nan, li moute sou twotwa a, l al kraze sou yon gwo kay an fas *La Belle Créole,* yon boutik pou touris. Tonton Makout yo parèt yo transfòmen machin nan an paswa. Yo refize kite yo vin sekouri sitwayen an k ap benyen nan san li sou syèj la. Se yon pinga yo bay lòt moun yo. Menm senmenn nan, yo touye de endividi ki tap eseye limen yon flanm dife ak yon boutèy gaz. Lapolis pwodui yon rapò ki sigjere se menm endividi sa yo ki te mete dife lavil la pou kreye dezòd.

La Havàn, egzile yo koumanse fè ajitasyon. Yo fè yonn ak refijye ki soti tout kote nan Karayib la. Pou yo, espwa a se Kastwo. Yo espere l ap ede yo debarase peyi yo ak diktatè kap toupizi yo. Èske Kastwo pa t di l ap pote boure ak tout mouvman revolisyonè ? Nèg ki pi aktif nan egzile ayisyen yo, se Lwi Dejwa (Louis Déjoie), milat la, ansyen chanpyon elit la nan peyi l. Twa jou apre Kastwo fin pran pouvwa a, li rive La Havàn pou l mande nouvo chèf leta a ede li. Nèg ki te soti Omeksik ak Kastwo a, Che Gevara (Che Guevara) pral ede Dejwa òganize yon kan antrènman. Sit la se yon fèm ki nan distans 30 kilomèt ak La Havàn. Yo bay Dejwa yon biwo tou nan kapital la. Men sa li deklare kèk ane apre :

> « On nous a offert 800 soldats tous volontaires pour débarquer en Haïti avec nous. De plus, on a mis à notre disposition une péniche de débarquement pouvant transporter 300 hommes. Alors l'entraînement a commencé. Tout allait bien. »[33]

Fèt Marines a Cabane Choucoune

---

33 Yo te ofri nou 800 sòlda, tout se te volontè ki te vle debake avèk nou ann Ayiti. Anplis de sa, yo te mete yon bato byen long (péniche an franse) a dispozisyon nou. Li kapab transpòte 300 zòm alèz. Antrènman te koumanse fèt. Tout bagay t ap mache byen.

Dejwa, Fiyole (nèg woulo konpresè a) ak patizan Jimèl yo met ansanm nan yon asosiyasyon yo rele « Opposition unifiée ». Radyo pwogreso (Radio-Progreso) La Havàn prete li estidyo l yo. Twa fwa pa semèn gen emisyon ki dirije sou Ayiti. Dejwa bay konferans pou laprès. Li denonse Divalye epitou li prevwa mouche pral tonbe pandan l ap di li pa gen plan envazyon. Li kontinye pou l di Opozisyon inifye a gen pou l kontinye emisyon yo. Kastwo voye yon avètisman bay egzile yo:

« Haïti étant un pays ami, parlez d'invasion si vous voulez, mais ne vous livrez pas à des prédictions »[34]

Papa Doc resevwa èd militè Ameriken

---

34 Ayiti se yon peyi ki zanmi nou. Pale de envazyon si nou vle, men, pa lage kò nou nan fè prediksyon.

Depi egzil li Nouyòk Fiyole voye kèk anrejistreman nan emi-syon an pou Ayiti. Yonn ladan yo avèti konpatriyòt li yo pare yo pou grèv jeneral la lè li bay siyal la. Ann Ayiti Jimèl toujou nan kache.

Divalye eseye poze grif li sou lènmi l yo Kiba, men sa pa reyisi. Fen fevriye, lapolis anonse li dekouvri yon konplo pou yo asasinen Dejwa ak twa lòt Ayisyen manm aktif opozisyon rejim Ayiti a. Yo arete twa zòm ki te fèk rive nan ayewopò Ranncho Boyewòs (Rancho Boyeros). Yonn ladan yo deklare li ta sipoze resevwa zam nan men konsil Ayiti a La Havàn, epitou, yo t ap peye yo 10 000 dola pou chak egzekisyon. Anplis Dejwa, yo jwenn sou lis wouj la sekretè li Wobè Leje (Robert Léger), de ansyen ofisye, Pyè Aman ak Morepa Ogis (Pierre Armand et Maurepas Auguste),

Kounye a Divalye pran yon lòt taktik ki pral bay pi bon rezilta. Men li, selon Dejwa:

> « Duvalier envoya une délégation pour convaincre Castro qu'il était prêt à coopérer avec Cuba si ce dernier pays décourageait les entreprises des exilés haïtiens... Jusqu'alors l'entraînement des rebelles faisaient des progrès satisfaisants. Trente Haïtiens s'étaient joints aux huit cents Cubains. Mais voici que Castro s'est mis d'accord avec Duvalier et nous nous retrouvons sans rien. Il fut convenu qu'on tolèrerait une infiltration communiste à Haïti. Pour la façade, Haïti fit semblant de rompre les relations avec Cuba, tout en maintenant des consulats sur tout le territoire cubain et en continuant à coopérer avec Castro. Cette coopération continue jusqu'à ce jour (1962). Par la suite plusieurs de mes hommes tentèrent un débarquement au sud d'Haïti, mais je n'étais pas mêlé à l'affaire. » [35]

Dejwa deklare li kite Kiba an me 1959.

Se moman sa a Etazini chwazi pou l soutni Divalye ouvètman. Fonksyonè Depatman d Eta yo esplike menm si Ayisyen sa a pa pafè, li moutre li pi estab pase lòt anvan an yo. Sou plan sa a, fòk nou di Maglwa, dènye anvan Divalye a, te gen pi bon relason toujou ak Wachintonn. Li jistifye, omwen an pati, lajan Lamerik te ba li yo,

---

35   Divalye voye yon delegasyon al konvenk Kastwo li pare pou l kolabore avèk Kiba si peyi sa a dekouraje mouvmann egzile ayisyen yo. Lè sa a, rebèl yo t ap fè bon jan pwogrè nan antrènman an yo. Trant Ayisyen te vin jwenn 800 Kiben yo. Men Kastwo vin antann li ak Divalye. Nou retwouve nou san anyen. Yo dakò pou yo sitire enfiltrasyon kominis ann Ayiti. Apre sa, pou la fòm, Ayiti fè sanblan li koupe relasyon ak Kiba pandan li kenbe konsila l yo sou tout tèritwa kiben an en pi l ap kontinye kolabore ak Kastwo. Koperasyon sa a kontinye jiska prezan (1962). Apre sa plizyè nan patizan m yo eseye fè debakman nan sid d Ayiti, menm m pa t mele nan sa.

nan kèk reyalizasyon. Depatman d Eta ap enkyete l pou sitiyasyon ekonomik mizerab Ayiti a. L ap enkyete l tou pou bwi envazyon k ap kouri yo, menm si sa fèt vre.

Se 7 milyon dola Ayiti pral resevwa ant fevriye ak sektanm 1959 pou ede l ogmante bidjè li. Se pa lajan prete, se kado. Mwatye 7 milyon an sanse se pou 2 ane fiskal 1959 ak 1960 k ap fini 30 jen. Men tout lajan an ap depanse an 1959, an 7 mwa egzakteman. Moun k ap gade bagay sa a, sezi, piske menm peryòd la Divalye te kontinye manipile san retni, revni li, an deyò bidjè. Chak ane yo estimen li 4 al pou 7 milyon. Lajan li fè yo soti nan afèmaj bay monopòl prive (moun ki vann an gwo) atik konsomasyon kourant, tabak, alimèt, savon, sik, luil pou fè manje··· Bidjè ofisyèl la menm, Divalye fè chanjman ladan chak fwa li jije li nesesè. Nan Yonn nan nimewo l yo, jounal ofisyèl Ayiti a mansyonnen disèt fwa li mete men ladan l. Tout, an favè polis sekrèt la. Kon sa, kado Etazini fè Divalye a, li sèvi l non sèlman pou l amòti dèt legal, men degaje resous pou tèt pa li, lepli souvan pou l fè represyon.

Gang Divalye yo ap gwosi. Twouyilyo anonse l ap moute yon lejyon etranjè ki pral defann repiblik sè a tou. Senk jeneral nan kad rezèv okipe fòmen yon fòs 25 000 òm. Gouvènman an pral ame yo. Yon palmantè ameriken, Viktò Annfuzo (Victor Anfuso) ki gen kontak ak konseye ameriken Divalye a, doktè Èlmè Loflin (Elmer Loughlin), mande pou Etazini opoze li a envazyon Ayiti ki pati sot Kiba okazou Òganizasyon Leta Ameriken (O.E.A.) pa entèvni.

Doktè R. Èlmè Lòflin (Elmer Loughlin) yon konseye Papa Dòk.

Pandanstan, Pòtoprens, Divalye plase nèg li yo nan tout direksyon pou yo ka kòresponn ak nenpòt ki agresyon. Diran tout senk jou yo, y ap atann yo, pral gen yon envazyon, Twouyilyo voye ranfò, yon batodgè, Le Président Peynado. Tout viza soti anile ni pou rezidan etranje ni pou Ayisyen. Se sèl touris ak diplomat ki pa konsènen. Jan Tasi (Jean Tassy), yonn nan lyetnan gad prezidansyèl yo pral bay yon apèsi sou anbyans palè a. Sou volan yon machin la prezidans li manke antre sou machin yon bizismann, Woje Deni (Roger Denis (li pa paran ak Lorimè Deni). Li pa kontan sa lòt chofè a fè a, li di l: « Alors, vous croyez que la route vous appartient? »[36]

Se pa moun ki mele nan koze politik. Lè l tande pawòl sa yo, Tasi fè demi tou, li arete nèg la. Li kite madanm li nan machin nan. Madanm pa konn kondi. Li pati lapolis ak Deni. Yo akize l, li di bagay revolisyonè, « propos subversifs ».

Tasi pase lòd mare Deni, yon nonm 50 an. Yo pase men l anba jenou l. Polisye yo bat li yonn apre lòt, jiskaske li pèdi konesans. Se lopital militè li revni. Yo mennen l Kanape Vè (Canapé Vert), yon klinik prive. Egzamen medikal la revele, pa gen anyen ki kase, men chè vyann li tounen labouyi. Nouvèl la koumanse gaye. Foto ap sikile. Gen Ayisyen ki panse abi sa a pa favorab pou Tasi. Byennokontrè, Divalye moute l grad, epi li pran li pou yonn nan meyè kolaboratè li. Deni menm, kou l ka rive mache sou pye li, li kite peyi a ansanm ak fanmi li.

Sitiyasyon peyi a vin pi mal toujou ak yon sechrès ki deklare nan nòdwès peyi a, nan zòn Jan Rabèl (Jean-Rabel). Lafen touye plizyè milye moun. Jounal pibliye bagay la. Divalye move kou kong. Gouvènman an menm refize transpòte ravitayman sekou kèk òganizasyon ann Amerik ofri moun yo. Anbasad amerikèn nan Pòtoprens gen difikilte pou l kwè nouvèl sa a. Apre sa, lè vin gen rapò detaye sou sitiyasyon an epi yo pibliye foto peyizan afame, yonn nan òganizasyon yo, C.A.R.E., entèvni dirèkteman pou l pran an chaj 75 000 moun nan kèk rejyon kote sitiyasyon an kritik. Kè di sa a Divalye moutre li genyen pou pwòp san li, pa anpeche Etazini

---

36   Kouman, ou gan lè konprann wout la se pou ou li ye?

prete li yon lòt lajan ankò 4 300 000 dola, ann avril, pou 32 000 ekta tè nan Vale Latibonit.

Sepandan, se lè y ap konte pou Kleman Jimèl. 6 avril 1959 sa a, solèy te fèk kouche. Anbasadè Kiba a, Wodrigèz, apèsi lonbray moun nan pasyo lakou lakay li. Lè l pwoche li wè de moun ki abiye an peyizan. Se Kleman Jimèl ki blayi atè a, madanm li kanpe kote l. Jimèl nan kache depi sektanm 1957, li pa janm vle mande azil nan anbasad etranje. Domestik yo kouri pran li, mennen l nan yon chanm nan premye etaj. Anbasadè a voye chache sis doktè. Yo bay vèdik yo. Jimèl fè kriz irèmi (urémie). Ipètansyon vin rann li pi grav toujou. Yo ba li oksijèn, yo fè l operasyon epi yo ba l san. Doktè yo ap eseye sove l anba lanmò. Rodrigèz fè demach Kiba. Yo voye yon avyon espesyal ak de espesyalis abò l. Men, li te twò ta. Senk jou apre, Jimèl trepase.

Pandanstan, Wodrigèz rive konnen y ap pare pou yo sezi kadav la lè l soti nan anbasad la. Yo pa konn pouki. Yo sipoze Divalye pè yo fè dezòd nan antèman an, oubyen li bezwen kadav la pou l fè maji.

Kidonk Jimèl mouri. Lè solèy kouche, yon otomobil desann nan jaden anbasad la. Se Wodrigèz kap kondi l. Zanmi l, Jimèl bò kote l. Yo abiye l, yo mennen l bò pòt la, yo hise l nan yon machin. Wodrigès simen Makout yo kap frape nan pòt antre anbasad la. Li pran wout kay manman defen an ak sè l yo, yon granmoun katreven senkan. Li di yo:

« C'est tout ce que j'ai pu faire ».[37]

Le landemen apre midi, yon kòbiya ap moute dousman nan ri kote medam yo abite a. Li pran direksyon legliz Sakrekè kote yo pral chante antèman an. Plizyè santèn moun ap suiv kòtèj la an silans. Gwoup moun al kanpe anba galri pou y asiste antèman an. Mouchwa yo devan bouch yo. Kòbiya a rive nan premye kalfou a. Yon sèl kou, yo tande yon gwo bri motè. Se yon machin polis ki frennen sèk devan kòbiya a. Yo desann, mitrayèt nan men. Yo mete sirèn, yo pati. Kouwòn gaye atè. Foul la tèlman sezi, li pa konn sa

---

37 Se sa sèlman m te ka fè.

pou l fè. Gen moun tèt yo ap senyen. Bri kouri. Divalye mande pote kadav la nan palè. Se pou yo rache kè a pou l fè seremoni. Men moun yo travèse vil la, yo pran wout Senmak. Se la yo prese antere l. Rimè yo bay anpil emosyon. Jounal *La Phalange* ekri lapolis refize kite pè ba li dènye benediksyon.

Kwak envazyon yo te anonse pou fevriye a pa fèt, Divalye kontinye fè preparasyon. Li koumanse ranfòsi milis la. Li anonse 25 000 moun, fanm kou gason pote yo volontè pou yo defann lapatri. Milis la pa gen zam, sòv sa yo prete yo lè y ap antrene. Sa pa anpeche Divalye pretann li pare pou tout kou. Li di mouvman sa a koumanse nan envazyon cherif yo, lè sitwayen yo te reponn apèl li te fè nan radyo a. Jeneral Mèswon mande tout lòt sivil remèt otorite yo zam ki nan men yo « par mesure de sécurité ». Yon fason dwòl pou pare kont danje ki menase a.

Prekosyon pa kapon, Divalye pral pase men nan kabinè a. Dapre deklarasyon li fè, pase men an nesesè akoz pwoblèm ekonomik yo, ajitasyon politik, inefikasite gouvènman an. Tèt ki pral tonbe yo se Diviyo (Duvigneau), minis enteryè ak defans nasyonal koryas la, yon prèt katolik, minis Edikasyon nasyonal, pè Jan Batis Jòj (Jean-Baptiste Georges), minis agrikilti a, Mak Chal (Marc Charles). Touletwa te konsidere kòm grenn vant rejim nan. Djòb yo te asire. Pè Jòj gen enfliyans bò kote etidyan yo. Li popilè. Chal te sèvi ak enfliyans li pou Divalye. Nan envazyon 29 jiyè a li kite kabann kote l ap soufri a pou l vin sekouri Divalye.

Nan nouvo sesyon yo fè ann avril la, gen palmantè ki moutre aklè yo pran wòl yo oserye, Senatè Jan Belizè fè yon soti kont kòlèg li yo. Kritik li a vize Divalye tou endirèkteman:

> « Il ne peut y avoir de démocratie si les principes de la Constitution ne sont pas respectés »[38]

Epi li kontinye pou l di

> « sans respect non plus pour la dignité ou les droits des citoyens, pas de stabilité politique, et par conséquent, pas de progrès possible. »[39]

---

38   Pa sa gen demokrasi si yo pa respekte prensip konstitisyon an yo.

39   Si pa gen respè pou diyite oubyen dwa sitwayen yo tou, pa sa gen estabilite politik; pa konsekan pa gen pwogrè posib.

Ekzòd san fen pou Ayisyen ki gen plis fasilite ak konesans yo.
Se sèvo k ap pèdi. Men ansyen prizonye k ap kite peyi a.

Moman l ap di bagay sa yo, sis mwa sèlman separe Belizè ak
kondanasyon l a mò. Apre sa l ap gen tan chape poul li. Ton sevè
sa a li pran an, se akoz fason ti doktè a trete limenm ak kolèg li
yo nan Sena a. Pa gen lontan de sa, yon delegasyon palmantè te
vin prezante yon petisyon nan palè a, yo manke mete yo deyò ak
kout pye. Moun yo enkyete plis toujou lè yo aprann Frank Women
(Franck Romain), yon kapitèn gad prezidansyèl moute grad pou
wòl li te jwe nan koze sa a. Se pa yon pwoblèm, Divalye plen resèt
pou l kalme moun.

Menm epòk diskou Belizè a, li deklare chajedafè Venezwela a,
personna non grata (endezirab). Rezidans li te tounen azil   pou

refijye politik. Diran sèl mwadmas la, yo bay 17 moun sovkondui pou yo kite peyi a anba pwoteksyon Venezwela. Lòt refijye vin ranplase yo.

Yon jou, lapolis dekouvri yon estòk 143 grenad nan yon ti atelye metaliji. Li di li dejwe yon konplo. Papa Dòk pa okipe sa. An bon pwopagandis, li bay siyal depa yon gwo kanpay kont analfabetis. Nan tout vil la, li fè ekri pankat D-D-D. Premye D a se Dieu « grand architechte de l' univers ». Dezyèm nan se Desalin (Dessalines) « artisan suprême de la liberté ». Twazyèm nan ou tou konnen se Divalye « architecte de la nouvelle Haïti ». Yo efase plizyè non ri ak wout pou yo ba yo non prezidan an. Li pral mete yonn nan ansèy pwopagann yo an fas yon site Maglwa te konstwi pou ouvriye.

Kanpay sa a kont analfabetis la, bay ton « Revolisyon divalyeris » la. Pandan gouvènman an rekonèt 90 moun sou san pa konn li nan peyi a, journal Pòtoprens ap anonse avèk fyète enstititè ayisyen ap pati pou y al moutre Nwa yo li, ekri ann Afrik. Divalye kouri dèyè moun ki konpetan li ta bezwen yo, apre sa l ap plenyen li manke sa. Menm senmenn nan, li di li bezwen anpil lajan pou l enstwi pèp la. Pandan tan sa a, gouvènman an depanse 32 070 dola pou l ouvri yon anbasad Tokyo.

Fen me 1959, nou ka li nan journal yon kominike ministè enfò-masyon pibliye,

« Le président François Duvalier est confiné au lit par la grippe et le surmenage. »[40]

Bri kouri nouvèl gaye, prezidan an vin pi mal, gen yon espesyalis ameriken ki vin konsilte li. Kidonk se epidemi grip ki frape Ayiti.

An reyalite, se yon atak kè Divalye fè. Sa konplo ak envazyon pa t rive fè, maladi manke reyisi fè l. Dimanch 24 me, li manke mouri pandan lanui, Doktè li, Jak Foukan (Jacques Fourcand), ba li ensilin, li te konprann se dyabèt ki mete l an koma. Foukan se yon bon newo chirijen ki fòmen Ozetazini. Nan premye moman yo se te espesyalite Divalye. Men li te plis branche sou politik pase medsin. Yo te nonmen li direktè Lakwa Wouj ayisyèn.

---

40 Prezidan François Divalye travay twòp, li gripe, l oblije ret kouche.

Kleman Babo rann li kont enjeksyon ensilin nan pa fè efè. Y al chache Wozaryon (Rosarion), yon jenn ti doktè pou li. Wozaryon di madan prezidan an dapre limenm doktè Foukan fè yon èrè nan dyagnostik li. Babo suiv konsèy medsen an, nan mitan lannuit, li kouri nan premye famasi li jwenn nan, li fòse yo ouvè pòt la pou l fè yo ba li glikoz. Wozaryon di madan Divalye sa etone l pou yon gran doktè tankou Foukan gen dwa fè yon èrè kon sa. Pou li se yon fèt esprè. Kèk ane aprè Wozaryon bay demisyon l kòm Tonton Makout, li remèt zam li, ekere. Lè yo fin arete l, bat li byen bat, Divalye voye rele l nan palè a, li di l li regrèt, li pa t konn si l te nan prizon. Li lonje yon anvlòp 1 000 dola ba li. Pri san an.

Babo pran kesyon an an men. Li rele anbasadè Dwou ki fè vini yon medsen nan baz naval Guantanamo, Kiba, yon ekip kadyològ. Medsen *Marins* yo rete sou ka a pandan trant jou. Babo mande pou bagay yo rete sekrè, men li bliye si ann Ayiti pa gen okenn sekrè ki reziste menm pou yon ti bout tan. Lè bagay yo koumanse pran lari, Babo pase enstriksyon nan ministè enfòmasyon. Li voye kominike pou l di Papa Dòk gen grip, li bezwen repo. Yo fè yon avyon sot Nouyòk ak de espesyalis an konsiltasyon. kon sa Babo an premye, medsen ameriken yo an dezyèm sove lavi Divalye.

Kounye a, Babo pran tèt li nèt pou prezidan an, an pèsòn. Li koumanse ranpli fonksyon chèf d Eta l, kòm si li te pase vi li ap prepare l pou sa. Se li ki prezide konsèy kabinè, pibliye kominike pou laprès. Se li ki pran tout desizyon. l ap komèt yon grav èrè. Si gen yon moun ki konnen Divalye byen pou jan l konn debarase l ak nèg nan antouray li, sitou sa k renmen pouvwa yo, se byen Babo. Limenm, li toujou aji kon sa tou, byenke avèk mwens mwayen ke mèt li. Wodrigèz ansyen anbasadè Kastwo a ann Ayiti kapab temwaye.

Bajou kase, jou ki te 6 jen 1959 la. Apre kèk vire won nan bwat de nui Pòtoprens yo ak yon zanmi kiben, Wodrigèz antre lakay li. Sou wout li, li tonbe nan pyèj, kèk enkoni ame ak mitrayèt te tann pou li. Kòm li yon ti jan abitye ak mòd politès sa a yo nan Karayib la, de konpayèl yo reyisi soti anba atoufè sa a yo. Yo soti ak kèk ti blesi, ak brili poud fè sou yo. Ann apre, yo te ka konte 52 twou bal nan kò machin nan. Y al pote plent epi gouvènman kiben an raple Wodrigèz pou konsiltasyon. Anvan l pran avyon pou La Havàn, li plenyen nèt poutèt yo pran tan pou yo bay madan Jimèl sovkondui pou l ka kite peyi a. Le landemen yo pote pyès li te mande a nan anbasad la. Sa pa tap janm rive kon sa si Wodrigèz pa t konn pran abitid mache ak yon kolt 45 (colt 45) an pèmanans. Sa ki pi sanble vre nan atanta sa a, gen non sèlman men Babo, men, men Twouyilyo tou. Gen yon bagay ki fè moun ka panse sa. Apeprè yon mwa avan sa, Wodrigès tap kondi yon machin an konpayi madanm li ak pitit fi li ki tap tann yon bebe. Yo rete machin nan devan yon restoran sou wout la, y ap tann yo pote manje a pou yo. Gen yon Lann Wovè (Land Rover) ak plak anbasad dominiken ki vin parèt sou yo. Li rete bò kote machin anbasadè a. Yon nonm desann. Li pwoche bò kote yo. Li salye mesye Wodrigèz ak yon bèl « bonjour monsieur l' ambasadeur ». epi li lage yon grenad sou syèj avan an. Wodrigèz pran grenad la menm moman an li voye l deyò. Li pete.

Pasajè Lann Wovè yo fonn kou bè. Lè anbasadè a tounen sot Kiba, li desann avyon an ak yon gaddikò enpresyonan: 4 òm plen bab eskòte l. Inifòm gri oliv yo sou yo, yon etui nwa nan senti yo ki di men mwen epi ki kache revòlvè yo. Yon kalite revòlvè ak gwo papa chajè. Yon ponya konplete asnal la, si l pa ta ase, yo gen grenad nan valiz yo tou. De nan 4 òm yo gen grad ofisye. Yo menm yo pote mitrayèt. Wodrigèz pa soti pou l jwe. Alèkile se pa *Marins* yo sèlman Ayisyen pral wè kap sèkile ak kas kolonyal yo sou tèt yo, estik yo anba bra yo, men gen kèk revolisyonè kiben tou k ap parade ak asnal yo. Lè Wodrigèz antre nan yon magazen moun fè pil pou yo vin detaye eskòt li.

Sitiyasyon an vin pi frajil toujou nan Pòtoprens ak Divalye ki malad epi bri envazyon ki toujou ap pale a. 14 jen se yon dat yo pa sa bliye nan tout zile a. Nan kapital la yon bonm ak fragmantasyon esploze nan kazino a. Kat moun mouri, senk blese. Menm jou a gen egzile dominiken ki soti Kiba, ki eseye anvayi peyi pa yo pa vwa lanmè ak avyon. Yon C-46 ki transpòte senkann sizòm soti Mannzaniya (Manzanilla), li vin ateri nan tèritwa dominiken, nan yon vilaj nan mòn, yo rele Konstannza (Constanza). Apre yon

ti konba tou kout ak ti ganizon lokal la, yo repliye nan mòn yo.
Machin militè Twouyilyo a mete l an mach. Li moutre ki bwa li
chofe. Rebèl ki pa mouri nan debakman sou plaj Memon (Maimon)
ak Estewo Honndo (Estero Hondo), yo pral egzekite yo Siyoudad
Twouyilyo (Ciudad Trujillo). Ann apre, dat 14 jen an vin tounen non
yon pati dominiken a goch ki jwenn senpati kastris yo.

Dife pran nan Kazèn Desalin menm mwa a. Gouvènman an
rekòmanse panike. Toubiyon lafimen tou nwa nan syèl la, li kouvri
tèt palè a. Twoup la pran pozisyon toutotou palè a. Divalye dispoze
tank li yo nan perimèt li. Yo rele *Marins* yo vin manevre yo. Tonton
Makout yo kadriye vil la abò machin yo. Rafal bal ap tire tribò babò.
Ponpye pran de zè edmi pou yo etenn dife a. Yo pa t ka anpeche
destriksyon yon zèl nan kazèn nan. Pa gen anyen ki pwouve rejim
nan te menase jou sa a. Lè tout bagay kal, yon kominike gouvèn-
man an anonse se yon kou sikui nan sistèm klimatizasyon an ki
pwovoke ensandi a.

Pandan yon fèt relijye, se yon bonm ki pete, li blese karannde
moun. Yon lòt jou se nouvo minis enteryè a, Jan Maglwa
(Jean Magloire) - li pa paran ak ansyen prezidan an - yon grenad
blese li nan do ak nan janm pandan l ap pran lè sou balkon nan
vila li. Blesi l yo pa anpeche l asiste lelandemen revi militè ki fèt o
moman Divalye tounen nan djòb li ofisyèlman.

Defile a pral dire karant minit. Gad prezidansyèl la ap patisipe
an grann teni. Abi nwa, chapo nwa, Divalye pran plas sou mach
palè a. L ap obsève. Bò kote li, kabinè a okonplè, anbasadè Dwou
(Drew), kolonèl Hayn (Heinl). Tank ak veyikil blende gani pelouz
prezidans lan. Lòt bò baryè metalik yo se sèl ofisyèl yo ak fran
patizan Divalye ki te ka la.

30 out 1959, O.E.A. fè yon reyinyon Sanntiyago (Santiago), o
Chili. Menm jou a, yon bato jete lank nan sidwès Ayti, pre yon
vilaj izole yo rele Lèziwa (Les Irois). Trant òm sote nan dlo a, epi
yo pran pye sou rivaj la. Tout se Kiben anwetan chèf la. Limenm,
Anri Fwètès, alyas Anri dAnton yon Aljeryen ki te marye ak yon
kouzin Dejwa lè l te rezide ann Ayiti. Apre sa, li te vin kòmandan
nan geriya Castwo a. Nèg Fwenntès yo te adapte yo vit nan ti kay ki

masonnen ak labou yo nan vilaj pechè yo. Yo rekrite moun pou gide yo. Yo ba yo ensiy ki glorifye liberasyon an. Nouvo rekri yo sèvi tou kòm moun kap pote. Epi ti lame a pran direksyon Okay. Fwètès ak nèg li yo an inifòm revolisyonè kiben. Sou wout yo, y ap distribiye havanès. Se sèl Fwenntès nan gwoup la ki pale kreyòl.

Gen yon sòlda ki chape poul li soti Ziwa li kouri Ans Dèno (Anse d'Hainault), l al avèti otorite yo.

Lè nouvèl la rive Pòtoprens alafen, kolonèl Hayn ak Babo monte nan yon elikoptè *Marins* nan y al fè vòl rekonesans. Ayiti pwoteste kont Kiba bò kote Leta ki manm O.E.A. yo ki te nan reyinyon Sanntiyago. Kastwo reponn li pa okouran anyen. Sanble li te di verite. Kòrespondan près yo siyale li pa t kontan.

Kòm dabitid, Babo kite bagay yo trennen. Premye mouvman l se transpòte yon kontenjan 150 sòlda ki te nan Kazèn Desalin pa avyon. Se *Marins* yo ki te fòmen nèg sa a yo. Se yon inite pou entèvansyon y ap lage nan zòn operasyon yo. Jeremi, nan katye jeneral kanpay, se *Marins* yo toujou kap aji kòm konseye.

Pandan tan sa a, anvayisè yo ap travèse mòn yo ak anpil difikilte kòm si se antrennman yo tap fè. Chas la pral koumanse. Premye bilten viktwa, Divalye anonse yo pran kèk nan lènmi yo pandan yo tap boukannen yon kabrit, y ap rafrechi pye yo nan yon larivyè. Ayisyen ki te deniche yo a te vide zam otomatik sou yo. Yo gen tan gaye nan bwa a. Yo kite ata bòt yo. Yo jwenn yon lòt gwoup nan yon kay, yo fè kay la tounen pousyè ak tout moun ki te ladan. Fwenntès pyeje nan yon gwòt. Dènye siklòn ki te pase nan peyi a tèlman detwi pye bwa yo, pa gen mwayen kache fasil.

Babo mache de kay an kay tout kote anvayisè yo te pase yo. Li pral pase raj li sou peyizan yo. Gen plis ki mouri pase nan kan lame a ak gèrye yo. Li ratibwaze tout moun ki te kolabore de gre ou de fòs nan sere yo, nan ba yo manje. Nan zòn sa a, moun yo gen abitid vann bay moun ki de pasaj nan batiman oubyen nan yatch. Apre masak sa a, yo sispèk tout vizitè, moun ki pa moun zòn nan.

Kèk jenn prizonye kiben nan Penitansye nasyonal.

Anvayisè yo pa sa kenbe lontan. Yo dekouvri yo sou lanmè, gen avyon kap veye yo. 4 sektanm tout bagay fini. Yo touye tout, sof 4 ladan yo yo mennen Pòtoprens pou sèvi twofe. Yo te sansire premye nouvèl envazyon yo. Wout yo te bloke pou anpeche opozisyon an ba yo ranfò. Anpil moun pa kwè sa y ap di ki pase yo. Se rimè kap sèkile. Malgre gouvènman an tap plede mande *Marins* yo zam ki pi modèn, li jwenn mwayen pale de « puissance de tire supérieure » ki ta pèmèt yo ranpòte laviktwa.

Anbasadè kiben an ak madanm li, yon Ayisyèn, y ap pati kite Ayiti

Kiba raple Wodrigèz. Divalye soulaje. Ayiti raple anbasadè pa l tou ki te Kiba. Men de peyi yo pa janm koupe fache ofisyèlman. Divalye kenbe konsila l yo Kiba. An 1964, gen yon konsil ayisyen Santiyago ki te an mezi kominike ak gouvènman an pa telegram. Ak Vatikan (Le Vatican) relasyon yo pa t pi bon pase sa. Monseyè Pwarye (Poiriers), achevèk Pòtoprens, te oze kritike Divalye. Mouche delivre yon lòd arestasyon yo sispann pwovizwaman, men ki pa janm anile.

Kounye a sitiyasyon an parèt konsolide. *Marins* yo la. Yo pare pou bay koudmen si nesesè. Yo venk tantativ envazyon an. Wodrigèz pa la pou l jennen l. Divalye pwofite vire kont senatè kap kontinye annuiye l ak koze gwo deklarasyon sou lespri ak lèt konstitisyon, dwa ak diyite moun. Lè l te mande ba li plis tan pou l gouvènen pa dekrè, sis senatè pa t dakò ak sa, 19 sektanm. Li te genyen kòz la kanmenm. Chanm depite a te gen lespri pratik. Manm li yo te deside yon mezi kon sa pa t nesesè. Yo pa t presize nan « attendus » yo sa pa ajoute ni retranche anyen nan kesyon ke Divalye gouvènen jan l pito.

Papa Dòk pral sèvi ak senatè ki pa dakò yo ak entèlijans. Li fè pibliye yon dekrè espesyal nan yon edisyon *Le Moniteur* espesyal.

Li akize sis senatè yo, yo te fè konplo kont rejim nan ak kominis yo. Pakonsekan yo koupab wot trayizon. De ladan yo pase fwontyè a imedyatman, twa lòt, ladan yo Jan Belizè (Jean Bélizaire) mande azil nan anbasad Meksik. Yo tout te travay nan kanpay elektoral 1957 la pou pèmèt Divalye pase.

Sizyèm akize a, Ivon Emanyèl Mowo (Yvon Emmanuel Moreau) yon pastè episkopalyen 39 an, refize al nan kache. Olye de sa, li pibliye yon kominike pou l di akizasyon sa yo se « pure invention » epi si yo mete kominis yo nan chire pit sa a

« c'est simplement pour que Washington ne s'élève pas contre de tels agissements »[41].

Y ap arete enpridan sa a an 1960. Dlo nan je, manman l al plede kòz pitit li devan evèk ameriken d Ayiti, Monseyè Voegeli pou l mande l fè entèvansyon pou pitit li a. Nèg legliz la al wè ansyen zanmi l Divalye, epitou la pou la, amitye a kaba. Yo pa janm tande pale de Mowo ankò.

---

41   Se tou senpleman pou Wachintonn pa soulve kont mòd ajisman sa a yo.

Chapit 11
Sanblan eleksyon epi chantay pou jwenn èd nan men ameriken

G wo kè ki genyen kont Divalye pral ogmante plis toujou. Depi lontan yo te santi enterè Divalye genyen pou vodou a se pa sèlman yon kesyon kiryozite entèlektyèl. Yo pral sèvi ak menm vodou sa a kont li tou.

Li te fè nwa kou lank lè kèk opozan te antre nan simityè kote papa Divalye, Dival Divalye, te antere a. Granmoun nan te mouri senk semèn anvan pitit la antre an fonksyon. Yo kraze tonm nan, epi yo wete kadav la. Yo fann lestomak li, yo pran kè a. Yo pral sèvi avèk li pou yo fe wanga ki ka konbat pouvwa sinatirèl lwa a yo te mete sou pitit la. Apre sa yo bade ni kav la, ni kadav la ak poupou.

Kounye a Papa Dòk fin sove anba kriz kè a, l ap vale tèren omwen piblikman. Sa ki klè pou tout moun, li kontinye fè gwo deklarasyon mètdam:

> « Mon habitude, lors d'une conférence de presse, est de faire sortir les gens de prison, de les relâcher »[42].

Li kontinye pou l di ann Ayiti se de prizonye politik sèlman ki rete. Yonn ladan yo se yon vye zanmi l epi li pa mande mye ke libere l. Men li di:

---

42   Abitid pa m, nan yon konferans pou laprès, se lage kèk prizonye, mete yo deyò nan prizon.

« Seulement, la police me demande d'attendre »[43].

Apre sa li debite yon voum pawòl piman bouk kont « l' infiltration communiste » l ap konbat a chak enstan, kont chomaj ak analfabetis. Li denonse atanta yo sot fè ak bonm yo epi li fini sou yon nòt ki bay a   panse

« Il y a des fous, qu'on ne peut tenir pour responsable de leurs actes. Moi, je suis médecin »[44].

An 1960, kesyon kapital la pou Ayiti se èd ameriken. Divalye ap chache yon voum lajan fre san okenn obligasyon bò pa li. Nan tout kontinan ameriken an, opinyon piblik la kont tout fòm èd pou Papa Dòk. Yo konnen l kòm boutdi, epi tout èd l ap resevwa, se peze l pral peze pèp la pi rèd toujou.

Se yon kastèt chinwa pou Etazini. Non sèlman Divalye parèt yon diktatè san pitye, men tou li refize pliye sou preskripsyon ki pi elemantè yo ki ka pèmèt li kalifye pou l resevwa asistans. Sa k pi anbetan ankò sèke Kiba tou pre Ayiti. Epi Kiba gen yon nonm yo rele Fidèl Kastwo.

Pwojè ki pi enterese Wachintonn se pwojè ki vle amelyore kondisyon lavi nan kèk rejyon riral. Majorite pwojè sa yo se bagay ki pran tan, kidonk sa lese Divalye ak akolit li yo endiferan. Sa ki enterese yo, se bagay kou l cho li kuit. Se biwokrasi kòwonpi a ki pral sipèvize yo. Kon sa kont an bank yo ap gonfle pi fasil. Nan premye etid yo fè sou sitiyasyon an, anketè Wachintonn yo dekouvri bagay dwòl ki twouble yo. Y ap voye teknisyen ameriken nan yon peyi kote pwofesyonèl kalifye yo ap chape poul yo pou y al geri bosko yo aletranje. Kon sa yo rive nan sitiyasyon sa a: yon kote gen peniri mendèv kalifye pou yo ta ranfòse fòmasyon yo, yon lòt kote gen yon chif « de base » analfabèt ki depase katrevendis pou san nan popilasyon an.

Ou vle Leta anplwaye w epi peye w? Enben fòk ou fè pati gang Divalye yo. Mi mas 1960, Papa Dòk ranvwaye yon enjenyè ayisyen

---

43   Men la polis mande m fè yon ti tann.
44   Gen moun fou yo pa si poze ran n yo reskonsab zak yo fè. Mwen menm se doktè m ye.

konpetan ki te reskonsab plan devlopman vale Latibonit. San l
pa menm pran lapèn konsilte òganizasyon ameriken ki finanse
pwogram nan, Divalye ranplase enjenyè a pa yon minis li te mete
nan prizon pou move zafè. Se kon sa li pral fè pou l fè presyon sou
Wachintonn ki, dapre li, pa fouti pa ede l.

Pòtoprens, biwo flanban nèf kote fonksyonè èd ameriken yo
enstale yo toujou tounen de kote ki nan zen avèk ajan Divalye yo.
Sa Ameriken yo bezwen se dwa pou yo sipèvize moun yo mete pou
fè diferan travay. Sa a, Divalye pa tolere l. Li fè konnen se li, epi se
limenm sèl, ki gen privilèj anplwaye oubyen revoke moun li vle,
nan tout sikonstans. Si yon moun pretann le kontrè se non sèlman
yon souflèt ou bay diyite nasyonal la, men tou, yon mankdega pou
souverènte Repiblik d Ayiti. De twa pwogram èd k ap fonksyone yo,
y ap fè yon kanpe pandan diskisyon yo ap kontinye fèt. Y ap pase
plizyè mwa nan monte desann ap negosye.

Sèvi ak kominis lan pou fè chantay, sa rapòte. Moun ta plis
gen tandans kwè sa koumanse 17 me 1960. Se jou sa a kongrè
nasyonal Inyon Nasyonal Etidyan Ayisyen (INEA) (Union Nationale
des Étudiants Haïtiens, U.N.E.H.), yon mouvman la goch, tap fèt.
Papa Dòk kite l fonksyone lib e libè. Oryantasyon ideyolojik li
pral evolye kareman nan sans estrèm goch pandan kongrè a pa t
janm gen yon tandans kon sa ki te konn devlope ouvètman kon
sa ann Ayiti. 18 me, yon prèt katolik, pè Papaye (Papailler), minis
edikasyon nasyonal asiste kongrè a, epi li felisite etidyan an yo. Li
fè remake yo fè asanble yo a sou doub siy « antisegregationisme
et anticolonialisme ». *Le Matin* ògàn gouvènmantal revele Divalye
ap prepare l pou l salye kongresis yo, l ap soti yon « timbre de
solidarité » U.N.E.H. ap kapab fè sèkile. Ak yon bèl iyorans pwòp
pwoblèm pa li, la Repiblik anonse lajan li pral ranmase yo pral sèvi
pou ede etidyan nwa Afrik di Sid (Afrique du Sud).

Divalye fè yon jan pou eslogan antienperyalis etidyan yo ap plede
repete yo rive nan zòrèy anbasad ameriken. Limenm, l al an vizit
Jakmèl, ansyen pò pou kafe, l al inogire yon nouvo waf Ameriken te
bati. Nou nan dat 25 jen, jou sa a, li pral pwononse yon diskou yo pa
sa bliye ki rele « le cri de Jacmel ». Yon diskou politik total kapital.

Si tanzantan li pa fin klè, li chaje mennas. Li prezante Ayiti tankou yon zanmi yon vwazen pisan epi engra rejte.

« Nous sommes arrivés au bout de nos sacrifices. Le point de rupture est atteint »[45].

Se sa Divalye deklare Jakmèl. Byen ke gouvènman l lan fè Etazini konfyans, lwayote l la pa jwenn rekonpans.

« Nous avons besoin d'une injection massive d'argent pour remettre le pays sur ses pieds, et cette injection ne peut venir que des États-Unis, notre voisin et grand ami... »[46]

Li akize Maglwa ak administrasyon l lan kòm kriminèl ki gaspiye rezèv dola nou yo. Yo rann siklòn 1954 la reskonsab eta lamantab ekonomi peyi a. Divalye presize gouvènman l lan resevwa nan men Etazini yon prè 4 300 000 dollars pou de plan devlopman ki pa menm ase[47]. Li pa mansyonnen yon èd bidjè 7 milyon dola yo te ba li an 1959 ni 6 milyon yo te pwomèt li pou ane fiskal ki tap fini 30 jen 1961 an. Apre sa Divalye fè kèk deklarasyon divès moun entèprete kòm yon avètisman:

« Le communisme a essaimé ses centres d'infection ... aucun point du globe n'est aussi vital pour la sécurité des États-Unis que les Caraïbes. »[48]

Nan anbasad ameriken pawòl sa yo pa tonbe nan zòrèy moun soud. Yo pike l jis nan zo. Divalye dekri peyi l la kòm yon nasyon

« pourissant dans la misère, la faim, la nudité, la maladie et l'analphabétisme... »[49]

epi li di toujou Ayiti dwe chwazi ant

« les deux grands pôles mondiaux d'atraction pour subvenir à ses besoins ».

Lè w tradui l nan langaj diplomatik, sa vle di l ap voye kò l bò kote kominis yo si Etazini pa ba li satisfaksyon.

---

45   Sakrifis nou yo rive nan dènye bout yo. Moman an rive pou n kase kòd la.
46   Nou bezwen yo vide yon mas lajan sou nou pou n ka remete peyi a sou pye e kòb sa a se sèl ozetazini, vwazen nou, bon zanmi nou, li ka soti.
47   Yon sèl ti kòb (4 300 000 dola) ki pa menm ase yo prete l pou de plan devlopman.
48   Kominis lan simaye sant enfeksyon l yo...Pa gen yon kwen sou tè a ki osi vital pou sekirite Etazini ke Karayib la.
49   Ka p pouri nan mizè, nan grangou, maladi, kòtouni, analfabetis,

Anbasad la reponn li 5 jiyè. Li detaye divès pwogram èd li bay Ayiti, an patikilye gouvènman Divalye a. Li pote presizyon, depi 1950 Etazini pa prete l, men li fè Ayiti kado 40 600 000 dola. Nan kòb sa a, administrasyon aktyèl la jwenn 21 400 000 dola.

Kounye a Divalye lage jounalis li yo dèyè l. Pòl Blanchè (Paul Blanchet), minis enfòmasyon, antiameriken koni, sèvi ak jounal li a *Panorama* pou l pase rapò anbasad la nan rizib. Gen lòt papye ki detere tout vye gwo bouch epi yo pwofite soti kèk tit ensandyè.

Menm mwa a, Wachintòn redui volim sik li konn achte nan men Kiba, an menm tan li pran pou 25 % an plis nan men Ayiti.

Li anonse yon nouvo pwogram èd ekonomik pou tout peyi Amerik Latin yo sòf Kiba. Manèv sa a, se pou yo frennen kominis lan k ap vale tèren nan emisfè wès la. Jounal *Nouyòk Tayms* di tou sa fè de Ayiti yon bon kandida pou pwogram èd Aysennawè (Eisenhower) lanse pou evite malè pandye.

« les tensions politiques croissantes, une économie qui se dégrade lentement et un président en proie au ressentiment »[50]

Divalye mete milis li a la Kiben. Li ekipe sòlda l yo menm jan ak sòlda Kastwo yo: chemiz koton kwaze yo te konn mete, bloudjins, brasa wouj, foula wouj. N ap siyale teni sa a se teni Kako yo lè yo t ap konbat *Marins* yo epòk okipasyon amerikèn. Divalye pran plezi pou l detere souvni sa yo pou l nouri yon santiman antiameriken. Li pa rate yon okazyon pou l esplwate l. Tout kannay sa yo ki nan milis la, yo reprezante nan tèt otorite yo yon fòs pou ekilibre lame regilye a *Marins* yo antrene a. Moman an pa favorab ditou pou demontre ou pou ameriken, jan kèk zanmi diktatè a pral rann yo kont.

14 jiyè 1960 solèy kouche. Anbasad franse te fè resepsyon nan okazyon fèt nasyonal la. Babo byen fen te pami envite yo. Li tap tounen lakay li ak madanm li, eskòt makout li. Li toujou gen jilè anti bal li, mitrayèt Stenn (Sten) li, kostim sonm. Tout bagay parèt kal. Pandan l ap pase kle nan pòt la, yon konpayi Gad prezidansyèl ame jiskodan fè va sou li. Avan w bat je w, yo dezame l ak tout eskòt li.

---

50 Tansyon politik k ap miltipliye, yon ekonomi k ap depafini trankilman ak yon prezidan ki an kòlè.

Li pase sizè prizonye nan pwòp kay li. Kòm li te eseye fè yo pase avèk li nan yon sak rad sal pou l chape poul li, Divalye fè kondi l Fò Dimanch. Yo pratike sou li menm metòd entèwogatwa li te konn sèvi ak prevni yo lè l te chèf Tonton Makout. Yo poze l kesyon sou kantite lajan yo jwenn lakay li. Kote l jwenn yo? Fòk li di tou kote rès yo ye. Dènye tranzaksyon Babo se konsesyon kazino entènasyonal la li vann toujou. Li rakonte moun ki achte l yo Divalye bezwen lajan prese prese pou l bati yon lopital. An veritab bandi, Babo pa t vle pataje gato a ak chèf gang lan. Se de Ameriken ki achte monopòl jwèt yo. Yo te espere atire nan Pòtoprens kliyantèl ameriken ki koupe pye nan kazino La Havàn depi Kastwo pran pouvwa a. Pou atire lajan sa a, de asosye yo te prevwa yon etablisman prestijye menm jan ak Las Vegas.

Kòm Babo nan prizon, akò yo pa p dire lontan. Yon jou nan mwa d sektanm nouvo pwopriyetè yo anonse gwo renovasyon nan kasino a, Yo mete yo deyò nan peyi a. Yo tou pwofite deklare yon lòt Ameriken, Jozèf Sichoski (Joseph Cichowski), direktè yon minotri, endezirab. De afè yo pa gen okenn rapò antre yo. Yo pa bay okenn esplikasyon, sòf de nèg yo te ann afè ak Babo.

Babo toujou moutre li se yon bon papa, yon bon mari. An novanm 1959, li pran nouvèl pitit li ki t ap etidye medsin an Almay (Allemagne) fè yon depresyon nève, li pran avyon touswit l al wè l. Absans li nan palè a bay lènmi l yo okazyon fè kout lang sou anbisyon li genyen. Divalye te deja sispèk li. Lè l tounen, yo te deja fin koupe zèb anba pye l.

Divalye te sispèk li depi lè li te fè kriz kè a, an 1958. Epòk sa a, li te sove vi li lè l te fè Ameriken yo vini. Apre sa, pandan tout tan konvalesans prezidan an, li ranplase l, epi li te fè prèv li kòm bon administratè. Babo te tounen grenn vant Kolonèl Hayn (Heinl). Li konn al soupe lakay li. Nan tèt Divalye, anbisyon plis senpati ameriken egal trayizon.

Yo rayi Babo, se vre, men menm moun ki pa vle wè l yo rekonèt li pi fidèl, li bay plis rannman pase nenpòt zanmi entim Divalye. Li menm ak Papa Dòk yo fè anpil bagay ansanm. Si se pa t Babo, Divalye te gen dwa pa janm rive prezidan. Lè yo te atake palè   a oubyen lè yo te prèt pou atake l, Divalye ak Babo, yo te fè yon sèl. Madanm yo, pitit yo, se te zanmi entim tou.

De mwa apre Babo tounen sot ann almay, lit pou pouvwa a nan antouray Divalye make san. Premye mas 1960 se dènye jou madigra. Jou sa a, se pa peta men kout zam ou tande kap tire. Lit ant klan Tonton Makout yo fewòs. Pandan dezòd ap fèt Divalye ak fanmi li nan yon estand lavil, y ap asiste defile kanaval. Sèl moun ki viktim jou sa a, se yonn nan sekirite Babo yo. Se pa Divalye yo tap chache asasinen, men Babo, pou yo te ka pran plas li. Le landemen swa 2 mas, apre antèman gaddikò a, yon nonm desann machin li, li fèmen pòt yo a kle, li pral jwenn madanm li ak uit pitit ki abite nan yon kay tou pre a. Se doktè Woje Wouso (Roger Rousseau), yon jeyan byen kosto. Li rete li wè yon zanmi ki vare sou li. Li sèlman mande l « qu' est-ce que je t' ai fait ? »[51], yon rafal mitrayèt rache l met atè. Ansyen zanmi sa a rele Babo. Viktim nan se yonn nan pèsonalite rejim nan ki te gen pwòp patizan pa li pami Tonton Makout yo.

Kounye a Babo ak gang li an swa nan prizon, swa nan simityè, osinon ann egzil, se yon triyo bout di ki ranplase l nan tèt polis sekrèt la ak Tonton Makout yo. Chwa Divalye fè se Eloyis Mèt (Éloïs Maître) ak Lik Dezi (Luc Désir). Twazyèm nan, se majò Tasi (Tassy) tout moun konnen kòm chen fidèl Mèt la.

Sa k pi dwòl la, Divalye pa kite doktè antre kay Babo al pote swen bay pitit gason l ki malad la, men li toujou kenbe pitit fi a nan ministè Finans kòm si pa t gen anyen ki pase. An deyò egzekisyon Wouso sèten moun panse se Divalye ki te voye l. Yonn nan dènye inisyativ chèf lapolis la pran an favè prezidan an, se te sezi yon lèt ki revele yon sipoze konplo kont Divalye ki ta gen ladan Dejwa ki ann egzil la.

Inyon Nasyonal Etidyan yo menm, li kontinye soufle dife pou l nouri la hèn kont Ameriken. Alokazyon kongrè jèn yo ki louvri La Havàn 26 jiyè pou fete anivèsè mouvman Kastwo a, li voye yon mesaj felisitasyon. Près ayisyèn nan repwodui mesaj la ak   anpil

---

51 Kisam fè?

kòmantè. Sa pwouve Divalye kontinye presyon an sou anbasad ameriken. Li ankouraje kominis yo fè plis aktivite toujou.

Kèk jou apre, prezidan an nan ka. O.E.A. reyini Kosta Rika (Costa Rica). Li vote yon rezolisyon ki kondane Twouyilyo. Li rekòmande peyi manm yo koupe fache ak Repiblik Dominikèn.

Yo pran desizyon apre tantativ asasinay li ta voye fè kont prezidan Venezwela (Venezuela) a, Womoulo Betankou (Romulo Bétancourt), lènmi jire tout diktati. Yon mwa apre Divalye konfòmen l. Angajman li te pran an 1958 yo tonbe.

Prezidan an pase lòd fè yon defile pou fè tout moun chonje premye out se dezyèm anivèsè milis la. Ui san fanm ak gason an chemiz ble ak bloudjin ap fè parad devan palè. Yo fè demonstrasyon taktik epi yo imobilize pou yo tande diskou.

Yonn nan kòmandan yo deklare:

> « Excellence, le fusil que Sonthonax nous donna jadis pour défendre notre liberté et que les occupants américains nous avaient enlevé est le même que, sans crainte, vous nous avez rendu. Soyez assuré qu'il ne sera plus utilisé contre vous.[52]

Sontonaks (Sonthonax) sa a te fè pati yon misyon Direktwa a (Le Directoire) te voye ann Ayiti an 1796. Lè sa a Ayiti te rele Sen Domeng (Saint-Domingue). Lejann nan di, lè sa a, li te distribiye fizi bay esklav yo epi li di yo:

> « Ceci est votre liberté. Celui qui vous le prendra essaiera de refaire de vous des esclaves. »[53]

Le Matin mete l ak medizan malpalan Amerik yo pou l enprime ke Etazini pèdi kap li oubyen li viktim pwòp prejije l yo. Li tou pwofite ekri:

> « L'Histoire enseigne qu'une pluie de dollars peut guérir plus d'une blessures. »[54]

---

52   Ekselans, fizi sa a Sontonaks te ba nou pou n defann libète nou an, enpi Ameriken te prann nan men nou lè yo te mete n sou zòd yo a, se menm fizi sa a ou remete nan men nou toujou. Nou pwomèt ou li pa janm vire kont ou.

53   Sa a se libète nou. Si yon moun vin eseye pran li nan men nou, se esklav li vin fè n tounen ankò.

54   Istwa a fè n konnen yon gren lapli dola ka geri anpil maleng.

Batay la fini an favè Divalye. Anbasad ameriken anonse Ameriken yo dakò pou yo founi materyèl nesesè pou modènize lame d Ayiti. Sèz jiyè, anbasadè Dwou (Drew), yon ansyen advèsè Divalye, kite Ayiti. Tan pou l te pase isit la bout. Papa Dòk pran nouvèl sa a pou yon viktwa. Se pou anbasadè a menm li te voye toya yo lè l deklanche kanpay kont Ameriken yo nan laprès. Divalye deklare l li vin met latwoublay nan rapò li ak vye zanmi li, Etazini. Se kon sa li pral boule ak tout diplomat ki vin ann Ayiti.

Pou l moutre li gen bòn volonte, li koumanse sere boulon la goch. An sektanm yo arete an sekrè vennsenk etidyan. Ladan yo trezorye U.N.E.H. a, Jozèf Wone (Joseph Roney). Nouvèl la gaye, etidyan yo koumanse souke kò yo pou yo fè presyon pou gouvènman an libere kanmarad yo a.

Panik etidyan yo kreye a, Divalye pral fè yon jan li sèvi ak sa pou l jwenn lajan toujou nan men Ameriken. Bò pa li Jan Dib (Jean Deeb), majistra Pòtoprens, fè yon diskou nan estil « le cri de Jacmel ».

« Nous n'en pouvons plus, il nous faut choisir entre deux routes ».[55]

Se sa li anonse epi li kontinye pou l di kominis yo koumanse enkyete moun ak twoub y ap kreye yo. Ayiti se yon nasyon pòv ki nan grangou. Malgre limenm, l oblije antre nan lit pou pouvwa k ap fèt onivo mondyal. Li di :

« Nous n'avons même pas un programme de travaux publics ».[56]

Li avèti Etazini si l pa ede zanmi l yo « ils se retrouveront seuls »[57]

Otorite yo anonse Ayiti bezwen 150 milyon dola. Divalye ap tann nouvo anbasadè a vini. Dabitid li kite sibaltèn li yo fè deklarasyon ki di. Apre sa, li menm li prezante tèt li kòm moun ki rezonab, men, yo pa konprann li.

---

55   Nou bouke atò. N oblije chwazi yonn nan de wout yo.
56   Nou pa menm gen yon pwogram travo piblik.
57   Lè l gade l ap wè li poukont li.

« J'ai écrit au président Heisenhower pour lui exposer les besoins de notre pays, mais nous nous enfonçons chaque jour davantage... Haïti ne se tournera jamais vers les communistes ... A Jacmel, j'ai simplement répété ce que je dis aux États-Unis, mais ils n'ont pas compris.[58]

Nouvo akò sou zam mennen yon echanj kòrespondans ant anbassad la ak gouvènman ayisyen. Pou kounye a, Filip Wilyams (Philippe Williaws) jwe wòl chajedafè. Atik 2 nan akò a di kèlkeswa sa l siyen yo, lame a gen ekipman nèf. Li kite vye zam li yo pou Tonton Makout yo ak milis la.

« les équipements et le matériel fournis au gouvernment d'Haïti... seront utilisés uniquement pour assurer la défense du pays, maintenir la sécurité interne ou participer soit à la défense de l'aire géographique dont il fait partie, soit aux accords sur la sécurité collective signés par les Nations Unies et aux mesures conséquentes ».[59]

Sa k pral pase a ou ka li l nan yon atik Le *Moniteur,* ògàn gou-vènman an. Jounal la pibliye yon dekrè la prezidans ki anonse polis sekrèt la gen yon kredi 200 000 goud pou « depans espesyal ». Yo pretann ou gen pou fè fas « ak kèk depans ou pa t ka prevwa ». Menm mwa oktòb la yo mete yon demi douzèn pèsonalite nan prizon. Pami yo yon avoka, ansyen anbasadè ak de plantè, moun Leyogàn (Léogane). Yonn nan plantè yo rele Riyobe (Riobé), yon non ki pral gen yon lòt rezonans an 1963.

Pou l selebre twazyèm anivèsè eleksyon li 22 sektanm 1960, Divalye inogire de kilomèt wout finanse ak obligasyon yon òmdafè, O.J. Brant (Brandt) ki gen enterè Jamayik ak Pòtoprens, achte. Lè seremoni an ak dedikas yo fini, prezidan an swiv tras lòt anvan l yo, l al voye ponyen lajan nan lari. Fanm, gason kou ti moun piti al goumen nan pousyè pou pran yo. Moun ap kouri vant ba dèyè kòtèj prezidansyèl.

---

58   Mwen ekri prezidan Hayzennawè pou m rakonte li sa peyi a bezwen... Jou an jou n ap desann pi fon. Ayiti pap janm adrese kominis yo. Nan jakmèl, mwen senpleman repete sa m te di Etazinian, men, yo pa t konprann.
59   Ekipman ak materyèl yo bay Ayiti, y ap sèvi inikman pou asire defans li, mentni sekirite enteryèl oubyen patisipe nan sa k ap fèt pou defann espas jeyografik li ladan tou a, oswa nan akò sou sekirite nou tout Nasyonzini siyen, ak desizyon ki pran pou sa.

Wobè Nyoubegin (Robert Newbegin), nouvo anbasadè Etazini an antre nan pòs li an novanm. Se moman sa a, manifestasyon etidyan yo t ap fè pou mande libere kanmarad yo ou dimwen voye yo al jije a, rive nan dènye degre l. Divalye rezève yon akèy trè kòdyal pou nouvo anbasadè a.

Nan diskou pou l di li kontan wè l la, li anonse relasyon Ayiti ak Lamerik pral amelyore. Li di :

« En effet, il est certain que monsieur l'ambassadeur saura comprendre les problèmes d'Haïti. »

Wobè Nyoubegin (Robert Newbegin), nouvo anbasadè Etazini an

Sa li di la a, se yon nimewo li pral jwe ak tout nouvo anbasadè jiskaske li deplè l. Kidonk se yon lindemyèl kote chak moun ap di lòt la nou se zanmi. Se **Marins** yo ki pral ede l mete yon pon flotan sou Lak Miragwàn lan lè dlo a debòde li kouvri yon pati nan wout sid la. San sa, wout sid la tap izole. Yo fè yon detachman Jeni maritim vin kantone nan baz naval Gwanntanamo (Guantanamo) a. Nèg yo konstwi pon an, epi yo amenaje aksè a sou yon distans dis kilomèt chak kote.

Divalye pral pase men nan kabinè a. Afè etranjè ap sot nan men Remon Moyiz (Raymond Moyse) pou l al jwenn Jozèf Bagidi (Joseph Baguidi). Yo te twouve Moyiz endiferan, li pa t zele vizavi Etazini.

Pou l reponn manifestasyon etidyan yo, pètèt tou pou l moutre anbasadè ameriken an li gen bòn volonte, li fini pa rekonèt li te fè arete ven etidyan premye sektanm. Li menm presize yonn ladan yo se yon militan kominis, lòt yo tap ede l distribiye materyèl pou pwopagann.

Bagidi, nouvo minis Afè etranjè, an menm tan minis Edikasyon nasyonal, deklare gouvènman an « possède des preuves palpables et irréfutables de l' origine communiste du mouvement »[60]. Yo prezante « preuves » yo devan laprès : yon moso twal blan ki gen desen « faucille » ak mato, avèk enskripsyon « Vive la liberté, vive le 26 juillet, vive l' U.R.S.S. » Gouvènman an fè kouri bri dèyè manifestasyon etidyan sa a yo gen men Jak Estefèn Aleksi (Jacques Stéphène Alexis), yonn nan pi gran womansye epi powèt ayisyen nan epòk la. Li kominis tou. Yo pretann tou, li konn preche maksis la nan reyinyon yo konn fè nan garaj vid yo nan kapital la.

Kòm rezilta se manifestasyon yo ki rekòmanse pi rèd. 21 novanm, grèv etidyan. Fakilte, lise, tout fèmen. Se yon dènye jefò pou yo jwenn liberason ven kanmarad yo. Divalye reyaji touswit. Li bay grevis yo douzèdtan pou yo tounen al etidye. Li dekrete lalwa masyal. Grèv la menm, yo mete l sou kont kominis. Kidonk Ayiti an etadsyèj depi Divalye pran pouvwa a. Li pase lòd kraze tout asosiyasyon

---

60 Yogen prèv nan men yo moun pa sa demanti ki moutre se kominis ki dèyè mouvman an.

jenès, ata boyskout. Lame a sèke inivèsite yo. Bonm ap eksploze lavilla.

Lapolis ak Tonton Makout ap kouri dèyè opozan. Yon ti gwoup Makout antre yon swa nan yon koridò nan zòn Bèlè. Y ap sèkile nan mitan ti kay yo, nan koridò plen pousyè ki pa janm fini. Tout moun gen tan konnen yo la. Gen yon nonm ki gade nan twou pòt, li wè y ap pase, li voye yon vaz pipi sou tèt yo. Nèg yo move, yo koumanse fè bri. Nonm nan rele « eskize m vwazen, mwen pa t konn si w te la a » Kòm vwazen an te wè sa k pase a li reponn « Mwen lakay mwen, se do vòlè k ap pase ». Lè yo tande mòd pawòl sa a yo, yo wete kò yo tou dousman. Pou yo, Bèlè se yon veritab pòchri. Yo fè lontan ap bay blag sa a sou yo.

Gen lòt opozan ki te gen mwens chans. Kwomwèl Djems (Cromwell James) se yonn ladan yo. Se yon komèsann angle 61 an yo te arete 11 novanm. Yo malmennen l. Yo refize ba li libète pwovizwa. 22 novanm li reyisi pase devan jij enstriksyon. Avoka yo tou sezi tande mouche se yon brigan. Yo lage l lelandemen 23. Li mouri le 27 novanm ak yon kangrèn yo pa t swaye.

Dezyèm jou grèv la Divalye deside l ap bay vakans Nwèl yon mwa anvan dat vakans. Kon sa etidyan p ap ka rasanble nan fakilte yo ak lise. Li pase lòd fèmen biznis yo pou degaje lari a. Radyo ofisyèl la anonse sanzatann, yo espilse monseyè Pwarye (Poirier), achevèk katolik Pòtoprens lan. Yo akize l li bay etidyan kominis yo 7 000 dola pou ede yo fè dezòd. Radyo a dekrete pou yo mete l nan yon avyon an patans pou Miyami. Soutàn blanch li sou li ak echap vyolèt li. Sèl bagay li genyen se liv priyè li ak yon dola. Lè avyon an fin dekole, gouvènman an anonse nouvèl la. Divalye pa mansyonnen bagay sa a lè l ap pale ak sis mil patizan l yo ki te defile nan lari yo anvan yo vin rasanble sou gazon palè nasyonal la.

Foul la pote bandwòl ak enskripsyon:

« A bas communisme! » - « Duvalier est notre dernière chance » – « Duvalier protecteur des petits » – Duvalier protecteur des petits – Duvalier ou la mort », eks

Nan mitan manm kabinè l yo ak tout etamajò a, Papa Dòk remèsye fanatik li yo.

«Vous avez remonté le moral de l'homme qui dirige les destinées de la nation de sorte à lui faire savoir que sa mission, sa mission sacro-sainte vient tout juste de commencer ... Il y a des gens, des gens arriérés qui n'ont en tête que destruction, ils sont devenus fous ... »[61]

Jan l te di l anvan an, lè moun yo pèdi nan wout, Papa Dòk la pou l ramne yo nan bon chimen.

Pou ranplase monseyè Pwarye (Poirier) Vatikan nonmen monseyè Ogisten (Augustin) kiratè apostolik nan acheveche Pòtoprens. Se premye Ayisyen yo konsakre evèk an 1953.

Diskisyon mete pye pou yo konnen si mezi li pran kont achevèk la merite pou yo ta eskominyen prezidan an. Gouvènman an raple òm d egliz sa a gen yon manda dèyè l depi out 1959. Yo pa t mete l an egzekisyon, men yo pa t janm anile l. Yo te lanse manda sa a dèyè l poutèt sa l te di lè yo te ekspilse de pè franse « pour motif de sécurité nationale ». Epòk la gouvènman an te byen di li pa gen anyen kont legliz, men

« certains prêtres français qui se sont mêlés de politique intérieure contrairement au concordat passé entre Haïti et le Vatican ».[62]

Lame a sènen yon pati nan katye bò waf la pou yo fouye chak kay ap chache lidè grèv yo, etidyan oubyen sendikalis ouvriye. *La Phalange*, yon joutnal katolik nan Pòtoprens, resevwa lòd pinga pibliye anyen sou sitiyasyon politik la, sof kominike ofisyèl.

Pandan tan sa a, pwopagann ofisyèl ap mache. « La Voix de la République » monte emisyon l yo kat pa jou. Se ministè Enfòmasyon ki prepare tout, enpi li pran plezi detaye vèti (bon kalite) Divalye yo, « leader spirituel du peuple haïtien. ». Otorite yo mande tout joutnal ann Ayiti fè lektè yo chonje yo deja mete pati kominis lan hòlalwa epitou tout dezòd ki fèt kont gouvènman an ap jwenn lanmò kòm pinisyon.

---

61   Nou remoute moral nèg k ap dirije devni nasyon an. Nou fè l konnen misyon l, misyon sakre l la apèn koumanse. Gen moun...gen moun aryere ki gen yon sèl bagay nan tèt yo, kraze brize. Yo vire fou.

62   Sèten pè franse ki foure kò yo nan politik anndan peyi a malgre sa ki siyen nan konkòda 1960 Ayiti siyen ak Vatikan an.

Yo libere Woney (Roney) ak diznèf kanmarad li yo twa mwa apre arestasyon yo. Anvan sa yo fè l pale ak frè l, yo siyen yo chak apa, yon deklarasyon Lisyen Chovèt (Lucien Chauvet), prefè Pòtoprens lan te prepare. Deklarasyon an di se politisyen ki jwe nan tèt etidyan an yo ki fè y al antreprann kèk aksyon ki ale twò lwen. Se manèv sa a ki pèmèt Divalye kalme moun yo epi rale yon bon souf pou premye fwa. Yon senmenn apre, 8 desanm, Etazini anonse li prete li 11 800 000 dola. Lajan sa a kouvri non sèlman depans yon pwogram espesyal asistans ekonomik epi teknik, men tou yon pati nan defisi bidjè jeneral la. Divalye pa jwenn 150 milyon dola li te mande a, ni 300 milyon li te vle jwenn okòmansman an, men kanmenm li nan bon wout.

Kou a di pou opozisyon an. Yo rive kraze l pwoviswaman. Ak monte yon jenn prezidan, kòm Kenedi (Kennedy) Ozetazini, nominasyon yon nouvo anbasadè, yo te espere chantay la tap sispann. Kounye a Divalye ka fè dyòlè pou l di se Ameriken ki finanse l, se yo ki ba l zam, epitou *Marins* yo ap apiye l. Si w met twa eleman sa a yo ansanm, l ap parèt enposib pou venk yo.

Bagay yo prale vit kounye a. Divalye pase men nan konsèy administrasyon Bank Nasyonal la. Yo arete dantis Jòj Rigo (Georges Rigaud) ki te kandida pou prezidan pou Pati Sosyalis Popilè. Yo arete tou yon bann lòt pèsonalite, pami yo, ansyen senatè ewoyik la, Mowo (Moreau). Pou l dejwe yon konplo li pretann li tande pale, li fè netwayaj nan kòmannman lame a.

Presyon ki fèt sou inivèsite a pral pran yon koulè pi «legal». Yo pran yon dekrè ki chanje non an. Li tounen Inivèsite d Eta. Prensip fonksyònman l mete restriksyon pou etidyan ak paran anvan yo reouvè klas. Dekrè a mande pou chak etidyan pwodui yon sètifika lapolis ki di

«qu'il n'appartient à aucune organisation communiste ou association déclarée suspecte par l'État»[63],

---

63   Yo pa nan okenn òganizasyon kominis oswa asosiyasyon Leta gen dout sou yo.

epi yon lòt sètifika bòn konduit pou l al pran nan yon tribinal sivil. Yon etidyan ki pa ranpli kondisyon sa a yo, se pou yo mete l deyò. Yo entèdi tout manifestasyon ki pa t mande pèmisyon pou sa. Ou pa gen dwa absan nan yon kou san pèmisyon. Si yon minè pa al lekòl li pandan twa jou san sètifika medikal, paran l riske peye gwo amann ou menm pran prizon yon mwa jiska ennan. Rezon Divalye bay pou l jistifye mezi sa yo se

« le communisme international, la mentalité politique haïtienne, l'insécurité permanante en Amérique latine »[64].

Lise yo gen pou yo ouvri 9 janvye 1961. Fakilte yo, 16 janvye. Yo pase direktè yo lòd kominike lis moun ki absan yo chak jou.

Anvan kou yo reprann, gen yon lòt evennman ki twouble sèn entènasyonal la. Etazini koupe fache ak Kastwo (Castro). Ayiti mete kò l bò kote « bon zanmi l » Ameriken. Bagidi, minis Afè etranjè a anonse avèk fyète sa fè plis pase ennann Ayiti koupe fache ak Kiba apre tantativ envazyon tranteyen mèsenè yo. A la verite, yo pa t koupe fache fòmèlman. Nou te wè te gen omwen konsila ayisyen Kiba pou kenbe kontak ak Divalye. Kèk etidyan fè tèt nan kontinye grèv la apre ouvèti a. Divalye pwoklame etadijans yon lòt fwa ankò. Li retabli kouvrefe epi lapolis gen lòd tire sou nenpòt moun ki nan lari apre dizè di swa. Kominikasyon enteryè ak aletranje gen kontwòl sevè. Yo espilse monseyè Ogisten (Augustin) menm jan ak monseyè Pwarye. Yo anbake l nan yon avyon ki pral Sann Wann, Pòtoriko (San Juan, Porto Rico), Kou a te tèlman byen prepare, li pa t menm gen tan pran dantye l. Yon lòt fwa ankò yo pral sezi *La Phalange.* Gouvènman an aprann pwochen nimewo a pral pibliye yon lèt pastoral monseyè Ogisten k ap mande pou yo anile dekrè yo sou inivèsite a. Entèdiksyon joumal katolik la mete yon bout nan tout pretansyon libète laprès.

Menm swa a, Divalye pase lòd espilse kat lòt pè. Li akize tout y ap ankouraje grèv etidyan kominis.

---

64 Kominis entènasyonal, mantalite politik Ayisyen an, ensekirite pèmanan nan Amerik la.

Rezilta tout mezi sa a yo, se koupe tèt legliz katolik ann Ayiti. Vatikan reyaji. Li eskominyen ofisyèl ki mele nan zafè sa a. Depi Pewonn an 1955, se premye eskominikasyon enpòtan ki fèt ann Amerik Latin. Malgre li sansire tout nouvèl nan radyo, Ayisyen yo aprann nouvèl sa a Sannto Domengo (Santo Domingo).

14 janvye, de jou anvan yo reouvè inivèsite a, lwa masyal sispann, kouvrefe leve. Se yon manèv pou kalme lespri moun an menm tan tou yon manèv pou kreye divizyon. Yon kote li vle kalme tèt moun yo ki cho ak grèv la, yon lòt kote li mete divizyon pami grevis yo lè l rekipere etidyan ki gen atach ak rejim lan oswa senpati pou li. Genyen li fè paspouki pou yo. Woje Lafontan (Roger Lafontant), yon etidyan an medsin ki fèk sot marye, jwenn yo ofri l yon lin de myèl nan yon otèl pou touris, tout frè peye. Yo mete yon otomobil nan kòbèy maryaj li. Pi devan l ap vin yon sipè Makout epi y ap nonmen l chèf sèvis anatomi nan lekòl medsin nan anvan menm li fin etid li. Inivèsite a ouvè pòt li dat yo te prevwa a, men pi fò nan etidyan yo refize antre, liseyen yo bò pa yo chwazi fè menm bagay la tou.

Nan Afè etranjè, Bagidi anonse gouvènman an konsidere kriz la pase epi li rejte reskonsablite a sou pè franse yo. Li fè kòm si li pa konnen koze eskominikasyon Vatikan lanse a. l ap plenyen depi dèzane pè etranje yo ap antre nan politik ayisyèn. Se menm bagay, dapre limenm, ak kolonyalis espirityèl.

Yon senmenn apre, dezòd rekòmanse nan lari a. Pou evite pi gwo dezagreman, Divalye pran kèk dispozisyon. L al chache milis la nan pwovens, li mennen l nan kapital la, vin kanpe nan lari yo. Nèg lavil yo koumanse pè, lè yo wè nèg inifòm ble mal ajiste sa yo k ap paweze nan katye bò bodmè a. Fason y ap karese zam yo avèk anpil afeksyon an, sa bay tout kalite enkyetid. Lè gen eksplozyon ki fèt nan mache an fè a enpi fanm yo pran kouri kou moun fou, milisyen yo ki pè tou mete tire san rete. Pandanstan machin boure Tonton Makout ap wode tout kote lavil la. Vit desann. Djòl fizi deyò.

Jan Tasi ki pran plas nan sa ki te biwo Babo a, pase asasen yo lòt enstriksyon. Depi yo gen dout sou yon moun, moun sa a deja mouri.

Aksyon an deplase kounye a Gonayiv, kote monseyè Wobè an chaj depi 25 an. Yon foul moun gonfle devan rezidans evèk la, y ap mande l bay peyi a. Apre sa, yo anvayi yon antrepo ki te gen manje pou pòv ak materyo konstriksyon pou lekòl yo. Yo piye zòn nan, epi yo pran direksyon kòmannman militè a.

Lame a wè sa kap pase a, men li pa fè anyen. Yon delegasyon ofisye al kot evèk la, yon vye Breton koryas yo mete kòm nèg legliz nan peyi a depi lontan, menm jan ak yon kantite lòt konpatriyòt li. Yo pase l lòd rann li Pòtoprens sou pretèks lame pa sa asire seki-rite l. Prezans li pouse foul la al kraze brize. Menm swa a, yon veyikil militè kondi l Pòtoprens san anyen pa rive l. Li pran azil bò kote Nons apostolik la, monseyè Jiyovani Ferofino (Giovanni Ferrifino). Lè yo fè l konnen yo defann li tounen Gonayiv, monseyè Wobè al nan yon mezon retrèt l ap kite an novanm 1962 poutèt Divalye pase lòd espilse l d Ayiti. Li taye yon dosye met sou li. Anpil emosyon nan lè a apre espilsyon sa a. Gouvènman an kominike ke evèk Gonayiv la pase pè yo lòd pou yo pa fè lapriyè tradisyonèl pou prezidan Repiblik la alafen mès la jan konkòda a mande sa a. Apre eskominikasyon an anpil pè te fache lè prezidan an te bay lòd pou yo kontinye di priyè sa a. Gen anpil ki te konn pa di l oswa yo espedye l. Gouvènman an chwazi sèl dyosèz Gonayiv la pou l aplike desizyon an.

Ak Zakari Dèlva (Zacharie Delva), yon chèf milis tout moun pè, bagay yo pral pran yon lòt koulè toujou. Msye se yon ougan tou. Sou pewon yon katedral iltra modèn, li selebre yon seremoni vodou kote li envite moun yo vin asiste l. Li te prevwa fè l anndan legliz la, men li fè l anplennè pou plis moun ka jwenn plas pou asiste l. Yo sakrifye plizyè kochon epi yo ofri divinite vodou yo san yo.

Divalye pral eseye yon manèv pou apezman. Li konvoke yon gwoup etidyan nan palè a. Ak anpil afeksyon li pale avèk yo sou reskonsablite jenès la. Li sipliye tout etidyan yo reprann kou yo. Menm moman an tou, li pase lòd pibliye yon lèt de manm yon fòmasyon politik kominis (P.E.P., Parti d' entente populaire), doktè Vèna (Verna) ak Frits Ipolit (Fritz hippolyte) ekri. Vèna nan prizon omoman prezidans lan ap distribiye kopi lèt li siyen ak yon lòt moun bay laprès.

Manèv la dwòl, gouvènman an ap fè piblisite pou yon lèt ki soti nan yon mouvman kominis ki te patisipe nan grèv la. Otè yo dakò ak pwennvi ofisyèl la epi yo mande etidyan yo mete fen nan grèv la. Pati kominis lan deklare klèje a ak patizan Dejwa yo sabote grèv la. Lèt la mansyonnen tou Jak Aleksi, ekriven kominis, te kite peyi a twa mwa anvan grèv la koumanse. Kidonk yo pa sa ba l pote chay la.

Kòmansman out, Aleksi kite peyi a abò yon batiman ki te mouye Pòtoprens ak yon fo paspò sou non Bèna Selesten (Bernard Célestin). An novanm li te Moskou nan kongrè mondyal pati kominis yo. Nan non P.E.P. a li siyen manifès ki pote non *Déclaration des 81.* Li kite Moskou, l al Peken (Pékin), apre sa, Kiba. Li pa antre Ayiti anvan avril 1961.

Ofisyèlman grèv la dire jis 16 mas, men nan fen an, moun yo pa t sou sa ankò . Lènmi Divalye yo gaye nan de sektè ki gen anpil enfliyans sou jenès la. Premye a se asosiyasyon pwofesè ansèyman segondè. Yo elimine manm yo, epi yo ranplase yo ak patizan rejim nan. Lòt la se inivèsite a. U.N.E.H. gen yon bann tandans ladan l, tout pa ratache ak la goch li reprezante a. Y ap konbat li nan rale manm li yo, nan limite franchiz etidyan yo, nan kreye nouvo regleman pou yo. Lame, bò pa li, pral okipe l de lòt patizan an yo. Etikèt kominis yo mete sou do grevis yo fè òmdafè yo mwen dispoze ede yo. Yo vin pa sa gen senpati oswa sipò anbasad ameriken menm lè li pa ta deklare l.

Reyaksyon an vin fèt apre. Se pitit Tonton Makout yo aksepte an premye ak lòt kreyati rejim nan. Se yo tou kap jwenn bous pou y al etidye. Malgre ajisman yo ki dwòl, kominis yo ki mande sispann konba a pou yo sove avni yo, se yo ki parèt pèdan.

Ak Etazini, Divalye pral koumanse taktik hasèlman l lan. Kriz la pèmèt li debarase ak lènmi l yo, ak moun li sispèk yo tou. Lè l fin wè ki krent Wachintonn genyen pou Kastwo epi tou nouvo ekip ki fèk enstale a, l ap fè yon lòt estrateji. Ke bwi envazyon ekzile yo a pati Kiba rive Ayiti ou non, Divalye pral pwofite o maksimòm de konfizyon an. Li fè kòlè, li plenyen danje, li satisfè ak jefò li fè yo. Etazini mete l bò kote l yon lòt fwa ankò, ak pòtfèy li ouvè.

Malgre Ayiti ap chante li koupe fache ak Kiba, konsil ayisyen an Sanntiyago Lami Kamiy (Lamy Camille) kontinye fè ale vini lib e libè pandan tout mwa d mas la.

Lè manifestasyon etidyan yo vin bese, Divalye resevwa Viktò Annfuzo (Victor Anfuso) yon depite, manm pati demokrat Nouyòk. Li fè yon gwo resepsyon pou li nan palè a kote li deklare li pare pou l ofri Etazini yon pò ki nan Nòdwès zile a, se Mòl Sen Nikola Etazini te bezwen genyen nan 19^{yèm} syèk la. Divalye di yo ka itilize pò sa a pou ranplase Guanntanamo kòm baz pou repere misil epi baz naval. Se kon sa Divalye, nasyonalis fewòs, dimwen lè w tande l ap pale, deside pwopoze pou yon fòs etranje vin enstale an pèmanans nan peyi a. Atitid sa a an kontradiksyon avèk sa ewo nasyonal yo, li kalifye de patriyòt yo, te mouri pou li a. Nan sèk pa yo militè ameriken jije konfigirasyon be a pa kadre ak etablisman yon baz naval modèn. Kèk jou apre Ameriken yo fè Divalye kado 500 000 dola pou l amelyore lari yo ki danjere pou sikilasyon.

6 avril 1961, Divalye, menm jou li ofri Ameriken yo yon baz la, li anonse disolisyon de Chanm yo nan Palman an. Li òdone nouvo eleksyon pou 30 avril an vyolasyon Konstitisyon 1957 la. Fwa sa a, y ap eli yon palman ak yon sèl chanm. Konstitisyon an rekòmande yon chanjman kon sa, men li prevwa ou pa sa mete l an pratik avan fen lejislati aktyèl la, swa ann avril 1963.

Yon lòt kout mètdam ankò Divalye fè, li pral limite palmantè yo a 58 olye 67 Konstitisyon an prevwa a. Dekrè elektoral ki pibliye nan *Le Moniteur* presize

« A cause de la nécessité absolue provoquée par la crise financière actuelle, les sièges de l'Assemblée législative seront attribués de manière que le nombre des élus ne soit pas supérieur à celui du Parlement précédent, »[65]

---

[65] Poutèt gwo nesesite kriz finansye a pwovoke a, nou pral oblije distribiye syèj yo nan Asanble lejislatif la yon jan pou kantite moun yo eli yo pa depase sa ki te la nan palman anvan an.

Si kriz ekonomik sa a touche resous gouvènman an, li pa touche Divalye. 16 avril de pitit fi l pran vòl pou y al etidye ann Ewòp. Se sekretè la prezidans lan, Liknè Kanbwòn (Luckner Cambronne) ki te akonpaye yo. Limenm, li tou anonse li pral kandida pou eleksyon kap vini yo.

Yon lòt fwa ankò, Papa Dòk pral jwenn chans li nan evennman ki pa nan zòn enfliyans li. 17 avril se dat zèfè yo rele Bè dè kochon an. Etazini konsantre l sou tantativ envazyon yon gwoup emigre kiben. Kòm yo te echwe, yo toujou kanpe sou bit defann tèt yo. Vag santiman antiameriken kap devlope a pral bay Divalye lòt okazyon pou l fè manèv. Di fèt ke debakman sou tè Kiba a fèt prèske tousuit apre Divalye te fin ofri Ameriken yo baz Mòl Sen Nikola a, gen moun ki panse se Ameriken yo ki moute afè Mòl Sen Nikola a. Sepandan vin gen konfimasyon se ann Amerik Santral yo te fòmen anvayisè yo. Se de laba a tou yo te deklanche operasyon yo a.

Gen kèk evennman ki pase nan Nòdwès Ayiti. Jak Aleksi tounen sot an Risi an pasan pa Peken. An kou de wout, li fè yon rete Kiba. De la, li eseye glise kòl tou dousman nan zile lakay li, 22 avril, dat anivèsè li. Kat òm akonpaye l. Li soti Barakowa (Baracoa), sou litoral kiben an, li debake Mòl Sen Nikola lè l fin travèse Kanal di Van (Canal du Vent). Aleksi toujou fè li chanpyon kòz peyizan Ayisyen nan liv li yo. Se yo ki pral trayi l. Yo pè moun yo vin pase raj sou yo, y al siyale prezans li bay otorite lokal yo.

Konpayèl li yo se te Chal Adriyen Jòj (Charles-Adrien Georges), yon ansyen ajan elektoral Fiyole an 1957, Maks Monnwo (Max Monro), yon militan katolik, Gi Belya (Guy Béliard), nan pati dejwayis, epi yon sèten Ibè Dipi Nouye (Hubert-Dupuis Nouillé), yo jis prezante l kòm yon milat. Twa dènye nèg sa a yo te mele nan detounen avyon Jeremi an 1959. Yo te oblije aparèy la pran direksyon Sanntiyago, Kiba. Se yon ti detachman militè ki t ap gete yon pò avèk yon vye pyès atiyri kanpay, ki fè senk nèg yo prizonye. Yo sezi yon estòk liv kominis sou yo ak 20 000 dola. Pi ta gen zanmi Aleksi ki di lajan sa a se dwa otè li resevwa pou 4 liv li yo. Gen lòt moun ki panse se yon sibvansyon Moskou. Yo pral aprann entèlektyèl ayisyen an te reyisi konvenk gwo fonksyonè sovyetik yo li te ka konte sou 50 000 patizan nan peyi l. Yo mare yo ak kòd pit, yo mete yo nan prizon.

Yon ekip Tonton Makout ak ofisye lame soti Pòtoprens vin o Mòl pou regle koze a. Yo trennen Aleksi ak konpayèl li yo nan yon chan zèb an fas ansyen fò angle a, Sen Jòj. Yo krabinen yo ak kout wòch. Tonton Makout yo fè peyizan yo ak timoun lenche malere yo. Ou ta di se o Mwayennaj. Yo rache grenn je dwat Aleksi. Kadav senk nèg yo ret atè a.

Nan Afè etranjè, Bagidi kontan pou l anonse anbasad ameriken yon bann Kominis anvayi Ayiti. Yo arete tout. Men se yon lòt son yo bay lè yo mande jeneral Mèswon (Merceron) ak lòt ofisyèl yo ki sa yo fè ak Aleksi. Yo fè konnen Aleksi pa t nan kòmando a, apre sa yo menm di pa t gen tantativ envazyon. Pwoblèm nan sèke Aleksi trè koni nan milye entèlektyèl yo. Tout ane 1961, menm yon pati nan 1962, journal de goch Kiba ak lòt peyi ap mennen kanpay pou yo lage Aleksi. Yo te panse li vivan. Bout pou bout, pi fò ladan yo aksepte li mouri.

Divalye dekrete 100 000 dola pou depans eleksyon lejislativ 30 avril yo. Kandida yo anba banyè prezidan an. Degre atachman yo sèlman ki diferan. Jounen vòt la yo anile gagè. Malgre jounen an tonbe yon dimanch li pase lòd pou tout anplwaye Leta al travay nan biwo yo. Men kòmantè *Œdipe* yon ebdomadè Jan Maglwa (Jean Magloire):

> « Le peuple, il faut bien le reconnaître, votera aussi bien pour élire ses représentants que pour approuver la politique du président Duvalier. »[66]

Lavèy eleksyon yo moun deja santi bagay yo pral fèt yon lòt jan. Pòl Kenedi (Paul Kennedy), kòrespondan Nouyòk Tayms (*New York Times*), tap manje nan otèl li. Chèf polis la, majò Bovwa (Beauvoir) pèse sou li pou l vin di l piga l kite otèl la. Li di l demen maten y ap vin chache w pou yo voye w lakay ou nan premye avyon an. Menm bagay sa a te rive Kenedi sou Maglwa. Men li te gen satisfaksyon

---

66 Pèp la pral vote pou l chwazi reprezantan l yo, men an menm tan tou, li pral di li dakò ak politik prezidan Divalye a, nou fèt pou n rekonèt sa.

asiste de jou apre, pandan li Jamayik, prezidan Maglwa k ap vin ann egzil Jamayik. Premyèman yo pa bay Kenedi okenn esplikasyon. Yo avwe li gwo palto yo sispèk li ka fè kèk kòmantè ki pa sa sou operasyon elektoral yo. Se te yon maskarad.

Okap Ayisyen otorite yo ensiste pou menm Ameriken ki nan pwogram èd vote. Gen ladan yo ki pran nan presyon. Yo obeyi. Pa gen anpil elektè ki sezi wè anba chak bilten vòt se non doktè Franswa Divalye ki ekri.

Gen yon bri ki kouri nan laswarè. Sanble Divalye ki rete dezan toujou nan manda li, deklare yo re eli l pou sizan ankò poutèt non li figire sou chak bilten vòt. 4 me, an prezans komite resansman ki ranplase biwo elektoral, pwokirè jeneral Maks Diplesi (Max Duplessis) deklare nouvèl la ofisyèl. Divalye re eli. Yo mobilize pèp la imedyatman devan palè pou l vin bat bravo pou nouvo vizaj legalite a pran an.

Nan espas twa jou, Komite resansman reyini, yo apwouve desizyon an. Yo pwoklame Divalye re eli epi yo anonse li te rasanble anba non li en milyon twasanmil bilten. Pati li a P.U.N., *parti de l'Unité nationale*, deklare sèl pati legal. Byennantandi tout senkantuit syèj yo se pou divalyeris.

14 me 1961 nouvo Chanm nan ratifye eleksyon an epi Divalye reponn kon sa:

«Je m'incline devant la souveraineté populaire, car, en tant que révolutionnaire, je n'ai pas le droit de rester sourd à la voix du peuple.»[67]

Nou ka li kòmantè sa a nan *New York Times*:

«Dans son histoire, l'Amérique latine a été témoin de plus d'une élection frauduleuse, mais aucune encore n'avait porté l'outrage aussi loin que celle qui vient de se dérouler en Haïti.»[68]

Yon komite òganize l pou l kolekte 100 000 dola pou yon kokenn chenn selebrasyon ki gen pou make seremoni envestiti 22 me a.

---

67   Mwen koube m devan volonte pèp souvren an; an tan ke revolisyonè, mwen pa gen dwa pa tande lè pèp la leve vwa li.

68   Nan istwa li, Amerik Latin nan deja konstate plizyè eleksyon ki gen magouy ladan yo, men pa ko gen yonn ki rive pouse mankdega sa a osi lwen ke sa ki sot pase ann Ayiti a.

Chèk la vin rive 77 340 dola ki apèn ase pou kouvri depans yo. Pou yo ranpli kapital la ak peyizan, gouvènman an rekizisyone tout kamyon, tout imèb ki disponib. Yo ransonnen konpayi etranjè, òganizasyon charitab, ata senp sitwayen.

Lari Pòtoprens myèl. Kamyon debake chaje peyizan ki soti tout kote. Pa gen enstalasyon sanitè. Moun dòmi kote yo jwenn. Yo fè manje an komen nan veso ann eten yo chofe sou dife yo limen kote yo jwenn. Nan mas moun sa a yo, genyen se premye fwa yo vin Pòtoprens. Yo anjwaye devan tout mèvèy sa a yo . Genyen ki rete pa grap nan yon kalfou. Yo pè travèse lari anba limyè pou machin pa kraze yo. Tout kote w vire se banbòch. Chante ap rezonnen nan zòrèy ou: « Papa Dòk, pa kite yo kraze w ! ». Menm lapli pa dekouraje kanaval enpwovize sa a.

Estimasyon ofisyèl yo bay twasanmil moun ki rasanble pou sikonstans lan. Te gen yon dividal moun vre. Ou te ka wè yon oseyan chapo pay ak bandwòl. Men kantite moun yo pi pre 100 000.

Yo te ka wè Divalye byen wè. Li te wete kas gèrye a. Li mete yon chapo koma nan plas li. Li an grann teni seremoni ak yon echap wouj e ble, koulè drapo a, nan senti l. Li pase nan pòt akote pou l antre nan Palman an. Li pa fè ka gaddonè a ki t ap tann li nan antre prensipal la. Pou l prete sèman, li leve bra l anlè jan chanpyon yo konn fè nan Konpetisyon olenpik yo. Yo te remake absans anbasadè ameriken an ki te pati Wachintonn pou konsiltasyon pou evite kòve a. Se kolonèl Hayn (Heinl) an grann teni ak David Tomsonn (David Thomson), dezyèm sekretè anbasad la, ki te reprezante Etazini.

Chapitre 12
Masyotonbe

3 0 me 1961, jeneralisim Rafayèl Twouyilyo (Rafael Trujillo) resi rive jwenn ak zo grann li. Yon reny trant an ki rive nan dènye bout li, jou sa a. Se nan yon randevou li te fikse ak yon nouvo viktwa diktatè dominiken an t ap prale. Otomobil la pa gen okenn remak espesyal ki atire atansyon pasan yo. Li pa t eskòte non pli. Sanzatann, yon lapli grenn bal fè machin nan tounen paswa. Twouyilyo efondre. Li mouri la pou la. Sa ki plis etone Divalye epi ki kaponnen l an menm tan, lè l aprann nouvèl la, sèke se pwòp patizan Twouyilyo, fanatik li yo, ki asasinen l.

Pandan plizyè semèn, Divalye mande pou yo kominike l mwenn ti nouvèl ki soti lòt bò fwontyè. Li pase tan li l ap repase nan tèt li dènye moman Twouyilyo yo. Dapre sa yonn nan adjwen l yo pral revele pi devan, sèl konsolasyon li jwenn nan evennman an sèke nan rejyon Karayib la sitiyasyon an pa t janm malouk kon sa. Li rezonab pou espere sèl bagay pozitif ki ka soti nan sa, se plis koperasyon Etazinni.

Nouvo seri eksè papa Dòk pral fè yo ap jwenn esplikasyon yo nan prèv li genyen ke menm yon Twouyilyo ka mouri. Pètèt tou eksè sa a yo, yo nan san tout diktati. Ou mèt vire l jan w vle, Divalye vle make peyi a nèt. Mwens pase katran apre l fin pran pouvwa a, li pa fouti reziste devan anvi mete non li nan yon kokennchenn pwojè:

"Duvalierville" .

Trannde kilomèt distans o nò Pòtoprens gen yon bèl ti vilaj yo rele Kabarè (Cabaret). Se la yo deside konstwi. Yo pral konstwi yon site modèl pou pi gran glwa Divalye. Yon site ki konfonn li ak tou sa ki modèn, ki evolye, ki dinamik. Touris ap vini pa makòn pou yo wè veritab vi ayisyèn nan, plaj li yo, izin siman l, distilri l, rafinri sik li yo. Yo pwomèt toujou pou yo reyalize lòt modèl pwojè tankou sistèm irigasyon.

21 jiyè 1961, yo poze premye pyè a. Depite Kabarè a, Liknè Kanbwòn (Luckner Cambronne) ki fè pati jenès an flè divalyeris la, fè diskou tradisyonèl la, apre sa, se Divalye ki pran kòn nan. Li egzòte peyizan yo

« à faire de Duvalierville une ville fleurie, une ville dont la principale industrie doit être de bénéficier de la faveur des touristes. »[69]

Li menm pwomèt pou l konstwi yon kay kote l ap vini souvan

« pour renouveler aux sources de votre ferveur les forces du combattant indomptable et indompté que je suis et aussi ma foi dans le potentiel de ma race. »[70]

San pèdi tan, Kanbwòn tanmen yon kòlèk nasyonal. Anplwaye Leta, òmdafè, sòlda, tout sou lis pou yo bay kòb chak mwa. Li pa nan jwèt. Nan antre wout Divalyevil la, li mete yon pòs peyaj. Palmantè yo vote yon rezolisyon pou yo chak bay dis dola chak mwa sou apwentman yo. Sistèm nan fèt yon jan, oubyen ou fè pyès yo sonnen oubyen Tonton Makout fè sonèt lakay ou sonnen.

Firamezi kòlèk la ap pran chè, y ap fikse kòltizasyon yo jan lide yo di yo. Yo fikse pa yon gwo konpayi 500 000 dola. Se pa òmdafè yo sèlman k ap rann fyèl yo. Timoun lekòl paran yo ap fè gwo sakrifis pou peye ekolaj yo, yo mande yo yon don volontè dis santim, yo chak.

Moman ideyal la rive pou polis sekrèt la. Otrefwa, Ayisyen yo te konn pase vwazen dominiken yo nan rizib ak diktatè yo a. Yo te toujou ap veye bouch yo lè y ap pale. Alèkile se menm bagay

---

69   Pou yo fè Divalyevil tounen yon vil fleri ki chita sou en distri touristik.

70   Pou m refè nan nou, fòs mwen kòm konbatan yo p ap janm ka donte, nan sous enèji pèp la epi nan fwa m genyen nan potansyèl ras mwen an.

la tou pou yo. Tout moun k ap bay sèvis piblik, an kòmansan pa chofè taksi yo, yo konsidere yo kòm espyon posib. Gen de fwa se sa yo ye vre. Tonton Makout Pòtoprens, afiche siy pwosperite. Linèt nwa yo fè w rekonèt yo. Li nan je yo menm solèy kouche, chapo mou sou tèt yo ak yon bagay ki gonfle anba chemiz yo. An pwovens milisyen ak ti Divalyeris ap eseye imite nèg lavil yo. Kòm se nan men fanatik li sèlman Divalye vle wè zam, nèg li ka fè konfyans yo, ti piti yo oblije sèvi ak jwèt pou demoutre pouvwa yo.

Si Tonton Makout yo gen prensip pou yo fonksyone, yo byen vag. Près tout anplwaye Leta fè pati yo. Yo ka konvoke yo nenpòt lè, an deyò lè travay nòmal yo. Genyen ki touche trant al senkant dola pa mwa. Gen lòt se pou prestij la yo makout oubyen sa pèmèt yo pwonmennen vòlè kote yo vle. Sa konn rive yo touye moun san sa pa gen okenn konsekans legal.

Gonayiv, okòmansman ane 1961, milis la antreprann yon operasyon fouy pou yo dekouvri komèsan pou fè yo konnen konbyen kòb pou yo peye M.R.N nan. Gen yonn yo te takse senkant dola, li voye yon chèk dis dola. Yo voye l tounen ba li ak yon avètisman li gen pou l peye mil dola fwa sa a. Pafwa yon komèsan ap mache nan lari, li santi yon moun bat do l. Yo eskòte l nan biwo lokal M.R.N. nan. Si l pran pwoteste, yo fèmen bouch li:

«Tout ce qu'on vous demande, c'est de payer.»[71]

Makout sèvi ak non Kanbwòn pou yo ranmase lajan pou tèt pa yo. Moun ki gen zanmi nan gwo nivo pa nan peye. Gen yon òmdafè ki dekouvri sou yon bòdwo bank li voye ba li chèk li te bay la se mètrès yonn nan prensipal adjwen Divalye yo ki andose l.

Gen bri kap kouri sou yon sal pou tòtire moun nan sousòl palè a. Anpil moun ezite rann yo kont de sa poukont yo, yo pito kite yo konvenk yo peye. Kon sa, yo senplifye bagay yo. Nan moun yo te tòtire yo, gan lè pa gen anpil ki chape. Gen ansyen divalyeris ki di yo pentire mi yo mawon jis nan wotè zèpòl pou tach san yo pa parèt.

71   Sèl sa yo mande w se peye.

Liknè Kanbwòn vin tounen senbòl rejim nan. Yon jou li bay palmantè yo règ pou tout Ayisyen suiv pou ede prezidan an:

« Un bon duvaliériste est toujours prêt à tuer ses enfants, les enfants à tuer leurs parents. »[72]

Yonn nan taktik li yo se voye fakti telefòn ki figire plizyè ane, menm si nan plizyè ka rezo a pa t an fonksyon. Gen nan fakti bidon sa yo ki konn moute 500 dola. Tèz Kanbwòn, depi lajan an antre, y ap toujou kapab itilize menm rezo a ankò.

Lè l dakò pou l resevwa laprès, se nan lè kondisyone li resevwa jounalis yo. l ap twone bò biwo l ak twa telefòn devan l. Kostim nwa li byen taye sou li. Goumèt lò l, mont lò l an penpan nan bra gòch li. Bò kote li gen yon pèsonaj ki pa sispann fè seremoni ak kò li. Se kolonèl Jak Lawòch (Jacques Laroche) ki pa ezite prezante mèt li kòm « l' un des représentants de la jeune génération dynamique ». Kanbwòn gen figi di òmdafè ki pa gen tan pou l pèdi, men depi l wè lajan li chanje minwa.

Anvan li li kominike l la bay kòrespondan an yo, oubyen pale avèk yo, se pou l pran telefòn kominikasyon anndan palè a - telefòn sa a menm li fonksyone - pou l konsilte Divalye. Nan moman sa a, li bliye aparans solanèl la. Li rete dan griyen. Konvèsasyon nan telefòn nan fini ak yon pakèt « *Oui, mon Excellence ; oui, oui, mon Excellence* ». Apre sa li rakwoche pou l li yon deklarasyon nan estil sa a :

« Le projet de Duvalierville est la réponse du peuple haïtien à son président. Tous les Haïtiens ont décidé de s'aider mutuellement à aider le gouvernement à les libérer de la misère et de la faim. Chacun viendra avec ce qu'il possède, que ce soit un cent ou un dollar, tout ce qu'il possède pour améliorer l'économie générale du pays ... »[73]

Sis mwa apre, Duvalierville prezante vizaj yon ti bouk k ap konstwi trankilman pa vit. Pa gen anpil reyalizasyon. Nan mitan yon bann mwelon ou ka wè yon sant komèsyal modèn, men, tou

---

72   Yon bon divalyeris toujou pare pou l touye pitit li, pitit li toujou pare pou l touye paran l.
73   Pwojè Divalyevil la, se repons pèp ayisyen an bay prezidan l. Tout ayisyen yo te deside pou yonn ede lòt ede gouvènman an libere yo anba lamizè ak grangou. Chak moun ap pote sa l ganyen, ke se swa yon santim oswa yon dola, tou sa l posede pou l amelyore ekonomi jeneral peyi l.

piti. Li vid moman sa a. Sou yon sèl liy ou ka wè panno kèk kay
k ap konstwi, tankou ti inite nan motèl yo. Ouvriye ap charye wòch.
Anpil aktivite, men nou lwen toujou ak site modèl yo te anonse a.
Sa k pi frapan an. se yon gwo pankat ki repwodui plan sa ki pral
vin Divalyevil la yon jou.

Kolonèl Andre Fawo (Andre Fareau) pran chimen egzil ak tout fanmi li.

Èns Biyanbi (Erns Biamby) ansyen kolonèl, viktim netwayaj
ki te fèt lè grèv etidyan an yo, vin tounen pèsonaj prensipal nan
yon konplo pou asasinen prezidan an fen mwa d out. Lè yo fin
revoke l la, gen zanmi l ak bo paran l ki kontakte l. Moun sa yo gen
enfliyans byen wo nan rejim nan. Yo bezwen sèvi ak Biyanbi. Dejwa
ki ann egzil Venezwela voye dezòm vin ede l prepare kou a. Se
Franse yo ye. Premye a se Andre Rivyè (André Rivière), ki te fè lagè
Endochin (Indochine) kòm lyetnan. Lòt la se Klod Maten (Claude
Martin), yon ansyen kaporal Lejyon etranjè.

De mesye yo antre ak twa mitrayèt, epi esplozif nan bagaj yo.
Plan yo byen senp. Se pran Divalye pa sipriz an deyò palè a, epi
desann li. Kèk nan egzekitan yo nève. Apre sa, Franse yo plenyen
dèske chak fwa yo prezante yon zam bay yonn ladan yo, li pa sa
kontwole jès li.

Wolan Rigo (Roland Ridaud), pitit doktè ki te disparèt pandan
grèv etidyan yo, aprann yon jou Divalye konn al souvan san moun
pa konnen nan yon sinema plennè sou wout Dèlma ak de pitit
fi l yo. Jennonm nan ale la chak swa, pandan prè de en mwa, zam li

sou li, li mete kò l yon jan pou l ka idantifye moun ki nan tout machin kap antre vin nan sinema. Li pare pou l tire.

Yon swa, Erik Briyè (Eric Brière), yon jèn teknisyen fim Oliveti (Olivetti), tande yo di yo wè machin Divalye a desann boulva Ari Twoumann (Harry-Truman). L al jwenn Rigo. Toulede koumanse chache. Sou tout wout la y ap mande ki bò machin prezidan an pase. Yo dekouvri li pa janm kite palè a. Kesyon yo tonbe nan zòrèy Tonton Makout yo, y al rapòte sa bay Divalye. Ankèt koumanse.

Premye moun yo arete se Jisten Napoleyon (Justin Napoléon), yon espesyalis nan fabrikasyon bonm. Li te nan kache. Se li ki pèmèt lapolis rive sou Briyè. Yo arete papa l ki te yon anplwaye kontribisyon. Yo poste yon jandam devan kay li. Lè Erik rive pou l konn sa yo fè ak papa l, yo tou arete l, yo kondi l Fò Dimanch. Rigo menm, li gen tan antre nan yon anbasad latino ameriken. Apre sa li kite peyi a, li travèse Nouyòk. Yo pral tòtire Erik Briyè yon fason sovaj. Yon rapò nan epòk la siyale yon ofisye gen noze lè l kwaze avèk yo kap trennen l bò selil papa l la. Papa a menm l ap tande kri pitit li y ap tòtire amò, anlè tèt li. Yon polisye, moun pa yo, fè lòt konplotè yo konnen yo dekouvri yo. Rivyè ak Maten repase fwontyè a. Pi devan, yo pral separe ak Dejwa Venezwela pou y al rejwenn faksyon egzile Repiblik Dominikèn yo.

Tonton Makout yo deklanche yon raf. Yo arete Biyanbi, Woje, frè li, ansyen kapitèn Danyèl Bouchwo (Daniel Bouchereau), kapitèn Michèl Chenon (Michel Chenon), famasyen Frederik Bouchwo ak Jera Lafontan (Gérard Lafontant). Plizyè lòt ap chache azil nan anbasad etranje. An fevriye 1962, Biyanbi pase nan jijman devan yon tribinal militè. Yo di li koupab epi yo kondane l amò. Yon mwa apre, granmesi entèvansyon zanmi enfliyan, prezidan an fè l gras. Lè l sot nan prizon, li refijye ak fanmi li nan anbasad dominikèn. Li rive jwenn sovkondui pou l kite peyi a.

Apre tout arestasyon sa a yo, Divalye deside pase men nan lame a. Li nonmen jeneral Mèswon anbasadè an Frans. Yo di Divalye pa t kontan jan l te mou nan ka Briyè a. Se kolonèl Jan Rene Bousiko (Jean René Boucicault) ki ranplase l nan tèt   lame a. Nan kòmantè li fè, Divalye rekonèt li te sèvi avèk « fidélité et zèle », men li kontinye pou l di « *le gènéral éprouve le besoin de se reposer dans un pays tempéré* ».

Majò Grasya Jak ranplase majò Klod Remon nan kòmannman Gad palè. Nan lapolis, se majò Frederik M. Ati ki pran relèv Danyèl Bovwa. Li mete senk kolonèl, yon majò ak yon kapitèn a la retrèt d ofis.

Antretan, gen lòt konplikasyon k ap vini. Etazini konsidere similak eleksyon ki te fèt mwadavril 1961 an pa gen okenn valè legal. Li pa dakò pou l anglouti lajan nan yon peyi k ap manipile fon ki soti nan rejiditaba ak M.R.N. pou koze politik pandan yo kite se Etranje ki pou finanse envestisman de baz yo. Yo santi tou abi pouvwa a kont Ameriken, òmdafè ou senp sitwayen kap fè fas ak makakri rejim divalye yo.

Pozisyon otorite ayisyèn yo senp. Se Etazini ki pou bay lajan an pou Ayiti depanse l. Divalye konsidere tout lòt konsepsyon kòm yon vyolasyon souverènte nasyonal la. Otrefwa te konn gen konfli kon sa. Yo te rezoud yo. Wachintonn menm gen anpil moun ki deklare gouvènman Divalye a pa konfòme l ak bi Alyans pou le Pwogrè. Etazini vin retwouve yon sèten libète manèv sou plan politik an sektanm, lè Kongrè a vote amannman Dirksen. Amannman sa a pre-size y ap retire èd amerikèn nan tout peyi ki pa ranpli obligasyon yo vizavi fim amerikèn yo oubyen patikilye yo.

An novanm, Etazini anonse apre tikras plis pase ennan li pase nan pòs li Pòtoprens, Wachintonn raple anbasadè a ann atandan yo voye l yon lòt kote.

Menm sezon otòn sa a, Palman an vote plen pouvwa ekonomik pou Divalye. Yo dekore Jeneral Bousiko ak meday militè Desalin. Yo pase yon lwa nouvo sou enpo pou peye pou lajan moun fè. Sou papye li sanble yon bon bagay men nan lapratik y ap itilize l kont moun kap pleyen yo. Menm jan ak yon lwa anvan ki te redui ak gwo ponyèt lwaye de 25 %. Se yon aliman de chwa pou moulen pwopagann gouvènmantal la.

Divalye inogire ane 1962 a avèk yon diskou li pwononse nan okazyon fèt endepandans lan. Yon lòt fwa ankò li solisite   èd

ameriken jan l abitye fè l la, ak yon ton alafwa karesan e menasan.
Se kondisyon pa l yo sèl ki konte. Li mansyonnen:

« l'élargissement du gouffre qui sépare le petit peuple noir d'Haïti, pays sous-développé, et les
puissantes nations industrialisées. »[74]

Li kontinye pou l di :

« la crainte d'être incompris s'est insinuée dans les esprits ».

Sa nou bezwen se yon èd masif. Lè l tonbe, pwoblèm peyi a ap
rezoud yon sèl kou. Tou sa ki mande yon kowòdinasyon nan jefò
oubyen ki mande plis tan pou li reyalize, tankou plan pou lasante,
lenstriksyon, byennèt mas yo, bagay sa a yo fè l pèdi pasyans. Li pa
kwè nan efikasite pwogram Alyans pou Le pwogrè a jan prezidan
Kenedi konsevwa l la.

An sòm, se repetisyon demann èd enkondisyonèl ; yon pozisyon
ki pa janm chanje. An prive, fonksyonè ameriken yo admèt bene-
fisyè yo gaspiye katreven pou san èd la swa nan move jesyon, swa
nan kòripsyon.

Menm jou li pwononse diskou sa a pou l mande lajan an, Divalye
resevwa vizit Aleksandè Bekyè (Alexander Bekier), cha jedafè polonè.
Nan antretyen yo, li penyen lage nèt nan fè lwanj pou kouraj ak
patriyotis pèp polonè a. Li di l :

« Haïti, n'a jamais oublié que la Pologne , son alliée, a toujours épousé sa cause durant les
combats pour l'indépendance. »[75].

Apre sa, yo egzaminen ansanm ki mezi ki ka pèmèt yo ankouraje
relasyon komèsyal yo. Reyinyon sa a pa t fouti pa atire atansyon
anbasadè ameriken an, nouvo titilè a sitou, Remon L. Testonn
(Raymond L. Thurston), yon diplomat de karyè. Se sa l te vize dayè.

Pandan Papa Dòk ap plenyen mizè l, Ayisyen yo ap pale anba
chal de fòtin fanmi li, bijou, pwopriyete, kont labank aletranje. Gen
de kwa finanse yon pwogram èd. Nan yon atik li pibliye, *Chritian*

---

74   Agrandisman fose ki separe ti pèp nwa Ayiti peyi soudevlope a ak nasyon toupisan peyi endistriyalize yo.
75   Ayiti pa janm bli ye Lapolòy, a sosye l, toujou pran pou li nan batay a p mennen pou lendepandans.

Science Monitor revele se o total 116 milyon dola gouvènman Divalye a resevwa, swa kòm prè swa kòm don oubyen lòt fòm èd etranje. Pi fò nan fon yo, se Etazini ki bay yo. Sibvansyon l pa ane reprezante an mwayèn mwatye bidjè Ayiti.

8 janvye 1962, lè l fin retabli relasyon ofisyèl ak Repiblik Dominikèn, Papa Dòk, nan yon nouvo diskou, pale sou liberasyon ekonomik konpatriyòt li yo. Limenm sèl gid. Se siyal sa a Liknè Kanbwòn tap tann pou l òganize yon lòt kòlèk nasyonal.

Pou sikonstans sa a, gen yon òganis Leta, Konsèy pèmanan pou liberasyon ekonomik ki gen privilèj mete deyò sis milyon bon Leta. Yo oblije moun achte yo. Prezidan an bay egzanp, li kontribiye pou 15 % nan apwentman mansyèl li (2 000 dola).

Premye pwojè li konfye konsèy la, se konstriksyon yon ayewopò ki ka akeyi avyon a reyaksyon.

Près menm moman an, O.E.A. gen yon reyinyon Pounta dèl Este ann Irigwe (Punta del Este en Uruguay). Etazini ki patisipe nan diskisyon yo ap eseye konvenk diferan minis Afè etranjè yo pou yo vote yon rezolisyon ki kondane Kiba. Ayiti mete l bò kote sis peyi ki fè abstansyon. Vin manke yon vwa pou mosyon an jwenn majorite 2/3 ki nesesè a. Divalye pral tèjivèse jis nan dènye moman. Apre sa, li bay delegasyon an lòd ranje kò li bò kote gran frè yo Ameriken. Yon jounalis mande yon manm nan delegasyon ameriken an ki sa ki fè Ayiti chanje lide, li reponn « la diplomatie ».

Madi gra rive

Madigra rive. Tèm yo chazi se « la joie dans l' austérité ». Gen yon komik ki konstwi yon chato ak papye mache. L ap imite M.R.N. nan mande charite « pour entretenir la construction. » Li fè moun ri. Men, tout ri sispann lè Tonton Makout yo parèt.

Yon lòt gwoup vin ak pèl. Yo pral repare lari yo. Chak fwa ouvriye yo fè sanblan y ap reklamen salè yo, chèf ekip yo degennen revòlvè yo. Ti komik sa yo tou ap fini Fò Dimanch.

Etranje yo pa sispann etone wè rezistans Ayisyen yo ki sere senti yo pou yo rete an vi. Epòk kanaval la, Liknè Kanbwòn anonse yon lòt lotri Liberasyon ekonomik. An plis lotri ofisyèl la, chak ti bagay yon moun antreprann yo takse l imedyatman. San rete y ap mande l kontribiye pou tèl ou tèl kòz. Se san pitye Kanbwòn pral fè aplike dekrè Divalye a ki prevwa yon lòt lotri « obligatoire pour les employés des administrations publiques ···, les pensionnés de l'État, les services autonomes, les entreprises industrielles et commerciales, les commerçants et leurs personnels ».[76]

Yo tabli yon nechèl pwogresif ki sèvi pou kalkile konbyen pou yo pran sou chak apwentman otomatikman.

Divalyevil mwatye fini. Se sa Kanbwòn anonse vè fen mas. Li pa oze mansyonnen konbe sa koute. Yon plan asenisman ti kounouk nan vil yo pral bay yon lòt pretèks pou yon lòt kòlèk. Fwa sa a, yo jwenn yon lòt trik, yo mete 20 santim an plis sou chak enspeksyon oblidatwa machin chak twa mwa. Lè yo wè tout tan y ap vin fè reklamasyon sou ajisman M.R.N., diplomat etranje yo antann yo pou yo pwoteste bò kote minis Afè etranjè Ayiti a. Se Jera Kòley Esmit (Gérard Corley-Smith), reprezantan Wayòm Ini (Royaume-Uni), yo chwazi kòm pòt pawòl. Men sa yonn nan kòlèg li yo di de li :

« un homme comme Corney-Smith, vous n'enverrez pas souvent. Il ose dire la vérité. »[77]

Yon lòt mete plis toujou :

« Ce qu'il fait, chacun de nous aimerait voir quelqu'un d'autre que soi-même s'en charger. Il satisfait notre esprit de droiture. »

Anbasadè Angletè a al plenyen bò kote Rene Chalmès (René Charlmers) minis Afè etranjè sou veksasyon rezidan etranje yo ap pran nan men M.R.N. Li di gen dekwa pou moun pè. Chalmès mande presizyon. Kòley Esmit di l se Tonton Makout yo. Chalmès vekse. Lè sa a, gouvènman an te toujou iyore ofisyèlman egzistans engredyan sa a yo. Li vekse poutèt yo rele yo Tonton Makout. Men bagay yo pral chanje.

Men ki jan yon diplomat dekri chita pale a :

---

76   Pou anplwaye adinistrasyon piblik yo, pansyonè Leta yo, sèvis otonòm yo, antreprenè endistriyèl ak komèsyal, komèsan yo ak pèsonèl yo.

77   Yon nonm tankou Kòlèy Esmit se pa bagay w ap jwenn souvan. Li pa pè di verite. Sa l fè a, nou chak ta kontan wè se yon lòt moun ki fè l nan plas nou. Li ba nou satisfaksyon nan koze dwati a.

> « Corley-Smith ne s'est pas exprimé en termes diplomatiques, mais ce qu'il a dit, il fallait le dire.
> Il a déclaré tout à fait franchement que si les gens contribuaient à la construction de Duvalierville, ce
> n'était pas de gré mais de force, parce qu'ils craignaient les Tontons Macoutes. »[78]

Apre ensidan sa a, yo deklare Kòley Esmit « persona non grata », ki vle di endezirab. Gouvènmann angletè a mande gouvènmann Ayiti raple anbasadè li ki Lond (Londres). Epòk sa a se Kòlbè Bonòm (Colbert Bonhomme) ki te reprezante Divalye. Forèy Ofis (Foreign Office) anonse mouvman diplomatik sa a soti nan « l'état peu satis-faisant des relations anglo-haïtiennes ». Li jis kite yon chajedafè nan Pòtoprens. Men kòmantè journal *London Economis:*

> « Combien de temps va durer encore ce gouvernement extraordinaire, basé sur le chantage et
> la rigueur, cela dépend en grande partie des Américains. Jusqu'à présent, ils ont plus d'intérêts en jeu
> que les Anglais et sont donc beaucoup plus exposés au chantage que ces derniers. »[79]

Nasyonzini (Les Nations Unies) anonse yo anplwaye 7 majistra ayisyen. Yo voye yo kòm jij.

Gen yon seminè ki t ap fèt sou laprès pànamerikèn Nouvèl Òleyan (Nouvelles Orléans).

Frank Maglwa (Frank Magloire) direktè *Le Matin* plede an favè laprès nan peyi li. Li leve kont yon rezolisyon « Association de la presse interaméricaine » prezante pou l di pa gen libète pou laprès ann Ayiti.

> « Je n'irai pas jusqu'à prétendre que chez nous la presse est aussi libre que n'importe où, mais
> en ce qui me concerne et aussi un autre journal des plus sérieux, il n'y a pas de problème. Nous ne
> sommes pas un organe politique mais un journal d'informations. »[80]

78　Kòley Esmit pa fè diplomasi, men sa l di a fòk li te di l. Li deklare an tout senserite si moun yo kontribiye nan konstriksyon Divalyevil se pa paske yo vle se paske yo fòse yo. Yo pè Tonton Makout yo.

79　Konbe tan mòd gouvènman dwòl sa a ki chita sou chantay ak maspinay la pral dire toujou ? Sa depann de Ameriken yo. Jiskensi se yo menm ki gen plis enterè nan jwèt la. Yo pi espoze pou l fè chantay avèk yo pase Angle yo.

80　Mwen pa pe rive jiska pretann laprès lib menm jan ak nenpòt lòt kote. Men pou sa ki regade mak yon lòt journal serye, pa gen pwoblèm. Nou pa yon ògàn politik men yon journal enfòmasyon.

Yobat Kwomwèl Djems jis li mouri. Yo pa t konnen si l te sitwayen angle.

Maglwa kontinye pou l di jounal li a pa ezite pou l pale de kòripsyon politik oubyen de britalite ki soti bò kote otorite yo. Deklarasyon sa yo pa t fouti pa etone lektè l yo ann Ayiti . Li presize sa l di a li valab sèlman pou jounal ki egziste depi omwen senk an e non ògàn laprès gouvènman an oubyen jounal politik   yo.

Menm epòk sa a, yon jounalis ***Associated Press,*** Watsonn Sims, vizite Ayiti enpi li mansyonnen divès kalite restriksyon ki aplike. Li fè remake, si w pa gen otorizasyon otorite yo pa ekri, ou pa gen dwa reyini, ke se swa reyinyon kiltirèl, monden ou lòt kalite. Lè yo gen otorizasyon an se pou yo mete limyè nan antre a pou yo ka idantifye patisipan yo.

Nan yon nòt sekrè li voye 27 avril bay Divalye, Etazini pwoteste avèk fòs kont yon diskou prezidan an te pwononse 16 avril Lachanm nan. Li te lese antann èd Wachintonn bay la siyifye li andose (kore) politik gouvènman l lan.

Nan kapital federal la, otorite yo klè, eleksyon avril 1961 fèt nan ilegalite. Pou yomenm, manda prezidansyèl Divalye a dwe fini 15 me 1963, ann akò ak Konstitisyon an.

22 me 1962, fòk yo selebre fèt Souverènte nasyonal. Kòm dat la pre, Depatman d Eta raple Thurston pou konsiltasyon Wachintonn, y ap fè menm jan ak sa anvan an, li bay rejim nan vag ak estrava-gans li yo. Senk lòt anbasadè etranje fè menm bagay la tou.

Kòm dabitid, kamyon transpòte plizyè milye peyizan nan kapi-tal la. Se piblik sa a Divalye bezwen. Kòm dabitid tou, l ap pwofite voye pwent sou Lamerik. Li devlope lide diskriminasyon an ki fè, dapre li, Etazini rann li koupab anvè Ayiti poutèt se yon   nasyon

nwa. Yo konn refren an : lajan pa anpil, enpi twòp kondisyon. Il lese
antann Etazini vle fè l sakrifye fyète l ak diyite l nan non demokrasi,

« S'agit-il là de démocratie oubien de colonialisme déguisé? »

Anbasadè Testonn (Thurston) lè li fin prezante lèt kreyans li bay Papa Dòk.

Li kontinye pou l di :

« ... La démocratie haïtienne n'est pas la démocratie française, ni l'allemande. Ce n'est pas non
plus une démocratie à l'image des régimes d'Amérique latine ou des États-Unis. Elle se définit dans sa
totalité à partir du fonds ethnique national, de notre histoire, nos traditions, nos structures sociales.
Toutes ces composantes débordent d'humanisme... En vue de tous ces objectifs, la démocratie haï-
tienne se définit et se redéfinit comme une discipline nationale dans le cadre de la révolution... »[81]

---

81   Demokrasi ayisyèn nan pa demokrasi fransèz ni alman. Li pa demokrasi menm jan ak rejim Amerik Latin yo
oswa Etazini. Nou sènen l nan tout limenm an patan de fon etnik nasyonal la, nan istwa li, nan tradisyon l yo,
nan estrikti sosyal yo. Tout bagay sa a yo chaje koule ba ak imanis. Pou n atenn objektif sa a yo nou defini l epi
nou redefini l kòm yon disiplin nasyonal nan kad revolisyon an.

Menm mwa a, yon misyon 12 moun ki gen manda « Alliance pour le Progrès » pran vòl pou Wachintonn apre yo te fin pase sis mwa ap etidye bezwen Ayiti. Espè sa a yo mete kanpe yon plan devlopman k ap dire 2 zan. Yo rekòmande yon pwogram refòm fiskal enpi fonsye ki ta gen dwa trèzenteresan pou Ayiti. Yo te antreprann travay la apre gouvènman ayisyen ak « *Alliance pour le progrès* » te fin siyen yon akò. Espesyalis ayisyen ak lòt ki soti Amerik Latin te pote kontribisyon yo nan dokimantasyon rapò yo a. Yo tonbe nan menm tchouboum yo toujou. Chak fwa Divalye retwouve l devan yon plan siyantifikman etabli li rele anmwe yo vin pran sa k pa pou yo, yo atake souverènte nasyonal. Pwoblèm nan li p ap sa gaspiye fon yo, oubyen vòlè yo jan l pito.

Kontinye gen diferans nan opinyon yo sou fason y ap bay èd finansye yo. Vè fen jiyè, kriz la deklare. Afwontman sou tout plan. HAyn (Heinl) voye yon lèt ki fè anpil bwi bay Bousiko (Boucicaut). Dapre relasyon zanmitay antre yo, nou sipoze sa pa etone jeneral an chèf lame d Ayiti a. Men sa frape anpil obsèvatè. Pi devan, y ap wè manèv la inogire yon seri inisyativ amerikèn ki vize oblije Divalye mete kat li atè, kite pouvwa a.

Nan limenm, mesaj la gen yon evalyasyon, sou ang militè, efè milis popilè a sou aparèy lame regilye a. Yo jije milis la initil, li koute anpil kòb, enpi li danjere. Yo rekòmande siprime l. HAyn rekonèt y ap sèvi ak *Marins* yo pou antrene enpi ekipe milis la endirèkteman pou kenbe Divalye sou pouvwa a.

De jou apre, se jeneral Omera (O' Meara) chèf « *Southern Forces Command* » ki baze nan zòn kanal Panama, ki rive Pòtoprens. Anprezans anbasadè Testonn ak kolonèl Hayn, li gen yon chita pale ak Divalye. Ann aparans, y ap diskite sou lèt Bousiko resevwa a. Apre sa, Bousiko gen yon antretyen prive ak O' Meara.

Sitiyasyon an koumanse deteryore. Lavil la, yo koumanse wè kopi woneyotipe lèt la an franse e ann angle kap sèkile. Thurston pibliye yon kominike pou l di Etazini pouryen nan piblisite sa a.

Bri ap kouri sou konplo lame a. Men pa gen anyen pozitif ki soti. Men pa gen dout nan sa, viretounen ameriken yo ap fè yo se yon avètisman. Etazini dozado ak Divalye.

Senmenn apre a, Wachintonn fè konnen yo sispann près tout èd pou Ayiti a. N ap fè w remake yo pa touche fon ki destine pou nouvo ayewopò a. Pon yo pa koupe poutèt sa. Toujou gen yon posiblite machanday. Sou 7 250 000 dola yo te deja bay Ayiti, se sèlman 1 600 000 ki depanse jis jounen jodi. Rès la ap vini firamezi sitiyasyon an ap amelyore. Etazini revele Ayiti voye pye lè yo prezante l pwojè espesifik sa a enpi yon plan kap dire, kote yo pral kontwole kontabilite l an règ. Divalye pral refize tout bagay sa a yo. Sanble politik li se kite moun yo mouri olye li wè ekip li a pèdi avantay bab e moustach l ap wete nan kès la.

Lè l fin demanti deklarasyon Hayn yo, Bousiko sonde plizyè nan kòlèg li yo pou l wè si yo dispoze mete avèk li kont Divalye. Li echwe. Prezidan an konvoke Bousiko nan palè a, li pase l lòd pou l al nan televizyon menm swa a, pou l dezavwe Hayn piblikman ansanm ak inisyativ li a. Olye de sa Bousiko pase lakay li li pran madanm li ak kat pitit li yo li mande azil nan Anbasad Venezwela.

Senkyèm jeneral an chèf an senk an parèt. Se kolonèl Jera Konstan (Gérard Constant). Nan seremoni ki fèt nan palè a, Divalye deklare:

> « Mon vieil et cher ami Boucicaut ayant atteint la limite d'âge, j'ai décidé de le faire passer dans le cadre de réserve, en conformité avec les règlements des forces armées haïtiennes. Je souhaite, mon cher Constant, vous accorder l'investiture et vous nomme général en chef de notre armée... J'espère sincèrement que dans vos nouvelles fonctions, vous saurez maintenir l'honneur du soldat et que votre épée ne sera jamais « prostituée »[82].

Nan kominike ofisyèl ann apre a, li mansyonnen sèlman Bousiko ki gen karannkatran, wete kòl, li kite plas la pou Konstan, karantuitan.

Nan sesyon sektanm nan, Palman an te vote pou Divalye « *tous pouvoirs concernant les mesures économiques à prendre.* ». Nan kòmansman nouvo ane fiskal la, premye oktòb, prezidan an remake

---

82   Bon vye zanmi m nan Bousiko rive nan dènye limit laj li, mwen deside fè l pase nan kad rezèv ann akò ak règleman fòs lame d Ayiti yo. Mon chè Konstan, mwen swete ba w envestiti epi nonmen w jeneral an chèf lame nou an. M espere ak tout kè m nan nouvo fonksyon w yo w ap kenbe lonè sòlda a, enpi tou epe w la p ap janm tonbe nan fè bouzen.

pou premye fwa bidjè nasyon an p ap kontabilize èd etranje, ki vle di ameriken. Li pran angajman pou l kontinye travay devlopman ekonomik lan pa kanal « Mouvement de Rénovation nationale » la.

Men, Divalye pral jwenn yon balon oksijèn. Fon monetè entènasyonal siyen yon akò soutyen. Yo otorize Ayiti retire jiska sis milyon dola pou l ede l estabilize lajan monnen l.

Komisyon dwa moun ki depann de O.E.A. mande otorizasyon pou l mennen ankèt ann Ayiti . Pa gen repons. Direktè li, Manyèl Biyannchi (Manuel Bianchi) renouvle demann lan 9 oktòb. Fwa sa a, se Chalmès, minis Afè etranjè, ki voye yon telegram pou l di non. Li pretann se yon souflèt pou dwa granmoun peyi a.

Biannchi pa dekouraje. Li voye yon telegram tou pou l fè l chonje Ayiti te siyen avèk yo enpi li te apwouve atik ki bay komisyon an dwa pou l mennen ankèt. Yo gade silans.

Wilyam L. Rayann (William L. Rayan) se yon anvwaye espesyal « Associted Press », yon gwo ajans amerikèn. Nan yon atik ki pote dat 12 sektanm, li rapòte, selon moun ou ka kwè, yo tande Divalye ki vekse dèske Kenedi pa kite l depanse fon ameriken yo jan l vle. Gan lè li gen entansyon fòse prezidan Etazini an « mete l a jenou ».

Kiba menm, gen yon lòt kriz ki anonse. Y ap yon ti jan mete demele ak Ayiti yo a kote. 22 oktòb 1962, prezidan Kenedi anonse Sovyetik yo tabli nan zile a platfòm pou lanse fize ki vize lwen. Etazini mete blokis sou tout materyèl militè l pou Kastwo.

Se anbasadè Testonn ki gen misyon anmèdan pote bay Divalye lèt Kenedi voye bay tout chèf d Eta Amerik Latin yo pou mande api yo nan Afè misil yo. 26 oktòb Divalye deklare li an favè Etazini. Li pibliye lèt Kenedi a ak yon kominike ki di fòs ame ayisyèn yo ak les « Volontaires de la Sécurité Nationale », ki vle di milis la, plase ann eta d alèt sou tout tèritwa nasyonal la.

Pò, ayewopò, tout adispozisyon Etazini. Li pwofite okazyon an pou l rebatize milis la ki vin tounen V.S.N., selon sa ki di nan kominike soutyen an. Kat mwa apre Hayn te fin trete fòmasyon an de initil e ankonbran, Papa Dòk fè l tounen yon antite ofisyèl, enpi li plase l akote *Marins* yo pou l lite kont Kiba. Mete li mete ti fòs zuit sa a an etadalèt la, sa kapab fè moun ri. Men li bay divalyeris yo yon ti satifaksyon dèske vwazen toupisan an rele yo vin ede l. Hayn pral reponn kout zepeng sa a nan fason pa l. Rejyon karayib yo chaje ak batodgè. E de nan bato yo ki patisipe nan blokis kot kiben yo pwofite de òf Divalye a. Mi novanm, yo fè eskal Pòtoprens. Sisan *Marins* sot anndan vant yo ak tout kas yo an fòmasyon konba. Yo pral defile sou uit kilomèt lanmè nan yon parad Hayn batize « operation Stretchlegs » (degoudi janm).

Antretan, yo espilse monseyè Wobè (Robert), yo fòse l kite dyosèz li an 1961. Yo akize l li te pase pè l yo lòd pa di priyè yo abitye fè pou prezidan an. Yon lòt bò, yo soti ansyen akizasyon ki di li piye « les richesses archéologiques et folkloriques de son diocèse » pandan kanpay kont vodou a. Li te pale Divalye mal tou lè eleksyon yo an 1957. Yo depòte twa lòt pè ansanm avèk li. Nan yon mwa, plizyè lòt pral jwenn yo. Vatikan reyaji, li raple nons lan, monseyè Ferrofino, enpi li anonse tout katolik ki te patisipe nan ekspilsyon monseyè Wobè eskominyen otomatikman.

Minis finans lan Ève Bwaye (Hervé Boyer), t ap pral inogire yon pon yo te fèk fini sou rivyè Kwadèmisyon an (Croix-des-Missions.), yon rivyè ki pase yon dizèn kilomèt o nò Pòtoprens. Nan diskou l la li deklare:

> « Nous voici arrivés à la dernière phase de notre révolution, la plus difficile. Elle exige beaucoup de courage, des sacrifices, du sens politique et de l'esprit de suite … »[83]

Ansyen kominis sa a fè yo bati yon vila gran liks, enpi kanè bank li byen gani ak pwovizyon. Tout byen sa a yo se sou reny Divalye li fè yo. Yo te ka jwenn yon pi bon pòtpawòl pou preche moun yo sou sakrifis revolisyon an mande. Yo pa sa site Divalye non plis kòm egzanp. Non l etale toupatou, sou tenm lapòs, devan lekòl, pon, kazèn, ri yo, avni yo, san pale de ansèy k ap briye lannuit. Piramid taks sa a yo, Ayisyen yo ta dijere yo pi byen si se kominote a ki te pwofite de yo. Men se Divalye ak gang li yo kap grese ladan.

---

83   Men nou rive nan dènye faz revolisyon nou an. Sa ki pi difisil la. Li mande anpil kouray, sakrifis, sans politik ak espridsuit…

Bagay sa a pa yon sekrè nan Pòtoprens. Tout moun konnen Etazini ap chache yon pati opozisyon ki gen pèsonalite respektab ladan. Yo dispoze bay pati sa a apui yo. Se nan lide sa a, yo evalye chans eleman ki reprezante pwofesyon liberal yo, negosyan yo, militè yo.

Chapit 13
Wachintonn ap depasyante

« *La psychose de peur* », se tit yon editoryal ki salye debi ane 1963 ann Ayiti . Se Lamatinyè Onora (Lamartinière Honorat) ki siyen l. Yon divalyeris tout moun konnen. Ansyen minis, etnològ de pwofesyon. Nan atik la, li kritike anba anba rejim sa a kap simen laterè enpi Ayisyen k ap viv nan lapèrèz. Laterè ak lapèrèz pral bat lòt rekò ane sa a.

Aletranje, y ap reyalize gen bagay nouvo k ap pase ann Ayiti. Pa gen manti nan sa, administrasyon Kenedi a fè konnen li pa vle ann afè ak Papa Dòk. Li kritike l ouvètman. Venezwela, Kosta Rika, Repiblik Dominikèn tout aliyen yo sou pozisyon Etazini an. Sendomeng menm li fèk sot chwazi libreman yon nouvo prezidan premye fwa depi plis pase tranteyennan, Wann Bòch (Juan Bosh).

Sanble Divalye pa gen zanmi deyò a. Men andirè sa pa di l anyen. Manda li kòm prezidan se sizan. L ap fini 15 me 1963. Testonn, anbasadè ameriken an di jounalis yo, men pozisyon Etazini : apre 15 me, Divalye p ap gen tit legal nan palè a. Li te di sa nan kòmansman ane a. Pral gen gwo diskisyon ant administrasyon Kenedi a ak Papa Dòk ki kontinye pretann « eleksyon » avril 1961 an pèmèt li gade direksyon Leta a sizan toujou, jis 1967. Dat Konstitisyon an fikse pou eleksyon yo, 10 fevriye, li pase san li pa fè anyen. Opozan koumanse kanpe an fas li. Atitid ameriken yo motive yo plis toujou.

Jou eleksyon yo te dwe fèt la twa etidyan de goch deside make okazyon an. Yo pase nuit lan ap mete grafiti kont Divalye sou mi yo nan kapital la. Gen kote moun ka li an gwo karaktè « *Caca Dòc* ». Zak briganday sa a koute yonn chè, yo tòtire l jistan l mouri. Lòt de yo menm, se apre plizyè mwa yo soti nan prizon. Se Divalye an pèsòn ki entèwoje yo, enpi maltrete yo.

Se pa de ni twa fòs ki met ansanm pou yo jwenn bout Divalye. Yo tèlman pale de jete Divalye, menm asasinen l, pa gen anpil moun, menm pami divalyeris yo ki te panse li ta viv tout tan sa a. Lontan, depi Etazini di li ta renmen wè yon chanjman nan palè a, sa pa t konn pran tan pou l fèt. Divalye mete latwoublay nan sa. Sanble se li sèl ann Ayiti ki pa okipe malè pandye. Lè li resi parèt an piblik li toujou antoure ak yon bann milisyen ak Tonton Makout, an bandi-syon prèt pou tire. Si l pa mouri pa aksidan se chans.

Sa k konn rann yo pi eksite toujou se lè otorite yo deside koupe kouran an pou fè ekonomi. Tanzantan kapital la plonje nan fènwa. Sèl sektè ki epaye se palè nasyonal ak Channmas ki tou pre li.

An janvye yon bonm pete. Palè a plonje nan fènwa. Se yon transfòmatè ki te sote. Makout mete tire nan tout direksyon. Vin gen plis lapèrèz toujou.

Divalye deside sonde sa k nan tèt Ameriken yo. Li mande raple Hayn paske li konsidere mouche kont gouvènman an. Anbasadè a te rete kèk jou sèlman pou l fini katran l lan ann Ayiti. Li pati premye mas. Se Wòy Batètonn (Roy Batterton) ki ranplase l.

Divalye pran anpil lòt prekosyon pou evite koudeta. Li pase lòd egzile pè Janbatis Jòj (Jean-Baptiste Georges) Grangwav (Grand-Goâve), nan sid. Yo mete 26 milisyen siveye l. Depi yo te revoke l kòm minis Edikasyon nasyonal, an 1958, pè Jòj pa sispann konplote kont Divalye. Se lakay pè Jòj Divalye t al sere lè polis Maglwa yo tap chache l tout kote. Jòj se premye moun ki pèdi tout ilizyon. De senmenn apre yo mete l anba siveyans lan, yo ba l pèmisyon pou l al nan retrèt Pòtoprens. Li tou pwofite pran anbasad dominikèn. Divalye mete netralize lènmi l ki anndan peyi a. Gen yon lòt menas ki pandye sou tèt li lòt bò fwontyè. Egzile yo gwoupe yo ansanm sou tèritwa dominiken.

An 1962, apre dinasti Twouyilyo fin kaba, chèf opozisyon ayisyèn yo aletranje koumanse mande otorite dominiken yo pèmi rezidans. Yonn nan premye ki vin enstale an Repiblik Dominikèn se Woje Rigo (Roger Rigaud), ansyen ofisye, politisyen ki gen kontak sendika ameriken yo ann Amerik Latin. Li òganize l yon jan pou l fè « Union Civique Nationale Dominicaine » apiye demann rezidans lan. Frè li Pyè (Pierre), yon ansyen diplomat, pa pran tan pou l vin jwenn li. Pòl Vèna (Paul Verna) vin jwenn yo. Limenm li te sekretè anbasad d Ayiti an Repiblik dominikèn sou Twouyilyo, enpi li te gen gwo relasyon pami militè yo. Se menm ofisye sibaltèn sa a yo li te konnen lè l te nan fonksyon ofisyèl la ki nan tèt lame a jounen jodi a. De ansyen diplomat yo mete kanpe yon Òganizasyon ki rele « l' Union Démocratique Nationale » (l' U,D.N.). Yo mande tout moun vin jwenn yo.

Lwi Dejwa deja enterese nan koze sila a poutèt vwazinay Dominikani ak Ayiti. Li deja sèkile anpil nan Karayib la. Lè Kastwo te fèk pran pouvwa a, li te òganize yon kan enstriksyon militè La Avàn. Apre sa, l al Karakas o Venezwela, l al pwodui emisyon pwopagann nan radyo kont Divalye. Kounye a gen nouvo vizaj k ap parèt pami egzile yo. Jenn gason ki pa t ka peye avyon ni pran batiman pou yo kite Ayiti, yo vin refijye an Dominikani ann atandan yo konsidrere yo kòm tèritwa zanmi. Y ap chache mete tèt yo ansanm pou yo goumen kont Divalye.

Pyè Rigo anchaje rekrite jenn ki gen odas pou l voye Ayiti al simen trak l' U.D.N. pou l mande senpatizan yo kontribisyon finansye. Pòtoprens, yo ba yo chèk tire sou bank etranjè pou yo pote bay Rigo pou l ankese.

Rigo pral jwenn yon pwoblèm ki pral vin banal pi devan: opòtinis yo nan dyaspora a. Yonn ladan yo te pwomèt Rigo l ap livre l yon chajman revòlvè. Fò l al chache machandiz la Barawona (Barahona), sou tèritwa Repiblik Dominikèn. Rigo ba msye lajan, mwayen transpò, enpi l ap tann livrezon. Lelandemen, pandan l ap travèse pak endepandans lan apye, li apèsevwa «ajan » an ki atable ak zanmi nan yon restoran. Nèg yo ap banboche sou tèt lajan l lan.

Nouvo prezidan dominiken an, Wann Bòch (Juan Bosch), pa fin renmen Divalye poutèt jan l trete Dominiken yo ann Ayiti. Yon maten mwad janvye yo jwenn yon konsil dominiken, Jerado Blanko (Gerardo Blanco), mouri nan jaden l. Yo koupe gòje l ak yon fewosite, tèt la prèske rache. Dominiken yo egzije yon ankèt serye. Tansyon an ap moute ant de peyi yo.

Ayiti pa gen zanmi ankò nan O.E.A. Fèn D. Bagidi (Fern D. Baguidi), anbasadè Ayiti, boykote reyinyon 27 fevriye 1963 a sou pretèks li jije pawòl reprezantan Kosta Rika a, Gonnzalo Fasyo (Gonzalo Facio) te pwononse nan televizyon yo ensiltan. Li te deklare gan lè Divalye vyole prensip fonksyònman O.E.A. yo.

Yon bon bout tan anvan 15 me a rive dirijan an yo koumanse enkyete sou posiblite yon lese frape ant Etazini ak Ayiti. Pou Wachintonn, Divalye ta dwe bay demisyon l nan dat sa a jan Konstitisyon an prevwa l la. Depi nan mwad janvye nèg ki byen plase yo koumanse pè. Pou evite sa k ap vini an kèk Ayisyen mande azil nan anbasad latino ameriken. Gen lòt ki voye kò yo nan vwayaj ki pi danjre a pou y al abouti sou fwontyè dominiken. Se kon sa majò Lwi Moyiz ansanm ak madanm li, ak twa pitit li yo, vin jwenn ansyen jeneral Bousiko Divalye te refize bay sovkondi nan anbasad Venezwela a.

Otorite yo akize yon lòt Venezwelyen, chajedafè Frannsisko Miyann Delpreti (Francisco Millan Delpretti) l ap sitire aktivis ki kont Divalye. Yo deklare l *persona non grata* (endezirab). Yo repwoche l dèske li te ede madanm kolonèl Biyanbi ak uit pitit li (Biamby) jwenn azil nan anbasad dominikèn.

Pou l ka kontinye menm taktik agase Etazini an, Divalye foure nouvo eleman kominis nan politik ayisyèn nan. 12 mas li akeyi twa manm yon misyon ekonomik tchekoslovak (Tchecoslovaque) ki vin Ayiti pou y etidye posiblite echanj komèsyal ant de peyi yo. Te deja gen yon misyon diplomatik polonèz ki te gen yon misyon komèsyal li tou nan Pòtoprens, depi 1959.

Antretan, Divalyeris yo ap regle kont pèsonèl yo. Twa ladan yo ki rive Gonayiv nan koumansman mas retwouve yo an fas milis lokal la ki pa rekonèt otorite yo. Batay pete, twa nèg yo mouri. Pi devan

yo pral oblije anpeche Tonton Makout kapital la vin pran revanj
nan vil la.

Menm nan mòn yo moun yo pran frikat. Peyizan nan Vale Lati-
bonit yo konteste nouvo taks yo mete sou pwodiksyon ak komèsya-
lizasyon diri a. Pase pou yo peye l, yo te pito twoke rekòt yo ak
lòt pwodui san yo pa manyen lajan. Gouvènman an voye Tonton
Makout al kraze mouvman sa a. Yo bare wout yo, enpi yo konfiske
tout diri yo pa t peye taks pou yo. Goumen mete pye. Yo arete anpil
peyizan, yo boure yo nan prizon. Moun vin pi move toujou.

Nan yonn nan Diskou l yo, Divalye mansyonnen yon espès ti
dife boule ki lage nan kò l. Men ti prezidan odasye a pwomèt moun
yo l ap toujou nan pòs li lontan apre dèle lènmi l yo fikse pou li a.

« C'est légitimement que nous avons reçu du peuple le pouvoir constitutionnel. De toute la force

de mon patriotisme, j'ai l'intention de mener à bien la mission qui m'a été confiée, même si nous

devons disparaître dans les flammes... Aucune puissance au monde n'a le droit de nous donner des

leçons de démocratie... Notre démocratie n'est pas l'allemande, ni la française, ni l'américaine. »[84]

Malgre tout netwayaj li fè souvan enpi ankèt sou jan yo rete fidèl
a limenm, gen yon kantite ofisye k ap konplote kont prezidan an
depi janvye 1963. Moun sa a yo se moun ki te jwenn avantay nan
pouvwa Divalye a an 1957. Yo te wete kò yo vit. Ak ankourajman
Ameriken yo, yo sonde pi fò nan kòlèg yo ki okipe pòs estratejik. Pa
gen anpil ladan yo ki moutre yo kont. Gen ladan yo ki chwazi tann
pou yo wè kouman bagay yo pral pase. Pi fò ladan yo te pwomèt
pou yo bay koutmen.

Nan konte konbyen moun ki avèk yo, yo gen tan voye siyal bay
Divalye san yo pa konnen. Yo mete siveye rapòte dèyè sa ki pi cho
yo. Lidè yo se kolonèl Liyonèl Onora (Lionnel Honorat), chèfdeta-
majò adjwen. Kwak fanmi l yo se zanmi Divalye, limenm li pran
prekosyon etidye kontablite nan tan lib li pou sizoka li ta oblije
reprann lavi sivil la.

---

84   Se legalman nou te resevwa pouvwa konstitisyonèl la nan men pèp la. Ak tout fòs mwen kòm patriyòt,
mwen gen lide byen ranpli misyon yo konfye m nan, menm si nou oblije disparèt nan flanm dife. Pa gen okenn
pisans omonn ki gen dwa ba nou leson demokrasi. Demokrasi pa nou an, li pa ni alman, ni franse, ni ameriken...

Se 10 avril a sizè di swa konplotè yo deside frape. Jeneralanchèf la, Konstan, konvenk yo tann demen maten a katrè. Li di moman an pi bon. Ofisye yo te atann yo anbasad amerikèn pral founi yo zam. Kòm sa pa fèt, yo pran yon desizyon ki pral grav pou yo. Yo deside pran zam Kazèn Desalin yo. Y al chache lolo majò Valme pou yo pran kle yo nan men l. Valme kase sa nan zòrèy frè l, yon divalyeris wouj. Yo mennen Valme devan Divalye pou l al bay plis esplikasyon.

Lè l fin jwenn tout enfòmasyon li te bezwen yo, prezidan an pa pèdi tan. Menm swa 10 avril la li konvoke tout kolonèl yo nan palè. Anpil ladan yo tap asiste yon match foubòl. Onora, kolonèl Kèn Delens (Kern Delince), ak de lòt ofisye mande azil nan anbasad Brezil. Nan pòch li, Onora te gen yon deklarasyon pou l te li pou pèp la nan mikwo estidyo radyo yo ta pral pran daso yo. Deklarasyon an te anonse fòmasyon yon nouvo jent militè.

Men Chal Tinye (Charles Turnier), yon kolonèl nwa, moun li yo renmen, enpi li gen yon briyan etadsèvis. Li menm, li te refize pati. Yo konnen l pa janm mele nan politik. Li te mete nan tèt li pozisyon patikilye li genyen an tap pwoteje l, enpi lè tout bagay kal li te ka kontinye konplo a. Kòm anpil lòt anvan li epi apre l, li te twonpe l. Anplis de sa, li gen senpati pou Ameriken, yon lòt andikap toujou.

Kat jou apre, yon detachman ofisye divalyeris al arete l lakay li. Yo mennen l Kazèn Desalin, yo touye l. Pwopagann gouvènman an bwouye kondisyon li mouri yo. Dapre sèten ki te divalyeris epòk sa a, yo te twa ka touye l pou l bay non konplis li yo. Li pa denonse pesonn. Menm sous la fè konnen yon ofisye ki tap asiste entèwogatwa a ba li yon bal nan zòrèy.

Vèsyon ofisyèl la di se nan eseye sove, Tunye jwenn lanmò li. Yo presize omoman yon sèjan tap pote dejene ba li, li rale yon zam ki te kache, li touye sèjan an, li kouri sot deyò, li pran direksyon palè, li te vle atake poukont li. Kò a mitonnen, krible ak bal, ap benyen nan san. Yo kite l espoze atè a pou l sèvi egzanp.

De senmenn apre epizòd sa a, yo limoje swasann douz ofisye. Lè l fin siyen desizyon an pou swasant ladan yo, kolonèl Iv Kam, (Yves Cham) ki nan Etamajò jeneral la, pran azil nan anbasad Brezil.

Divalye anonse « certains résidents étrangers en Haïti » nan konplo militè yo, men li pa devwale non yo.

Nou vin rive nan sitiyasyon sa a : Ofisye yo wete nan siki-lasyon yo pi plis pase kòlèg yo ki an fonksyon yo. Divalye pral prepare 1 pou menas sa a. Li prepare ak men 1 lis ofisye pou yo arete enpi kondi Fò Dimanch. An premye, moun ki idantifye kòm patizan ou senpatizan opozisyon an depi 1957. Tonton Makout yo fè desantdelye lakay yo, arete moun nan fanmi yo ki pa t ko chache azil nan anbasad etranje.

Lòt bò fwontyè, emigre ki an Repiblik dominikèn yo gen difikilte pou yo òganize yo. Yo te anonse yon reyinyon 17 avril Sen Domeng nan aswè pou yo simante divès tandans yo. Pyè Rigo ak Lwi Dejwa, de vedèt politik dyaspora a, refize asiste deba a yo. Yo gen pwòp plan pa yo. Lòt dirijan yo reyini, y ap eseye kontinye delibere.

Premye moun ki pran lapawòl se Remon Kasayòl, ansyen pwopriyetè yon siri nan Lamyèl, nan depatman sant. Li te kouri kite peyi a lè Tonton Makout yo tap bay presyon sou chapit kola-borasyon aktif ak donasyon. Apre li, se yon fidèl lènmi Papa Dòk, Antonyo Wodrigèz, ansyen bouche, ansyen anbasadè. Zanmi Jimèl sa a ki te gen boutik nan bouch palè nasyonal ann Ayiti tounen ann Ayiti kòm anbasadè Kastwo. Apre sa li te reprezante Kastwo Gwatemala (Guatemala), apre sa, Pakistan kote l abandone pòs li.

Kasayòl pwopoze pou yo fòmen yon mouvman y ap batize M.R.H., « Le Mouvement Révolutionnaire Haïtien ». Li te abiye ak yon wayabèl[85] blan.

Wodrigèz ak Kasayòl ale souvan Ozetazini. Kiben an tounen ak lajan pou l finanse yon envazyon ann Ayiti. Yo mete yon premye sant antrènman Dahabonn (Dajabon), onòdwès tèritwa dominiken an. Yo chwazi yon sit ki tou pre chandtir ganizon lokal la. Dominiken ki kòmande rejyon an se kolonèl Ney Garido (Ney Garrido). Yon nèg di, kosto, ki pale kreyòl. Emigre yo al jwenn ofisye sa a ki konprann demann koperasyon yo a. Premye twoup yo rive avèk panach nan vye kamyonèt chevwolè blanch Wodrigèz fèk achte a. Kwak gen

---

85 Chemiz Kiben yo mete nan moman lwazi ak detant.

anpil «kòmandan » kan an ki rete, Sannto Domengo di gen desan rekri nan antrènman, yo ka evalue yo a twa douzèn. Ti twoup la moutre anpil bòn volonte nan egzèsis tire fizi ak mitrayèt, men lapli twopikal ki bay anpil dlo chak swa vin rann lavi a difisil, menm enposib. Malgre gwo diskisyon pou konn kilès kap pran direksyon operasyon yo, emigre yo jwenn bon jan soutyen nan men militè dominiken yo amezi dat debakman an ap pwoche. Gen de ofisye kap moutre yo teknik geriya ak konba nan lari 2 fwa pa semèn. Yo plis aprann yo tire.

Bò pa li, Divalye koumanse enkyete. Pa pou egzile yo ni lame a. Fwa sa a, se osijè bon zanmi li Kleman Babo. Depi lontan mouche sanble se pwòp lonbray li li tounen. Menm jan ak yon lonbray, li pral koumanse toumante ansyen mèt li.

Apre dizui mwa fèmen nan imidite, movèz odè Fò Dimanch, Divalye pase lòd lage l san l pa bay okenn esplikasyon. Lelandemen yo fin lage l, li resevwa yon Voksal (Vauxhall) tounèf. Dapre sa anpil moun panse, ansyen nèg djòb sèkèy la osèvis rejim nan, chanje anpil pandan l anndan an. Li repanti, enpi li nan devosyon. Li soti lakay li ki byen gade sou tèt Pòtoprens, li pran ris sot deyò pou l al nan retrèt kay pè Jezuit yo, Vila Manrèz (villa Manrèse), oubyen l al asiste mès Sakrekè nan Tijo (Turgeau). Yo panse Babo ap chache espiye krim li yo.

Menm maten yo te ka wè kadav Tinye k ap drive sou tèren manèv yo, kout zam tire nan zòn ka Babo. Mouche reyaji menm jan ak yon pil lòt lènmi Divalye yo. Li entèprete l kòm koumansman yon leve kanpe ki pral debarase moun ak Papa Dòk. Omoman Voksal la franchi pòt jaden an, pitit fi Babo a voye men bay santinèl yo. Babo fè kò l piti, li kouche plat anndan machin nan, an silans. Lè l rive lavil la, li desann machin nan, li anbrase pitit fi a, li antre nan kache pou sa Divalye fè fanmi l pase, espesyalman pitit gason l lan li refize kite al pran swen medikal pou sitiyasyon mantal li.

Dimanch 21 avril, li te prèt pou jou lè yon ti aparèy dekole nan yon ayewodwòm dominiken. Li pran direksyon Ayiti. Lè l rive sou Pòtoprens, li simen trak ak mesaj an franse, egzile ayisyen yo, an Dominikani, voye. Epi li tounen Sen Domeng anvan palè konnen.

Van pote trak yo nan tout mòn yo ki antoure vil la. Yo tonbe nan lakou moun, sou do kay yo. Lè palè vin konnen, li pase Makout yo lòd ranmase yo enpi detwi yo. Trak yo anonse « *l'opération dry cleaning* » kont « *tous les insectes nuisibles qui accompagnent le gorille Duvalier*»,

Yo mande lame a vin jwenn revolisyon an. Yo envite rezidan etranje yo ak diplomat « *acrédités auprès du tyran vaudouiste* » wete kò yo nan kapital la avan 15 me. Ayisyen ki rete bò zòn palè yo, deplase anvan dat la rive.

Divalye pase bagay la nan rizib. Avyon an tounen « un papillon ». Men papiyon sa a remonte.

Lelandemen, Divalye pwoklamen ofisèlman mwa kap vini an « mois de la Reconnaissance nationale », jis 22 me, anivèsè dezyèm manda prezidansyèl li. Pandan trant jou, yo rele tout pèsonalite vin fè lwanj pou prezidan an, vini kòm entèprèt rekonesans piblik la pou Divalye. Yon fason entelijan pou l oblije yo deklare tèt yo. Pa gen wout pa bwa. Gen de lè se prezidan an menm ki kominike tèks diskou yo pral fè yo. Kon sa nan moman tansyon sa a, enpi anvi vanjans pou sove mèt yo si revolisyon an pete.

Pi meyè entèprèt twoup figiran sa a, se doktè Foukan (Fourcan), prezidan Kwa Wouj ayisyèn, medsen pèsonèl prezidan an. Li pran lapawòl nan « *Rond-point de la Liberté* », nan kè Pòtoprens. Diskou mesye a pral glase san moun yo. Foukan anonse si jamè yo atake Divalye, pral gen pi gwo bouchri nan listwa. Pral gen yon « Himalaya de cadavres ». Li kontinye pou l di :

> «En Haïti, le sang coulera comme il n'a jamais coulé auparavant. Toute l'île sera en flamme. Du nord au sud, d'est en ouest. Il n'y aura plus ni aube ni crépuscule. Seulement une flamme gigantesque qui lèche le ciel. Ceux qui se seront mis au service de l'étranger mourront et leurs cadavres seront enfouis sous une montagne de cadavres. »[86]

---

86 Ann Ayiti san pral koule tankou bagay nou pa janm wè. Tout zile a pral kankannen nan flanm dife. Soti nan Nò rive nan Sid, soti nan Ès rive nan Lwès. Pa pe gen ni douvanjou ni labrindiswa. Se sèlman yon michan flanm dife ki pral niche syèl la. Moun ki te mete yo osèvis etranje yo, y ap mouri enpi kadav yo ap kouvri anba yon montay kadav.

Pou doktè Foukan « l'étranger » a se pa lòt moun ke Etazini. Li kritike yo pou jan yo pa vle wè Nwa ; li kritike moun sa yo k ap swiv yon pwotokòl moun fou kap mete chen dèyè Nwa pou anpeche yo swiv kou nan inivèsite. Li akize rasis ameriken yo ki refize sèvi nèg nwè nan restoran, ki vyole jenn fi. Li menm pale de Okipasyon amerikèn, de represyon militè, enpi li mande:

« Quel droit ont-ils de nous donner des conseils et de nous faire la leçon pour ce qui touche à la Constitution ? »[87]

Li klotire ak yon gwo jouman kote li trete Etazini de « démocratie de prostitués ».

Lè l fini, li resevwa felisitasyon Divalye. Lòt diskou menm jan an ap fèt pandan tout mwa a. Chak moun ap esprimen rekonesans nasyon an anvè Divalye. Liknè Kanbwòn, minis Travo piblik, mande popilasyon an gade « à portée de main, machettes et fusils » sizoka ta gen dezòd pete.

Gen oratè ki lese antann yo ta ka pwoklame Divalye anperè, kon sa ta kapab gen yon dinasti. Nan yon emisyon radyo, yon pati diva-lyeris nan Twou Sab (Trou-Sable), yon katye pòv nan kapital la, fè sèman l ap defann Divalye jiska lamò, enpi li deklare si kwakseswa rive Divalye, y ap mete pitit li Janklod ki gen 14 an nan plas li.

Anfen Babo frape. Men sa pran plizè jou anvan Divalye dekouvri kote kou a soti. Vandredi 26 avril 1963, a setè vennsenk nan maten, yon limouzin prezidans lan rete devan antre kolèj metodis la, jan l abitye fè chak jou ki gen lekòl. Yo ouvè pòt li, de pasajè desann : Jan Klod Divalye (Jean-Claude Duvalier), yon jenn ti gason byen gra, ak sè li Simòn ki gen 16 an. Toulede ta pral antre lekòl la. Limouzin nan tap fè demitou. Li franchi pòtay la enpi li pran direksyon avni ki gen pyebwa chak bò a, twa blòk anvan palè. Sanzatann, yon seri detonasyon, chofè a ak de gaddikò efondre, rèd mò. Ann apre, temwen yo di yo te wè yon machin ki te sanble ap tann limouzin nan rive, enpi yon lòt ki tap swiv li. Yo pa t eseye kidnape pitit prezidan an ni fè yo okenn mal. Sa pa t parèt touswit akòz branlba

---

87 Ki dwa yo genyen pou yo ba nou konsèy, pou yo ba nou leson sou sa ki regade konstitisyon an ?

panik. Pi fò moun panse se timoun yo yo tap chache kidnape pou yo ka reklamen demisyon papa a. Kòm tou sa ki te fèt anvan yo, yo ka konsidere kou a rate. Radyo ofisyèl anonse yo atake lavi « de deux tout petits ». Reyaksyon an pral make san, li pa te ka lòt jan.

Yon kòdon twoup sènen lekòl la. Lame ap fè patwouy nan tout lari. Alantou palè, dèyè chak poto, chak ti pyebwa gen yon sòlda figi di ki akwoupi tou pare pou l tire. Yo bare tout wout. Yo fouye chak machin. Makout, milisyen tout divalyeris mete inifòm yo sou yo. Zam alamen, y ap siyonnen vil la. Yo arete nenpòt moun yo konsidere ki kont rejim nan. Laprezidans pase lòd arete tout ansyen ofisye lame. Kòm gen apèl ozam kap fèt nan radyo, paran kouri al chache pitit yo lekòl pa prekosyon.

Manm ekip Ayiti ki te loreya nan konkou tire. Lyetnan Benwa (Lt. Benoit) ajenou.

Dapre moun ki te rankontre l jou sa a, Divalye pa t bon pou te ba li de kout je. Nan tèt pa l se sèl yon fran tirè ki te kapab desann si vit enpi ak presizyon de gaddikò pitit li yo ansanm ak chofè a.

Pou li se lyetnan Franswa Benwa (François Benoit), yon nèg nwa, bèl prestans, ansyen viktim netwayaj ki te fèt apre konplo Onora a. Li te fè bèl figi nan lekòldegè Ameriken yo te òganize nan zòn kanal Panama. Espesyalite l se lit kont geriya. Pandan plizyè ane Benwa kondi ekip ayisyèn nan nan viktwa lè chanpyona tire ki mete l an fas lòt latinoameriken nan Panama. De jou anvan evennman an lapolis t al lakay li yo t al reklamen fizi l. Lè l tande agouzen yo tap frape nan pòt prensipal yon ansyen kay an bwa kote paran l yo te rete, Bwa Vèna, Benwa ki te nan dezyèm etaj, deside fè rezistans. Yon grenad nan chak men l, li te pral pase alaksyon lè l apèsi domestik la kap palmante ak lapolis, pitit Benwa a sou bra li anba eskalye a. Yon ti moun ki nan tete toujou. Li deside sove. Li lage kò l anba yon fenèt pa lakou. Li fofile kò l nan jaden vwazen an. Apre plizyè ti dètou li rive pran azil nan rezidans anbasadè Dominiken an. Divalye rete kwè Benwa mele nan atanta a. Li pase lòd al tire revanj. Trap de, nèg li yo boure kò yo nan yon kamyon, yo kite palè a, Yo pran direksyon Bwa Vèna. Se le moman paran Benwa tap sot legliz Sakrekè Tijo ki pa lwen ak lakay yo. Manman Benwa ap enkyete l. Sa fè de jou depi l pati. Li pa gen lòt rad. Mari li, yon ansyen jij, ap eseye kalme l. Yon lòt pitit yo, Jan, ki avoka, vin rive. Li te bezwen pran yon douch kay paran l yo. Pwoblèm dlo ra lakay li. Li pwomèt manman l l ap pote rad pwòp bay frè li. Jan anbrase moun yo l al nan anbasad dominiken an. Li anplwaye la. Nan yon ti moman, Tonton Makout ak gad palè pral koumanse simen laterè. An kou de wout, kamyon asasen yo antre nan yon ri sans inik, riyèl Sensi (Saint-Cyr). Y ale nan sans entèdi a. Lè yo pase devan vila kote mètrès Jak Grasya (Jacques Gracia), kòmandan gad la demere a, yo souke fonksyonè a pou yo ba l lòd fè otomobilis ki de bò lari yo degaje. Liyonèl Foucha (Lionnel Fouchard) pa t reyaji ase vit, yo tire l abou pòtan. Yon kanmarad biwo ki te akonpaye l, pase plizyè jou li pa sa pale. Yon senmenn apre, li pèdi pitit li te gen nan vant li an.

Ame jiskodan, asayan yo lanse yo alaso vila Benwa yo kòm si se te yon « casmate » (abri anba tè pou kache minisyon). Lè yo debouche la, de granmoun yo tap pale ak yon vizitè. Bò kote yo te gen yon sèvant ki tap okipe zafè pa li.

Nèg Divalye yo mete tire kout fizi sou yo. Yo prèske twonse mesye dam yo ak tout vizitè a. Yo kontinye tire jiskaske kay la tounen yon paswa. Yonn nan sèvant yo rive chape poul li, men kou l sot nan lari a yon rafal mitrayèt vide l atè. Apre sa ofisye a pase lòd mete dife nan sa ki rete nan kay la.

Se nan bèso li nan premye etaj, Jeral (Jerald), sèl badjo Benwa te ganyen, te konn repoze l. Yon rapò ki te fèt nan epòk la siyale yo te evakye li anvan dife a, men yon diplomat sid ameriken ki pase dezan ap chache retrase ti pitit la, rive nan konklizyon li mouri konsime nan flanm nan ansanm ak kay la plis kay vwazen an. Te gen ponpye sou plas, men yo pa t fè anyen. Sèl sa ki te enterese yo se te anpeche dife a gaye jis nan pwopriyete yon minis Divalye ki nan vwazinay la.

Yo koumanse chache gason. Kenz Tonton Makout ki dèyè Franswa pwente kay frè li Jan. Lè yo kase tèt tounen, madanm li tèlman pè li ranmase sa k te pi enpòtan pou li, li met deyò. Kèk zanmi kache yo jiskaske yo jwenn azil nan anbasad Ajantin. Madam Jaklin Benwa ansent ui mwa. Yo vin avèti l gen Tonton Makout kap chache l. Li jis gen tan chape poul li anvan Makout yo antre vin sakaje ti lekòl kote l tap anseye a. Men sa Makout yo di lòt pwofesè yo ki tap asiste sèn nan:

«Remerciez le ciel qu'elle ne soit pas là, sinon ce que vous auriez vu dépasserait en horreur tout ce que vous pouvez imaginer.»[88]

Madam Benwa jwenn azil nan anbasad Ekwatè.

Tonton Makout yo touye Benwa Aman (Benoit Armand), yon avoka ann aj avanse, lakay li poutèt yo rele l Benwa.

Gad palè a pran direksyon chansèlri anbasad dominiken yo te transpòte ane anvan an nan rezidans modèn sou Dèlma ant Pòtoprens ak Petyonvil. Jandam yo bare wout la enpi yo antre nan anbasad la, yo fouye l de fontankonb. Se pandan y ap maltrete yon sekretè dominikèn yo rann yo kont y ap fè erè. Selon larèg, azil politik pa rive jis nan biwo yon anbasad men nan rezidans prive anbasadè a.

---

88 Nou mèt di bondye mèsi dèske li pa la. Paske sa ki te pral pase la a, se bagay nou pa fouti imajinen.

Kounye a gad palè a al jwenn Tonton Makout yo Petyonvil, yo sènen rezidans anbasadè a. Asayan yo pran pozisyon nan lakou a anvan yo antre nan batisman an kote k te gen vennde refijye. Benwa te ladan yo. Cha jedafè dominiken an kanpe an kwa. Li egzije yo soti, paske kote yo vle antre a li gen privilèj ekstra tèritoryalite, ki vle di, selon lalwa li fè pati tèritwa dominiken. Ayisyen yo moute sou pye flanbwayan ki nan ale antre a, yo kwoke mitrayèt nan paraj otèl Elranncho (El Rancho).

Pandan tout demele sa a yo, Lavil la anba gwo presyon. Yon detachman milisyèn banke ak Andre Potven (André Potvin), yon ansyen kòmandan gad kòt, devan lakay li. Yo blayi l. Modòd la se te arete ou touye tout ansyen ofisye w jwenn sou wout ou.

Kay Benwa kontinye boule. De kadav ap dekonpoze sou trotwa a, kèk mèt pi lwen. Mouch kouvri yo. Y ap pase tout jounen an atè a. Gen yon sòlda an faksyon bò kote yo. Yonn nan « kadav yo » se yon vwazen Benwa. Se pandan l sot lakay li pou l al chache madanm li ak senk pitit li yo, yo tire sou li poutèt li t al twò pre teyat masak la. Malgre soufrans li ak mouch yo li fè sanblan li mouri. Li tann jis aswè nèt, lè jandam nan al fè wout li, pou l leve. Moun nan vwazinay yo sezi.

Majò Monnod Filip (Monod Philippe), se yon lòt frantirè. Divalyeris sa a anpil moun konsidere kòm yon nonm ki kuit nan konviksyon l yo, soti anba yo pi byen pase Benwa. Li kòmandan prizon nasyonal. Se la y al pran l mennen bay Divalye. Prezidan an resevwa l ak souflèt sou bouch li san rete. Li gen chans yo lage l pou l al reprann pòs li. Prizon li kòmande a pa gen anpil moun. Se Fò Dimanch oswa nan palè yo mennen plizyè santèn moun yo arete jou sa yo. Sa prizonye sa yo devni ? Tou sa n konnen, sèke yo disparèt. Yo pa janm di si yo egzekite yo menm moman an pou yo voye yo nan fòs komin Fò Dimanch lan, oswa, si yo kenbe yo an rezèv nan prizon pou Divalye, chak fwa l anvi touye yon moun. Pandan plizyè ane fanmi moun sa yo gade espwa yo fèmen kèk kote byen lwen. Yon jou, Divalye mete fen nan espwa sa a lè l deklare yon lòt fwa ankò: «*Je n'ai pas de prisonniers politiques.*»

Makout yo mete sirèn pou yo fè patwouy nan lari yo. Tout kote w pase se baraj. Pou travèse vil la, moute nan mòn yo Petyonvil, sa pran anpil tan tèlman gen fòmalite pou ranpli nan zòn kontwòl yo. Se bagay fatigan, brital. San yo pa rann yo kont ki danje ki sou tèt yo, sèten ansyen ofisye, pran machin yo pou y al tann pitit yo ki sot lekòl. Lè y ap tounen yo kenbe yo nan baraj yo, enpi, yo disparèt nèt. Yo pouse machin yo bò wout la, oubyen Tonton Makout yo konfiske yo. Tout lannuit arestasyon ap fèt. Nan maten gen yon nouvo pwoblèm ki poze. Kouman pou obeyi, san riske lavi w, dekrè ki òdone tout sivil, anwetan sa ki ratache ak Tonton Makout yo, remèt zam yo nan komisarya polis yo ?

Lè yo fin asasinen de gaddikò pitit Divalye yo, premye moun Eloyis Mèt (Éloïs Maître), chèf gang Tonton Makout yo, tap chache, se Erik Tipennawè (Eric Tppenhauer), yon òmdafè koni ki te gen relasyon pwofesyonèl ak Estime epi Maglwa. Li gen repitasyon òmdafè ki pi rize nan peyi d Ayiti. Yon fonksyonè wo plase nan lapolis fè l konnen Tonton Makout yo ap chache l. Li kite biwo l lavil la li moute lakay li Laboul. Jenn pitit li yo, yonn marye ak yon Amerikèn, pa mele nan okenn aktivite politik. Lapolis arete twa ladan yo, moun p ap janm wè yo ankò. Yo deniche Tipennawè ki te kache nan mòn nan. Pou l ka soufri plis toujou pandan y ap kondi l nan prizon an, yo tire l nan janm.

Jan Chenè (Jean Chenet) ak madanm li, yon Amerikèn), tap dirije yon bijoutri anpil moun frekante. Yo rete Akachon (Arcachon), bò lanmè a, plizyè kilomèt osid kapital la. Gen kèk Tonton Makout ki chonje atis Chenè te byen ak Tinye (Turnier) anvan l mouri. Yo rann yo kay bijoutye a, yo desann li, yo jete kadav la nan jaden vila a ki bay sou lari.

Pami santèn moun yo arete yo, gen Andre Ryobe (André Riobé), yon milat ki gen yon plantasyon kann zòn Leyogàn (Léogane) ak yon gildiv kleren. Pa gen lontan li lage nan prizon. Pandan l sou volan machin li, l ap antre lakay li Matisan, de Tonton Makout rete l. Pitit li Ektò (Hector) rive sove, yo disparèt ak papa a, yo sezi machin li. Sou pretèks y ap bay prizonye a sekirite gen Tonton Makout ki parèt plizyè semèn apre. Yo pran tou sa fanmi an te posede, ata ti ekonomi yo te

sere nan kès d epay. Manman an peye ranson an, men Ektò dekouvri
papa l pa t janm rive nan prizon an. Yo te asasinen l nan mitan lari a.
Lahèn ki anpare li pral mennen l nan ran aktivis, enpi de mwa apre,
nan konba kont Divalye, li vin tounen yonn nan mati rezistans lan.
Komèsan yo pran nan yon dilèm, yo pè ouvè pòt magazen yo, enpi si
yo fèmen, y ap entèprete l kòm siyal grèv jeneral.

Mwens pase yon senmenn, Etazini adrese senk pwotestasyon
bay gouvènman ayisyen sou yon demi douzèn ensidan ki rive ak
sitwayen ameriken osinon manm pèsononèl anbasad la. Menm
tip pwotestasyon sa a yo soti tou nan anbasad Brezil, Dominikani,
Ekwatè, Venezwela.

Mil tranteyen ameriken rezidan ann Ayiti resevwa kominikasyon
anbasad yo pou yo pran prekosyon « *pour faire face à la situation
actuelle et se préparer à toute complication ultérieure* ». Yononmen
kèk sitwayen ameriken reskonsab an tit, osèvis kominote nasyonal la.
Yo mande yo konsève lakay yo ekivalan plizyè jou konsomasyon dlo
potab, bitàn ak lòt founiti vital. Evite al nan sant vil la, lannuit sitou.
Yo mande yo toujou evite katye cho yo, kopere ak otorite lokal yo,
enpi si sitiyasyon an vin pi grav, tann modòd reskonsab yo.

Divalye ta byen renmen Bòch (Bosch) espilse egzile ayisyen ki te
jwenn azil an Dominikani yo. Li pral eseye fòse l fè sa. Pètèt tou se
yon tantativ entimidasyon. Li akeyi Pòtoprens twa neve ak yon nyès
prezidan ki mouri a. Yo soti an Espay kote y ap viv ann egzil. Se
Lwis Reynoso Mateo (Luis Reynoso Mateo), Hose Rafayèl Twouyilyo
Lara (José Rafael Trujillo Lara), Frannsisko Hose Reynoso Mateo
(Francisco José Reynoso Mateo), Teresa Ovyedo Reynoso (Teresa
Oviedo Reynoso). Sa sanble yo vin gade si nan tout dezòd sa a yo,
yo pa ta jwenn yon ouvèti politik nan ansyèn patri yo a. Yo loje
nan premye etaj otèl Eksèlsyò sou Channmas (champ de Mars). De
ladan yo enskri nan rejis etablisman an kòm òmdafè, twazyèm nan
se yon peyizàn menajè. Ansyen militè Twouyilyo Pòtoprens, Lwis
Reynoso nan peyi konesans. Operasyon vèse san sa a yo koumanse
fè gwo eko aletranje. Premye moun k ap reyaji se Wann Bòch, nouvo
prezidan dominiken an. 28 avril 1963, de jou apre kò asasinay sou
Benwa a yo, li pran lapawòl nan radyo : « Li di jiskaprezan, se ak

pasyans yon bon kretyen nou sipòte tout kalite atak gouvènman ayisyen an ap fè kont nou.» Li site non kèk Dominiken yo te mete nan prizon osinon maltrete. Li kontinye pou l di : « An janvye ane sa a, mwen te fèk eli, gouvènman ayisyen an moute yon konplo pou l asasinen mwen. Ii deziyen yon manm SIM lan (polis sekrè Twouyilyo), Michèl Bredi (Michel Bredy), ki gen nasyonalite ayisyèn, pou l prepare krim nan. An mas, menm gouvènman ayisyen an nonmen menm Michèl Bredi sa a chajedafè nan anbasad d Ayiti, Isit Sannto Domingo. Nou te refize rekonèt li epi nou te enfòmen Pòtoprens an langaj diplomatik nou konnen byen nan ki bi mesye sa a tap vini lakay nou. »

Bòch pwoteste kont prezans neve Twouyilyo yo ann Ayiti. Li di se yo ki lòtè akizasyon laprès ak radyo ameriken repwodui pou fè kwè kominis ap manipile gouvènman l lan. Apre sa prezidan an mansyonnen afè Benwa a. Li bay detay sou envazyon anbasad dominikèn nan.

> « De gad ayisyen ak plak polis yonn gen nimewo 491 lòt la ak nomewo 533. Yo penetre nan lokal chansèlri anbasad la ak konsila a Pòtoprens, fizi yo nan men yo. Lè yo fin fouye pyès yo nan redchose a, yo moute nan premye etaj la, yo mennase Katya Mena, sekretè a ki te poukont li, poutèt de sèl diplomat nou te genyen Pòtoprens yo te soti lè sa a pou yon ti moman. Apre sa yo pwente zam sou li y ap poze l kesyon. Se sèlman yon gouvènman ki gen sovaj ak kriminè ladan ki ka vyole karaktè sakre yon anbasad etranje enpi mennase ak fizi yon fanm ki se anplwaye anbasad sa a. Yon zak kon sa se yon souflèt li ye pou Repiblik Domonikèn, yon afwon nou pa fouti i yore. »

> « Depi jedi, gen jandam ki sènen lokal rezidansyèl anbasad nou. Nan lokal yo gen vennde refijye ; pami yo gen fanm, gen ti moun. Malere yo ap viv nan laterè. Lajounen kou lannuit malere yo konnen sanzatann yo ka sibi aso ki ka fè yo peri. Sa a tou li pa gen padonab. Sitiyasyon an grav... Nou sipòte outraj sa yo ak anpil pasyans, men, fòk sa sispann imedyatman. San sa, nan vennkatrè k ap vini yo se nou k ap vin met fen nan sa. »

El Caribe, pi gwo jounal dominiken an reyaji ak yon editoryal an premyè paj : « Tout sitwayen nou yo fè yon sèl pou y apiye chèf Leta a nan tou sa li jije nesesè pou l antreprann pou l jwenn reparasyon pou ofans grav sa a yo fè pèp lib e souvren nou an.» Reyaksyon popilasyon an fè yon sèl vwa. Volontè prezante tout kote nan biwo rekritman, yo voye telegram ankourajman, òmdafè yo bay kontribisyon pou jefò lagè.

Dimanch 28 avril, a inè nan apre midi, radyo dominikèn koumanse difize yon mesaj an kreyòl pou Ayiti. Se yon iltimatòm. Dominiken yo asire Ayisyen yo yo zanmi avè yo. Chirepit sa a konsènen Divalye inikman. Men sa k te genyen nan emisyon an: y ap bonbade palè a si Divalye pa respekte iltimatòm nan. Yo mande popilasyon an kite zòn palè a. Lelandemen lendi, *la Voix de la République* reponn Dominken yo ak yon seri emisyon li difize Pòtoprens ann espayòl.

Yon jou anvan diskou Bòch la, Anndrès Freytès (Andres Freytes), minis Afè Etranjè dominiken te voye yon telegram byen long bay omològ ayisyen an, Chalmès, pou l kominike li iltimatòm gouvènman 1 lan. Yo bay Pòtoprens vennkatrè pou l ekzekite l. Chalmès replike ak yon telegram byen long tou, an franse, pou l di Dominiken yo manti, enpi anonse yo li koupe fache avèk yo.

Freytès voye yon lòt telegram toujou pou l renouvle akizasyon yo enpi egzije sovkondui pou 22 refijye yo ki nan anbasad dominiken an. Benwa ladan yo tou. Chalmès reponn, pou l akize Dominiken yo dèske yo vyole dwa d azil. Yo otorize Ayisyen yo gade zam yo enpi yo pèmèt Benwa kite anbasad la pou l vin komèt atanta kont pitit prezidan an. Li di Bòch ap sèvi ak sa pou l detounen atansyon pèp dominiken an ki malere men nòb sou bann pwoblèm li yo. Li redi ankò li koupe fache avèk yo.

> « Bosch utilise toute l'affaire pour distraire l'attention du noble et infortuné peuple dominicain des difficultés internes. »[89]

Menm 28 avril la nan apre midi, konsèy O.E.A. reyini Washington. Se reprezantan Costa Rica, Gonnsalo Fasyo (Gonzalo Facio) ki prezide l. Yo deside fè yon sesyon ann ijans a dizè nan aswè. Anbasadè Repiblik dominikèn nan nan O.E.A. Atouwo Kalvennti (Arturo Calventi) prezante douz akizasyon kont

---

89 Bòch ap sèvi ak bagay sa a pou l fè pèp dominiken an, yon pèp si nòb ki pa gen chans, bliye tout difikilte ki genyen nan peyi l la.

Ayiti. Li renouvle iltimatòm vennkatrè li bay Ayiti a, enpi li avèti Pòtoprens kanonyè dominken yo ap parèt nan pò ki nan kapital la lelandemen si Ayisyen yo refize wete twoup yo ki sènen rezidans anbasadè dominiken an nan Petyonvil. Anbasadè dominiken an repwoche Ayiti dèske l al mande blòk kominis lan ede l, poutèt pesonn pa vle ede l ankò. Li pretann Ayiti siyen akò sekrè ak Tchekoslovaki (Tchécoslovaquie), ak Lapolòy (Pologne). Prèv la se de misyon de peyi sa yo genyen Pòtoprens. Polonè yo tabli depi 1959 enpi Tchèk yo rive an mas. Calvennti mete sou sa, Ayiti jwi « de conseils politiques en tous genres de la part de la Pologne » enpi li siyen

> « un traité économique secret » avec la Tchécoslovaquie par lequel il s'engage à favoriser « l'infiltration communiste dans les Caraïbes »[90]

Ayiti reponn l ap defann tèt li « par tous les moyens disponibles » si jamè Dominiken yo atake l.

Ak sèz wi, de abstansyon, O.E.A. deside envoke kloz asistans mityèl yo te siyen an 1947 pou asire yo Ayiti ap respekte dezòmè angajman entènasyonal li yo. Yo tou deside yon komisyon ankèt pral Ayiti pou yo redije rapò yo.

Yo rekòmande ni Ayisyen ni Dominiken ret sou sa yo fè, pa goumen, tann komisyon an fini ak ankèt li a. Yo nonmen anbasadè Kolonbi, Salvadò, Ekwatè, Chili, Etazini pou fè pati komisyon ankèt la. Etazini refize, Bolivi ranplase l.

Ameriken yo koumanse evakue Ayiti pou dezòd yo wè ki pral genyen. Gen yonn ki deklare:

> « Les Tontons Makoutes ont fouillé tout le monde. Partout, des gens, les bras levés, pendant que les policiers les palpaient pour vérifier s'ils avaient dissimulé une arme. Vendredi, ça a été le record. Nous habitons à Pétionville, à environ huit kilomètres du centre de Port-au-Prince. Avec tous les barrages auxquels j'ai dû m'arrêter, j'en ai eu pour dix heures et demi à regagner ma maison. »[91]

---

90 Li siyen yon akò ekonomik sekrè ak Tchekoslovaki pou l fasilite kominis yo fo file kò yo nan Karayib la.

91 Tonton Makout yo fouye tout moun. Tout kote w pase, moun bra anlè, polisye ap tate yo pou verifye si yo pa gen zam. Vandredi menm yo te bat rekò. Nou abite Petyonvil, uit kilomèt distans ak sant vil Pòtoprens. Ak tout baraj sa a yo kote m oblije rete yo, mwen gen pou dizèd tan edmi anvan m rive lakay mwen.

Se nan anbyans sa a Divalye tankou frize ki pandye sou tèt palè a deklanche yon kanaval brid sou kou. Nan lari sa a yo ki plen kadav, sou tach san an yo ki frèch toujou, osinon yon òkès k ap frape mizik cho nan yon parad makab ki gen dansè degize ap vanse ak cha kanaval otorite yo komandite.

Ayiti fèk aksepte restore garanti yo dwe bay anbasad dominiken ansanm ak rezidans anbasadè a. l ap fè sòlda yo kite perimèt yo pa t gen dwa okipe a. Se prezidan konsèy O.E.A. a, anbasadè Fasyo (Facio) ki anonse nouvèl sa a nan non O.E.A. Dominiken yo reyaji. Yo kite operasyon militè yo pou yon lòt lè. O.E.A. menm l ap mennen ankèt li. Kolonbi aksepte pran sou pwoteksyon li lokal rezidans diplomatik dominiken yo lè chaje d afè a pati, enpi tou asire sekirite 22 refijye yo ki nan anbasad la.

Prezidan Bòch (Bosch) pase yon pati nan twoup li yo ak inite mekanize yo lòd avanse nan direksyon fwontyè ayisyen an. Batodgè yo dwe pare pou atake. Prezidan Betankou (Bétancourt), depi Karakas (Caracas) telephone Bòch pou l ofri l èd militè san kondisyon. Nan Wachintonn (Washington), amiral Jòj W. Anndèsonn (Georges W. Anderson), direktè opersyon naval yo deklare Etazini deja pare pou l entèvni an kèlke zè, menm an kèlke minit pou evakue sitwayen pa l yo de Ayiti, enpi aplike direktiv O.E.A. yo. Depatman d Eta kominike gen trant *Marins* an plis tou kom dis manm misyon lame anlè raple de Ayiti sou demand gouvennman ayisyen. Kon sa se 55 militè ameriken sèlman ki rete nan zile a.

Sen Domeng, Bòch deklare « Se yon konjonkti krèvkè ki gen laba a». Sitiyasyon ekonomik ak sosyal la tèlman an movèz eta sa pran yon sèl kominis entèlijan ki kapab, pou fè peyi sa a vin maksis. Ayiti mi pou yon revolisyon. » «Pa sa gen lapè nan Ispanyola, ki vle di toude kote zile a, toutotan Divalye nan pouvwa a bò kote ayisyen. « Mouche pa sèlman diktatè, se yon moun fou. Li pa fè bak devan anyen. M espere Ayisyen yo va jwenn menm solisyon Dominiken yo te jwenn nan. Se sa l di alafen. Li vle raple ki jan yo te asasinen Twouyilyo an 1961. Plizyè santèn etidyan rasanble devan anbasad Ayiti a Sannto Domingo y ap bonbade l ak kout wòch. Lapolis antiyemet parèt ak bonm lakrimojèn, yo vin degaje zòn nan.

Yo arete dis manifestan. Pandan tan sa a, gen yon nonm k ap reflechi nan biwo l nan anbasad la. Se Jan Lwichal (Jean Louis - Charles), konsil la. Li vin rann li kont moman an rive pou l bay demisyon l.» Li deklare « mwen vin wè plas mwen se bò kote moun k ap lite pou yo refè prestij patri m nan merite a. »

Enpi, la tou, li mande azil politik.

Misyon ankèt O.E.A. rive Pòtoprens 30 avril a uitè di maten. Nan listwa, pa janm gen yon gwoup nasyon yo manke dega kon sa, jan sa fèt yon sèl jou a. Sepandan Divalye fè yon ti netwayaj. Li pase lòd antere kadav moun yo kap dekonpoze devan sa k rete nan kay Benwa a yo te boule rapyetè, tou pre otèl Sansousi a.

Yo resevwa delegasyon an selon larègdedwa nan palè. Tout moun chita, Divalye chita tou. Li pa di yon mo. l ap gade yo li pa desere lèdan. Tan ap pase. Anbasadè O.E.A. yo anbarase. Li fè yon ti siy ak tèt li ba yo; chak òm jwenn yon akèy pèsonèl. An reyalite, l ap babye an kreyòl, l ap joure manman yo. Anbasadè yo fè reverans ak tèt yo, y ap souri. Yo pa imajinen se manman yo l ap joure kon sa. Se sa yo jwenn nan men Divalye anvan yo leve pou yo tande diskou l la, yon lòt chay jouman toujou.

Se plizyè milye peyizan l al chache nan kamyon vin vide nan lari yo Pòtoprens. Divalye deside kreye yon anbyans kanaval pou l enpresyone vizitè l yo. Fòk nou rekonèt nan domèn sa a li se yon mèt seremoni ki san parèy.

Y ap distribiye gwòg nan foul la, anpil wonm. Tanbou frape. Òkès ap jwe. Yo vin glorifye Divalye ak bandwòl. Tout kote w pase nan vil la se fèt.

Apre midi nèt, moun yo pran direksyon palè. Yo mase sou baryè metalik yo jiskaske yo ouvè. Yo anvayi lakou a, yo blayi sou gazon an, ou ta di yon kokenn chenn vantay an fas palè a. Men Divalye ki parèt sou balkon an. Li leve bra l anlè an siy viktwa. Po bouch li desinen yon souri frèt frèt. Foul la menm deja anba tafya, li fin debòde. W ap fasil wè diferans lan. Kout tanbou yo ap fann lè a, dansè yo fè toubiyon, koris yo pwoklame « Duvalier ou la mort ». Vè senkè trant, ofisyèl vin chita sou yon ti tribin yo te drese sou mach palè a. Se ven mil moun kap chante, kap danse, kap rele fò. Manm komisyon yo la, y ap gade, y ap koute.

Premye moun ki pran lapawòl se Antwàn Wodòf Era (Antoine Rodolphe- Hérard) ki te konsil Chikago.

Li kalifye Dominiken yo de mantè, nèg kap fè chantay. Apre sa, li atake Etazini ki fèmen vàn dola a. Li di :

> « Nou pito libète nou pase tikal pen. Si Etranje a vle konfiske libète nou poutèt ti kal pen sa a, aryennafè, nou pa bezwen l.»

Anfen Divalye vin nan mikwo a. Se yon ti tonton a linèt, ann abi nwa seremoni, moun yo ap admire l. Li Tèlman kal, ou gen lenpresyon li dwoge ak kèk kalman. Tonton Makout yo ak lòt ofisyèl yo kanpe kote l. Kòrespondan laprès etranje yo akoupi nan pye l, y ap pran nòt. Divalye bay yon souri papa bon kè ki espoze yon dan lò. Li fè kèk ti jès pou l reklamen silans. Enpi li pran pale san l pa gen anyen ekri. De bra l pandye mòl mòl sou kò l. Men li pa janm bouje. Okenn tansyon. Se pètèt kon sa li te vle l. Vizaj li transfòmen yon dwòl de fason, prèske sinatirèl.

Nan diskou l la, li melanje franse ak kreyòl. Gen kèk gwo mo vilgè ki sot nan bouch li ki choke menm moun nan oditwa l la. Pafwa li gaye nèt.

> « Écoutez-moi bien, ciyotens d'Haïti. Ce n'est qu'une fois tous les quarante ans qu'un homme se trouve être capable de symboliser une idée. Une fois tous les quarante ans. Moi, Duvalier, je symbolise la terre des ancêtres. Ceux qui souhaitent détruire Duvalier souhaitent détruire la patrie. Je suis et je représente un moment historique de votre destinée en tant que peuple libre et indépendant. A la source de tout pouvoir, il y a Dieu et le peuple. Par deux fois vous m'avez confié le pouvoir. Je l'ai accepté et, sacrebleu, j'ai bien l'intention de le conserver pour toujours. »[92]

Vizaj li pa janm chanje, men lè l pale de pouvwa a, mo yo soti ak kòlè sou foul la. Peryòd karant ane prezidan an pale a, yo entèprete l

---

92 Sitwayen d Ayiti, koute m byen. Se yon grenn fwa chak karantan ou jwenn yon nonm ki reprezante yon lide. Yon grenn fwa chak karantan. Se mwen menm ki reprezante tè zansèt yo. Moun kap chache detwi m yo, se patri a y ap chache detwi. Se mwen ki reprezante yon moman istorik nan devni nou kòm pèp libe endepandan. Se Bondye ak pèp ki sou tout pouvwa. An de fwa nou konfye m pouvwa a. Mak septe l. Bondye tande m, mwen gen lide pran l pou tout tan.

kòm yon fason pou l fè chonje yonn nan sa k te vin anvan l yo, Vilbren Giyòm Sam (Vilbrun Guillaume Sam) ki, gen karantuit an de sa, 27 jiyè 1915, te fè masakre san swasann sèt prizonye politik lè vi l te an danje. Desizyon l lan te pwovoke entèvansyon ak okipasyon Marins yo. Kòm konsekans, li te pèdi lavi l, atoufè yo te dechikte l.

> «Ceux qui ont tiré sur mes enfants ont aussi tiré sur moi. Ils savent que les balles et les mitraillettes capables d'effrayer Duvalier n'existent pas. Ils savent qu'ils ne peuvent m'atteindre, car Duvalier est d'une fermeté inébranlable. Je vous adjure, Haïtiens, d'élever votre âme jusqu'aux hauteurs où planent les esprits ancestraux et de prouver que vous êtes des hommes.... Mettez un peu de moelle dans vos os et laissez couler un peu le sang de Dessalines dans vos veines.... Je n'accepte d'ordres et de diktats de personne, qui que ce soit. A l'époque où j'étais un médecin fraîchement diplômé, je n'en ai accepté ni reçu de quiconque même pas de mon propre père. En qualité de président de la république d'Haïti, je suis ici aujourd'hui pour maintenir la tradition instaurée par Dessalines et par Toussaint Louverture... Je suis déjà un être immatériel.. Aucun étranger ne va me dire ce que j'ai à faire.»[93]

Divalye prezante tèt li kòm yon chèf « prédestiné » ki gen yon « mission historique ». Li fè lwanj pou twazòm ki te mouri pandan atak 26 avril la. Li tou pase operasyon « nettoyage à sec » la nan betiz. Li tonbe ri :

> «Vous savez tous qu'on a aperçu des avions dans le ciel de Port-au-Prince ; ce n'étaient que des papillons.»[94]

Lè l ap pale de viktim yo li bliye site non yonn ladan yo epi od`itè radyo yo ka tande yon moun soufle l an kreyòl « Prezidan ou bliye yonn » Ton an monte lè l mansyonnen non lènmi enteryè yo.

---

93   Moun ki te tire sou pitit mwen yo, se sou mwen yo te tire tou. Yo konnen byen bal ak mitrayèt ki pou fè Divalye pè a, yo pa ko egziste. Yo konnen yo pa sa rive atenn mwen. Divalye kanpe fèm, li pa janm brannen. Ayisyen, mwen priye n an gras leve tèt nou jis nan wotè kote lespri zansèt nou yo ap flannen an. Fè yo wè nou gen moun nan nou. Mete mwèl nan zo nou. Kite enpe san Desalin koule nan venn nou... Mwen p ap aksepte lòd ni dikta nan men ki keseswa.
Lè m te jenn ti doktè fèk diplome, mwen pa t konn resevwa lòd nan men pyès moun, pa menm papa m. An kalite de prezidan la repiblik, mwen isit jodi a pou m kontinye egzanp Desalin ak Tousen Louvèti te koumanse trase a. Depi kounye a mwen se yon ètimateryèl. Pa gen pyès Etranje ki ka vin di m ki sa mwen gen pou m fè.

94   Nou tout konnen avyon nou te apèsi nan syèl Pòtoprens lan yo, se sèlman papiyon yo te ye.

« Je vais parler maintenant de ceux qui se sont établis dans une ambassade étrangère pour donner l'impression qu'un fils du peuple est incapable de diriger les affaires du pays. C'est un tas d'ordures. »[95]

Se kon sa yon diskou 20 minit fini. Se te yon bèl pèfòmans malgre esplozyon kòlè l ki tèlman fò pafwa li tribiche sou mo yo, li koumanse yon fraz an franse li fini l an kreyòl. Raj efreyan sa a disparèt sanzatann tankou loraj ann ete, omoman l ap antre nan palè l, vizaj li benyen nan limyè ak yon souri viktwa sinik.

Moun yo rele jis yo anwe. Patriyach la, Granmèt la pale. Moun yo gaye. Y ale pa ti gwoup. Je moun yo klere. y ap souke tèt yo kòm si se yon mirak yo te sot asiste ak de grenn je yo.

Yon lòt fwa ankò, Papa Dòk sot devwale byen klè sa k nan lide l, fwa sa a an prezans yon pakèt etranje. Li mete l odsi lwa natirèl yo; li pran tèt li pou yon wa Salomon, sajès li pa tolere diskisyon; yon mesi nwa ki gen kont pou l rann bay tèt li sèlman. Li gen pouvwa absoli sou lavi ak lanmò tout sitwayen, sou tout kreyati li kwaze sou wout li.

---

95 Kounye a mwen pral pale de moun sa yo ki al chita kò yo nan yon anbasad etranje pou yo bay enpresyon yon pitit pèp la pa sa dirije zafè peyi a. Se yon bann malpwòpte.

Chapit 14
Fen sibtil

Ann Ayiti, moun ki pi pa bay plede redi ak Etazini enpòtans, se Divalye. Li kwè nan sa l te deja di a, kèlkeswa sa k rive « *nous serons là.* » Bò kote l se yon bann asistan fatige k ap ajite kò yo, enpi minis li yo. Konsèy y ap bay yo, se bagay moun ki nan tèt chaje. Papa Dòk menm, l ap twone kalmeman nan bèl palè blanch li.

Lè w ap gade l de lwen, trajedi ayisyèn nan sanble rive nan bout li. Rido a prèt pou tonbe sou tirani ki pi sanglan nan yon Amerik Latin ki gen yon istwa chaje ak kalite epizòd sa a yo. Sanble se yon kesyon de jou pou diktatè Divalye tonbe. Si anwo tèt piramid pouvwa a yo gan lè rete endiferan, baz la pa fouti kache enkyetid li. Yo koumanse mete yon sistèm defans an plas nan prese. Nich mitrayèz nan katye jeneral lapolis, lame, kazèn, entèdi tout aksè nan lye sa a yo. Yo izole yo tou. Depi yon moun mete pye w nan palè san pèmisyon ou se yon moun ki mouri. Lapolis mete baraj tout kote. Arestasyon kontinye fèt pa bann e pa pakèt.

Yo pwoklame lwa masyal an vigè. Kouvre fe depi huitè di swa rive senkè di maten pou mete fren nan aktivite tèworis yo k ap wode lanui. Etazini mande sitwayen l yo konfòmen yo, enpi pare kò yo pou yo vin chache yo.

Otorite ayisyèn yo aksepte bay kenz nan refijye anbasad Sen Domeng yo sovkondui. Men yo ensiste pou sèt lòt yo ki gen Benwa ladan l pa kite peyi a poutèt yo koupab konspirasyon kont gouvènman an. Twoup ki te sèke anbasad la resevwa lòd kite sa. Pami kenz moun ki jwenn otorizasyon pati yo, gen pè Jòj ak ansyen kolonèl Pòl Kòvenntonn (Paul Corvengton), ansyen direktè Akademi militè ayisyèn. Yonn nan privilijye yo deklare sèt moun yo kite dèyè yo.

« sont en proie à l'insécurité la plus totale. C'est la terreur à l'état pur. Duvalier a perdu l'esprit voici déjà longtemps. »[96]

Pè Jòj dakò ak sa, enpi li di tou:

« Tous sans exception sont terrorisés. Duvalier est fou. S'accrocher au pouvoir, voilà tout ce qu'il recherche. »[97]

Prezidan Bòch resevwa laprès, nan rezidans li Sannto Domengo. Deklarasyon l yo tèlman fò, kòrespondan yo kouri al voye telegram.

« Je vais demander que les États des deux Amériques rompent leurs relations avec le tyran haïtien, dit-il. A la prochaine agression perpétrée par Haïti, nou informerons l'O.E.A. de notre réaction, mais nous le ferons d'une capitale voisine et non pas d'ici... »[98]

Moun ki tap koute l yo deja konnen Bòch dispoze anvayi Ayiti. Apre sa, li va avèti O.E.A.

« Duvalier constitue une menace pour la paix de tout le continent, ainsi qu'il l'a démontré lorsqu'il a déclaré que Dieu seul pouvait lui retirer le pouvoir »,[99]

se sa Bòch ajoute pandan li demanti Repiblik Dominikèn pote èd bay emigre ayisyen kap viv nan peyi a.

« Nous ne sommes pas une nation de conspirateurs, nous sommes un gouvernement légal qui agit en pleine lumière. En janvier dernier, à Madrid, les Trujillo ont rencontré les ennemis du

---

96   Yonan ensekirite toutbon. « C'est la terreur à l'état pur ». Sa fè l ontan depi Divalye pèdi tèt li.

97   Tout san eksepsyon, yo pè pou vi yo. Divalye fou. Sèl sa l bezwen se rete kwoke nan pouvwa a.

98   Mwen pral mande Eta yo ki nan de Amerik yo koupe tout relasyon avèk tiran (pèsekitè) ayisyen an. Pwochen atak Ayiti fè, n ap fè O.E.A konn reyaksyon nou wi, men pandan nou nan kapital kay vwazen an e non pa isit la.

99   Divalye se yon menas li ye pou lapè nan tout kontinan an, laprèv, sèke li diklare se Bondye sèl ki ka wete pouvwa a nan men l.

gouvernement vénézuélien. Tous se sont mis d'accord pour comploter contre leurs pays respectifs avec la participation de Duvalier. Leurs manœuvres se trament en ce moment même...»[100]

Bòch mase twoup li yo nan fwontyè ayisyen, enpi li pwopoze Venezwela ak Kostarika met ansanm avèk li pou yo fè yon « fòs demokratik latino amerikèn » kap debarase yo ak Divalye. Pou li, tradisyon non entèvansyon ki se règ kap gide manm O.E.A. yo pa fèt pou l anpeche l egzèse reskonsablite li ki se :

> « faire respecter la démocratie et les droits de l'homme. On ne peut subordonner cela à aucun autre principe. ».[101]

Kèk jou apre, lagè sanble vle fèt vre, dimanch 6 me.

Yon pawòl prezidan dominiken di, lese a konprann gen atak ki ka fèt lòt bò fwontyè, douvanjou. Djonn Batlo Matin (John Bartlow Martin), anbasadè ameriken Sannto Domengo, te pale nan telefòn ak Bòch. Bò pa li, yon diplomat anbasad amerikèn rele Freites, minis dominiken Afè etranjè a. Yon lòt prevni kòrespondan laprès yo nan Otèl El Ambajador pou yo pare pou tou sa ki ka rive. Atak la pa pe fèt.

Ann apre, Bòch rakonte Matin te konvenk li bay yon kontròd sou pretèks yo tap mete Divalye atè anvan 15 me. Anbasadè ameriken an kontinye pou l di : Deja gen plan pou l vin chache enpe nan sitwaywen l yo, yon lòt pa se O.E.A. ki pral garanti diplomat ki akredite Pòtoprens yo.

Sa pa pran tan pou bri kouri, Divalye pral kite pouvwa a anvan 15 me. Se yon depèch asosyetèd Près (Associated Press) soti Kiraso (Curaçao), nan zantiy Olandèz (Hollandaises) yo. Dapre sa l di gouvènman ayisyen ta mande otorite neyèlandèz yo otorizasyon pou yon kadrimotè kap transpòte sis militè yo pa idantifye, ateri lakay yo. Lahè (La Haie) menm, gouvènman an antann li ak anbasad amerikèn. Olandè yo dakò pou yo pèmèt aparèy ayisyen an ateri

---

100   Nou pa yon nasyon konplotè. Nou se yon gouvènman legal ki aji ogranjou.. An janvye dènye, nan Madrid, Twouyilyo yo te lènmi gouvènman venezwelyen. Yo tout te antann yo pou yo konplote kont peyi yo chak ak patisipasyon Divalye. Manèv yo ap fèt kounye a la a.

101   Fè respekte demokrasi ak dwa moun. Okenn lòt prensip pa sa pase anvan sa a.

akondisyon Etazini aksepte akòde Divalye azil politik. Bagay la rete la omoman Pòtoprens anile demann li an. Jiska prezan bagay sa a rete yon mistè.

Sepandan, gen lòt dispozisyon ki pran. Osnè Apolon (Hosner Apollon), direktè « Régie du Tabac », yonn nan « vaches à lait » bidjè sekrè Divalye yo, achte pou 6 000 dola biyè avyon nan Pann Amerikann (Pan American) onon fanmi prezidan an. Depa 15 me. Destinasyon Pari (Paris). An plis Divalye yo, gen yon lòt pèsonaj, Liknè Kanbwòn (Luckner Cambronne).

Etazini voye yon fòs naval pou entèvansyon. Li fè vwal nan direksyon bè La Gonav. Se la li penetre. An tèt U.S.S. Boxer ki deplase sou yon trajektwa triyangilè enpi li pwoche mwens pase dis kilomèt kòt ayisyèn yo. « Pou kounye a nou pa pe fè yon pa. », se mesaj radyo kapitèn Jaksonn (Jackson) voye.

Pòt avyon Changrila (Shangri-La) la ak Takonik (Taconik), bato amiral fòs anfibi ki nan flòt atlantik la. Te genyen tou yon kago ame, yon transpòtè twoup ak deplasman rapid, yon batiman ki pare pou l mete yon enstalasyon pòtuè mobil, yon transpòtè blende. De mil *Marins* pare pou yo debake nan elikoptè (Boxer a gen 20), ak penich. Sangri-La ap founi sipò taktik. Jiska prezan fòs naval sa a te nan sektè a an misyon woutin, men li deside anile yon egzèsis yo te prevwa fè ki tap oblije l elwaye l de kòt ayisyèn yo.

Angletè menm voye *Le cavalier*, yon fregat Wayal Navy pou ede l wete sijè britanik yo, si l nesesè.

7 me, nan Wachintonn, yon pòt pawòl Depatman d Eta ameriken deklare

« tout donne à croire que le gouvernement de Duvalier est en train de se disloquer ». [102]

Yo pase lòd al chache pran fanmi anplwaye gouvènman ameriken yo. Pou lòt sitwayen ameriken yo, yo konseye yo kite Ayiti

---

102 Dapre sa nou konstate gouvènman Divalye a ap kraze.

« à cause de la détérioration de la situation et des difficultés recontrées pour garantir la sécurité des nationaux américains, »[103]

Pàn Amerikann mete vòl espesyal pou evakue moun ki vle.

Bòch deklare si Etazini konsidere sitiyasyon an rive nan yon pwen tèlman grav ke yo oblije voye chache sitwayen lakay yo

« nous continuerons à penser qu'en ce qui nous concerne le problème est encore plus sérieux. La situation est difficile. Nous ne pouvons dire ce qui arrivera, mais nous savons en tout cas que Duvalier a tué et terrorisé d'innombrables personnes et porte la responsabilité de plusieurs bain de sang. Nous allons devoir être d'une extrême vigilance. »[104]

Premye refijye yo rive Miami, yo koumanse rakonte laterè ki genyen ann Ayiti.

Divalye, bò pa li, ap sibi presyon anndan peyi a. Anbasad Ajantin ki nan mwatye wout pou moute Petyonvil akeyi senk nouvo refijye. Madan Babo rive ak twa pitit fi li, yon pitit gason venntwazan ki tou malad. Yon fwa fanmi li an sekirite, Babo pral pi alèz pou l opere.

Yon jou, yon bann nèg pa l yo tann yon anbiskad pou yon tralye milisyen nan yon fobou Pòtoprens. Yo regle koze a ak zam otomatik, ak grenad. Bilan : karann senk moun mouri. Ka Babo a bay a panse, moun yo koumanse fè tèt yo travay. Lejann koumanse pran chè.

Yon lòt fwa se yon detachman Tonton Makout ak milisyen k ap plonje Matisan pou y al pote ranfò bay yon gwoup milisyen Babo atake. Lè yo rive nan kay kote Babo ap opere a, yo wouze l ak bal jiskaske sanble pa gen anyen ankò ki ka viv anndan an. Yo defonse pòt la ak kout pye. Gen yon chen nwa ki kouri soti vant ba. Lè yo rantre yo pa jwenn pesonn. Sèlman yo jwenn yon estòk zam ak grenad lòt la kite dèyè. Gen moun ki panse Babo sa a, li gen pwen pou l tounen chen nwa. Yo menm rive di Divalye pase lòd touye tout chen nwa yo jwenn sou wout yo.

---

103   Poutèt sitiyasyon an k ap vin deplizanpli konplike enpi difikilte ki genyen pou asire sekirite sitwayen ameriken yo.

104   Pou nou menm, nou kontinye kwè pwoblèm nan pi serye toujou. Sitiyasyon an pi difisil. Nou pa sa di sa k pral rive, men nou konnen Divalye touye anpil moun, li tèworize yon kantite moun nou pa fouti konte. Li pote reskonsablite plizyè beny san. Nou oblije veyatif tout tan.

Ansyen chèf polis sekrèt la kounye a, pral fè pale de li. Se prezidan an li pral atake an pèsòn fwa sa a. Ann Ayiti liy telefòn yo se fantesi nèt, anwetan rezo ofisyèl yo. Men Babo reyisi jwenn Divalye dirèk. Li di l l ap pran l kanmèm. Yo di Divalye reponn li :

"*Clément, tu m'apporteras ta tête*" Yon bon maten, sekretè prezidan an dekouvri sou biwo prezidan an yon mesaj ki renouvle menm menas yo toujou.

Divalye pwomèt di mil dola pou moun ki mennen Babo ba li mò ou vivan. Pandan kouvrefe, yo fouye dènye kote yo sispèk li ka sere. Yo fè fouy nan plizyè ri. Se yon bann kannay kap jwe kach kach liben sere liben lajounen kou lannuit nan tout ti koridò lanmò. Nan yon vil kap prepare l pou l sibi chòk revolisyon ki ka fèt nenpòt lè ak debakman *Marins*, plede redi makab sa a ant Divalye ak Babo, gen de kwa pou moun pè.

Yon aprè midi, Babo fè konnen li Petyonvil. Yonn nan chèf makout yo, majò Tasi fè sèke sektè a, enpi l ap tann rezilta. Pandanstan, Babo glise kò l bò zòn Fò Dimanch, li pran zam santinèl yo, li distribiye yo bay nèg pa l yo.

Abò Bokser a, 1 200 *Marins* kòmanse yon similak debakman an fas litoral ayisyen an. An teni d aso, yo dirije yo opadkous sou pon siperyè a. Yo moute nan elikoptè yo ki te deja an mach, y al sou plaj debakman yo vize a. Yo rete nan limit egzat dlo teritoryal yo. *Marins* yo gen posiblite antreprann yon operasyon poukont yo, enpi kenbe pandan kenz jou atè, san sipò lojistik. Ofisye yo deklare egzèsis sa a pa soti nan kad woutin yo, enpi li pa gen okenn rapò avèk yon misyon kèlkonk.

Sannto Domengo, prezidan Bòch kenbe twoup li yo ann alèt. Komisyon ankèt O.E.A. a, apre 5 jou nan zile a, 30 avril rive 5 me, li rantre Wachintonn pou l al fè rapò l. Li kite de manm li yo dèyè, Sannto Domengo, nan espwa prezans yo ka evite lagè. O.E.A. otorize prezidan konsèy la, Gonnsalo Fasyo ogmante manm komisyon yo jiska sis. 18 vwa kont zewo vote desizyon pou yo bay komisyon an non sèlman dwa ankete, men tou pwopoze solisyon. Fasyo an tèt, kat nan manm yo pran vòl pou Nouyòk. Yo pral palmante ak Chalmès,

minis Afè etranjè Ayiti. Li te vin releye devan konsèy sekirite O.N.U.
an akizasyon Ayiti pote kont Repiblik Dominikèn.

Devan komisyon O.E.A. a Chalmès fè konnen Ayiti se yon ti peyi
ki viktim prejije rasyal :

> « L'honneur même et la fierté d'un petit peuple noir viennent d'être attaqués. Des complices
> se sont vu assigner la tâche de détruire et de faire périr la seule république noire du continent
> américain… Au nom du monde noir, c'est avec gloire et honneur qu'Haïti a porté bien haut jusqu'à
> ce jour la flamme de la liberté. Avec le concours des peuples frères d'Afrique et de tous les gens de
> couleur en général, nous continuerons à le faire. »[105]

Doktè Gwaora Velasgèz (Guaora Velasquez), anbasadè dominiken,
voye deklarasyon oratè a jete. Li site dokiman yo voye nan
O.E.A. ki egzaminen pwoblèm yo :

> « La situation est chaotique en Haïti. C'est actuellement le point de mire et la plus grande
> source de danger de la région des Caraïbes. Un tel état de fait est lié directement à la nature même
> de la situation politique haïtienne et ne dépend pas des pressions exercées à partir du territoire de
> la République Dominicaine. »[106]

Li konseye Konsèy sekirite O.N.U. an bay O.E.A. tout libète l pou l
regle koze a.

Apre yon chita pale ak Fasyo, ak delegasyon O.E.A. a, kote yo
egzije api li, Chal Mès reziyen l li aksepte O.E.A. pran bagay yo an
men. Jiska prezan Inyon Sovyetik ak chèf delegasyon l lan, Nikolayi
T. Fedorennko (Nikolai T. Fedorenko) evite antre nan konfli ki
genyen ant Ayiti ak Repiblik dominikèn. Li pa vle pase pou peyi kap
pran pou Divalye. Ris la jwenn yon fason pou l esplwate sitiyasyon
an nan avantay pa li. Limenm li deklare se pa atitid Dominiken yo
ki vin yon menas pou lapè, men atitid Ameriken yo.

---

105   Se onè ak fyète yon ti pèp nwa yo fèk sot atake la a. Yo voye konplis yo vin detwi sèl e inik repiblik nwa
nan tout kontinan amerikenan. O non tout Nwa a yo, ak glwa e onè, Ayiti pote byen wo, jouk jounen jodi a, flanm
libète a ; ak konkou pèp frè nou yo ann Afrik enpi tout moun ki gen koulè nwa an jeneral n ap kontinye fèl.

106   Sitiyasyon nan peyi d Ayiti se dezòd nèt. Tout je brake sou yo. Se yon kòz danje nan Karayib la. Sa gen
koneksyon dirèk ak politik ayisyèn nan. Li pa depann ditou de presyon ki ta soti sou tèritwa Repiblik dominièn.

« Il existe un vieux proverbe japonais, dit-il, qui prétend que pour s'amuser, un crabe n'a pas besoin de sortir de l'eau. »[107]

Pou li, Etazini entèvni ouvètman ann Ayiti. Li site kont randi laprès ameriken ki fè konnen li gen mil sitwayen ameriken ann Ayiti, enpi montan envestisman ameriken ann Ayiti se senkant milyon dola. Sesi esplike sela. Se kon sa Fedorennko konkli. O.E.A. deside voye twa manm komisyon ankèt la ann Ayiti , enpi li gade twa lòt yo an Repibli Dominikèn. Kon sa komisyon ankèt la gen sis manm.

Bòch pale yon lòt fwa toujou ak nasyon an:

« Haïti est un baril de poudre et nous sommes un lac d'essence. Nous ignorons ce qui peut arriver d'un instant à l'autre... Laissons l'O.E.A. faire face à la tâche comme nous devons le faire nous-mêmes en ce qui nous concerne. »[108]

Divalye menm li pa janm chanje ton:

« Je suis un révolutionnaire dans tous les sens du mot, lance-t-il, pas un révolutionnaire sentimental toutefois, mais un dur à cuire. Mon compagnon, c'est mon fusil. »[109]

Bòch bò pa li deklare:

« Si l'O.E.A. veut se rendre utile, je propose qu'elle envoie un psychiâtre en Haïti pour examiner Duvalier. »[110]

Jan Ritchado (Jean Richardot), direktè misyon Nasyonzini Pòtoprens, rann li kont otorite lokal yo pran kont tan yo pou yo delivre viza sòti bay anplwaye O.N.U. yo. Li voye yon gwo telegram bay sekretè jeneral la, I Tant (U Thant). Yon sèl jou yo akòde 20 viza. Ritchado fè evakue yon ekip espesyalis nan pwoblèm alimantè ak agrikòl, Divalye espilse msye. Remon Tèstonn (Raymond Thurston), anbasadè ameriken an, gen menm pwoblèm yo tou. Li avèti Divalye

---

107   Li di gen yon vye pwovèb japonè ki pretann di yon krab pa bezwen soti nan dlo a pou l pran plezi l.

108   Ayiti se yon barik poud, nou menm nou se yon lak plen gazolin. Sanzatann, nou pa konnen ki sa ki ka rive. Ann kite O.E.A. fè djòbli, menm jan nou menm tou nou gen pou n fè travay pa nou.

109   Mwen menm mwen se yon revolisyonè nan tout sans mo a, men mwen pa yon revolisyonè santimantal, men yon nonm koryas ki san bout. Konpayèl mwen se fizim.

110   Li deklare si O.E.A. vle rann tèt li itil, mwen konseye l voye yon psikyat ann Ayiti al trete Divalye.

kareman si se nesesè Etazini ap vin chache sitwayen l yo ak gwo ponyèt. Presyon an mòde. Viza yo koumanse soti pa pakèt tou.

Byenke an gwo, Etazini pa jwenn anpil avantay nan sa, final-man, fason Tèstonn aji a trase yon wout moun pa sa bliye, pou diplomat ameriken ki nan pòs, swiv ann Ayiti . Si an me li esprime l ak yon franchiz brital kon sa, se apre plizyè mwa degoutans. Li tap eseye ramne Papa Dòk a larezon. Kidonk li disi pozisyon li. Premye senmenn li te pase an pòs ann Ayiti yo li te fin fou ap pale de relasyon kòdyal li avèk otorite yo. Menm jan ak anpil nan sa ki te vin anvan l yo, l ap rann li kont li pa pe kapab defann enterè Ameriken yo, enpi fè Papa Dòk plezi anmenm tan. Pandan evennman mwad me yo, se vi ameriken yo li te gen pou l pwoteje. Li anplwaye yon langaj Divalye konprann menm si l pa renmen sa. Malgre tou, se pawòl, enpi Divalye konn ki jan pou l entèprete l.

Firamezi tan ap pase, inisyativ la ap glise nan men Etazini pou l vin nan men Divalye. Pou l fè menm jan ak lòt anbasadè yo ki pa konn patisipe nan banbòch 22 me yo, jou pa Divalye a menm, Tèstonn òganize l, li pati Washinntonn le 13. Li menm pati le 10, anvan dat la. Apre sa yo anile l. Yo deside l oblije rete Pòtoprens jiskaske kriz la jwenn yon solisyon.

Aprezan lapli ap tonbe dri kòm chak ane nan menm epòk la. Tòran dlo k ap koule ajoute yon nòt tristès toujou sou kapital la. Près chak nuit, se loray kap gwonde, enpi lelandemen ou jwenn machin ak bourèt k ap tranpe nan ma labou fonse lakòl. Pami moun ki defavorize yo nan popilasyon an, anpil mare pakèt yo, gonfle kò yo nan yon tap tap pou y al andeyò, kote yo espere jwenn yon ti trankilite annatandan tout bagay kalme. Sou fwontyè a, patwouy militè dominiken ak ayisyen gen bon relasyon antre yo. Chak bò yo eseye evite tou sa ki ta kapab kreye pwoblèm pou ryen.

San gèrye dominiken yo yon ti jan kalma tou. Chèf militè yo koumanse poze tèt yo kesyon sou nesesite yon envazyon. Yon rapò vin tonbe nan men yo. Se ofisye ameriken nan pòs li Pòtoprens ki redije l. Yo eseye evalue chans yon anvayisè ki ta antre nan tèritwa ayisyen an an patan de Sen Domeng, ann itilizan yon pasaj, non li deja di ki sa l ye: Malpas. Se yon pasaj etwat kote k gen yon aparans wout an movèz eta, anviwon trannsèt kilomèt distans ak Pòtoprens. Konklizyon an : pa vini k pou sove w nan zòn sa a. Kidonk Prezidan Bòch pral gen an fas li, yon lame k ap ezite pou l ekzekite menas lagè sa a y ap fè chak jou a.

Sou plan enteryè Bòch gen kèk difikilte tou. Anpil ladan yo soti bò kote militè yo. Selon tradisyon yo, yo plis gen tandans fè koudeta. Depi lontan yo mefyan devan ideyoloji "gòch demokratik prezidan an." Ofisye estrèm dwat yo koumanse poze tèt yo kesyon, èske se pa debarase Bòch bezwen debarase l avèk yo, lè l voye yo an raz kanpay al prepare lagè. Sendika yo ap bouje bò kote pa yo. Se tout pwoblèm sa a yo met ansanm ki kase fe yo nan koze fè lagè a. Dayè, anvan ane a fini, Bòch gen pou l kite pouvwa a. Nan liv li pibliye ki rele *Une expérience inachevée* a, li revele plan batay li. Li pa t janm gen entansyon lage kò l nan envazyon totalman kont peyi d Ayiti, men li te vle kraponnen Divalye enpi fòse l kite sa. Pou l rive jwenn rezilta sa a, li ta sifi, dapre Bòch, yo fè yon ti avanse pa lòt bò fwontyè, enpi voye avyon al lage trak sou tèt palè a.

Moun ki sispèk entansyon Bòch yo kwè l ap chache yon espès manèv militè, menm yon siksè fasil pou remoute popilarite l bò kote lame a. Kon sa difikilte l yo anndan peyi a ta pase an dezyèm. Sipozisyon sa a kapab pa vre tou. Men gen kèk siy ki moutre jan moun yo te akeyi mesaj li yo lè l tap denonse enpètinans ayisyen fè avèk yo a, van an gan lè vire kounye a. Kòm Divalye kalma li enpe, li retire twoup li yo ki te sènen anbasad dominiken an, enpi li bay kèk refijye politik sovkondui. Kriz la koumanse vin tonbe nan joure epitou Dominiken yo vin sanble dispoze aksepte mediyasyon O.E.A.

Machin pou lagè sa a Trouyilyo te moute a, li siperyè lontan sa Ayiti kapab aliyen swa an òm swa an materyèl, men li rete yon fòs ki la pou fè represyon e diktatè brital la pa la pou gide l. Fòk li te gen fòmasyon sa yo ki tap entèvni kont Ayiti : 10 000 fantasen, 6000 maren, 4 000 aviyatè, 10 000 polisye. Se lame lè a ki pi byen ekipe, pi byen òganize. Li gen inite parachitis, eleman blende, kreyasyon pèsonèl Ramfis Twouyilyo (Ramfils Trujillo) ki fè de li yon kò elit.

Tout tan y ap fè netwayaj nan lame ayisyèn nan ki gen 5 000 òm. Apa nan Pòtoprens, milis ayisyèn nan esansyèlman konpoze ak jenn rekri san fòmasyon militè. Pou tout zam se vye fizi, makak, manchèt. Pou gad prezidansyèl la menm, sèl e inik fonksyon 500 zòm yo, se pwoteje lavi prezidan an. Pou batayon Desalin nan, se yon fòs entèvansyon taktik *Marins* yo te fòmen. Se sèl inite vreman ope-rasyonèl an ka d gè ; li pwobab Divalye sèvi avèk li pou l ranfòse defans palè a.

Kòm materyèl, pi fò nan sa ki modèn yo se Etazini ki founi yo. Batayon Desalin ekipe ak fizi M-1, mòtye, mitrayèz. Se zam Divalye resevwa apre enstalasyon yon misyon enstriksyon kò *Marins* yo an 1959. Tout materyèl sa yo koute apeprè de milyon dola. An prensip Ameriken toujou rete pwopriyetè yo, men anreyalite se Divalye k ap sèvi avèk yo jan l pito. Lè yo tap siyen kontra a, yo te mansyonnen Etazini gen dwa fè envantè`pou l asire l zam sa yo, se lame sèlman ki gen dwa itilize yo, pa Tonton Makout yo. An verite, Ameriken yo gen yon konesans trè vag sou fason yo sèvi ak zam sa a yo. Anviwon lawatye distribiye bay lame, lòt mwatye a estoke nan kav yo nan palè a.

Mwa Rekonesans Nasyonal la rive ak dividal diskou l yo, men kèk fwa, yo pa respekte orè yo. Se kon sa Jera Latòti (Gérard Latortue), direktè « Hautes Études Commerciales et Économiques » refize fè diskou li te gen pou l fè Lasalin nan pou l lwanje Divalye. Li te oblije mande azil nan anbasad Gwatemala (Guatemala). Bò kote pa l, Emanyèl Monpwen (Emmanuel Monpoint), pwofesè nan fakilte dwa, refize defann ak bèl pawòl baz legal Divalye ta vle bay renouvèlman manda prezidansyèl li a. Li pran wout anbasad Chili.

Kounye a sa fè twa senmenn depi Divalye pa mete pye l deyò nan palè a. 12 me a, li deplase sou twa san mèt, li pral inogire yon nouvo batisman ofisyèl, syèj direksyon enpo ki moute sou senk etaj. Fè piblik la wè li pa gen lakrentif, se yon pati enpòtan nan psikoloji pouvwa a, men, menm nan ti deplasman sa a, se yon gad ranfòse ki akonpaye l.

Nan lari yo, yo vann bis chèf Leta a an plat. Gen de lè w pa sa fè tèt di devan agiman vandè yo. Pri yo koumanse nan dis dola, selon moun kap achte a. Yo pwopoze efiji yo pou moun ki vle senpatize ak gouvènman an.

Pandan tan sa a, Ayisyen yo oblije reziyen yo adapte yo jan yo kapab ak diktati fewòs sa a. Tout ane sa a yo, yo pase nan privasyon, nan represyon polisyè, pa reyisi kraze resò yo. Yo rive viv kanmèm anba nouvo rejim sa a ; swa yo bouche nen yo pou yo bwè dlo santi, oubyen yo achte trankilite yo, amwens ke yo gen gwo relasyon. Sa ka rive tou.

Machin divalyeris la chaje ak opòtinis nan tout nivo. Sèten fonksyonè plis gen sousi asire avni yo sizoka ta vin gen yon chanjman rejim. Kon sa yo konn enterese koute moun ki vin mande yo èd. Lè yon Ayisyen twouve l nan yon move pas difisil a kòz yon administrasyon oubyen yon fonksyonè, si l vle soti nan pwoblèm nan, li jis pran kontak ak yon moun ki pi wo. Lè sa a se relasyon sosyal, relasyon familyal, ou senpleman lajan ki pale. Met sou sa, espri anfantiyay sitwayen yo, ki ka pètèt ede w jwenn kle sitiyasyon an. Nan moman sa a ki te plis sanble kapab mete yon bout nan rejim nan, sa pa rive fèt. Lè l bezwen defoule l, Ayisyen an pa reyaji menm jan ak frè l yo nan Amerik Latin nan ki koni pou san cho ak vyolans avèg. Se ak pawòl li esploze pi fò tan. Yonn rale zam sou lòt, men olye yo fè echanj bal, se grenn mo k ap pati tribò babò. An reyalite li deteste vyolans fizik, men li kwè fewosite a, mepri pou lavi moun jan Divalye pratike l la ou pa ta ka jwenn li ka yon lòt lidè. Se pètèt rezon sa a ki fè yo pran tèlman tan pou yo dekouvri vrè vizaj Papa Dòk. Men lè sa a li gen tan twò ta.

Lè komisyon ankèt O.E.A. a te rive Pòtoprens, li pa t ka okipe kesyon vyolasyon dwa moun yo te siyale yo ; kon sa diplomat yo te koumanse babye. Divalye leve kòken :

« Le gouvernement haïtien ne peut certainement pas permettre à un État ou un super-État étranger de se mêler de ses affaires intérieures en quoi que ce soit » déclare-t-il[111].

---

111 Li deklare gouvènman ayisyen an pa fouti pèmèt yon lòt Leta oswa yon sipè Leta vin foure bouch nan zafè lakay li.

Deja, an 1962, yo te refize resevwa yon lòt komisyon O.E.A. ki te vle lage kò l nan mòd ankèt sa a yo.

Dejwa ak Fiyole enstale Pòtoriko. Yo anonse fòmasyon yon gouvènman ayisyen ann egzil. Sèz pèsonalite fòmen kòmansman yon Palman. Inisyativ sa a, Etazini chwazi iyore l. Yon lòt pa, Bòch fè Dejwa fache poutèt li refize rekonèt « gouvènman » an, enpi li deklare:

> « Selon les critères de l'administration dominicaine, un gouvernement ne peut être une entité désincarnée. Il doit s'appuyer sur un territoire soumis à sa règle, quelle que soit la dimension de ce territoire. »[112]

Dejwa plenyen a demi mo pou sa li konsidere kòm yon konbinezon ant Bòch ak Divalye. Li twonpe l.

Piblik la fini pa konnen egzistans yon kan antrènman Dahabonn (Dajabon). Kounye a yo akize Bòch dèske li bay manti lè l te di gouvènman l lan pa ede emigre ayisyen yo. Sa k pral pase jou kap vini yo pral moutre n èd sa a bay, san l pa t okouran. Li vin fè nou wè pi klè tou militè kòwonpi nan lame dominiken yo razibis egzile ayisyen yo. An plis yo pran lajan nan men yo, yo fè yo pwomèt yo pi gwo rekonpans toujou pou pi devan, pou yo ka pèmèt yo itilize tèritwa dominiken an pou yo fè antrènman.

Gen nouvo rekri ki vin sot lòtbò fwontyè. Efektif kan an moute swasannsèt òm. Plan d atak yo koumanse pran kò. Rebèl yo prevwa y ap pase larivyè Masak 15 me. Moun ki nan rezistans anndan peyi a va ba yo konkou. Ya pran Kap Ayisyen, yon vil ki fasil pou defann akòz pozisyon jeyografik li. Ya pwoklame yon gouvènman pwovizwa. Ya lanse apèlalèd bay peyi manm O.E.A. yo. Tout lòt envazyon yo pral swiv menm chema sa a.

Prezans kolonèl Garido (Garrido) bay aktivite kan an yo plis prestij, plis vi toujou. Ak yon vant konfòtab sentre ak katouchyè, li pòtre yon bandi meksiken yo fabrike Holiwoud (Hollywood). Garido pase anfans li Kap Ayisyen kote l t al lekòl   katolik.

---

112 Dapre kritè administrasyon dominikèn, yon gouvènman pa yon bagay ki pa gen chè sou li. Fòk li baze sou yon tèritwa ki anba otorite l kèlkeswa dimansyon l.

Ann apre, yo jwenn li atache militè Twouyilyo nan Pòtoprens. Kèk manm nan fanmi li te sibi tou anba rejim Divalye a ann Ayiti. Men li toujou ap plede deklare si l ap ede emigre yo se poutèt lanmou li gen pou Ayiti.

A minui yo anonse vizit yon pèsonaj de mak. Se minis lagè a an pèsòn ki vin enspekte kan an. Ayisyen yo kouri nan chandtir la, yo mete yo an liy pou y al salye vizitè a. Li ba yo chak lanmen. Li di yo li satisfè de teni yo, enpi, li pwomèt yo api li. Nèg yo kontan. Moral yo remonte. Yo chofe pou yo fè plan envazyon an.

Le landemen yon avyon parèt sou tèt kan an. Tout moun al kache, yo te panse se yon avyon ki soti Ayiti. Men twouve se te yon avyon dominiken. Pi rèd li fè yon vòl rekonesans sou rekòmandasyon Bòch.

Lelandemen 13 me, gen yon Ayisyen ki kouri vin prevni konpatriyòt li yo y ap vin dezame yo. Fòk yo travèse fwontyè imedyatman, enpi pase alaksyon. Diskisyon mete pye. Konfizyon pi rèd. Wodrigèz ak Jak Kasayòl vin parèt. Yo anonse envazyon an ranvwaye. Yo prezante moun yo yon bann bon rezon pou sa, men sanble Bòch vin konn egzistans kan an, li pase lòd fèmen l. Epizòd sa a antre nan kad konfli ki egziste ant prezidan dominiken an ak lame l la.

Kasayòl deklare jounalis yo li

« licencié les deux cents hommes de ses Forces révolutionnaires unifiées à cause d'une menace d'occupation étrangère d'Haïti ». [113]

Li fè konprann Etazini ba yon lòt gwoup egzile li pa nonmen api li. Plan yo se ta rive fè *Marins* yo okipe Ayiti yon dezyèm fwa. Li di se pou l pa kore manèv sa a ki fè li konjedye patizan l yo.

New York Times pibliye yon atik ki aprann nou

« un parti de guérilleros bien équipés appartenant au mouvement Jeune Haïti est prêt à entrer en action » [114].

113　Li lisansye desan zòm nan Fòs revolisyonè l yo akoz yon menas okipasyon etranjè ann Ayiti .

114　Mouvman Jeune Haïti gen yon pati ki chaje ak konbatan ki pare pou yo pase alaksyon.

Yo presize nèg ki pral anvayi yo gen katye jeneral yo Sannto Domengo. Asosiyasyon etidyan dominiken pote konkou ba yo. Yo gen yon pè katolik nan tèt yo, Bisent (Bissainthe). Plan envazyon yo a ap sibi menm sò ak konkiran an yo. Pou le moman, lènmi Divalye yo ap elimine tèt yo poukont yo. Rapò laprès sannto Domengo siyale egzile yo paralize nan chirepit antre yo.

Wachintonn, Depatman d Eta konvoke yon reyinyon enfòmasyon sou sitiyasyon Ayiti a. J. Wilyam Foulbrayt (J. William Fulbright), senatè demokrat Akannzas (Arkansas), prezidan komisyon Afè etranjè nan sena a, pati kite yo byen move. Li repwoche O.E.A. dèske li pa entèvni, enpi li deklare li pa moutre:

> « détermination ni souci au sujet d'une situation cahotique ».

Li kontinye pou 1 di :

> « Personnellement, je considère qu'une telle situation devrait inciter l'O.E.A. à assumer ses responsabilités et décider des mesures appropriées. »[115]

Dapre limenm, Etazini ta dwe, si nesesè, pran inisyativ yon aksyon militè poukont li pou 1 evite yon rejim kominis pran pye ann Ayiti.

Gonnzalo Fasyo reponn li :

> « L'O.E.A. n'a aucun pouvoir d'intervention lorsqu'il n'y a pas de conflit international. Au moment présent, l'éventualité d'un tel conflit entre Haïti et la République Dominicaine a pratiquement disparu. »[116]

Li klotire ak yon nòt dekourajman:

> « Je voudrais bien le renverser (Duvalier), mais, pour l'instant nous n'avons aucune justification légale. »[117]

A.A. Bèl (Berle), yon ansyen minis Afè etranjè adjwen, resanse kominis notwa yo ki nan wo pèsonèl Divalye yo. Yo jwenn   Ève

---

115   Mwen m panse yon sitiyasyon konsa te dwe pouse O.E.A. pran responsablite e pi pran desizyon ki nesesè yo.

116   O.E.A. pa gen okenn pouvwa pou l foure kò li, lè pa gen konflit ant eta. Pou kounye a, posiblite konfli ant Ayiti ak Repiblik Dominikèn, sa pratikman disparèt.

117   Mwen ta byen kontan jete (Divalye), men pa gen okenn jistifikasyon legal.

Bwaye (Hervé Boyer), minis Finans, Klovis Dezinò (Clovis Désinor), minis Komès, Jil Blanchè (Jules Blanchet), konseye ekonomik. Yon fonksyonè Depatman d Eta deklare de manmèl kominis ayisyen an se :

«la misère du peuple et la mansuétude de Duvalier à l'égard des marxistes».[118]

Li presize represyon an epaye yo, konparativman ak lòt mouv-man politik yo, Divalye konsidere yo kòm kantite neglijab, vin jwenn Ayisyen yo, an jeneral, renmen fè konplo. Li nan avantay li.

15 me rive. Syèl la vin klè, enpi jou sa a, li fè cho anpil. Palè prezidansyèl la tou blan byen bèl nan mitan gazon an ak ti pyebwa ki refè apre dènye lapli ki te tonbe yo. Mas vèdegri tank yo ak inifòm kaki yo mete kèk koulè anplis. Divalye ap pare 1 pou 1 bay yon konferans pou laprès.

Lè Ayisyen yo ouvè radyo yo byen bonè nan maten, menm sa ki di yo se Sen Toma, yo koumanse kwè prezidan an prale toutbon. Pou lapremyèfwa depi 26 avril yo sispann fè menas nan radyo. Ou pa tande mereng kap voye toya, diskou flanm dife, refren kap anonse dezòd : « Dife nan kay la. » Pandan 20 jou, radyo ofisyèl la ap fè apèl ozam, menas kont lènmi rejim nan, jouman kont Etranje a ak lwanj pou chèf Leta a. Kounye a se popouri mizik ayisyèn dous, mizik klasik. Pa gen baraj polis, tou sa disparèt nan lari yo. Tout popilasyon an plòtonnen kò l lakay li devan radyo l. Jiska senkè nan apre midi, okenn mesaj apa anons ki idantifye estasyon radyo a. Anfen, yo retransmèt konferans pou laprès la.

Nan antre palè a, de gad pran pozisyon nan pye yon doub eskalye ki kouvri ak tapi wouj. Ant mach yo, yo mete yon biwo toutouni. Sou biwo a, gen yon gwo pankat ki ekri :

«L'entrée du bureau du président est interdite à tout militaire armé.»[119]

Gen lòt gad ki alantou biwo a, revòlvè yo gonfle nan pòch yo oswa nan senti yo, fizi yo nan men yo.

---

118   De manmèl kominis ayisyen an se mizè pèp la ak tolerans Divalye genyen pou maksis yo.

119   Okenn militè ame pa gen dwa antre nan biwo prezidan an.

Konferans pou laprès la te fikse pou trèzè trant. Jounalis ap swe nan yon anbyans cho, imid. Jis anvan katòzè yo vin verifye non yo toujou, enpi, lè yon gad fin mande yo si yo pote zam, yo mennen yo nan salon jòn nan ki bò kote biwo prezidan an, nan zèl ès palè a.

Yo akeyi jounalis yo ak yon gwo pòtre Tousen Louvèti (Toussaint Louverture) ki kwochte sou panno sid la, l ap admire yon fenèt ki ouvè ak balkon ki bay sou gazon palè a. Tab ki nan mitan an dekore ak bèl flè woz. Frechè yo jire ak twal areye ki kouvri chandelye an bwa dore yo ak tanti yo ki jòn ak pousyè.

Toudenkou sirèn mete kriye. Yon kòtèj trantuit veyikil, pifò ladan yo se kamyon chaje peyizan ak milisyen ki parèt anndan lakou palè a. Yo koumanse tounen an kawousèl devan fasad prensipal la. Sa se pou enpresyone jounalis yo. A anviwon katòzè kenz, gen yon ti pòt ki ouvè, se gwo vant kolonèl Grasya Jak (Gracia Jacques) ki parèt. Mouche pran yon pòz, enpi li anonse sou yon ton pou teyat: « Le président de la République ».

Divalye parèt anfen. Tèt bese, li mache dousman sou biwo a, li chita, li rete fiks yon moman, apre sa li leve tèt li. Je l travèse vè linèt epè yo, li fè yon ti souri. Li rive konbinen yon atitid senp ak asirans yon vye komedyen ki kalkile alasegond ki jan pou l antre sou sèn nan.

Yon èddekan li fè trankilman yon deklarasyon ann angle. Li leve dwèt bouwo l anlè lè l bezwen atire atansyon sou yon pwen an patikilye. Apre sa yo distribiye kopi deklarasyon an bay jounalis yo. Lè sa a, yonn ladan yo mande si y ap leve sansi yo, si limenm ak kòlèg li yo ka telefone oubyen telegrafye atik yo.

« Bien sûr, fait Duvalier, car nous sommes en démocratie. »[120]

Kounye a, prezidan an koumanse pale. Li dakò yon lòt fwa ankò pou l jwe wòl ofisyèl chèf revolisyon an. Li akize Etazini kap eseye kreye panik ann Ayiti lè l evakue sitwayen l yo. Sa pa anpeche l kwè relasyon yo kapab amelyore. Li demanti rimè ki vle fè kwè li te mande Kiraso (Curaçao) otorizasyon aterisaj pou avyon kap

---

120   Sètènman, Se nan demokrasi nou ye.

transpòte fanmi l. Li pa reponn kesyon yo poze l dirèkteman. Li prefere trete sijè ki gen rapò ak kesyon yo te poze l pa ekri depi davans.

Lè y ap pale l de represyon, li di manti, sa pa janm egziste. Pou limenm, isaji inikman de mezi ki te nesesè pou konbat dezòd ame ak envazyon. Li di :

> « Malheureusement, une telle situation a résulté des lacunes dont ont fait preuve certains citoyens américains qui auraient dû consacrer leurs efforts à mieux comprendre notre pays et son peuple en étudiant, comparant et finalement en se faisant une opinion réfléchie. »[121]

Refleksyon sa a vize anbasadè Tòstonn (Thurston)

> « Il ne fait aucun doute que les missions navales et aériennes des États-Unis ont fait bénéficier les forces armées d'Haïti de connaissances techniques précieuses. Cela est vrai également pour d'autres petits pays. Cependant, lorsqu'il arrive que quelques officiers inconscients de leur propre responsabilité utilisent leurs connaissances et leur expérience pour se mêler des affaires intérieures de la nation qui les accueille, ce que j'appelle trahir la mission qui vous a été assignée, il ne peut y avoir d'autre choix que de demander leur rappel. »[122]

Fwa sa a se kolonèl Hayn (Heinl), ansyen chèf misyon *Marins* yo, ki jwenn pou grad li a.

Divalye deklare li pa pe janm fè de Ayiti yon Eta sosyalis, jan y ap fè bri yo kouri a. Yon lòt pa, li pa gen konesans okenn atik nan akò yo ki ta otorize O.E.A. vin reprime dezòd kap fèt nan yon peyi manm :

> « Si une telle clause existe, alors pourquoi ne l'avoir pas invoquée à Birmingham, en Alabama, où les violences ne sont pas potentiels mais réelles ?[123]

> Je sympathise sincèrement avec le président des États-Unis, lequel est aux prises...

---

121   Malerezman yon sitiyasyon kon sa se rezilta mankman ki genyen kay sèten sitwayen amerikan ki ta dwe fè plis jefò pou y etidye, konpare epi finalman gen yon opinyon reflechi pou yo ka konprann peyi nou an ak pèp li a pi byen.

122   Misyon naval ak ayeryèn Etazini yo founi fòs lame d Ayiti yo anpil konesans teknik ki gen anpil valè. Pa gen manti nan sa. Sa a vo tou pou anpil lòt ti peyi. Sepandan, lè kèk ofisye enkonsyan de pwòp reskonsablite yo itilize konesans yo ak esperyans yo pou yo foure bouch nan sa k ap pase anndan lakay ti peyi ki resevwa yo a, sa m rele trayi misyon yo konfye w la, pa gen lòt chwa sinon mande raple yo.

123   Si yon kloz kon sa egziste, pou kisa yo pa t envoke l Bimingam (Birmingham) nan Alabama, kote vyolans yo pa t potansyèl, men reyèl. Sensèman mwen regrèt sa pou prezidan Etazini an k ap kòlte l ak ...

Li klotire ak yon souri:

« J'aimerais rester plus longtemps avec vous, mais j'ai beaucoup à faire aujourd'hui. »[124]

Divalye leve byen dousman, li glise kò l nan yon pòt nan fon an, li disparèt nan apatman l yo.

Nouyòk, disètè trant, konsil Ayiti a telefone Pann Amerikann (Pan American):

« Annulez les réservations au nom de Duvalier. Vol Paris vingt heures trente. »[125]

Kèk minit apre deklarasyon Divalye yo, 1 200 milisyen defile o pa d zwa, nan kapital la. Anviwon 200 ladan yo ame. Plizyè kalite koulè rad, kaki militè, twal ble bloudjins, rad sivil··· veritab « arlequins ». Ou wè yon chèf seksyon fizi kwaze sou zepòl ak manchèt li nan men gòch.

Ti kras anvan setè di swa, yon seri esplozyon koumanse fèt. Moun kouri al wè si se revolisyon an ki koumanse. Se divalyeris twò zele yo ki limen fedatifis.

Keseswa pa aza keseswa byen kalkile, Divalye reyisi fè fas kare ak lènmi l yo. Li rive fè Étazini kwè li te gen lide pran egzil, men, sanble li pa t janm konsidere dènye posibilite sa a, pou fanmi l pètèt. Yo di yo ofri l gwo lajan pou l kite sa, men li fè kòlè, li refize. Yo pale tou de yon avoka ayisyen ki ta sèvi ak `omdafè ameriken pou l fè Wachintonn konprann Divalye gen lide pati. Tou sa yo mande Ameriken, se fè yon jan pou l evite derapay jiskaske li pati. Yo te menm tande « *la Voix de l'Amérique* » bay nouvèl prezidan ayisyen an ki pa lwen pati.

Testonn envite jounalis ameriken yo 15 me nan rezidans li nan mòn nan. Sou teras la ou gen yon bèl vi Pòtoprens ak bè a. Genyen nan envite yo ki panse se rele li rele yo vin asiste flòt ameriken an kap antre, pètèt *Marins* yo kap debake. Batiman lagè yo ap rive, men y ap kontante yo kwaze nan bè a, pou yo tounen fè vwal jis nan kannal.

---

124   Mwen ta byen kontan rete pi lontan avèk nou, men, mwen gen anpil bagay pou m fè jodi a.
125   Anile rezèvasyon sou non Divalye yo, vòl Pari, 22 zè trant.

Yon diplomat latino nan pòs pòtoprens konpare sitiyasyon an ak yon pati echèk lè yonn nan jwè yo fè pat, ki vle di pati nil. Pati a fini. Divalye pa fè yon pa kita yon pa nago.

> « Cette fois, les Haïtiens n'oseront adopter une attitude quelconque, dit-il. Quelque temps auparavant ils auraient expulsé M. Thurston...»[126]

Bò pa li Etazini ganlè pa fin konn sa pou l fè. Wachintonn, Depatman d Eta defini pozisyon l nan kominike sa a:

> Nous sommes en train de passer en revue la situation haïtienne dans son ensemble, notamment en ce qui concerne la légalité du présent gouvernement aux termes de la Constitution. La question de nos relations avec le gouvernement Duvalier est étudiée en priorité par nos services, lesquels confrontent leurs vues avec celles d'autres pays. Nous sommes en mesure de protéger les intérêts des États-Unis et de ses citoyens. De même que dans les cas similaires impliquant un problème de reconnaissance juridique, nous nous consultons non seulement avec les États des deux Amériques, mais aussi avec d'autres.[127]

Bi kominike sa a se pou fè tan pase pou ka gen yon posiblite fè manèv. Pòtoprens, Tèstonn koupe tout kontak ak kabinè ayisyen an. Li deklare Etazini « sispann » relasyon yo ak Ayiti. Yo koupe fache nèt, enpi pa gen okenn nòt ofisyèl k al jwenn otorite yo pou enfòmen yo de mezi sispansyon sa a. Repiblik Dominikèn, Kostarika, Venezwela deja koupe fache nèt ak Ayiti. Ekwatè mete kò l bò kote Etazini, li sispann relasyon l yo tou.

Pòtoprens, se sou journal, minis Afè etranjè a, Chalmès, aprann nouvèl la.

> « Un tel état de chose n'existe pas, dit-il, il n'est pas fondé selon le droit international et n'a pas non plus de précédent. »[128]

---

126   « Fwa sa a Ayisyen yo pa fouti adopte yon atitid kèlkonk. Anvan sa yo ta ekspilse M. Tèstonn...

127   Se egzaminen n ap egzaminen tout sitiyasyon ayisyèn nan, sitou sa ki regade legalite gouvènman aktyèl la selon Konstitisyon an. Sèvis nou yo ap etidye an premye relasyon nou ak gouvènman Divalye a. Y ap konpare sa yo jwenn yo ak pa lòt peyi yo. Nou kapab pwoteje enterè Etazini ak sitwayen l yo. Kon sa tou, nan lòt ka menm jan an yo, ki gen pwoblèm rekonesans jiridik, yonn konsilte lòt non sèlman ant Eta ki nan de Amerik yo, men lòt yo tou.

128   Li di yon bagay kon sa pa egziste, li pa gen okenn fonnman nan dwa entènasyonal, pa janm gen anyen kon sa tou ki te fèt anvan.

Li kontinye pou l di Ayiti refize pran desizyon ameriken an pou yon pwovokasyon. Fristre nan espwa l pou l opoze l ak Divalye, yon diplomat O.E.A. deklare an palan de Chalmès

«J'ai bien tenté de tirer de lui une réaction et de nous donner du même coup un prétexte pour intervenir... mais il a tout accepté. Il n'y a pas moyen de l'insulter.[129]

Firamezi 22 me a ap pwoche, Divalye parèt pi souvan an piblik, pou aseni atmosfè a, enpi bay enpresyon bagay yo vin nòmal. Se kon sa nan twa jou, soti 19 pou rive 21, li parèt 7 fwa nan sòti ofisyèl.

Premye jou a, sekirite yo te prevwa yon eskòt sèz machine ak sirèn k ap klewonnen. Yon latriye jandam ame jiskodan kadriye foul la anvan prezidan an rive ak inè reta pou l asiste de seremoni diferan, yonn nan lekòl de medsin nan, lòt la nan « Institut d' études économiques ». Nan dènye kote sa a de pwofesè ap fè disètasyon sou enkonvenyan ki nesesè pou tout pwogrè. Vè apre midi, o wonpwen, yo ka al gade Divalye debou anba lapli pandan yon òkès ap jwe im nasyonal la pou rasanble yon lòt defile. Nan limouzin ki kondi l la, ti nonm an nwa a kenbe yon karabin sou jenou li.

Lelandemen, yo wè l kap inogire yon wout. Yo wè l kap koupe riban an ; apre sa li fè aparisyon l nan Chanm depite yo ki nan seyans estwòdinè; apre, se sendika chofè yo ki gen lonè resevwa visit li.

Twazyèm jou a, yo charye kenz mil peyizan toujou nan kapital la vin patisipe nan seremoni yo prevwa pou lelandemen. Nan apre midi, senk mil manm milis riral defile. Se yon detachman sou chwal, bourik, menm bèf ki kondi yo. Divalye ale nan enstiti franko ayisyen kote jij peyi l yo ap kouvri l ak lwanj.

Babo kontinye simen laterè toujou. Yon kontwòl sevè tonbe sou près la ankò. Gen moun ki vle sabote banbòch yo. Bonm pete tout kote nan vil la. Dis moun mouri. Tanbou ap bat, lapolis ap soufle souflèt, moun ap chante, y ap pale fò, bri zam mele ak sirèn kap gwonde.

---

129   Mwen fè tou sa m kapab pou m pwovoke yon reyaksyon lakay li ki ta ka founi nou yon pretèks pou n fè entèvansyon... li aksepte tout bagay. Pa gen mwayen pou manke l dega.

Atache militè ameriken an, Djonn W. Warenn (John W. Warren) gade l wè yon bonm pete nan jaden vila l. Erezman li pa fè dega.

Yon lòt fwa ankò anbasad la voye yon nòt pwotestasyon ofisyèl lè 500 Ayisyen ladan yo genyen ki ame, defile ak anpil bri sou teren yo pou y al nan bivwak yo a.

Nasyonzini, secretè general la I Tant (U Thant) anonse Ayiti pa gen dwa vote ankò nan asanble jeneral poutèt li gen de ane depi li pa peye kòltizasyon l. Kat jou apre, yon chèk 22 500 dola al jwenn yo. Pòtoprens ka vote.

Jan sa te pwomèt, se devan yon foul senkant mil moun andyable, prèske tout se peyizan yo itilize kòm brigad aklamasyon, Divalye selebre, 22 me, anivèsè dezyèm manda prezidansyèl li. Debou sou mach palè a, anba yon solèy adan li deklare konpatriyòt li yo yo mèt atann yo a yon avni difisil, efreyan menm. Dapre limenm, pwoblèm Ayiti yo pa soti nan koze politik, se bagay ekonomik. Li anonse nesans yon « ordre nouveau ».

Li di sou plan ekonomik gen yon nouvo pwogram.

> « Tous les ordres de la société et toutes les institutions se conforment à une discipline très stricte. La nation entière devra mettre en commun ses ressources dans une « combite nationale » » [130]

Menm jou a Babo deside parèt. Pandan Tonton Makout ak milisyen ap fouye vil la pou yo jwenn kote l ye, li konvoke Djeri Olari (Jerry O' Leary), kòrespondan Wachintòn Sta (*Washington Star*). Te gen yon fotograf *Associated Press* la tou.

Ansyen chèf polis sekrèt la di Ameriken an li gen anpil patizan ak zam, epi, byenantandi, li kwè nan etwal li :

> « J'ai de nombreux amis qui maintenant font semblant d'être pour Duvalier. En eux-mêmes, ils sont pour moi. » [131]

Li di si l reyisi jete Divalye l ap voye milis la ale, l ap reyòganize lame a, l ap retabli lòd, l ap fè respekte lalwa. Nan sis mwa k ap vini yo, ap gen eleksyon lib, l ap prezante kandidati l. « *Duvalier est un*

---

130   Tout sektè nan sosyete a, tout enstitisyon yo konfòmen yo pou yon disiplin sevè. Tout nasyon an ann antye pral oblije mete sa yo ganyen ansanm nan « yon konbit nasonal »

131   Mwen gen anpil zanmi ki fè sanblan yo pou Divalye kounye a, men ofon, se pou mwen yo ye.

fou. » Babo rakonte O'Leary ki konvèsasyon li te konn gen avèk Divalye lè l ap di l li bezwen twasan kadav pa an, pa sansenkant ni desan, men twasan. Li rakonte kouman limenm ansanm ak frè li Ari (Harry), yon pedyat, yo manke fè yo pran yo kèk jou anvan. Pandan yo tap gade televizyon, swasant milisyen sènen kay la. Nan batay la, Babo di yo manke asome l ak yon kout kwòs fizi. Se paske menm moman li tribiche a, li tonbe. Pandan l kouche sou do a li desann milisyen an ak yon revolvè.

Ayiti se yon dilèm. Etzini pa jwenn yon solisyon pou l mete yon bout nan sa. Se sèten fòk yo pratike yon lòt politik. Bò pa li, Divalye ap chache fè yo raple Testonn. Li di Wachintonn sa byen klè. Pou l mete yon bout nan kriz la, Lamerik anonse 1e al pou 3 jen, l ap retabli relasyon nòmal ak Ayiti. Yo pase lòd retire fòs naval yo nan bè Lagonav. Reprezantan ofisyèl la siyale Divalye toujou mèt Ayiti. Kidonk Lamerik gen enterè pa koupe pon yo.

Papa Dòk rann li kont advèsè l yo ap fè laloz. Li pral manevre kont misyon militè yo a. Li òdone yo rapatriye l. Wachintonn bat ba, li fè konnen li raple Testonn sou demann Divalye. Ayiti raple anbasadè li ki Wachinyonn.

Epizòd adye orevwa Testonn nan pote yon nòt komik nan yon sitiyasyon difisil. Jou yo prevwa pou anbasadè ameriken an pati a, se kò diplomatik la okonplè ki prezante sou ti teren ankonbre ayewopò a. L al manifeste senpati l pou Wachintonn, repwobasyon l pou Divalye. Nou nan tanperati sezon ki vle di brilan. Syèl la san nyaj. Y ap tann kourye Pann Americann ki gen pou l kondi Tèstonn Wachintonn an pasan pa Sannto Domengo. Kèk minit anvan aparèy la rive, syèl la chanje vizaj sanzatann. Yon lapli ki vin ak anpil dlo koumanse tonbe. Yon ti bout tan apre, Pann Americann anonse akoz tanpèt la avyon an ki tap soti Kennstonn, Jamayik (Kingston, Jamaïque) pou l vin Pòtoprens oblije kase tèt tounen. Apèn nouvèl la fin bay, gwo lapli ak anpil dlo a sispann, syèl la degaje, gwo solèy cho rekòmanse briye. Lè diplomat yo ap tounen, yonn ladan yo di vwazen li ou pa wè syèl la ? « *Pensez-vous que Thurston croit au vaudou ?* »

Lelandemen Divalye pral manifeste kouman li rejte règ diplo-
matik yo ak degoutans absoli li genyen pou Tèstonn, si se pa pou
Wachintonn ou ankò toulede. Olye li tann de jou ankò pwochen
kourye a pèmèt li kite Pòtoprens, anbasadè a fè vini yon DC-3 lame
amerikèn pou transpòte l Sannto Domengo. Fwa sa a, se inikman
manm anbasad amerikèn ki prezan nan ayewopò a. Li bonè, maten ki
vin apre depa manke a. Diplomat la ap monte abò aparèy la pandan
y ap ba li lanmen. Lè l rive nan pòt kaleng lan, li vire li salye moun yo
ak bra li. Se moman sa a yon ofisye soti nan P.C. fòs ayeryèn nan,
li kouri jis nan D-C 3 a. Li pale ak Tèston an premye, apre sa ak
lòt manm anbasad yo ki rasanble devan pasrèl la. Diplomat la fè
demi tou. Entèlokitè a vin fè l konnen DC-3 a pa gen otorizasyon,
li pa ko ka vole. Li esplike l sa ak yon ton emab pandan li di l y ap
fè sa ki nesesè. Kounye a se yon tann ki koumanse long. A mezi
matine a prale, solèy twopikal la ap klere sou tèt pye palmis yo,
chalè a koumanse moute. Nan mitan pèsonèl anbasad yo tou, kòlè a
prèt pou toufe yo. Yo kalkile tout jan pou yo ta fè jwenn yon lòt
solisyon. Yo ka menm fè yon apèl i jan nan baz kiben Etazini konsève
Gwanntanamo a. Bout pou bout yo deside tann pi lontan bon voulwa
otorite ayisyèn yo. Tèstonn moute abò, li fè yon jès adye enpi motè yo
koumanse gwonde. Menm moman an twa ansyen Mustang P- 51
lame de lè ayisyèn antre ann aksyon. Yo rive an kawotan ak anpil
bri de yon pis ki pa t lwen. Yo fè manèv osòl, enpi yo rive bloke DC-3
Ameriken yo. Yo pa fouti pase okenn kote. Lè l wè li bloke pilòt la
koupe gaz la. Kounye a, se yon Tèstonn k ap pete nan po li ki soti yon
lòt fwa ankò anndan aparèy la. Li pale ak asistan l yo. Ofisye aviyatè a
al jwenn yo. Li byen janti, sanble menm li senpatize ak Ameriken yo.
Apre sa, l al bò P.C. a, ou ta di li pral mande pèmisyon pou D.C.3 a
dekole. Finalman, apre yon atant yon demiyè, li soti nan biwo l, li
fè yo yon jès pou l atire atansyon yo. Li frape de men ansanm pou l fè
yo konnen tout bagay regle. Yo ka dekole. Kòm si yo te obeyi yon lòt
siyal, twa Mustang yo deplase ansanm, yo fè yon sèk pou yo degaje
pasaj la. Tèstonn moute ankò. Fwa sa a li resi pati. Se ak nòt triyonf
sa a afwontman ant Divalye ak Etazini fini. Yon afwontman ki, dapre
anpil moun, ta dwe jete l.

Ann apre, tradiktè Depatman d Eta yo entèprete yon nòt ofisyèl ayisyèn kòm siyifyan ke prezans Tèstonn endezirab, ann Ayiti . Si l ta retounen se ta jis pou l chache efè pèsonèl li. Sètwouve tradiksyon an pa bon. Lè Depatman d Eta telefone otorite ayisyèn yo pou enfòmen yo Tèstonn ap tounen vin pran mobilye l yo, otorite ayisyèn yo mande anraje. Yo bonbade Wachintonn ak yon telegram pou fè l konnen pa kesyon pou diplomat la mete pye ann Ayiti ankò. Yo reegzaminen nòt ki fè pwoblèm nan, yo fè yon lòt tradiksyon, yo vin rann yo kont yo byen presize Tèstonn pa otorize tounen Ayiti « menm» pou l vin chèche zafè l yo.

Chapit 15
Envazyon an echwe

Yonn nan pi gwo pwoblèm Divalye se tout refijye sa a yo ki tou pre li la a Sendomeng. Kwak li pa sa vin yon menas serye, men li ka ba li anpil pwoblèm. Kidonk li oblije pran mezi sevè pou l anpeche moun yo pati. Wout entènasyonal la se mayon santral yon fwontyè ki ale jiska 200 kilomèt. Ladan ou jwenn tou pou siveyans tankou sa o mwayennaj yo. Se gad fwontyè dominiken ki ladan yo.

Yon sèten dimanch mwadjen 1963, yo te ka asiste yon espektak biza. Li twazè di maten, yon rido dife ak lafimen moute devan yo. Se Tonton Makout yo ki mete dife nan ti kay bò fwontyè yo, kote ayisyen. Plizyè santèn kay pran dife sou yon pwofondè uit kilomèt. Se yon kòdon sanitè yo mete, enpi yo deklare l zòn lagè. Depi yon moun pase la san otorizasyon li riske fè yo tire l.

Yo fè tout moun, tout bèt ki pre fwontyè a antre pi fon anndan. Ya debwouye yo jan yo kapab pou yo kontinye rete vivan. Yo kite jaden yo osinon yo boule yo. Apre sa ou ka toujou pran ris glise kò w lòt bò fwontyè men ou pa pe jwenn peyizan pou ede w jan sa te konn fèt anvan. Depi yo mete yo deyò, se milisyen ak Tonton Makout kap pran relèv kontrebann nan ki bay anpil kòb, menm si pa gen anpil afè.

Pou fè yo respekte zòn lagè sa a, se yon hougan kontrebandye Divalye mete kòm enspektè pou kontwole l. Li rele Dodo Nasa (Dodo

Nassar). Kòm adjwen yo ba li yon lòt vodouwizan, Zakari Dèlva (Zacharie Delva), gwo chèf milis.

Depi avril, epòk dènye netwayaj la, gen ofisye yo te sispèk ki reyisi pase fwontyè malgre tout gwo siveyans sa a yo. An jeneral yo opere pa gwoup de de ou twa. Y ap chache rejwenn twoup yo tande kap òganize l lòtbò a. Yonn nan moun kap sove yo, te asiste pa aza masak ki te fèt lè Franswa Benwa te chape poul li a. Kòm yo te remake prezans li nan zòn nan, li te blije disparèt pou l sove po l. Gen yon lòt ki te ak madanm li tou ansent. Yo twote kont yo sou yon tèren difisil arebò fwontyè a. Lè yo rive yo pa konnen. Se yon peyizan dominiken ki pote ti dlo glase pou yo. Gen yon twazyèm ofisye ki pran yon kout solèy tou pre liy lan. Li fè l egare. San l pa konnen, li kase tèt tounen Ayiti. Li jwenn ak yon kamyon milisyen Divalye yo, li tèlman dekouraje, li te anvi rann tèt li. Men chans pou li, malgre inifòm ki sou li a, yo pa wè l nan mitan peyizan yo ki bò wout la.

Se nan anbyans dekourajman, dezòd, espwa yon dènye chans sa a, jeneral la vin parèt nan tout esplandè l. Se yon sòlda ki konn metye l. Li te fè bèl figi nan kriz 1956-1957 la. Li kite Nouyòk kote l te ann egzil la pou l vin Sendomeng patisipe nan regwoupman moun ki te sou zòd li yo, lè l te Ayiti. Nou nan mitan yon ane 1963 ki te tèlman pwomèt okòmansman. Nou ann ete. Moun ap toufe ak chalè. Aktivite yo ralanti tou.

Ofisye ki rasanble sou direksyon kantav yo ap konfwonte gwo pwoblèm. Se peyizan iletre yo ki fè pati pou pi fò nan ti sòlda apye sa a yo. Yo bezwen zam, yo bezwen yon tèren pou fè manèv. Kantav mete sou pye yon sant pou antrennmam de fwa. Bòch fè kraze yo chak fwa.

«Ma sympathie vous est acquise dit le président dominicain, toutefois, nous avons les mains liées par les accords internationnaux que nous avons signés. D'autre part la situation intérieure du pays requiert toute notre attention.»[132]

---

132 Prezidan dominiken an di nou deja gen senpati mwen, men akò entènasyonal nou siyen yo mare pye nou. Yon lòt kote, sitiyasyon anndan peyi a okipe tout atansyon nou.

Li kontinye pou l di moun ki gen lide atake Divalye pa ka itilize tèritwa dominiken an kòm baz. Kòm li pa pe rive konvenk Bòch, Kantav pral mete l ak Rigo epi Vèna ki gen bon jan relasyon nan wo kòmannman lame dominikèn nan.

Egzistans yon egzile toujou difisil kèlkeswa kote li ye a. Dezakò ki ta sanble ensiyifyan ann Ayiti , toutomwen ou ta ka fasil pase trè sou yo, pran yon enpòtans kapital. Politisyen yo antre sou sèn nan ak plan yo tou fèt nan tèt yo. Ti piti yo menm toujou gen mefyans anvè yo. Gen jèn ki twouve ofisye yo te konpwomèt yo twò lontan ak rejim Divalye a. Mizè ak kras kap wonje egzile yo pa fasilite bagay yo. Gen mastè brenn ki vin pran pòz chèf Rezistans yo. Yo monte òganizasyon patriyotik aletranje ryenk pou yo ranmase lajan. Pami Ayisyen ki refijye Sendomeng yo, pa gen anpil ki ka debouse 50 santim pou yon plas nan dòtwa ki deja foul yo. Anpil ladan yo dòmi nenpòt kote. Yo pase pi fò nan tan yo ap chache lajan ak zam. Yo leve batay pou dan ri. Yonn sispèk lòt kòm espyon osèvis C.I.A. (Central Intelligence Agency. Sèvis sekrè ameriken) oswa yonn nan bann sèvis sekrè dominiken yo.

Jeune Haïti gen yon avantaj sou lòt òganizsyon rezistans yo. Li jwenn sibvansyon nan men C.I.A. Men pè Bisent frape yon ne bò kote Bòch. Li pa abitye ak sibtilite yo nan Karayib la. Li rete kareman, li deklare adjwen Bòch yo li bezwen yon kan antrènman. Kòm de rezon, yo iyore l, yo ba l vag. Li tounen Nouyòk yon ti jan desi.

Paris Match pibliye yon atik sou Ayiti. Li gen pòtre Divalye ak yon karabin sou jenou l. Men sa ki ekri anba li kòm lejand « La meilleure amie du président ». Yo sansire nimewo a. Enspektè pase nan chak kyòs, yo koupe foto a ak sizo, nan chak nimewo.

Nouvèl sot Ozetazini pou di Wachintonn sispann akò li sou finansman nouvo ayewopò a. Motif : Ayiti pa kontinye ranbouse lòt kòb yo te prete l yo.

Pandan tan sa a y ap jije an kachèt ofisye ki pran azil nan anbasad etranje yo, lè netwayaj ann avril yo. Divalye pase lòd akize yo pou kòripsyon, dezèsyon ak konplo kont la sekirite de Leta. Yo kondane sèz ladan yo amò pa defo. Benwa ladan yo.

Lè yo mande li sa l panse de sitiyasyon an ann Ayiti, Bòch reponn:

« L'O.E.A. doit trouver une solution, mais, à ma connaissance, elle ne possède ni la force ni l'autorité nécessaires. » [133]

Pòtoprens, palè a toujou pwoteje ak pwojektè, tank, kanon. Divalye mete pòt ann asye an plis pou ranplase pòt an bwa yo. Depi 22 me li pa met pye 1 deyò. 4 jiyè fèt nasyonal Etazini, se Chalmès, minis Afè etranjè ak adjwen 1 yo ki t al nan resepsyon nan anbasad la. Se chaje d afè ameriken an Edwa G. Kètis (Edward G. Curtis) ki te resevwa yo.

De epizòd sanglan ann Ayiti pral pouse egzile yo pase alaksyon, gwoup Kantav la sitou.

De frè Babo yo fè gwo pwojè pou 14 jiyè. Yo kache nan yon ti kay tou pre pòs polis Kazo a (Cazeau), senk kilomèt nan sòti nò Pòtoprens. Kèk santèn mèt de la ou jwenn Estidyo Radyo Komès (Radio Commerce). Minis Enfòmasyon an Jòj Figawo (Georges Figaro) ak lòt gwo zotobre nan rejim nan konn vin vizite 1 ase souvan nan apre midi. Yo tout ka antre nan palè a san fòmalite. Men plan Babo : y ap pran Figawo, y ap itilize 1 pou fè dis fo milisyen antre nan palè a nan de machin a uitè di swa. Lè yo rive la Babo gen omwen ven milisyen pa li ki ka vin jwenn li. Bi li se touye Papa Dòk enpi pran pouvwa a.

Gen de lòt gwoup ki an kontak ak gwoup pa 1 la. Premye a gen nan tèt li yon ansyen palmantè, lòt la, Ektò Ryobe (Hector Riobé), jennonm Makout te asasinen papa 1 an plèn ri enpi yo vòlò tou sa fanmi li te posede a. Li chaje ablòk kont yo.

Jou J a, nan maten, gen yon kontraryete. Yon peyizan avèti otorite yo gen yon moun ki tire sou yo. Li gen enpresyon se Babo. Rapidman Divalye depeche yon gwo detachman nan sektè peyizan an endike a. Babo ak nèg li yo reyisi soti. Yo kouri kite kay kote yo te ye a, y al refijye nan yon chan kann. Men Makout yo rive jwenn tras yo. Lè yo rive nan plantasyon an yo mete dife, enpi y ap tann am o pwen. Amezi flanm yo fòse yo kite kachèt la, yo tire yo kou lapen.

---

133 O.E.A. dwe jwenn yon solisyon, men, pou mwen, li pa gen ni fòs ni otorite nesesè pou sa.

Pami viktim yo nou jwenn Kleman ak Ari Babo. Moun yo fè de prizonye, de anplwaye « Régie du Tabac », ki Tonton Makout. Se kon sa Babo fini, twazan jou pou jou, depi apre Divalye te fin bay lòd arete l kondi l nan prizon Fò Dimanch.

Se yon pèsonaj espesyal ki disparèt la a. Kote yo deteste l la, la yo respekte l tou, pou kapasite li. Plis pase nenpòt lòt, yo konsidere l kòm lotè konsolidasyon rejim nan nan premye ane l yo. Anpil nan moun ki te konnen l yo pa rive kwè se kon sa lit amò sa a ant limenm ak Divalye ta fini. Fanmi li ki kontinye benefisye azil politik, refize admèt li mouri vre, menm lè otorite yo pibliye foto kadav la. Madan Babo rete kwè mari l gen pou l tounen pa mirak, menm jan li te deja fè l oparavan.

Lanmò kriyèl Babo a pa anpeche Ryobe pase a latak bò pa li. Avèk konkou jenn ki anbrase kòz li a, li konstwi yon espès veyikil blende ak yon lansflam atizanal. Menm jou a, swa 14 jiyè, moun te ka wè jis apre solèy fin kouche, yon vwati byen chaje ap avanse sou wout Dèlma a, nan direksyon Petyonvil. Moun ki ladan l yo simen klou dèyè yo pou kreve wou machin ki ta ka deside swiv yo. Li tèlman lou, motè a fatige, li chofe. Omoman machin nan vire pou l pran mòn Kenskòf (Kinscoff) la, li pran pàn jis an fas pòs polis Petyonvil la (Pétionville) ki sèvi kazèn pou militè ki afekte nan sektè sa a. Yo parèt. Yo ofri yo èd. Yo pran yo pou milisyen an patwouy poutèt inifòm yo. Yo refize èd. Men, gen yon sòlda ki ensiste, l al foure tèt li anndan pòt la pou l dekouvri asnal zam nan. Yonn nan ti mesye yo pèdi sanfwa l, li tire l. Yo dekouvri yo. Ryobe ak gang li an wouze komisarya a ak kout zam otomatik, yo pran mòn nan apye. Sou wout la yo komèt erè y al kay paran yonn ladan yo pou yo mande èd. Lè yo fin pati moun nan enkyete poukont pa l, li kouri lapolis. Yon lòt moman yo pase lòd arête fanmi ti rebèl yo.

Men yo fè yon gwo manèv yo pran pòs militè Kenskòf la. Yo bay alèt la volontèman. Yon bann Tonton Makout tande alèt la. Yo kraze tout.

Kounye a jenn yo te ka chape pou l yo, al chache refij nan tèritwa dominiken, men se pa t sa ki te enterese yo. Ryobe vle goumen enpi sa k ap vini pou li a enskri non li nan palmarès Mati pou la Rezistans ki deja long. Li pran direksyon gwoup la y al okipe yon pozisyon yo te deja prevwa. Se yon gwòt kote yo te mete viv, dlo, minisyon pou yon sejou ki long.

Se yon sèl chemen ki mennen nan gwòt sa a. Yon ti wout ki mennen w lan bouch li. Depi w parèt yo wè w. Tonton Makout ki pran chans moute, se tèt yo yo pot ale. Ak yon kòd yo fè eklate kèk chay dinamit yo fè glise sou tèt mòn nan jis nan bouch gwòt la. Anyen menm. Twa jou diran, batay la mare. Otorite yo fè tout sa yo kapab pou moun pa konnen, men bri zam yo rive jis nan kapital la.

An dènye resò, Divalye deside fè batayon Desalin nan, inite taktik *Marins* yo te fòmen an, entèvni ak zam modèn, mòtye. Yo menm tou yo pa rive dekole l. An dezespwa de koz, se pwòp manman Ryobe yo fè moute a òm sou yon bourik yo mennen l nan ti wout la, devan Ryobe. L ap pare l pou mande pitit li rann tèt li. Repons lan se yon bri zam. Epi silans. Sèl moun ki te rete vivan pami tout konpayèl li yo, Ektò Ryobe sot di dènye mo li.

Plizyè èdtan pase, yo pa tande anyen ankò nan bouch gwòt la, men nèg Divalye yo pè toujou. Lè yo resi deside avanse a se anba kwo kouvèti zam.

Moun pa pe janm konnen konbe moun ki mouri nan twoup Divalye yo anvan yo fè fen Ryobe ak konpayèl li yo. Dapre sèten temwen ki wè ak je yo va e vyen anbilans ant kote yo t ap goumen an ak lopital militè, lavil la, nou plis kwè otorite yo pèdi anpil moun. Omwen karant moun mouri enpi anpil blese selon estimasyon ki pa ofisyèl.

Se de sèlman nan jenn rebèl yo yo pran kòm prizonye. Yonn ladan yo se Jan Pyè Idikou (Jean-Pierre Hudicourt). Li te resevwa yon bal nan zèpòl lè yo te atake pòs Kenskòf la. Li rantre nan yon kay l al mande èd, madanm nan pran l pou yon vòlè, li tann l ap dòmi, li twa ka touye l ak kout manch pilon. Lòt la menm se Makout yo ki touye l, lè li tap eseye sove nan mòn yo o sid Pòtoprens. Pou yo fòse l bay non konpayèl li yo, bouwo yo fè Idikou pase pi gwo mati ki genyen. Lè l tonbe nan koma, se doktè Foukan ki kite palè a l al opere l nan sèvo pou l eseye fè l revni. Fanmi l eseye pran azil nan anbasad etranje. Papa l, Pyè Idikou (Pierre Hudicourt), yon ansyen diplomat, antre nan gwo diskisyon ak anbasadè meksiken an, Bènado Reyès (Bernardo Reyes,) ki vle fè l konprann li pa gen dwa chache azil nan anbasad li a. Idikou di li al konsilte trete nasyon Amerik Latin yo te siyen sou koze azil politik, l a wè non li nan lis moun ki te siyen l yo. Se lè sa a, yo admèt li. Madanm li jwenn azil nan anbasad Chili.

Kouray Ryobe a limen yon dife nan kò egzile yo lòt bò fwontyè a. Pandan yo asyeje gwòt la, se avèk raj yo chache zam tout kote pou yo ouvè yon dezyèm fwon. Kantav rive bon moman.

Debi jiyè, li jwenn pèmi pou rekri l yo itilize kan antrènman lame dominikèn nan Syera Priyeta (Sierra Prieta), 12 kilomèt o nòdwès Sannto Domengo. Gen swasanndis òm nan twoup la. Ou jwenn ansyen militè, jenn sivil, peyizan iletre yo rele kongo yo ki tap travay nan batèy. Yo sèvi ak inifòm lame dominikèn, ak kas yo tou. Pi fò nan egzèsis yo se tire.

Gen yon pwoblèm serye ki poze. Sivil yo pa vle resevwa lòd nan men ofisye ayisyen yo yo te toujou deteste. Adjwen Kantav se kolonèl Rene Leyon (René Léon). Se nonm sa a ki te fè represyon nan envazyon ki te fèt an patan de Kiba an 1959. En 1959, 237 nan represyon yon tantativ envayon.

Bout pou bout, Bòch rive dekouvri aktivite emigre yo. Li konvoke jeneral Renato Houngriya Morèl (Renato Hungria Morel), kòmandan an chèf fòs li yo. Li bezwen konnen pou ki rezon gen Ayisyen kap antrene nan enstalasyon lame dominiken yo. Se yonn nan de fwa y ap gaye rasanbleman yo a ofisyèlman. Kantav òganize l dabò avèk nèg pa l yo an kachèt, apre sa, avèk ofisye dominiken yo. Li reprann aktivite yo semèn apre a, men, san sivil yo kap bay pwoblèm nan. Yo pran nouvo rekri pou yo fè kantite nèg yo rive swasanndis konbatan.

Pandan tan sa a, Komisyon ankèt O.E.A. a nan Wachintonn ap bay rapò li. Li rekòmande Ayiti pou l obsève *"Le principe du respect des droits de l'homme"* , apre sa yo di gen yon rapò ki egziste ant vyolasyon prensip sa a ak tansyon ki genyen nan tout zile a. Etazini di li pè pou Ayiti ta refize bay komisyon an otorizasyon ankete sou ensidan yo siyale yo.

3 out 1963, Wachintonn anonse ofisyèlman li anile pwogram èd ameriken li te mete dòmi depi 16 jen 1961 an. Yo vide tout sa ki te

genyen nan kay yo te konstwi pou sèvis yo nan pwogram nan, yo
remèt otorite ayisyèn yo yon kay tou nèf. Sèl sa yo konsève se lit
kont malaria ak distribisyon manje bay moun ki grangou yo.

Lannuit sa a, li te fè cho anpil anpil. Se 2 out, dat Kantav te
chwazi pou l frape a. A onzè di swa, nèg li yo resevwa lòd moute
nan kamyon militè kap kondi yo Dahabonn (Dajabon), yon vil sou
fwontyè a, distans 560 kilomèt o nò. Tout moun an kaki ak bòt tou
nèf. Peyizan an yo pase wikenn nan ap abitye pye yo ak bòt yo.
Kamyon yo debake moun yo nan Nòdwès, pre kote larivyè Masak
al tonbe nan be Mannsaniyo (Manzanillo) a.

Lè nèg yo fin traverse rivyè a, yo moute lòt bò dlo a ki ba yo jis nan
kou, yo distribiye zam yo ba yo. Zam ki fabrike Ozetazini; yo di se
menm zam sa yo Fidèl Kastwo te bay egzile dominiken yo lè yo t ap
antre Sendomeng pou y al eseye jete Twouyilyo 14 jen 1959.

Senk out, douvanjou, twoup ayisyen an rantre Derak (Dérac), yon
ti lokalite tou pre Fòlibète (Fort-Liberté), yon kote yo trese anpil kòd.
Bagay la te ka byen pase san yo pa tire okenn kout zam. Men, gen
kèk nan nèg yo ki met nan tèt yo se nan lagè yo ye, yo chak gen 150
katouch, yo pa ka pa tire. Yo pa swiv konsiy chèf yo, se kon sa yo
tire de milisyen ak yon sòlda nan yon pòs avanse. Gen yon lòt menm
ki pèdi tèt li, anvan yo rive metrize l li touye sis Tonton Makout. Yo
mete lòt Makout yo nan prizon. Menm jan ak Nò a, Derak te konnen
yo pral antre, li te rete dousman ap tann yo   rive.

Pati sa a nan peyi a se veritab lanmè pit, yon plant ki sanble
kaktis. Se avèk li yo fè kòd. Sektè sa a se pou Plantasyon Dofen
(Dauphin) li ye. Se Yonn nan pi gran pwopriyete ameriken yo
omonn. Pa gen lontan depi kolonèl Leyon (Léon) te travay kòm
anplwaye nan plantasyon an. Li pwofite rekizisyone plizyè kamyon
ak djip pou l al frape Fòlibète ki nan vwazinay la, devan anvayisè yo.
Dèyè, se kazèn Wanament (Ouanaminthe) yo. Se premye kote
Kantav deside l ap frape. Pandan l Derak la li telefone kòmandan
laplas la pou l mande l rann tèt li. Li fè pi gwo sezisman lè l tande se
yon nonm k ap bege ki reponn li. Nonm sa a, se kapitèn Pòl Edwa ki
refize rann tèt li malgre asirans li te bay Kantav depi anvan.

Ann apre, y ap konnen Divalye te okouran plan envazyon an. Li te fè Tonton Makout yo siveye kominikasyon yo nan telefòn. San pèdi tan, li voye kamyon vin chache kòmandan an ak kèk nan nèg li yo, plis plizyè santèn sivil y al jete nan prizon Fòdimanch. Apre sa, yo tounen Wanament ak kapitèn Pòl Edwa y al egzekite l piblikman.

Kòm li pa jwenn bakòp Wanament jan l te espere a, li vire kont Fòlibète ventòm ap defann sou kòmannman yon lyetnan. Yo voye yon prizonye al pote yon iltimatòm bay moun yo nan fò a pou yo rann tèt yo. Yo di kantav si l kapab vin wete yo la a.

San jeneral la pa rann li kont, lyetnan an wete nèg li yo kote yo te ye a, l al mete yo pi lwen nan ansyen win epòk kolonyal yo, kote yo ka fè fas kare ak yon atak.

Yo kwaze kòn yo, pa pou lontan. Bazouka egzile yo pa fonksyone. Rete yon mitrayèz lou ki tire yon bal, apre sa li kale. Yonn nann egzile yo pèdi pasyans, li voye yon grenad k al esploze tou pre Leyon (Léon), li blese l bò dèyè gòch li.

Bri batay la fè peyizan an yo gaye. Kantav koumanse poze tèt li kesyon sou eta zam yo te distribiye bay nèg li yo nan fènwa a. Li krenn yon atak tou nan men twoup Divalye yo Wanament. Se poutèt sa li pase tout moun lòd kase tèt tounen lòt bò fwontyè a.

Gen de ladan yo ki te ret dèyè. Yo tap selebre viktwa yo. Yo bwè kont tafya yo ak kèk fanm yo te gen tan jwenn. Lè yo reveye, Kantav te deja byen lwen. Yo egzekite nèg sa a yo menm kote a.

Lòt yo menm, yo fè de gwoup. Kolonèl Leyon pran tèt premye gwoup la. Yo moute nan kamyon yo, yo travèse plantasyon Dofen an, yo kouri retravèse Masak la bò Mannsaniyo. Malerezman dlo a te fon, yo pèdi bon kou zam ak minisyon nan travèse a.

Kantav menm, li travèse fwontyè a dirèk dirèk ak dezyèm gwoup la. Sou wout yo, yo banke ak yon konpayi sòlda ki soti Wanament. Pwoblèm ki poze, atake yo osinon envite yo vin jwenn yo. Yo deside kite yo pase san yo pa fè yo anyen.

Pandanstan Sendomeng menm, gen yon nonm k ap degaje l. Se Pòl Vèna (Paul Verna), yon ansyen jounalis, diplomat, zanmi Rigo (Rigaud), kap redije yon kòrespondans de gè ak anpil chalè. Li enstale P.C li nan otèl Haragwa (Jaragua) pou l prepare yon nimewo byen etidye. Depi 5 out, lè yo fèk koumanse goumen, Vèna fè konnen gen yon fòs 250 òm ki soti nan yon zile nan Karayib la, li anvayi Ayiti. Msye mande yon jounalis si l pa ta kontan akonpaye gwoup sa a ki pral pran Kap Ayisyen an (Le Cap Haïtien). Erezman yo te di l non, ann tann demen.

Ansyen diplomat Rigo menm ki te akonpaye nèg yo, li gen istwa pa l tou. Pandan y ap tounen, nèg ki tap ede l pote a pèdi yon sèvyèt chaje dokiman. Pandan l ap fofile kò l nan chanm otèl la san pesonn pa wè l, Vèna ap pwolonje batay la sou papye. Pou kounye a li fè lektè yo konnen anpil moun al jwenn ti gwoup rebèl yo poutèt kèk inite gouvènmantal ki fè defeksyon. Yo gen tan plis pase senk san. Gen tan gen gwo mouvman tenay de gwoup sa a yo kap antre nan zile a.

Kèk jou ann apre, Dahabonn, yo pral òganize yon prezantasyon teyatral pou komisyon ankèt O.E.A. a, enpi laprès tou. Ofisye dominiken ki nan pòs fwontyè a pral ede yo. Rapò gen tan al jwenn Sendomeng kòm kwa kèk egzile ta traverse fwontyè a pou y al refijye sou tèritwa dominiken. Pesonn pa janm deklare si se nèg Kantav yo. Lè jounalis parèt ak ofisyèl O.E.A. yo ki vin mennen ankèt, Dominiken yo mennen yo nan yon abri an plennè ki kouvri ak fèy palmis. Anba li, yo jwenn dizuit Ayisyen kap pran dèz yo nan lonbray la. Yonn ladan yo, Timote (Timothée) ki te nan gwoup Kantav la depi okòmansman, prezante devan vizitè yo sou non Mak Silven (Marc Sylvain). Li fè bèl enpresyon sou moun yo lè l rakonte yo an detay kouman li kite lame Divalye a pou l vin jwenn rebèl yo. Li pale yon ti angle jis ase pou yo ka rive konprann li menm devan kamera televizyon prensipal chèn ameriken yo.

Lè yo mande l kote Kantav ak rès nèg li yo, Timote sèvi ak manton l pou l voye yo nan direksyon tèt mòn yo ki fòmen yon chenn tou ble ann Ayiti . Chèf lame Kantav yo tou pre yo, dèyè mi fò a, l ap koute Timote k ap bay pawòl. Rès twoup la menm yo mete l an site, nan yon kan ki pa ann Ayiti.

Wachintonn, konsèy O.E.A. a deside fè yon reyinyon ann ijans 6 out pou yo tande Ayiti ki akize Dominiken yo ki fè yon "nouvelle aggression" ak Bòch an patikilye ki kite yo fè yon envazyon apati sòl dominiken. Anbasadè dominiken an demanti l. Yon lòt fwa ankò, yon komisyon ankèt pral verifye sou plas. Pandanstann Ayiti deklare tèritwa Nodès la zòn lagè. Li anonse yo rive chase rebèl yo.

Anwetan bann arestasyon Tonton Makout yo konn fè pou yo debarase ak moun yo sispèk yo, Pòtoprens rete yon ti jan kal pandan evennman yo. Te gen anpil emosyon lè yon bizismann ameriken ki te sot Derak anonse moun yo, rebèl yo egzekite douz Tonton Makout, enpi gouvènman an deside voye ranfò nan zòn sa a ki menase. Pi devan, otorite yo otorize jounalis al Okap pou wè ak je yo vil sa a yo di ki atake a, li byen kal. Men majò Lemwàn (Lemoine), chèf sekirite piblik Okap, refize kite jounalis etranje yo ale Fòlibète nan machin. « Nous ne voulons pas de vous là-bas. C' est tout ». Yo kontante yo fè yo vole sou tèt sektè yo te vle wè de prè a.

Anvan gwoup Kantav-Rigo a efondre nèt yo te mande Etazini èd, li te refize. Li pa t vle rekonèt gouvènman pwovizwa lòt yo te fòmen an. Prezidan Bòch move kont ofisye l yo. Kantav desi poutèt li te pwomèt yo l ap pran Kap Ayisyen depi premye jou a. Limenm Kantav li gen yon dan kont ofisye yo li di ki ba li zam ki pa fonksyone byen. Nan plizyè ka minisyon yo pa kòresponn ak kalib zam yo.

Apre echèk sa a, *New York Times* ekri nan yon editoryal: « Haïti est toujours Haïti ». Divalye entèprete l kòm yon jouman. Li konvoke nouvo atache d près la, Jera de Katalòy (Gérard de Catalogne) ki te fèk sot ann Ewòp kote li t ale ak misyon pou l distribiye dekorasyon bay jounalis oksidantal ki vle aksepte yo. Pwopagandis koulè klè sa a pral bay yon repons ki frape. An palan de Etazini, li ekri :

« Ceux-ci s'imaginent qu'ils peuvent traiter les Noirs d'Haïti comme ils le font avec les gens de couleur en Amérique. Si nous sommes Africains par la race et Français par le langage, nous ne sommes Américains que par la géographie. »[134]

Twa jou apre, radyo ofisyèl la pral reprann editoryal sa a.

Kantav plede kòz li devan militè dominiken yo, enpi yo deside ba li yon dezyèm chans. Yo voye Ayisyen yo jis Donn Migwèl

---

134   Moun sa a yo mete nan tèt yo yo ka trete Nwa Ayiti yo menm jan yo trete moun ki nwa a yo ann Amerik. Si n se Afriken dapre ras nou, Franse dapre lang nou, se sèl jewografia ki fè nou se Amerikan.

(Don Miguel), yon kan sou fwontyè a, tou pre lakay yo. Nèg yo kouche atè a anba kouvèti fèy palmis. Kantav jwenn yon ti kay plantè tabak pou l kouche. Jou J a rive, 16 out. Kolonèl Leyon pran direksyon twoup la ki gen ladan l swasanndouz òm fwa sa a.

Se pa t pa aza yo te chwazi jou sa a. Li tonbe menm lè ak fèt « la restauration ». Dominiken yo ap selebre dat liberasyon yo anba dominasyon espayòl. Fèt popilè yo pral bay Ayisyen yo yon bon kouvèti.

Prezidan Bòch al rann yon visit ofisyèl Kapoti (Capotille), tou pre fwontyè a. Se la leve kanpe a te koumanse an 1863. Yo salye l ak venteyen kout kanon, enpi lame anlè ap defile sou tèt tribin otorite yo. Lè l soti Kapoti, l al Sanntiyago pou l asiste yon gran revi twoup yo. Nan preparatif yo, lame dominikèn te pran swen avèti Ayisyen yo pou yo pa sezi lè yo tande bri tire sa a yo. Radyo bay kominike a an franse, an kreyòl. Men, jou sa a, tout kout zam yo pa pe soti menm kote.

Se 15 out, lavèy, Leyon bay siyal depa a. Ti twoup la souke kò l, li traverse Masak, li janbe lòt bò lakay li. Gen yon peyizan ki tap tann yo. Li moute mòn avèk yo, li rive Montòganize (Mont-Organisé), yon ti vil enteresan nan mitan pye kafe yo. San anvayisè yo pa konnen, - Kantav pito yo pale de liberatè – Divalye relve ganizon an. Depi lavèy, dizuit òm resevwa lòd rann yo Wanament pa kamyon. Lè yo rive la, ya voye yo Pòtoprens. Kidonk se de sòlda ak yon kaporal enfimye sèlman ki rete nan ganizon sa   a.

Kolonèl Leyon pran vil la san okenn pwoblèm. De sòlda yo sove an kalson, kaporal la rann tèt li, l al jwenn yo. Se li ki fè yo konnen gen yon relèv kap vini.

Kwa Wouj, anviwon de kilomèt edmi pi ba, wout la fèt an zepeng cheve, li oblije machin yo ralanti. Se la Leyon voye yon detachman douz òm al tann yon anbiskad. Yo pran pozisyon anba yon solèy flanm dife. An kontreba yo wè yon konvwa kamyon ak yon Vòsvagenn kap moute kot la nan di. Se relèv sa a yo te anonse a. Yo vin pèdi sanfwa yo nan tann. Timote, alyas Mak Silven ki te fè yon nimewo byen wode pou jounalis ameriken yo ki te vini Dahabonn nan, li la tou. Li pa ka pa tire anvan konvwa a rive nan pyèj la. Yo dekouvri yo. Ki fè yo atake ak grenad. Premye grenad la ateri sou premye kamyon an, li detwi l ak pi fò nan moun ki te ladan l yo. Sa dèyè l la kase tèt tounen, li pa an danje. Vòsvagenn nan debwate, l ap desann tout vitès. Yon ti moman apre, se yon avyon rekonesans gouvènman an ki parèt. Pandan l ap vole a fèb altitid sou ti vil la, rebèl yo vire bouch mitrayèt lou ki te lage yo nan atak Fòlibète a. Fwa sa a yo reyisi fè aparèy la tounen Pòtoprens al repare fizlaj aryè li ki krible ak bal.

Pandan yon seri ap fè patwouy, rebèl yo mete kan yo nan ti pòs militè ki nan zòn nan. Yo di moun yo nan vil la Divalye tonbe poutèt pou yo pa pè vanjans Tonton Makout ka vin fè sou yo.

Vè labrindiswa, yon santinèl di li tande tire. Daprè limenm, se twoup gouvènman an yo ki rive, enpi ki pral seye sèke yo. Kòm li konnen zam li yo pa fin twò kòdyòm, kolonèl Leyon pase nèg li yo lòd, pran direksyon fwontyè pou yo. Yon lòt fwa ankò anvayisè yo pa swiv konsiy. Genyen ki tonbe nan bwè gwòg ak abitan yo. Yo menm ak douz nèg ki t al nan anbiskad Kwa Wouj la, y ap rete. Kòmandan yo pati. Sa ki rete dèyè yo ap kraze brize. Yo touye de Tonton Makout. Yo boule kay senk lòt.

Ak pi fò nan twoup li a, kolonèl Leyon repase fwontyè a, nan zòn Trinitarya (Trinitaria). Plizyè jou apre, rès bann nan ansanm ak senkant peyizan kontinye mache olye yo rete pou relèv Divalye a vin kraze yo. Lè yo tout rive Dahabonn yo jwenn ranfò enpwovize kap pare yo pou yo franchi lòt bò fwontyè tou. Vennsis refijye manke depa a de kèlkezè sèlman.

Kolonèl Garido, kòmandandlaplas dominiken deklare bay jounalis yo:

« Si les Américains veulent se débarrasser de Duvalier, ils feraient mieux de donner quelques mitrailleuses à ces pauvres corniauds. »[135]

Wachintonn, Chalmès kontinye bat kò l toujou. Minis Afè etranjè Ayiti a pwoteste opred O.E.A. Li menase pou l pote koze a devan Nasyonzini. Nan reyinyon ijan O.E.A. te konvoke a, li te akize Repiblik dominikèn li fè agresyon karakterize, 5 ak 15 out.

---

135 Si Amerikenyo vle debarase ak Divalye sa ki tapi bon an se bay pòv malere konbatan sa a yo kèk mitrayèt.

Emigre yo sèvi ak radyo dominiken pou yo difize pou Ayiti apèl a soulèvman. Sa a tou, se yon fòm agresyon endirèk, selon Chalmès ki mande O.E.A. nonmen yon komisyon pou siveye rejyon fwontyè a pou anpeche rebèl antre nan peyi a yon lòt fwa ankò.

Konsèy la pati san l pa deside l ap antre nan koze a. Yo sigjere pou komisyon ankèt yo te nonmen an fè yon rapò sou sa k te pase yo. Doktè Kalvennti, reprezantan dominiken demanti akizasyon Ayiti yo ankò, li di se yon diktati ki vyole tout prensip fondalnatal ki reji relasyon entèamerikèn yo. Li gen kouray l ap akize lòt moun.

Ann Ayiti, yo konvoke Palman an, an sesyon estwòdinè, 23 out. Depite yo deside sispann dwa endividyèl Konstitisyon an garanti yo. Yo bay Divalye plen pouvwa pou sis mwa. Desizyon sa a pa etone pyès moun piske depi lontan yo siprime dwa moun, enpi Divalye konsantre tout pouvwa anba men l. Men, se yon lòt bagay lè w aprann senkannkat opozan pèdi nasyonalite yo pa dekrè, enpi yo sezi tout sa yo te posede. Ladan yo nou konnen Kantav ak ofisye l yo, Pòl Maglwa ak chèf òganizasyon egzile yo.

Kidonk, komisyon ankèt O.E.A. tounen Ayiti. Konvokasyon Palman an, se yon teyat y ap jwe pou enpresyone manm komisyon yo. Lè oratè yo moute sou tribin nan pou yo pale kont emigre yo, anplwaye gouvènman yo la pou bat bravo kòm d abitid.

Nan antrevi li genyen ak kò diplomatik la, li avèti anketè yo si yo pa fè anyen pou karannkat moun ki pran azil nan anbasad yo, O.E.A. ap diskalifye tèt li devan opinion piblik la. Diplomat yo ensiste pou komisyon an jwenn yon solisyon nan koze sovkondui yo pou yo bay refijye yo. Gen yon diplomat ki di :

« La présente situation a transformé nos ambassades en autant de prisons pour les opposants au régime. »

Yo plenyen tou otorite ayisyèn yo pa garanti envyolabilite anbasad yo ni iminite titilè yo.

Gen yon ti blag ki fè tou kapital la. Se yon nouvo jwèt ki rele lawoulèt ayisyèn. Pou jwe li, ou bezwen yon machin ki gen kat wou ki chòv nèt. Pran volan l, pase devan palè a pandan lanui. Si yonn kreve, ou pèdi, enpi w tou pèdi lavi w tou. « *Vous avez perdu… et vous êtes perdu.* »

Depi Jenèv (Genève) kote syèj li ye a, Komisyon Entènasyonal Jiris yo pibliye, le 15 out, kominike pou laprès sa a sou Ayiti:

> Depuis plus d'un an la Commission internationale des juristes a entrepris de rassembler divers témoignages et documents de première main sur la situation politique et sociale… Ce qui est parvenu à notre connaissance démontre que les droits de l'homme et les libertés fondamentales sont complètement méconnus du gouvernement de François Duvalier. Cependant, avant d'arriver à une conclusion quant à ce régime, la Commission a voulu vérifier la documentation qu'elle a rassemblée sur les lieux en se livrant à une enquête directe. C'est dans cet esprit que son président a fait parvenir une lettre personnelle au président Duvalier, le 11 avril 1963, pour prier ce dernier de bien vouloir autoriser l'envoi en Haïti d'un groupe d'observateurs qui pourraient aussi se rendre compte sur place de la situation. Aucune réponse n'étant parvenue, un télégramme a été expédié le 30 mai 1963, et, plus tard, une seconde lettre, le 11 juillet. Ces messages ont également été ignorés… La Commission internationale des juristes considère, (par conséquent), qu'elle est en droit de rendre publics tous renseignements qui sont parvenus à sa connaissance… [136]

Rès kominike a se yon rekizitwa yo pa janm pwononse kont okenn rejim. Fwadman, enplakableman, komisyon an revele kondisyon sosyal ak politik yo ann Ayiti sou Divalye. Tonton Makout yo ladan rèdchèch.

Yo menm site kèk nan pakèt viktim yo. Yo demoute mekanis rakèt yo konn fè yo ak lòt pwosede chantay. Yo devwale pwosedi entèwogatwa yo a yo. Yo bay detay sou sa sa koute pou fabrike yon eta polisye. Pou antretni Tonton Makout yo, uit mil òm nan milis lan, senk san sòlda nan palè a, yo depanse anviwon kenz milyon dola an tou, plis pase mwatye bidjè anyèl Ayiti a ki moute

---

136   Depi plis pase ennan Komisyon entènasyonal jiris yo te deside rasanble divès temwayaj ak dokiman byen chwazi sou sitiyasyon politik ak sosyal la … Sa ki rive jwenn nou an pwouve nou dwa moun ak libète fondalnatal, se bagay gouvènman Franswa Divalye a iyore konplètman. Sepandan, anvan li rive nan konklizyon sou rejim sa a, Komisyon an te vle verifye dokimantasyon li te ranmase sou plas yo, li mennen yon ankèt dirèk. Se nan bi sa a li voye yon lèt pèsonèl bay prezidan Divalye, 11 avril 1963 pou l mande l otorizasyon pou yo voye yon gwoup obsèvatè ki ta kapab vin egzaminen sitiyasyon an sou plas. Kòm li pa bay okenn repons, yo voye yon telelegram ba li 30 me 1963, apre sa yo voye yon dezyèm lèt 11 jiyè. Li iyore mesaj sa a yo tou…Pa konsekan, komisyon entènasyonal jiris la konsidere li gen dwa pibliye ransèyman ki te vin jwenn li yo.

prè de 28 milyon dola. Yo pa voye yon wòch. Libète d près fè objè etid enpi konklizyon an, sèke li tou senpleman pa egziste.

> « En dépit du fait qu'il n'y a aucune mesure législative qui restreigne ou censure la liberté d'expression, en l'absence d'instruments légaux... le gouvernement use de violence physique. ». Les libertés individuelles, qu'ils s'agisse de la religion, de la libre circulation des personnes, de l'organisation syndicale, du droit d'être jugé par ses pairs, il révèle qu'elles sont simplement inexistantes.[137]

Komisyon an klotire rapò a ak detay sou aktivite ki rapòte « Mouvement de Rénovation Nationale » la anpil kòb, enpi, ki anba pat Liknè Kabwòn ki gen yon pwogram travay ki egziste sou papye sèlman.

> « Il n'est pas difficile de deviner où vont les fonds... »

Nan sans sa a, diktati Franswa Divalye a inik. Gen anpil rejim bout di ki egziste nan monn nan. An jeneral yo reflete yon ideyoloji. Sistèm kraze zo Ayiti a pa menm gen sa kòm eskiz. Sèl sa ki enterese l se ranmase kòb nan peyi a pou asire demen moun ki nan pouvwa a yo jounen jodi a.

Nouyòk, Kantav reyisi fè emigre *Jeune Haïti* yo vin anba banyè li. Kon sa, li pral benefisye enpe nan sibvansyon C.I.A. a yo. Ofisyèl ameriken yo kwè fòs ki soti deyò yo kapab jete Divalye. Se yon jan tou pou sèvis sekrè ameriken yo « pran tanperati emigre yo ».

Pou moutre yo refijye yo toujou kapab moute yon òganizasyon ofansiv enpi kondi yo jis nan fen, enpi tou pou bay enpresyon toujou gen rebèl ann Ayiti , Kantav voye yon lòt espedisyon pa lòt bò larivyè Masak. Fwa sa a, se ti gwoup 18 nèg san esperyans ki te manke depa a nan koze Montòganize a. Ti bann sa a ki pa gen okenn enpòtans, òganize yon atak kont ti vilaj Ferye (Ferrier) a. Yo touye majistra a, yo kouri tounen lòtbò fwontyè dominiken an. Sa pa pran plis pase vennkatrè. Apre epizòd sa a, Divalye ranfòsi kantite Tonton Makout yo nan Nò peyi a. Li fè yon jan pou l pa febli defans Pòtoprens kote li konsantre pi fò nan fòs li yo. Dapre

---

137 Malgre pa gen okenn mezi legal ki pran pou restrenn oubyen sansire libète espresyon, san pa gen enstriman legal... ki saji de libète endividyèl, libète relijyon, libète pou moun deplase, òganizsyon sendikal, dwa pou parèy ou jije w, rapò a revele bagay sa a yo tou senpleman pa egziste.

limenm, ti goumen sa yo kap fèt bò fwontyè a, se kapab yon fent pou yo prepare yon atak majè sou kapital la.

Byenke desant sou Ferye a gen yon enpòtans limite, li moutre C.I.A. nèg yo gen bòn volonte. Kidonk y ap kontinye bay Kantav sibvansyon. Kantite nèg li yo pral rive desandis òm. Yon bon lè lannuit, li resevwa yon bagay li tap tann depi lontan: yo parachite zam ameriken modèn pou li.

De ofisye rebèl ayisyen akonpaye kolonèl Garido yon swa nan yon ti bwa, twa kilomèt distans ak Dahabonn, tou pre teren militè aviyasyon an. Twa nèg yo limen limyè balizaj, y ap tann. 26 out a minui, yon aparèy pwa lou gwonde nan syèl la. Li soti sou kot la, l ap vole ba. Li pase sou pase sou baliz yo. Kowòl parachit yo ouvri nan fènwa a, kès zam ak minisyon vide sou yo. Yo ranmase yo byen vit, mete yo nan kamyon, voye yo Dahabonn. Apre sa yo pote yo al antrepoze nan yon pyès lib kay kolonèl dominiken an.

Pral gen dispit ant kolonèl sa a epi Kantav sou sa y ap fè ak nouvo zam sa a yo. Ayisyen an vle pou nèg pa l yo koumanse antrene touswit ak menm zam ki pral sèvi yo pou yo atake a. Garido menm prefere yo distribiye yo ba yo inikman lè yo fin traverse fwontyè. Kantav di l sa fè twa fwa nèg li yo retwouve yo ann Ayiti ak zam yo distribiye ba yo odènye moman. Li egzije pou yo antrene ak zam yo pral goumen yo. Bout pou bout Garido dakò. Yo distribiye yo ba yo. Te gen mòtye, bazouka, fizi M-1, mitrayèz lou, mitrayèt M-3. Epòk sa a, depans antretyen Kantav regle bay Garido moute 400 dola pa semèn.

Kòmansman sektanm, Chalmès transmèt yon mesaj bay konsèy sekirite O.N.U. an. Li mande manm yo pran an konsiderasyon aki-zasyon Ayiti pote kont Repiblik dominikèn. Li fè konnen chirepit sa a ka "menase sekirite emisfè ameriken an ak lapè entènasyonal."

Yon ti bout tan apre komisyon ankèt O.E.A. pibliye rapò li. Li pwopoze yon plan pou lapè. Ayiti dwe respekte dwa azil politik pi byen pase jan l fè l jiska prezan an. Yo envite l fè prese pou l bay refijye ki vle kite peyi a yo, sovkondui. Kantite a diminye depi premye septanm lè Divalye te bay 12 ladan yo otorizasyon pati nan anbasad Brezil, Chili, Ekwatè, Gwatemala.

Dominiken yo menm yo dwe anpeche tout aksyon revolisyonè Ayisyen ki refijye lakay yo kapab fè kont Ayiti. Se pou yo pran tout dispozisyon pou anpeche yo vin opere an patan de fwontyè a.

Ayiti pa pran nan ti kaponnay sa a. Li refize plan an gan lè se poutèt li pa kondane Dominiken yo. Li mande pou O.N.U. nonmen yon komisyon ankèt.

Reprezantan Ayiti a l O.N.U deklare:

> « Le système régional (O.E.A.) ayant échoué, il est donc devenu normal qu'Haïti porte son cas devant les Nations Unies ».[138]

Kantav menm li gen lòt sousi. Sanzatann, Bòch ka òdone fèmen kan antrènman l lan. Militè dominiken yo menm ensiste pou l atake Wanament. Yo menm fikse dat la, 22 septanm. Menm jan sa te fèt deja, pawòl yo koumanse pale lòt bò fwontyè. Moun nan nò yo gen tan konnen sa kap prepare.

Divalye deside ranfòsi ganizon Wanament lan. Kòmandan laplas la, yon sèten majò Lerison (Lhérisson) fè yon seremoni lwa pou l prepare nèg li yo. Yo sakrifye yon towo bèf. Sòlda yo pase san l sou yo pou yo pa pran bal.

Kantav pa bay dizon l tou swit sou dat yo enpoze l la. Dominiken yo fè l konprann pa gen wout pa bwa. Si l refize atake 22 septanm, y ap fèmen kan an. Li oblije aksepte pase a laksyon. Genyen nan adjwen l yo ki ta pito aji nan sid peyi a, pre Pòtoprens ou ankò deklanche aksyon geriya nan mòn yo. Yo pa vle atake Wanament de fwon, apre sa pou yo jwe letou pou letou. A sen-kanntwazan Kantav pa gen fòs pou l pran tèt yon maki, menm si l te gen posiblite a.

Pou l ka konvenk entèlokitè l yo, Garido gen gwo agiman. Li pwo-mèt soutyen atiyri si yo bezwen, ata avyon. Yon avyon dominiken yo ka make ak koulè pa rebèl yo.

22 septanm, katrè nan apre midi, yo sonnen rasanbleman. Tout moun resevwa inifòm kaki, anwetan pòtè yo. Chak moun nan desandis òm yo ame an patan. Ofisye yo gen pistolè otomatik ak

---

138   Kòm sistèm rejyonal la (O.E.A.) echwe, se nòmal pou Ayiti pote ka li a devan l O.N.U.

mitrayèt. Te gen 13 mitrayèz lou, mòtye, bazouka ak sèvan yo epi mezi minisyon pòtè yo ka sipòte.

Abò kat kamyon, twoup la mete l an mach, li pran direksyon larivyè a. A dizè nan aswè, lalin klè kou jou, y ap janbe Masak. Se yon sèjan dominiken ki sèvi kòm gid. Li mennen premyè seksyon an lòt bò dlo a. Lè l rive nan tèritwa ayisyen an, li tire anlè ak fizi l. Rebèl yo menm ki konprann se siyal atak twoup gouvènman an yo, tout rebèl kouche aplavant. Fwa sa a, Kantav gen wòki tòki (walkie-talkie) a dispozisyon l. Li rele seksyon rekonesans lan pou l mande sa ki pase. Se yon lyetnan ki reponn. Yo tande vwa chèf la greziye nan telefòn nan:

«En avant même si nous sommes trahis.»[139]

Yo pa janm rive konnen si kout zam nan te tire pa aksidan, si se te pou avèti seksyon an travèse rivyè a osinon si se lame d Ayiti li te vle avèti, kòm trèt. Men, ann apre, moun ki te patisipe nan operasyon an panse, ak radyo 32 ou radyo dyòl, advèsè a pa t bezwen avètisman, li te deja konnen.

Lè yo fin pase rivyè a, se pa de mache rebèl yo mache pou yo rive Wanament. Li te deja di pou mache nan lalin klè a, li vin pi rèd ankò lè lalin nan disparèt dèyè nyaj yo. Kolonèl Leyon, adjwen Kantav la endispoze. Gan lè se yon kriz kè. Yo kite l nan men yon ansyen etidyan an medsin, y ale. Lè yo resi rive nan zòn nan, yo pa gen fòs ankò. Yo te pase tout nuit lan ap mache; pafwa yo pèdi nan wout··· Genyen ki panse erè oryantasyon yo pa fèt pa aza. Sou wout la peyizan ki pral nan jaden byen bonè, fè yo konnen y ap tann yo Wanament.

A sizè nan maten, yon detachman senkant òm rive devan kazèn nan, yon kay jòn, ki gen de etaj. Yo tire yon kout bazouka. Li pa rive ase lwen. Pati gouvènman an replike ak yon tir de baraj ak mitrayèz lou. Menm jan yo te fè Fòlibète a, yo kite kazèn nan vid, y al pran yon pi bon pozisyon. Fwa sa a se nan yon simityè y al foure kò yo. Yo mete yon pòs nan yon lekòl, yo hise yon mitrayèz lejè nan yon pye bwa pou yo bale wouze plenn nan. Bal ap chante tribò babò, men pa gen plan batay fiks pou rebèl yo.

---

139 Ann avan menm si se trayi yo trayi nou!

Kantav mate yon karabin l ap fonse sou fò a. Operasyon swisid. Erezman pou li yon gaddikò enpwovize gen tan atrap li, lage l atè.

Ayisyen yo rete kin nan pozisyon yo. Yo kontinye tire san rete nan yon espas ki pa gen okenn kote pou pare. Yon pati sèlman nan rebèl yo reyisi rive tou pre fò a. Milisyen yo rele yo, fè yo siy antre. Chèf seksyon an refize. Se nan pòk yo tap rale yo. Kantav aprann detachman ki te gen pou l pran ayewopò a echwe. Tir mòtye yo twò long, pwojektil al ateri lavil la. A dizè nan maten yon avyon dominiken pase de fwa sou chandbatay la. Men, li pa pote koulè rebèl yo. Nèg gouvènman an yo tire sou li de fwa. Li vire sou zèl, l al fè wout li sou fwontyè a.

Yon lòt fwa ankò Kantav pase lòd repliye. Fred Batis (Fred Baptiste) ki tap mennen seksyon an al atake fò a, pa tande lòd la, li kontinye batay. Li elimine kèk pòch ènmi, men yo tèlman byen pwoteje, menm yon lame pwofesyonèl tap gen difikilte pou l deloje yo.

Malgre près tout te blese depi okòmansman, Fred Batis ak nèg li yo kontinye goumen jis apre midi nèt. Yo rann yo kont yo poukont yo, men yo kontinye goumen kanmèm. Vè katòzè, yon aparèy lame anlè ayisyen pase sou chan d batay la, lal poze sou tèren aviyasyon militè a. Se pi gwo siy ki fè yo wè Kantav pa reyisi premye bi sa a. Batis ak seksyon l lan pral mennen yon konba aryè gad pou yo soti ak blese ki te rete sou teren an. Pandanstan defans gouvènmantal Wanament lan tou rete kote yo te sere a. Tout nuit lan ak yon bon bout nan maten, yo kontinye tire kòm si lènmi an te toujou an fas yo.

Lè batay la te kòmanse, kèk sòlda ki te pèdi, te deside tounen lòtbò fwontyè a. Ayisyen yo atake yo ak mitrayèz lou yo te mete sou do ladwàn nan, sou fwontyè a. Gen bal k al frape nan mi dwàn dominiken yo lòt bò rivyè a. Gen yon lekòl ki touche. Lè yo tande bri zam yo, gen anpil Dominiken ki te panse se vil la Ayiti atake. Bri a kouri li rive byen vit Sannto Domengo. Kapital la konprann Ayiti okipe Dahabonn. Kòmandan militè dominiken ki reskonsab sektè a pa fè anyen pou l klarifye sitiyasyon an.

Prezidan Bòch okouran bonbadman Dahabonn nan. Minis Afè etranjè a, Ektò Gasya Golòy (Hector Garcia Goloy) konvoke anbasadè etranje yo pou l mete yo okouran sitiyasyon an li kalifye "trè grav" . Li fè yo konnen yo atake Dahabon, uit mil abitan vil la panike, yo kouri kite l. A midi estasyon radyo dominiken an konfimen atak la fèt vre. Yo anonse Bòch voye yon iltimatòm bay Divalye. Fwa sa a, Ayiti gen twazèdtan devan l pou l sispann atak li yo, pini koupab yo, ankòmansan pa Divalye, bay Dominiken yo satisfaksyon imedyat-man, repare dega yo. Yo pibliye tèks iltimatòm nan an kreyòl ak yon avètisman ki mande Ayisyen ki nan zòn palè a wete kò yo la. Yo san lè vin bonbade l. Lame anlè fè konnen li pare pou l voye aparèy li yo sou Pòtoprens al simen trak pou avèti tout moun.

Pandan Bòch ak gouvènman l lan ki deja mal enfòmen ap regle kesyon agresyon Ayiti fè sou yo, sa ki rete nan twoup Kantav yo ap trennen jis yo rive nan larivyè Masak pou y al mete yo an sekirite lòt bò dlo a. Sòlda dominken yo menm ki konn valè zam ki nan men konbatan an yo, sezi yo firamezi y ap janbe avèk yo. Sa k twò lou, ankonbran yo pa sa kache yo, yo stoke yo an ranje byen òdone sou akad batiman dwàn dominiken an, lòt bò pon entènasyonal la, pratikman anba nen Ayisyen yo ki an fas yo a.

Lè l rive Dahabonn, Kantav wete inifòm li ki bade san. Li pran yon bon douch pou l efase tout tras batay. Li mete l an teni de vil, koulè klè. Lè anketè lame yo rive pa avyon pou yo fè rapò sou « atak la », ansanm ak jounalis, se jeneral Kantav, yon nonm ki abiye byen bwòdè, ki byen vag tou, yo jwenn. Li kenbe yon ti sak vwayaj nan men l ak anpil sigarèt Kent.

Manke kenz nan konpayèl li yo. Trèz ladan yo mouri nan batay, de blese rete prizonye. Malgre yo blese grav, yo fòse yo chaje kadav lòt yo sou yon kamyon. Apre sa yo mare yo sou pil kadav yo, yo pran yon chimen aksidante ki mennen Kap Ayisyen. Rive yo rive nan dezyèm vil peyi a, yo fè yo fouye pwòp fòs yo anvan yo fiziye yo. Nan sa ki rive soti vivan yo, twa manm espedisyon tounen nan travay yo Pòtoriko apre wikenn konba a, kòm si deryennetè.

Yonn nan premye sa ki mouri yo rele Blitchè Filojèn (Blucher Philogènes). Yon kapitèn kalbas grandyòl, yon nonm koryas. Li te toujou di li pa pran bal. Sou tèren an, yon rafal mitrayèz twonse l an de.

Prezidan an te mande lyetnan Abèl Jewòm koupe tèt Filojèn mete l nan tèmòs pote ba li. Divalye voye yonn nan avyon chasè l yo espre vin chache tèt la pote ba li. Poukisa li te bezwen yo pote l ba li nan palè a ? Gen bri k ap kouri nan Pòtoprens. Yo kase sa nan zòrèy ou, Divalye konn rete chita pandan dè zè devan tèt la, l ap eseye kominike ak lespri mò a. Pami tout Ayisyen ki pase egzistans yo nan mòd istwa sa a yo, se sèl Divalye ki konn verite a.

Garido resevwa ofisye wo grade yo ki nan komisyon ankèt la, Dahabonn. Kolonèl nou an anjwaye. Li pa sanble li ka kase yon ze. Li esplike moun yo se yon bagay byen senp : se Ayisyen yo ki tire kèk katouch dèyè rebèl ki tap kouri antre sou fwontyè dominiken an. Depi kapital la Sannto Domengo Bòch adrese yon rekèt bay O.E.A. pou l mande l mennen ankèt sou atak Ayisyen yo fè a. Li pran yon ris ak desizyon sa a. Yo kapab byen mete anketè yo okouran non sèlman kat atak Kantav te òganize yo, men tou wòl lame dominiken te jwe nan koze a. Sa pa deranje chèf lame yo. Yo konnen pa esperyans ankèt O.E.A. a yo pa janm al pi lwen pase pwotokòl diplomatik yo.

Kwak koze Wanament lan se yon gwo echèk pou Kantav, yon lòt viktwa toujou pou Papa Dòk, li pral sèvi jeneral dominiken yo. Yo panse yo ka itilize l pou akonpaye mizansèn koudeta y ap prepare pou yo fè a de jou apre.

Epizòd sanglan sa a pral tonbe vit nan fènwa ak ranvèsman Bòch, enpi, pa pe gen anpil moun k ap konnen ki wòl militè dominiken yo jwe nan echèk Kantav la.

25 septanm 1963, sètè nan maten, gran katye jeneral lame a anonse Bòch tonbe. Menm jou a yo pwoklame enstalasyon nan pouvwa a yon jent sivil pou ranplase prezidan ki tonbe a. Kominike militè yo pibliye a eseye jistifye koudeta yo a. Yo pale de « situation chaotique », de « incapacité » ki paralize peyi a, enpi yo denonse « la dangereuse improvisation d'incidents internationaux, lesquels en plus des risques qu'ils font courir au prestige de la République, auraient pu mener à un conflit international à la fois sérieux et inutile ».[140]

---

140 Yon pakèt vye ensidan ki rive nan enpwovizasyon danjere ki ka mennen nou nan gwo konfli entènasyonal ki initil, an plis ris yo reprezante pou prestij Repiblik la.

Kwak agiman sa a yo sèvi kouvèti ofisyèl pou koudeta yo fè sou Bòch la, pi fò nan obsèvatè nasyonal ak etranje byen konnen rezon veritab lame a genyen: militè yo pè prezidan an ansanm ak gòch demokratik la, enpi tou, yo pa vle pèdi privilèj yo deja genyen yo. Kèk sektè nan legliz, nan biznis lan, nan sendika a yo, nan lame a, gen pwoblèm ak Bòch. Li vin yon sib fasil lè l kite y akize l kòm moun ki pèmèt enfiltrasyon kominis nan gouvènman l lan. Enpi, yon bagay ki pa menm vre, yo di li mele nan magouy ayisyen ki anbarasan. Ennan apre, Bòch deside ekri Memwa l. An palan de Papa Dòk, li te ann afè si souvan avèk li diran sèt mwa li pase sou pouvwa a, men sa li ekri:

> Psychologiquement parlant, Duvalier est un type d'homme qu'on rencontre dans les sociétés primitives. Plus il acquiert de puissance, plus il affiche de morgue. Sous l'effet de celle-ci, il se transforme physiquement jour après jour et tend à devenir parfaitement insensible. En fin de compte il n'est plus qu'une poupée gonflable qui enfle jusqu'au moment où elle perd l'équilibre ou explose... Chez de tels êtres, le pouvoir qu'ils détiennent n'a pas seulement des répercussions sur leur physique. Leur âme se transforme également dans le sens d'une déshumanisation progressive pour ne plus être enfin que le siège de passions effrénées. De tels hommes sont dangereux. Un halo de sorcellerie les entoure. A les en croire, ils ne sont plus des êtres ordinaires, mortels et faillibles tout comme nous, mais l'incarnation en ce monde des forces obscures qui gouvernent l'univers. [141]

Lè l fin pèdi a, Kantav pral retwouve l prizonye nan yon kan militè, enpi 18 oktòb, yo pèmèt li kite peyi a. Li pran vòl pou Nouyòk.

Divalye byen kontan wè lènmi l lan tonbe. Li deside kite pwosedi li te tanmen kont Dominiken yo trennen piske li debarase ak Bòch. Li pa vle enève nouvo dirijan an yo tou.

Anwetan moun ki blese k ap pran swen nan enfimri militè Dahabonn yo, yo chaje tou sa k rete nan lame Kantav la sou de gwo kamyon yon sikreri ki pa lwen. Yo depoze yo Nigwa (Nigua), ven

---

141 Sou plan psikolojik, Divalye se yon ras moun ou jwenn nan sosyete primitif yo. Plis li gen fòs se plis li meprizan. Jou an jou sa a aji sou fizik li epi li gen tandans vin konplètman ensansib. Finalman, li tounen yon pope gonflab ki anfle jiskaske li pèdi kontwòl li osinon li pete. Mòd moun sa yo, pouvwa yo ganyen an, li pa aji sèlman sou fizik yo. Piti piti, nanm yo chanje tou ; li pèdi tou sa li te genyen ki moun nan li, li vin tounen yon repozwa pou pasyon ki fin deraye. Mòd moun sa yo danjere. Yo vlope nan yon nyaj majik. Lè w ap koute yo, w a di yo pa moun òdinè menm jan ak ou, yo pa sa mouri, yo pa sa twonpe yo menm jan ak ou. Ou ta di se yo ki reprezante pa bò isit fòs ou pa sa wè yo k ap gouvènen nan monn nan.

kilomèt distans ak Sannto Domengo, kote k gen yon azil pou moun fou, ki pa an sèvis. Lokal li yo disponib.

Apre afè Wanament lan, gen yon lòt vye epizòd ki vin pase. Twa emigre resevwa misyon enfiltre ann Ayiti. Ame ak grenad, mitrayèz, revòlvè otomatik, y ap rete nèf mwa nan pòs yo ba yo a, enpi y ap tann rebèl yo rive. Pou yo ka rete vivan yo oblije achte silans Tonton Makout yo nan zòn nan. Tarif kouran an: ven dola. Bout pou bout, yo kase tèt tounen. Yonn ladan yo moute a bò yon ti bato, enpi bato a kontre ak yon lòt bann emigre. Sa a yo, se Kiben ki kont Kastwo. Yo soti Pounta dèl Prezidennte (Punta del Presidente), pwen dominiken ki pi pre Kiba a. Yo remèt li bay otorite dominiken yo.

Afè kan antrènman Kantav la, sa fini. Mouche pa gen mwayen ankò pou l ede ansyen konpayèl li yo. Se sou pwòp tèt yo, yo oblije konte pou yo viv. Nan mizè yo ye a, yo tonbe nan prete lajan, lwe kay, al chache manje gratis nan Karitas (Caritas), yon òganizasyon katolik.

Se Nouyòk kèk manm gwoup *Jeune Haïti* yo rann yo. Laba a C.I.A. kontinye sibvansyone yo. Ajan l yo fè yon tri diskrè pami sa k fèk vini yo. Lè yo fin sibi yon seri fòmalite nan yon sant nan nò eta d Nouyòk, yo mete yo abò kamyon ki byen kouvri ak gwo twal enpèmeyab. Yo mennen yo Kawolin di Nò (Caroline du Nord), nan yon kan antrènman pou fòs espesyal.

Pandan estaj yon mwa, premye oktòb pou premye novanm, Ayisyen yo nan men enstriktè k ap aprann yo teknik geriya. Yo prevwa fè yo antre ann Ayiti pa ekip senk moun pou y al rekrite, antrene patizan, moute operasyon klandesten avèk yo. Yon sèl kou, enstigatè pwojè sa a chanje lide, li reyanbake ti gwoup la, li mennen l Nouyòk. Nou nan premye estad politik « don' t rock the boat » (littéralement ne fais pas tanguer le bateau. Ki vle di ann kite bagay yo jan yo ye a.), Djonnsonn (Johnson) te reprann li kòm modòd pou Ayiti apre asasinay prezidan Kenedi (Kennedy), 22 novanm.

Ansyen yo pa reyisi ranvèse Divalye ak mwayen klasik, tankou envazyon, kounye a se jèn yo ki fin pran chenn.

Chapit 16
Prezidan a vi

Lè Bennsonn E.L. Timonns 3 (Benson E.L. Timmons III) rive Pòtoprens an janvye 1964, Divalye fini pa jwenn nan diplomat sa a ki fèt Jeòji (Géorgie), yon anbasadè ameriken ki nan gou li. Menm jan ak lòt anvan l yo, Timonns rive nan nouvo pòs li ak fèm entansyon pou l fè prèv li gen ladrès nan diplomasi, byennantandi, nan limit politik ofisyèl Ameriken ki dwe « diskrè, enpi, kòrèk ».

Lekontrè Drew, Newbegin ak Thurston, lin de myèl ant Divalye ak nouvo anbasadè sa a pral dire pi lontan. Bagay yo difisil okòmansman. Li oblije tann senk semèn anvan prezidan an resi resevwa li ann odyans. Lè l resi aksepte l la, mouche oblije sibi tout yon kou sou « *les bonnes manières diplomatiques* ». Wachintonn twouve sa agasan.

Timonns fè tou sa l kapab pou l gen bon relasyon ak Divalye. Lòt yo pa t kapab reyisi menm jan avèk li. Pa egzanp, Nestò Chavàn (Nestor Chavannes), enspektè anbasad ki nan zòn Karayib yo, rantre sot Naso (Nassau). Pandan l ap debake nan ayewopò a, Pòtoprens, li aprann yo mande pou li nan palè, li foure men nan pòch li, li pran biyè retou li, li prezante paspò diplomatik li, li remonte a bò menm avyon an, li reyisi vole kèk minit sèlman anvan Tonton Makout yo parèt sou tèren an.

3 fevriye 1964, nouvo sesyon estwòdinè nan Palman an. Fwa sa a, Divalye bezwen depite yo deklare senk pami yo koupab hot

trayizon, wete iminite palmantè yo, anpeche yo syeje. Sa ki pi dwòl la, pwòp bòfrè prezidan an, Lisyen Domèk (Lucien Daumec), Janbatis Sam (Jean-Baptiste Sam), chèf Makout Okap Ayisyen, madanm li ak pitit li, nan moun sa a yo tou. Domèk se yon ti bonnonm mèg ki pran pòz abiye an Papa Gede, menm estil ak bòfrè li. Ansyen maksis, istwa li asosye ak istwa lagoch ann Ayiti. Li te manm "Laruche", yon asosiyasyon etidyan ki te deklanche aksyon ki te pèmèt yo jete prezidan Lesko. Fidèl patizan prezidan Estime, li te manm Pati Kominis Ayisyen an lè pati a te oblije kraze pou l pa mete prezidan an nan pozisyon difisil. Domèk te marye ak sè madan Divalye. Se te konseye entim prezidan an. Se li ki ekri diskou pou mèt li. Li rive travèse peryòd Divalye tap konsolide pouvwa l la, san difikilte, li rive konsève plas li nan de chanjman kabinè. Menm jan ak tout lòt ki te rete twò lontan nan siyay Papa Dòk yo, li tonbe. Kou l fin arete mouche, Divalye fè yon jan pou madanm li jwenn divòs li san pèdi tan. Pral gen lòt netwayaj ankò.

Yon jou gen de jezuit kanadyen ki rantre ann Ayiti apre yon sejou lakay yo. Yon delegasyon konfrè vin akeyi yo. Tonton Makout yo parèt yo vin fouye malèt vwayajè yo, pè Larame (Laramée) ak frè Wòs (Ross). Yo jwenn yon foto yo idantifye kòm Pòl Maglwa (Paul Magloire), yon lèt ak kèk atik jounal yo jije « subversifs ». Yo arete Larame, Wòs ak pè Amèl (Hamel) yonn nan pè ki te deplase vin chache yo a. Yo mennen yo Fòdimanch.

Yo pa janm kominike « prèv yo » ni bay nons apostolik la ni bay reprezantan anbasad kanadyen yo ki pwoteste kont arestasyon abitrè sa a. Yo pral dekouvri pi devan fotografi yo te pran pou Maglwa a se pòtre yon chèf chantye ki rele Feliks. (Félix). Se yon foto ki pran an 1959 nan vila Manrèz, yon mezon kote moun al fè retrèt. Prezidan Maglwa menm li kite Ayiti depi 1956. Lèt la se fotokopi yon lèt ki mande èd. Li adrese sou non Misereyò (Misereor), yon òganizasyon relijye alman. Lèt la dekri sitiyasyon peyi a anvan li fè demann 50 000 dola a. Premye atik ki fè pwoblèm nan se Ridèz Dayjès (Rider's Digest) ki te ekri l sou Ayiti ; dezyèm nan se yon kopi rapò Komisyon Entènasyonal Jiris yo. Sa k pi rèd la, demann sa a yo te fin apwouve a, yo pral ba l vag apre arestasyon relijye yo.

Sa pa gen okenn enpòtans. Sa Divalye bezwen, se debarase l ak Jezwuit yo. Anvan mwa a fini, li voye 18 ale pou « atteinte à la sécurité de l' État ».[142] Men sa siperyè kongregasyon an, pè Goulè (Goulet) deklare:

> « Pour la seconde fois en deux siècles, nous autres jésuites d'Haïti recevons un ordre d'expulsion. En 1763, on nous a reproché d'être trop dévoués aux intérêts spirituels des esclaves noirs. En 1963, on juge que nous avons pris trop d'influence et que nous sommes devenus par conséquent dangereux pour la sécurité de l'État. Au fond, sous des prétextes différents, ce sont toujours les mêmes calomnies traditionnelles...
>
> « On ne jette de pierre à un arbre que lorsqu'il porte des fruits, dit un proverbe haïtien. Si notre mission n'a pas encore donné tous ses fruits, de nombreux bourgeons attendent l'instant favorable pour éclore. »[143]

Dis ofisye, twa minis, ladan yo te gen Chalmès, minis Afè etranjè, ki tap entèwoje twa relijye yo. Kesyon yo te pote sitou sou emetè radyo mezon retrèt la. Kouman li fonksyone, kouman nouvèl yo vin jwenn yo. Yo vle konnen tou, kisa yo konnen de aktivite defen Babo yo. Li te konn frekante vila Manrèz la lè l te soti nan prizon an. Èske li te konfese ? Ki moun ki te konfese l ? Ki sa yo konnen isit de aktivite Tonton Makout yo ? Apre senk jou, pè Amèl soti Fòdimanch, yo mete l an rezidans siveye. Chèf polis la an pèsòn, Frèd M. Ati (Fred M. Arty), nan tèt yon detachman Tonton Makout, vin fèmen Vila Manrèz. Ati mande pou yo ba li lis tout ansyen pansyonè yo, apre sa, li fouye tout ti kwen, enpi li koumanse poze sele.

Yo di pè yo yo mèt ale ak sa yo gen bezwen. Yo voye twa sèvant yo nan prizon, mè yo nan mezon kominote yo, frè yo nan acheveche.

8 fevriye, represantan gouvènman an konvoke monseyè ki la toujou yo. De jou apre, yo fèmen seminè a. Se jezuit ki dirije l tou. Yo mete yo an rezidans siveye, enpi, yo dwe bay non ak adrès tout senkannde seminaris yo. Yo voye yo lakay yo ak lòd pou y al rapòte

---

142 Yo se menas pou sekirite Leta a.

143 Sa fè dezyèm fwa diran de syèk noumenm Jezuit Ayiti yo nou resevwa lòd mete nou deyò nan peyi a. An 1763, yo te repwoche nou dèske nou te twò zele nan defann enterè espirityèl esklav nwa a yo. An 1963, yo jije nou vin gen twòp enflliyans, pa konsekan, nou vin danjere pou sekirite Leta. O fon se menm mansonj tradisyonèl yo. Gen yon pwovèb ayisyen ki di se sou pyebwa ki gen fwi yo voye wòch. Si misyon nou an pa ko bay tout fwi li, li gen anpil boujon k ap tann moman favorab la pou yo devlope.

yo chak jou bay lapolis. Gen pè ki mande pou yo kite etidyan pa yo a yo tèmine ane eskolè a. Yo reponn yo ak yon tèt byen serye:

« Nous ne pouvons pas courir cette chance. Il y a trop de danger. Les jésuites sont capables de renverser le gouvernement pendant les quatre mois en question. » [144]

Twazyèm jou apre arestasyon yo, yo wete pè Larame ak frè Wòs nan prizon. Yo menm ak dizuit lòt relijye, ladan yo gen sa ki te Katye Moren yo (Quartier-Morin), yo eskòte tout nan ayewopò a pou yo voye yo ale.

Minis kanadyen Afè etranjè a, Pòl Maten (Paul Martin), voye yon lèt pwotestasyon ki soti Otawa. Ayiti pa okipe l. Li kontante l di yo mete jezuit yo deyò « pour préserver la paix intérieure et l' intégrité territoriale de la nation ». Yo fè konnen tou Ayiti kase kontra 1953 a ki te konfye jésuites yo direksyon séminè a.

Séminè a li fèmen an, plis, mete li mete relijye yo deyò a, se pi gwo kou Divalye te ka pote Legliz katolik. Legliz la te deja pa t gen chèf ankò, kounye a, li santi avni l menase.

Kòm li konnen li gen anbasadè ameriken an nan pòch li, Divalye ap plede envite touris ameriken yo tanzantan vin ann Ayiti. Li ta kontan wè moun sa a yo tounen ann Ayiti, èd finansye a tou. Malgre espwa li te genyen, pa gen anpil touris ki vini nan sezon an. Sou katreven bato kwazyè ki vini nan sikui Karayib la pandan ivè, se de sèlman ki jete lank Pòtoprens. Pasaje ki rive pa avyon sou kontwòl sevè, poutèt Divalye krenn yo voye asasen pou li. Li pase lòd deba-rase katye magazen yo, pò a, ak tralye pòv sa a yo ki ankonbre yo a. Yo rafle malere yo, yo voye yo tounen nan mòn lakay yo.

Gouvènman ayisyen an pa fè anyen bò pa li pou l amelyore relasyon li ak Amerik la. Yon ekzanp frapan, se fason li trete sosyete amerikèn kap distribye elektrisite nan Pòtoprens.

Se ra pou otorite yo peye fakti yo. Yo deja gen plizyè milyon dola aryere. Pèt konpayi eletrik la miltipliye ak jwèt enpo kap ogmante tout tan an. Ki pa anpeche gouvènman an plenyen tarif douz santim

---

144 Nou pa sa pran ris kon sa. Gen twòp danje nan sa. Jezuit kapab jete gouvènman an pandan kat mwa sa a yo.

pa kilowat/è pou Ayiti pi wo pase tout lòt kote. Ou ta di li toujou fè yon jan pou l mete konpayi an sou wout fayit. Enpi tou, nan anpil ka, li pa rive ankese fakti itilizatè prive. Apeprè mwatye enèji ki itilize yo detounen ilegalman avèk gadjèt yo rele konbèlann nan. Se granmèsi konbèlann nan Ayisyen ki gen ladrès yo rive konsonmen plis pase sa kontè yo endike. Kòm li pa kapab ni abandone envestisman l lan ni kolekte lajan yo dwe l, konpayi an oblije rasyone elektrisite a peryodikman kit aske li bay blakawout.

Li rann li kont non sèlman li pa sa lite kont konbèlann nan, men an plis yo ka rann li reskonsab nenpòt aksidan ki rive. Gen yon nonm ki deja pran nan kouran pandan l ap enstale priz an kachèt, li tou mouri. Fanmi an fè pwose avèk konpayi an, li rekòlte 15 000 dola domaj enterè. Teknisyen yo pase regilyèman pou yo debranche fil yo, kou yo vire, fil yo retounen nan menm plas yo.

Teknik konbèlann nan li soti nan yon Ameriken « W.W. Cumberland », resevè jeneral finans ayisyen, konseye gouvènman an, Pòtoprens. Lajan pa t soti nan men l fasil. Men li toujou jwenn yon mwayen pou l regle yon pwoblèm rapid. Non l pase nan istwa d Ayiti poutèt sa. Ayisyen yo debwouye yo, yo jwenn fason pa yo, yo ba li non mouche.

Laprès ayisyèn lanse yon kanpay flatri pou Divalye. Ayiti pral oblije soumèt li yon lòt fwa ankò anba rityèl venerasyon. Papa Dòk ap prepare moun yo pou yon eleksyon ki pral fè l prezidan pou lavi. Gran mèt seremoni an se Pòl Blanchè (Paul Blanchet). Limenm ki òganize kanpay lan. Li mennen plizyè delegasyon nan palè a pou yo vin rann prezidan an omaj.

4 mas, *Haïti Journal* rete byen serye pou l ekri:

Duvalier est un professeur d'énergie. Comme Napoléon Bonaparte, Duvalier électrise les esprits et développe puissamment les énergies.. Duvalier est l'un des plus grands leaders de l'époque contemporaine... parce que le rénovateur de la patrie haïtienne synthétise à lui seul tout ce   qu'on peut trouver de courage, de bravoure, de génie, de diplomatie, de patriotisme et de tact chez les titans des temps passés et présents. [145]

Teyat Blanchè jwe la a, se yon chedèv nan moman madigra prèske fini an. Nan lè abityèl yo òkès mobil yo enspire yo de tèm « Papa Dòk pou lavi. » Volontè sekirite nasyonal yo ap mache sou palè a an gran jan. Se non sa a Divalye ba yo pou relve prestij yo. Blanchè separe gazolin ki an diplis bay asosiyasyon chofè gid touristik yo, ki vle di chofè taksi yo. Kon sa, yo ka suiv defile milis yo an klaksonan nan lari yo ki plen salte.

Lelandemen, premye avril, lame a antre sou sèn nan. Yon delegasyon ofisye rann li nan palè. Se jeneral Konstan (Constant) ki kondi yo, enpi, li li yon deklarasyon kote lame a fè sèman pou l rete fidèl ak Divalye pou lavi :

> Avec toute l'ardeur de nos convictions patriotiques...grâce à vous, Excellence, et sous votre commandement prestigieux, les forces armées d'Haïti ont maintes fois rempli avec honneur et compétence la mission sacro-sainte qui leur a été confiée : défendre et maintenir l'intégrité du territoire. Elles ont livré bataille victorieusement aux forces occultes qui s'étaient organisées dans le but de compromettre la souveraineté nationale et notre indépendance. [146]

Blanchè anonse seremoni k ap dewoule yo, reponn manifestasyon k ap fèt nan tout peyi a pou mande prezidan an kenbe pouvwa a pou tout tan. Li di deklarasyon militè yo vin fèt apre ofisye yo te siyen yon apèl pou mande pèmèt yo fè yon deklarasyon an favè Divalye a vi. Prezidan an reponn ak yon gwo diskou:

> « Je suis heureux que vous compreniez la nécessité de rejoindre les rangs de la foule révolutionnaire et que vous soyez venus ici ce matin rendre hommage au chef constitutionnel des forces armées en lui prêtant de nouveau serment d'allégeance. »

---

145   Divalye se yon pwofesè enèji. Menm jan ak Napoleyon Bonapat, li elektrize lespri moun yo, li devlope enèji ak anpil fòs. Divalye se yonn nan pi gran lidè ki egziste nan epòk n ap viv la, paske nèg sa a ki refè patri ayisyèn nan, li rezimen nan li menm sèl tou sa ou ka rele kouray, bravou, jeni, diplomasi, patriyotis ak ladrès ou jwenn kay nèg ki pi gran an yo nan tan pase yo ak alèkile.

146   Ak tout fòs konviksyon patriyotik nou, granmesi oumenm, Ekselans, enpi sou kòmannman yon nonm prestije tankou w, fòs lame d Ayiti yo, plizyè fwa, rive ranpli misyon sakre yo te konfye yo a avèk onè, avèk konpetans : yo rive defann bout tè nou an, konsève l entak. Yo goumen, yo ranpòte laviktwa kont fòs fènwa a yo ki te ranje kò yo pou yo konpwomèt dwa granmoun nasyon an ak endepandans nou.

Li di foul la li konprann sa l santi, apre sa, li pale dirèkteman ak jeneral an chèf la :

« Général Constant, Duvalier, président de la République, qui est plus fier de son titre de chef de la Révolution que de celui de chef de l'État, accepte et apprécie votre geste. Je vous comprends, car je me rappelle qu'en 1957, à Jacmel, vous avez risqué votre situation en m'accueillant. Alors vous étiez un simple lieutenant. Vous voici général aujourd'hui.

« Pour ne pas faire de jaloux, je désire également reconnaître le mérite du chef actuel de la Garde présidentielle, le colonel Gracia Jacques, qui m'a reçu comme un chef d'État, alors que je n'étais qu'un simple candidat, à Verrettes, la ville natale de Dumarsais Éstimé. Il était alors sous-lieutenant, le voilà colonel.

« Vous savez que je ne puis abandonner ni mes enfants civils qui ont placé leur foi en moi, ni mes enfants militaires que vous représentez ici. Je ne peux les laisser aller à l'aventure.

Au risque de disparaître en flammes, je dois continuer à assumer le pouvoir que le peuple a délégué à l'homme en lequel il a placé toute sa foi. Mes chers amis, il n'est guère facile de trouver un homme comme moi, qui ai pleine confiance en lui-même et en son pays.

« Il n'est pas possible de trouver sans peine un révolutionnaire. Cela arrive tous les cinquante, voire tous les soixante-quinze ans, mais moi qui vous pale en cet instant même... je synthétise et concrétise les aspirations de la patrie et de la nation que nous aimons tous. Je sais jusqu'où je peux aller, car je suis un révolutionnaire. Je suis moins un chef d'État qu'un révolutionnaire. Lorsque vous découvrirez que l'homme est doué des pouvoirs nécessaires, vous saurez par la même occasion ce qui vous est réservé.

« C'est parce que je veux éviter des catastrophes, parce que je veux vous protéger vous tous les duvalieristes, civils et militires, qui étiez à mes côtés en 1956 et en 1961, que j'ai l'intention de m'élever toujours plus haut à la rencontre de la pensée de Toussaint Louverture, lequel dans l'article 3 de la

Constitution de 1801, a déclaré que dans l'état où se trouvait la colonie de Saint-Domingue, il ne lui était pas possible de passer les pouvoirs. Il se devait de les garder... » [147]

Se nan moman sa a ou gen lenpresyon Divalye fèk aksepte prezidans pou lavi a nan yon seremoni atifisyèl, enpi, li òganize l pou yo aklame li. Men, se pa sa ditou. Se bwouyay l ap fè. Li pral kontinye fè yo ansanse li jis 14 jen. Jou sa a, pral gen yon eleksyon òganize, nan estil Divalye, pou anterinen (konfimen, fè ratifye) plan li ofisyèlman.

Kwak an deyò peyi a, yo ka fè sezisman lè yo tande Divalye deklare entansyon li. Sitiyasyon sa a pa nouvo pou moun ki ann Ayiti . Depi 1804 pa gen mwens ke uit Ayisyen ki deside reye a vi, ladan yo gen twa kòm wa. An verite pa gen anpil prezidan ki konsanti kite pouvwa a. Dessalin (Dessalines), Kristòf (Christophe), Soulouk (Soulouque) proklame tèt yo amperè ak wa. Silven Salnav (Sylvain Salnave), Petyon (Pétion), Jan Pyè Bwaye (Jean-Pierre Boyer), Fab Nikola Jefra (Fabre Nicholas Geffrard) fè yo nonmen yo a

---

147 Mwen kontan wè nou wè nesesite pou nou rantre nan ran foul revolisyonè a, enpi nou vini isit la maten an pou n rann chèf konstitisyonèl fòs ame yo omaj ak sèman nou fè yon lòt fwa ankò pou nou rete fidèl.
Li di foul la li konprann sa l santi, apre sa, li pale dirèkteman ak jeneral an chèf la :
« Jeneral Konstan, Divalye, prezidan Repiblik la ki gen plis fyète pou tit chèf Revolisyon an pase tit chèf Leta aksepte jès ou a li apresye tou. Mwen konprann ou, poutèt mwen chonje Jakmèl, an 1957, ou te riske djòb ou pou akeyi m. Lè sa a ou te senp lyetnan. Men w jeneral kounye a.
« Pou m evite kreye jalouzi m anvi siyale tou merit aktyèl chèf gad prezidansyèl la, kolonèl Grasya Jak ki te resevwa m kòm yon chèf d Eta, nan Vèrèt, vil kote Estime te fèt la. Lè sa a ou te sou lyetnan. Kounye a men w kolonèl.
« Nou konnen mwen pa fouti abandone ni pitit mwen yo ki sivil ki mete konfyans yo nan mwen, ni pitit militè m yo nou reprezante a. Mwen pa sa kite yo ale nan lib.
Menm si m riske disparèt nan flanm dife m oblije kenbe pouvwa pèp la lage nan men moun sa a li mete tout konfyans li nan li a. Mezanmi li pa fasil pou jwenn yon moun tankou m ki kwè nan tèt li ak peyi l.
« Se nan redi pou jwenn yon revolisyonè. Se bagay ki rive tou le senkant e menm tou le swasannkenzan, men mwen menm k ap pale avèk nou la a kounye a mwen fè sentèz, mwen ranmase nan mwen tout rèv patri a, nasyon an nou tout renmen an. Mwen konnen jis ki kote mwen ka ale paske mwen se yon revolisyonè. Mwen mwen s chèf d Eta ke m revolisyonè. Lè na dekouvri nèg la gen pouvwa ki nesesè yo, menm lè a n ap konnen ki sa k ap tann nou. Se paske m vle evite katastwòf. Paske mwen vle pwoteje nou tout, divalyeris yo, sivil ak militè ki te bò kote m an 1956 e an 1961 ki fè mwen gen lide moute toujou pi wo jouk nan ideyal Tousen Louvèti a, nèg sa a ki te deklare nan atik 3 Konstitisyon 1801 an nan eta koloni Sen Domeng ye a li pa posib pou l pase pouvwa a bay lòt moun. Li te oblije kenbe l.

vi. An 1867, yo te eli Salnav pou katran, li deside rete sou pouvwa a tout tan, jiskaske li mouri. Li fini devan yon ploton   egzekisyon.

Depi deklarasyon mwa d avril la, jis 14 jen, Blanchè pa sispann rasanble delegasyon nan palè a pou y al fè lwanj pou Papa Dòk.

Kanbwòn, minis Travo piblik, òganize yon mach Divalyevil, ansyen Kabarè, pou l al o palè. Yo pase popilasyon Petyonvil la ak sa Pòtoprens lan lòd pou y al jwenn yo nan palè a. Prefè Winzò De (Winsor Day) entèdi batay kòk jou sa a nan gadyè. Yo ranmase peyizan mennen al gwosi kòtèj la.

24 avril, seremoni nouvo kil la ap konnen yon ti sispansyon. Jou sa a, yo mete monseyè Vogli (Voegeli), evèk ameriken nan legliz episkopal la, deyò. Li nan pòs sa a depi desanm 1943. Se limenm ki te entèvni dirèkteman pou l sove Ivon Mowo (Yvon Moreau).

De jou anvan dat yo te prevwa pou evèk la akonpaye yon delegasyon moun legliz ki pral nan palè prezidansyèl nan kad kanpay piblisite a, enspektè sèvis pou etranje antre lakay li, revòlvè nan men. Yo ba li dezèdtan pou l pati. A midi yo anbake li nan yon avyon ki ta pral Pòtoriko. Anbasad ameriken pwoteste. Divalye pa okipe yo.

Monseyè Vogli (Voegli) kite katrevende legliz dèyè ak yon ekip pè ayisyen ak twa pè etranje, karant mil moun enpi katòz mil fidèl. Li te toujou ap defann kòz Ayiti, epitou, li patisipe nan ekipman eskolè.

Malgre pwotestasyon eleman konsèvatè yo nan legliz li a, monseyè Vogli pa t ezite, gen kenzan de sa, pou l te fè pent primitif ayisyen yo te fèk dekouvri yo dekore legliz Sent Trinite. Yo penn fresk ki dekore vout la ak mi yo. Kontestatè antre nan legliz la nan nuit y al pase penti nwa sou dekorasyon yo. Yo fin fè dekorasyon an kanmenm. Se yonn nan ekzanp vivan mèvèy ayisyen an ka fè.

Menm senmenn nan, Palman an reyini. Yo renouvle plen pouvwa Divalye san dat limit. Yo sispann tout garanti konstitisyonèl. Siperyè yo pase lòd abwoje konstitisyon 1957 la. Yo nonmen yon komite kenz manm pou yon pwojè konstitisyon espesyalman pou prezidan a vi kap vini an.

Nan O.E.A. gen yon vwa ki leve pou l kondane sa Divalye ap
fè yo. Yon lòt fwa ankò se vwa doktè Fasyo, delege Kosta Rika a.
Li kalifye magouy Divalye yo "absid" (san sans). Li deklare Ayiti
mete tèt li nan move pozisyon nan O.E.A. a; lòt manm yo te dwe
mete l deyò.

Divalye mande anraje. Li trete Fasyo de « valet », egal ti domestik.
Li di pawòl fasyo yo, se ri li ri yo. Li di li te wè Fasyo deja Ayiti lè
sèten eleman te eseye sal figi nasyon an sou fwontyè a. Li di se yon
ti domestik misye te ye enpi li tap aji an ti domestik. Li di :

> Jamais je ne permettrai à un organisme international ou à un valet employé par celui-ci
> d'empiéter sur la dignité nationale. [148]

Jan Jilme (Jean Julmé), prezidan chanm inik lan pran kòz la pou
li tou. Li sigjere Ayiti retire kò l nan O.E.A., enpi, avèti òganizasyon
an pou l sanksyone Fasyo poutèt deklarasyon l lan si yo pa vle Ayiti
raple reprezantan l lan :

> Nous espérons que les membres de l'O.E.A. ne manqueront pas d'indiquer à monsieur Facio
> ce qui [sic] lui reste à faire, et pourquoi, en vue d'éviter qu'Haïti ne rappelle son représentant ». [149]

Jilme fè yo chonje yon lè Etazini te bezwen vwa Ayiti. Depi lè
sa a, O.E.A. pa fè okenn kòmantè.

Delegasyon Blanchè rasanble yo ap defile, Divalye ap resevwa
yo nan palè a, l ap fè dedikas pou pwòp tèt li. Lè yo mande l si l gen
lide pwoklame tèt li anperè, li di non. Li di yon delegasyon Kalfou:

> Vous avez en face de vous un révolutionnaire qui ne saurait accepter le titre d'empereur sous
> aucun nom, que ce soit François ler ou un autre. Il restera ce qu'il a toujours été, un fils du peuple qui
> a pris le pouvoir et qui le gardera à perpétuité. Jamais il ne quittera le palais bien-aimé. [150]

Men sa yon gwoup Bèlè tande l di :

---

148   Mwen pa pe janm pèmèt okenn òganizasyon entènasyonal ni okenn ti domestik li vin banbile sou dwa
granmoun nou

149   Nou espere O.E.A. pap neglije fè mesye Fasyo konnen sa l rete pou l fè, si yo pa vle Ayiti raple reprezantan l
lan.

150   Nou gen devan nou la a yon revolisyonè ki p ap ka aksepte tit anperè sou okenn non ke se swa Frnanswa
1e oswa yon lòt. l ap rete sa l te toujou ye a, yon pitit pèp la ki pran pouvwa a enpi ki kenbe l etènèlman. Li p ap
janm kite palè cheri l sa a.

Comme je l'ai toujours déclaré, je n'hésiterai pas à déclencher une nuit rouge pour faire triompher ma cause. [151]

Pawòl sila yo sonnen yon fason tèlman militan, menasan menm, yo fè efè pafwa mwens pase yon deklarasyon sou lide w gen nan tèt ou ke yon tantativ pou konvenk pwòp tèt ou.

Lè flatè yo parèt nan palè a, yo fouye yo pou yo wè si yo pa gen zam, apre sa, yo mete yo sou siveyans pandan tout seremoni an. Se lwanj prezidan an yo vin chante. Se pou sa yo la. Tonton Makout ak gad palè la pou asire yo, pa gen okenn Britis (Brutus) kap vin pase nouvo Seza a (César) alenfinitif.

Selon jan 1 santi 1, Divalye konn lage kò 1, pafwa, nan di gwo mo. Men sa li deklare bay yon delegasyon milisyen ki te soti nan Nò peyi a :

« S'il y en a un qui s'imagine pouvoir se tortiller le cul à droite ou à gauche, j'en ferai de la farine et je le passerai au tamis... [152]

« Je suis un intellectuel, moi, un médecin qui ne connaît que les livres, mais je vous rappelle que c'est un des plus grands intellectuels de grande Russie qui a organisé l'armée russe aux côtés de Lénine.

« Qu'est-ce que cela veut dire ? Oui, qu'y a-t-il à redire si un Noir des Caraïbes organise son armée pour faire respecter le sol sacré de sa patrie ? C'est ce que je vais faire jusqu'à ce que vous, les gens du nord, veniez vous joindre à la milice de Port-au-Prince pour me porter au tombeau.

« Mais ce n'est pas ainsi que je veux que les choses se passent. Je n'ai pas besoin de funérailles. C'est au son des balles et des mitrailleuses que vous m'enterrerez tout simplement. La révolution, ça ne se fait pas avec de la littérature, mais à coups de fusil. Si un homme s'imagine, qui puisse-t-il être, qu'il va me prendre le pouvoir que je tiens du peuple... en outre je le tiens à jamais... » [153]

---

151   Jan mwen toujou di l la mwen p ap pè deklanche yon lannuit wouj.

152   Si yon nonm konprann l ap vire kò l adwat, agòch, m ap fè boundal pase nan paswa.

153   Mwen menm, mwen se yon entèlektyèl, yon medsen, ki ann afè ak liv li sèlman, men, m ap fè n chonje se yonn nan pi gran entèlektyèl nan gran Larisiki ki te òganize lame ris la bò kote Lenin. Ki sa sa vle di ? Wi, ki sa yo gen pou di si yon Nwa nan Karayib la òganize lame li pou l fè yo respekte bout tè sakre peyi a ? Se sa mwen pral fè jiskaske nou menm, nèg nò yo, nou vin jwenn milis Pòtoprens lan pou nou pote m nan tonm mwen. Men, se pa kon sa mwen vle pou bagay yo pase. Mwen pa bezwen antèman. Se anba bri bal ak mitrayèz pou n antere m tou senpleman. Yo pa fè revolisyon ak bèl pawòl, se ak kout fizi yo fè sa. Si yon moun met nan tèt li, kèlke swa moun nan, li pral pran pouvwa pèp la ban mwen an...Tout jan, mwen pran l nèt...

Gen de lè diskou yo pran nanm Divalye. Li gen dwa lanse l nan yon pawòl ki pa fin soti klè.

« Je ne permettrai à aucun étranger de faire la leçon au docteur Duvalier. Si vous entendez que les choses sont comme ci, comme ça, vous n'avez pas besoin d'ordre. Arrivez et occupez Port-au-Prince... Duvalier gouvernera sous le feu des canons s'il le faut. C'est un ordre formel que je vous donne. Le chef de la révolution vous parle. Bientôt il sera président à vie. Si jamais vous entendez dire que quelque chose se passe à Port-au-Prince, pas besoin d'ordre. Venez me rejoindre. Je serai à vos côtés... »[154]

Kanbwòn ak « Mouvement de Rénovation Nationale » li a deside fè Divalye yon kado pou premye me. Li rache yon « kontribisyon » vennsenk dola nan men chak bizismann pou y achte yon meday ann ò masif ki ale ak yon anperè. Yo ofri prezidan an l, ak yon diplòm ki salye l « *chef de la révolution et grand protecteur du commerce et de l'industrie* ».

Se depite Ilrik Senlwi (Ulrick Saint-Louis) ki te nan tèt komite pou revizyon konstitisyon an. Li pwodui yon rapò diznèf paj pou l esplike rezon ki fè chanjman an te nesesè, enpi prezante nouvo pwojè Konstitisyon an. Si n fye nou sou sa l di a, venteyinyèm konstitisyon sa a Ayiti pral konnen an, se zam « yon revolisyon ki pase pa lalwa ». Pou li se bi siprèm yon rejim demokratik. Li gen desan en atik. Sa ki pi konsekan an se atik ki bay Divalye prezidans lan pou lavi ak yon pouvwa ki pa gen limit. Nan tout tèks la de mo deziyen prezidan an « le souverain ». Tit sa a, anperè Fosten Soulouk (Faustin Soulouque) te fou pou li. Palman japwouv la kouri adopte pwojè a, 25 me. Divalye anonse yo gen pou yo fè yon referandòm popilè 14 jen sou konstitisyon definitif la.

Senlwi al chache api nan men Wobèspyè (Robespierre) pou l jistifye nouvo batistè Leta a. Li site pawòl nèg sa a yo pa sa achte a: « *Plus grand est le pouvoir d'un homme, plus libre et plus   rapide*

---

154 Mwen p ap pèmèt okenn etranje vin bay doktè Divalye leson. Si nou ta tande bagay yo vire yon jan yon jan, nou pa bezwen tann lòd mwen. Antre vin okipe Pòtoprens... Divalye pral gouvènen anba rafal kout kanon si l nesesè. Se yon lòd fòmèl mwen pase nou. Se chèf revolisyon an k ap pale avèk nou. Anvan lontan li pral prezidan avi. Si pa aza nou tande yo di gen yon bagay k ap pase Pòtoprens, nou pa bezwen tann lòd. Vin jwenn mwen. M ap bò kote nou...

est-il dans ses actes. »[155] Yo nonmen depite a prezidan asanble a pou rekonpanse l.

Nan premye kòmansman yon nouvo manda ak yon konstitisyon tou nèf, li bezwen yon lòt kalite drapo. Divalye pral chanje koulè drapo nasyonal la. Wouj ak ble tounen wouj ak nwa. Omoman endepandans lan, yo te wete blan an nan drapo franse a ki gen twa koulè pou yo te fè drapo ayisyen an. Divalye menm, li pretann Desalin te chwazi wouj ak nwa. Se Petyon (Pétion) ki te mete ble nan plas nwa a. Men sa Divalye pibliye kòm kominike:

> «En un temps où le peuple haïtien donne son adhésion totale à une mystique qui rejoint celle des pères de la patrie, nous devons à nouveau consacrer cet emblème. Aucun autre étendard, sinon le rouge et le noir choisi par Dessalines, ne peut mieux exprimer la joie éprouvée par une nation qui retrouve la mystique et la foi inébranlables de ses encêtres. »[156]

Sou ti drapo pèsonèl pa li, Divalye fè mete yon pentad ak yon lanbi.

Nan selebrasyon anyèl 22 me a, gen yon tradisyon ki chanje. Fwa sa a, anbasadè ameriken an prezan nan selebrasyon granmès ki fèt an lonè Divalye a. Si depi epòk Nyoubegin (Newbegin), reprezantan ofisyèl Etazini te konn toujou absan jou sa a, pou moutre Wachintonn pa dakò ak sa kap fèt yo, prezans Timonns (Timmons) fwa sa a, pa fouti pase inapèsi. Ni nan peyi a, ni aletranje. Yo tire pòtre l kap bay la men, kap souri ak Divalye. Yo sitou relve fason Ameriken an koube l byen ba. Sèvis laprès yo distribiye foto sa a. *Le Nouvelliste* pral mete kòmantè pa li. Se sa *El Caribe*, gwo jounal dominiken an, fè tou. Li pale de « pas en arrière ». Redaktè atik la note avèk tristès Etazini remize politik :

> d'un cordial abrazo aux gouvernements démocratiques et d'une froide poignée de main aux dictateurs.[157]

---

155   Tank pouvwa yon nonm anpil se tank li lib pou l aji vit.
156   Nan yon tan kote pèp ayisyen an di l dakò san pou san ak yon mistik ki rejwenn mistik fondatè nasyon an yo, nou fèt pou n konsakre senbòl sa a. Pa gen okenn lòt siy raliman ke wouj ak nwa Desalin te chwazi a ki fè resòtipi byen la kontantman yon nasyon ki jwenn yon lòt fwa an kò mistik ak la fwa zansèt li yo ki pap janm fayia.
157   Politik akolad fratènèl pou gouvènman demokratik yo, pwayedmen frèt frèt pou diktatè yo.

Li moutre ki jan l pè pou Timonns (Timmons) pa mete l twòp an vedèt nan sa tiran an òganize pou glorifye tèt li pèsonèlman.

> Depuis Trujillo, ajoute-t-il, on sait par expérience qu'une telle participation est exploitée par les dictateurs pour plonger l'âme de leur peuple dans le pessimisme et le désespoir. Ainsi consolident-ils d'autant plus fermement leur système despotique. »[158]

Jou sa a gen yon lòt jounalis prezan ann Ayiti ki bay yon lòt son. Se kòrespondan Anri Remon (Henry Raymont), anvwaye espesyal Nouyòk Tayms (*New York Times*). Li ekri prezans Timonns, ou ka esplike l, se volonte Wachintonn pou l rekonekte san bri san kont ak Divalye. Depatman d Eta ameriken rann li kont Ayisyen an kenbe peyi l fèm anba ponyèt li. Yo ankouraje envestisman prive san bri san kont. Gen lè anbasadè ameriken an rekòmande bay matlo ki enterese yo ak lòt anplaye *Marins* ameriken nan Karayib la pèmisyon poze pye sou tè Ayiti. « Alliance pour le progrès » prowoje (renouvle) garanti li sou yon prè 4 milyon dola pou konstriksyon yon rafinri petwòl. Remon mansyonnen yon lòt prè toujou Bank entèameriken akòde pou distribisyon dlo ann Ayiti. Nan yon entèvyou li bay, Divalye deklare se « mank konpreyansyon ak movèz fwa anbasadè ameriken anvan an yo ki lakòz move relasyon ki genyen ant peyi li ak Lamerik. Pou Timonns menm, li di, granmesi mouche, gen lè Wachintonn konprann pwoblèm nou yo pi byen. Li satisfè de li.

Apre mès solanèl 22 me sa a, Divalye al chita sou yon fotèy gran panpan yo te enstale nan mitan yon tribin devan palè a. Li pase katrèdtan ap asiste demonstrasyon sis mil milisyen. Sou chak senk milisyen gen yonn ki ame. Foul la tou, tou konnen pou l bat bravo nan bon moman an. Apre chak demonstrasyon, chèf ploton an li yon sèman yo fè pou yo di y ap toujou rete fidèl anvè Divalye, enpi li pwoklame byen fò yo vle l rete nan pòs prezidan an.

Papa Dòk reponn yo nan fason pa l, ki vle di l ap pale ak tèt li :

---

158 Li di li krenn pou Timonns pa fè yo remake l twòp twòp lè l al patisipe nan yon seremoni tiran an (chèf d Eta k ap maspinen pèp li) òganize pou l fè lwanj pou tèt li a. Li kontinye pou l di depi epòk Twouyilyo, esperyans pwouve diktatè yo toujou esplwate patisipasyon sa yo pou yo lage pèp la nan dekourajman ak dezespwa. Sa vin bay o plis fòs pou yo konsolide sistèm kraze zo yo a.

> Quant à moi, je suis un réaliste. Je peux fort bien écouter de beaux discours, mais je reste un doctrinaire et un réaliste, ce qui signifie que je ne me laisse jamais intoxiquer. Je reste égal à moi-même. Tandis que j'écoute les discours, je me parle à moi-même.... Je suis arrivé à un nouveau tournant de ma vie politique... Président à vie, voilà qui n'est pas rien... je sais ce que je fais... Pas de révolution sans coups de fusil. La nation armée, voilà ce qu'il faut. Aux côtés de ses soldats, le chef suprême doit toujours être prêt à faire respecter ce qui doit l'être. Cela veut dire vous et moi. [159]

Anfen fèt la fini. Solèy fin kouche. Se lè sa a Divalye vomi dènye pawòl li yo:

> Je n'en dirai pas plus. Un chef, un commandant suprême des forces armées, un chef de la milice et de la police n'a pas à parler à ses soldats, du moins il n'a pas à répondre à leurs discours. [160]

Ak gran fraka, Blanchè kontinye mennen kanpay pwopagann nan jis 14 jen. Menm Ayisyen yo sezi. Se pwosesyon delegasyon ap fè nan palè. Delegasyon sou delegasyon. Yo chak parèt ak ansanswa pa yo, apre sa, pou yo koute divagasyon granchire fewòs Divalye yo.

Devan yon gwoup ki te soti nan sid peyi a, Divalye prezante tèt li kòm:

> un géant capable d'éclipser le soleil, car le peuple m'a déjà consacré à vie. [161]

Lè 1 fin pwoklame lanmou pitit ak manman pou « Les Écritures saintes, li di veritab Bondye pa li se Notre Sainte-Mère l' Afrique. Se divinite afrikèn yo ki ba li fòs pou 1 « monter à l' assaut ».

Men sa li deklare bay yon lòt delegasyon:

> Personne n'est capable de m'empêcher de remplir ma mission sacro-sainte... Le chef de la révolution haïtienne a le droit de faire d'Haïti tout ce qu'il juge bon pour le pays. C'est ainsi qu'agissent

---

159   Bò pa m, mwen se yon moun ki reyalis. Mwen kapab byen koute bèl diskou, men mwen rete yon doktrinè, yon moun ki reyalis, sa vle di, mwen pa janm kite yo plen tèt mwen menm. Mwen rete egal ak tèt mwen. Pandan m ap koute diskou yo, m ap pale poukont mwen... Mwen rive nan yon dètou nan vi politik mwen. Prezidan a vi se pa yon bagay piti... Mwen konnen sa m ap fè... Pa gen revolisyon san kout fizi. Yon nasyon ame, se sa nou bezwen. Bò kote sòlda l yo, yon chèf siprèm dwe pare tout tan pou l fè respekte sa yo fèt pou yo respekte. Sa vle di nou menm avèk mwen.

160   Mwen p ap di plis pase sa. Yon chèf, yon kòmandan siprèm fòs ame yo, yon chèf milis ak lapolis pa gen pou l pale ak sòlda l yo, li pa gen pou l reponn diskou yo.

161   Yon jeyan ki ka fè solèy la disparèt, piske pèp la deja rekonèt mwen la avi.

le grand chef indonésien (Sukarno), le chef de la grande Chine (Mao-Tse-Toung) et le chef de la France éternelle (de Gaule). »[162]

Devan yon asanble jij ki soti Jakmèl li pral moutre yo sa l peze:

> Vous êtes les seuls magistrats jusqu'à présent qui se soient dérangés pour rendre hommage au chef de la révolution et à l'homme qui est déjà président de la République. Certains, on ne peut pas les empêcher de nourrir certaines ambitions. Toutefois, pour nourrir ces ambitions et convoiter la magistrature suprême, on doit avoir le même courage qu'a eu en 1957 le petit médecin qui alors n'a pas eu peur de se déclarer candidat. [163]

Jij « ambitieux » Divalye ap pale a, se Adriyen Douyon (Adrien Douyon), prezidan Kou siprèm. Lè Divalye te fin nonmen l, li pèdi favè mouche. Se pa tèlman anbisyon Douyon ak kèk lòt kòlèg li yo genyen, se plis cho yo pa t ase cho pou reponn devan presyon y ap ba yo pou yo vin lapriyè piblikman nan pye Divalye.

Se Lik Bwavè (Luc Boivert), enstititè, enpi jij nan kou sivil, ki ranplase Douyon. An tan ke nouvo prezidan nan Kou siprèm, li akonpaye yon delegasyon sèz jij nan jiridiksyon sa a, ki vin prezante respè yo bay chèf Leta a, 4 jen, enpi koute diskou li pral sèvi yo a.

Dapre sa Divalye di, se ak yon « secrète amertume », li koute diskou yo a. Sa l rele « secrète » la, li pa pi klè pase adjektif li anplwaye a. Firamezi pouvwa l ap pran chè, pawòl li yo ap gonfle, retorik la ap anfle.

Majistra ki prezante devan l yo, li di yo li deklare yo « non koupab » poutèt yo pa t pi prese pase sa pou yo vin rann li omaj. Men, kanmèm, li fè yo wè chèf souvren an, li gen tout pouvwa nan men l:

---

162   Pa gen moun ki ka anpeche m ranpli misyon sakre m nan ... Chèf revolisyon ayisyèn nan gen dwa fè de Ayiti tou sa li jije ki bon pou peyi a. Se kon sa gran chèf endonezyen yo aji (Soukano), chèf gran Chin nan (Mawo Tsetoung), chèf Lafrans Etènèl la (Degol). Se kon sa yo aji.

163   Nou se sèl majistra jiska prezan ki fè deplasman an pou n vin rann chèf revolisyon an, nèg ki fin prezidan la Repiblik la omaj. Gen moun, nou pa fouti anpeche yo nouri kèk anbisyon. Men, pou gen mòd anbisyon sa yo, anvi rive nan pi wo degre majistrati a, ou fèt pou gen menm kouray ti dòktè a te genyen an an 1957 la, lè l pa t pè deklare li kandida a.

Je suis hautement conscient de mes responsabilités de chef » « et c'est pourquoi j'ai la ferme intention de ne manifester aucune pitié lorsqu'une faute politique, quelle qu'elle soit, sera commise contre la révolution. [164]

Men pawòl li toujou devan yon delegasyon Kenskòf :

« Après ce referendum, il n'y aura plus jamais d'élection sur la terre d'Haïti pour désigner un nouveau chef de l'État... Je serai seigneur et maître... J'ai toujours parlé avec l'énergie farouche qui me caractérise, avec toute la sauvagerie qui est mienne...

« La révolution, c'est la révolution. S'il est dit que vous serez député, vous le serez, car la révolution est comme un fleuve. Si on se tient à contre-courant, on est emporté.

« Chacun tortille du cul, comme il le peut... et pourquoi, après tout, les Haïtiens ne tortilleraient-ils pas aussi le leur comme ils l'entendent? Ils commencent à découvrir que Duvalier n'est pas le Lucifer des Caraïbes....

« Eh bien donc, comme je le disais, chacun tortille du cul à sa guise. Nous avons ici ce qui s'appelle une démocratie. C'est l'une des plus belles qu'on puisse trouver. De Gaule, lui aussi, a une démocratie, l'une des plus belles également. Mao Tsé-Toung a une démocratie, toujours l'une des plus belles. Eh bien, que chaque pays évolue selon son originalité propre, selon ses coutumes et traditions. C'est un ethnologue qui vous le dit.

« Même sous le feu des canons, le docteur François Duvalier ne reculera pas. Vous le savez et je l'ai déjà dit. Si mes miliciens ont peur, qu'ils me regardent dans les yeux. Si les cohortes duvaliéristes éprouvent le moindre soupçon de peur, qu'elles me regardent dans les yeux. Vous m'avez vu en 1956,

---

164   Mwen trè klè sou reskonsablite m kòm chèf. Se poutèt sa, mwen deside m wen p ap gen okenn pitye pou kèlkeswa fot politik yo komèt kont revolisyon an.

eh bien, mon visage est le même, depuis. L'homme que vous avez là, en face de vous, il restera égal à lui-même. »[165]

Pi devan, gen yon joual ki repwodui diskou sa a. Li rele l « Un dialogue passionnant ». Lè w ap li l, ou gen lenpresyon Divalye ap fè jefò pou l mete l a la wotè divès pèsonalite li fabrike pou tèt li. Ti doktè a vole wo pou l jwenn ak « jeyan sa a ki rive bare solèy la ».

Dimanch 14 jen, operasyon elektoral yo, si n ka rele yo kon sa, koumanse a sizè nan maten. Se pa ponyen yo distribiye bilten vòt ki gen diferan koulè. Gen ble, woz, wouj, jòn. Ti moun ranmase yo pou yo fè flèch an papye. Yo konn ranmase yo tou pou yo fè sèvolan. Fòmalite vòt yo trè senp, yon senplisite ki dezame w. Tout bilten yo gen yon sèl mansion.

Sèl repons ki pwopoze se wi. Si yon ransè manke lal ekri non sou yon bilten, li riske wè yo pousuiv li pou fwod elektoral. Pou otorite yo ka wè yo byen, anplwaye gouvènman yo rive sou yo bonè nan maten pou tout moun ka wè yo. Pandan tan sa a, radyo a ap pouse mereng tout jounen sou tèm « Divalye a vi ». Ti drapo wouj e nwa gaye dènye kote. Kamyon yo gen tan dechaje tout kagezon peyizan yo. Ou ka wè moun sa yo k ap danse mizik enpwovize, vide kleren nan gòj yo. Dènye kras moun kapab al lage bilten, ata etranje. Milisyen yo ap fete. Depi onzè e ka nan maten Divalye parèt

---

165 Apre referandòm sa a, p ap janm gen eleksyon ankò sou tè d Ayiti pou nonmen yon lòt chèf d Eta... Se mwen k ap sèl seyè, sèl mèt. Mwen toujou pale ak enèji fawouch sa a ki pèmèt yo rekonèt mwen an, ak menm sovajri sa a ki nan mwen menm nan...

Revolisyon se revolisyon. Si ou te gen pou te depite, w ap depite. Revolisyon se menm ak yon flèv, si w mete w an fas li, l ap bwote w.

Tout moun vire bounda yo jan yo vle, pou ki sa Ayisyen an pa ta ka vire bounda l jan l vle tou? Yo koumanse rann yo kont Divalye, se pa Lisifè li ye nan Karayib la...

Kidonk, jan m t ap di l la, chak moun vire bounda l jan l vle. Isit la nou ganyen sa yo rele demokrasi a. Se yonn nan sa ki pi bèl yo. Degol tou, li gen yon demokrasi, yonn nan sa ki pi bèl yo. Mawo Tsetoung gen yon demokrasi, yonn nan sa ki pi bèl yo toujou. Enben, se pou chak peyi evolye selon sa li ye a, selon koutim li, tradisyon l yo. Se yon etnològ ki di nou sa.

Menm anba kout kanno, dòktè Franswa Divalye pa p fè bak. Nou konn sa. Mwen deja di l. Si milisyen m yo pè, yo mèt gade m nan je. Si kowòt divalyeris yo gen mwenn ti soupson lapèrèz, se pou yo gade m nan je. Nou te wè m an 1956, enben, se toujou menm vizaj la. Nèg n ap gade kounye a la a, l ap toujou rete menmman parèyman.

sou balkon palè a pou l fè elektè yo konnen li bese byen ba devan desizyon yoa.

« Aujourd'hui, le peuple a déjà manifesté sa volonté. Je veux dire, à l'heure où je vous parle je suis déjà président de la République à vie...

« Que veut le gouvernement ? Il veut que vous soyez sur vos gardes, sans cesse, prêts à combattre les traîtres de toujours, ceux qui ont trahi le grand Dessalines, ceux qui ont trahi le général Salomon, ceux qui ont trahi le général Soulouque. Il faut que ces mêmes traîtres sachent que maintenant les choses ont changé. Le docteur Duvalier n'est ni Dessalines, ni Soulouque, ni le général Salomon, tout en étant cependant leur élève. C'est un homme très méfiant. Il a l'intention de gouverner en maître, en autocrate authentique. Cela veut dire, je le répète, qu'il ne veut voir personne sur son chemin, excepté lui-même.

« De l'autre côté de l'Atlantique, il y a un grand homme qui sait ce qu'il fait. Il s'appelle le général de Gaule. C'est un grand Français. Un autre personnage illustre que l'on peut comparer à Duvalier, c'est Sukarno, le président de l'Indonésie. Lui aussi est un grand homme et il sait ce qu'il fait. D'autres citoyens d'envergure qui mènent leur pays avec toute la poigne et toute la sauvagerie nécessaires savent également ce qu'ils font. Duvalier, de même, depuis l'époque où il pratiquait sa profession de médecin, a toujours su ce qu'il fallait. »[166]

Lè l fin pwononse kalite diskou sa a, Divalye al sou in yo, li depoze bilten wi li, menm jan ak tout moun. Jounal yo rapòte rezilta a yo kon sa : 2 800 000 wi kont 3 234 non. Pa gen moun ki ka di yo wè klè nan mistè sa a : ki ti ponyen moun sa a yo ki gen malè di non, yo p ap koube devan Souvren an ?

Swa sa a, prè de twa mil patizan pral chante, danse devan yon moniman uit mèt wotè pou « perpétuer la mémoire de la révolution

---

166 Jounen jodi a pèp la deja di sa l vle a. Mwen vle di nou omoman m ap pale avèk nou la a, mwen deja prezidan de la Repiblik a vi.

Ki sa gouvènman an vle ? Li vle pou nou toujou veye zo nou, san rete. Pare kò nou pou nou konbat trèt yo, sa ki te trayi gran Desalin yo, sa ki te trayi jeneral Salomon yo, sa ki te trayi jeneral Soulouk yo. Fòk mwen di trèt sa yo konnen jounen jodi a bagay yo chanje, Doktè Divalye pa Desalin, ni Soulouk ni jeneral Salomon, pandan li se elèv yo a. Se yon nonm ki mefyan anpil. Li pare pou l gouvènen jan yon mèt dwe gouvènen, an veritab otokrat (sèl mèt a bò). Sa vle di, m ap repete l pou nou, li pa vle wè pyès moun sou wout li, eksepte pwòp li menm.

Lòt bò Atlantik la gen yon grantòm ki konn sa l ap fè. Yo rele l jeneral Degòl. Se yon gran sitwayen fransè. Gen yon lòt pèsonaj trè koni yo ka konpare ak Divalye, se Soukano, prezidan Endonezi a. Li menm tou se yon grantòm, li konnen sa l ap fè a, Gen lòt sitwayen gwo kalib toujou k ap kondi peyi yo ak tout fòs kouray yo, ak sovajri ki nesesè a ; yo konnen sa y ap fè a tou. Divalye, menm jan an tou, depi epòk li t ap pratike pwofesyon medsen li, li te toujou konnen ki sa ki nesesè pou l fè.

duvaliériste ». Flanm ki kouwonnen l lan, si n ka pale kon sa, se rezilta yon asanblaj tib neyon kap fè mouvman vire san rete. Gen wouj, gen ble, gen vèt, gen jòn, gen vyolèt.

22 jen 1964, dat seremoni ki tap selebre viktwa l lè l te pran pouvwa a, yo te limen l ofisyèlman. Yon obsèvatè ki te la, fè remake :

Une vraie monstruosité... Tout ce qu'il faut pour couronner la journée.[167]

Pandan twa jounen ki make inogirasyon prezidan an, yo pral tande yon fos nòt.. Nan Tedeyòm (Te Deum) nan, nan katedral la, pè ki tap preche a, gen kouray mande prezidan an yon ti favè pou prizonye politik yo. Se te monseyè Anjenò (Angénor). Divalye oblije l demisyone, enpi li mete l an rezidans siveye.

Nouvo konstitisyon an bay prezidan pou lavi a yon kantite tit nouvo : « Chef suprême de la nation haïtienne », « Chef indiscuté de la révolution », « Apôtre de l' unité nationale », « Rénovateur de la patrie », « Chef de la communauté nationale », « Digne héritier des fondateurs de la nation haïtienne », eks.

Atik 106 la bay Divalye tout merit yo poutèt li pwovoke

une prise de conscience nationale » pour la première fois depuis 1804, « au moyen de change-ments radicaux survenus en Haïti sur les plans politique, social, économique, culturel et religieux ... (ainsi) est-il élu président à vie pour garantir les conquêtes et la pérennité de la révolution duvaliériste... [168]

Dapre atik 197 la, se granmesi limenm, rekonsilyasyon ant diferan gwoup ki tap goumen yonn ak lòt yo, vin posib, depi rejim 1950 lan tonbe.

Il a « réalisé la stabilité économique et financière de l'État, en dépit de l'action pernicieuse des forces qui se sont liguées contre lui dans le pays et au dehors. » D'autre part, on lui doit aussi d'avoir

---

167   Yon veritab makakri. Se sa k te manke pou klotire joune n an.
168   Yon priz de konsyans nasyonal pou premye fwa depi 1804 ak chanjman total kapital ki fèt ann Ayiti yo sou plan politik, sosyal, ekonomik, kiltirèl ak relijye... Kon sa, yo mete l prezidan avi pou l pwoteje enpi sovgade konkèt revolisyon divalyeris la yo ...

« entrepris et mené à bien l'alphabétisation des masses populaires, répondant ainsi aux aspirations des humbles et des petites gens qui souhaitent qu'on leur dispense lumière et bien-être. [169]

Konstitisyon an felisite l tou, poutèt li te asire lapè ak lòd nan òganize fòs ame yo, nan kreye fondasyon pwosperite nasyonal la ak « travo « enfrastrikti », li fè pwomosyon agrikilti ak endistriya-lizasyon, li òganize pwoteksyon sektè ouvriye a, jistis pou peyizan yo, li kreye òganizasyon pou ede maman pitit ak pitit yo, fanm yo an jeneral, fanmi yo. Se li ki kreye yon nasyon fò, ki tounen fyète pou pitit li yo.

« Le Catéchisme de la révolution », yon ti liv gouvènman an enprime. Se yon moniman ki fè moun wè ak de je yo antrepriz deyifikasyon (fè tèt li pase pou bondye) Divalye òganize limenm pou pwòp tèt li. Li gen ladan l litani, im, priyè ak yon pati doktrin. Li sèvi ak Sent Trinite katolik yo pou l kòresponn ak konsepsyon teyolojik Papa Dòk yo. Men yon ti moso nan katejis la :

> Question - Qui sont Dessalines, Toussaint, Christophe, Pétion et Estimé?
>
> Réponse - Dessalines, Christophe, Pétion et Estimé sont cinq fondateurs de la nation. Ils sont incarnés dan la personne de François Duvalier
>
> Q. Dessalines est-il à vie?
>
> R. Oui, Dessalines est à vie dans la personne de François Duvalier.
>
> (Li poze menm kesyon an, enpi li bay menm repons lan pou kat lòt pèsonaj istorik yo).
>
> Q. Faut-il en conclure alors qu'il y a six présidents à vie?

---

169 Li reyalize estabilite ekonomik ak finansye nan Leta a, malgre aktivis nuizib fòs ki lige kont li yo nan peyi a ak aletranje. Yon lòt pa, se li ki antreprann byen alfabetize mas popilè yo pou l ede sa ki pi fèb yo reyalize rèv yo pou yo jwenn limyèt ak byennèt.

R. Non. Dessalines, Toussaint, Christophe, Pétion et Estimé sont cinq chefs d'État distincts, mais ils ne sont qu'un seul et même président en la personne de François Duvalier.[170]

Ti liv la gen imaj. Yo repwodui drapo nasyonal la, li gen pòtre prezidan an, premyè dam nan repiblik la, eks.

Apre sa, se Nòtre Pè a :

Notre Doc qui êtes au palais à vie, béni soit votre nom par les générations présentes et futures. Que votre volonté soit faite à Port-au-prince comme en provinces. Donnez-nous ce jour un pays neuf et ne pardonnez jamais les offenses des ennemis de la patrie qui crachent chaque jour à la face de notre pays. Laissez-les succomber à la tentation et, sous le poids de leur venin, ne les délivrez pas du mal... [171]

---

170   Keksyon - Ki moun Desalin, Tousen, Kristòf, Petyon ak Estime ye?
 Repons - Desalin, Tousen, Kristòf, Petyon ak Estime se senk fondatè nasyon an. Yo enkane nan Franswa Divalye an pèsòn.
K. Èske Desalin avi?
R. Wi, Desalin avi nan Franswa Divalye an pèsòn..
 (Li poze menm kesyon an, enpi li bay menm repons lan pou kat lòt pèsonaj istorik yo).
K. Èske nou ka konkli gen sis prezidan avi?
R. Non. Desalin, Tousen, Kristòf, Petyon ak Estime se senk chèf d Eta diferan, men yo fè yon sèl e menm prezidan nan Franswa Divalye an pèsòn.
171   Papa Dòk nou an ki nan palè a avi a, se pou tout jenerasyon yo, ni sa kounye a ni sa kap vini yo, beni non ou. Se pou yo fè volonte w nan Pòtoprens ak nan Pwovens yo. Jounen jodi a ba nou yon peyi nèf enpi pa janm padonnen peche lènmi patri a kap krache chak jou nan figi peyi a. Kite yo pran nan pwòp pyèj yo ki anpwazonnen. Pa sekouri yo lè yo pran nan mera

Chapit 17
Gèrye yo relve defi a

Kounye a, men Divalye ki prezidan pou lavi. Afè eleksyon fini ann Ayiti, tout eleksyon. Li di l, li redi l. Pa gen anpil Ayisyen ki pare pou y afwonte kalite eprèv sa a.

Sendomeng gen yon ponyen refijye ki reyisi sispann chire pit antre yo. Ak yon bidjè zuit yo pral deklanche operasyon geriya ann Ayiti. Tout dezyèm trimès 1964 la, li pral chita nan biwo l, nan palè a, pou l òganize represyon an pèsonèlman.

Nouyòk, se trèz jenn gason ki pral relve defi a. « Gwoup trèz la », jan yo rele yo ann Ayiti a, pral pote jefò yo sou teren difisil penensil sid la. Sa pral mande entèvansyon tout fòs Divalye kapab rasanble pandan prèske twa mwa.

Kantav ak adjwen l yo pati y al Nouyòk. Se sòlda l yo sèlman ki rete Sendomeng. Moun ka wè yo chita sou ban nan pak ansanm ak lòt egzile. Nan lonbray la, y ap planifye revolisyon ideyal ki kapab debarase yo ak Divalye. Pou kounye a, yo pa menm gen sigarèt, yo lage nan fimen pòy. Men, trant mil Ayisyen k ap travay nan batey yo pa fin dakò ak konplotè yo. Yo fè yo vin pa sa tounen lakay yo. Epòk sa a, gen anpil ki te pran abitid al depanse ti kòb yo ann Ayiti. Lavi mwen chè ann Ayiti pase Sendomeng. Firamezi mwa ap pase chak moun gen l' enpresyon li gen yon baton marechal nan brisak li. Menm sa ki gen mwens kalifikasyon yo gen anpil anbisyon pou moman ki sanble disparèt pou toujou, respè ki te antoure dirijan tradisyonèl yo.

Lè yo bare ak yon Ayisyen nan « zòn lagè a », Divalye pa bezwen konnen si se yon refijye si se yon travayè sezonye. Yo egzekite l. Kwak yon rido majik vodou kouvri fwontyè a toujou, gen odasye k ap eseye leve l. Genyen ki reyisi, lòt, non. Lè sa a, yo fini nan tonm anonim, nan yon ti tè yo grate mete yo. Tout moun kontan. Divalye kontan, li fè jistis ak fijitif yo, Dominiken yo debarase avèk yo, dimwens kèk ladan yo.

Pè Jòj, yon pè katolik, antreprann debi 1964, yon vwayaj ki mennen l Sannto Domengo a travè tout Amerik Sid la. l ap chache finansman pou yon lòt espedisyon. Li di jounalis li rankontre Kolonbi yo, li gen yon twoup tou fre, y ap Ayiti anvan ane a fini. Yonn nan ewo batay Wanament lan, Fred Batis (Fred Baptiste) reyisi ranmase karant dola. Ak ti lajan sa a, li lwe yon ti kounouk an pay, ven kilomèt distans ak Sannto Domengo pou l resevwa debri lame Kantav la. Yo te oblije kite azil moun fou kote yo te pake yo a. Batisman yo tounen sèvi etab menm jan ak anvan. Depi lè sa a, y ap flannen tout kote. Gen anpil ladan yo k ap mache toujou ak maleng ki merite panse.

Anri Klèmon (Henri Clermont) abandone etid li nan inivèsite pou l al jwenn mouvman *Jeune Haïti* a. Li jwenn yon mezon d akèy pou refijye. Pou ogmante ti kras resous pwoteje l yo genyen yo, li jwenn travay nan yon sipè mache Sannto Domengo. Pou Lwi Dejwa, ansyen kandida pou plas prezidan an, yo jwenn li kap travay nan komisyon pou antreprenè Miyami. Il reyisi pase yon mache avèk lamarin dominikèn pou enstalasyon kuizin. Limenm li vin ede kèk konpayèl li yo ki nan difikilte. Remon Kasayòl, ki te eseye òganize yon envazyon ak demi frè li Jak, te vin patisye, li ouvri yon magazen ak espesyalite fransèz.

Kan refijye yo, jan yo pran abitid rele yo a, se pa kan militè, se plis relè pou Ayisyen ki an difikilte. Yo ka jwenn ti manje ak ti dòmi···Nouyòk te gen pè Baje (Bajeux), yo te mete l deyò Ayiti, yon ti bout tan apre Jezuit yo, an fevriye 1964. Li konn mizè kon-patriyòt li yo ap pase Sendomeng, li antre Sannto Domengo. Avèk sipò kèk pèsonalite lokal, li òganize « La Fondation pour l' Amitié des Peuples ». Lè l te nesesè, li pa t konn ezite mete soutàn li, rann li lapolis oswa nan biwo lame a pou l plede kòz Ayisyen ki nan pwoblèm. Anpil fwa se li ki fè djòb reprezantan diplomatik peyi a te dwe fè nòmalman. Nan yon rapò yo fè, Baje ak Fondasyon an siyale prezans 30 000 al 50 000 Ayisyen k ap viv sou tèritwa dominiken an.

> « La plupart vivent dans les conditions les plus pitoyables, rongés par la crasse et la faim. Les cabanes de bois où ils s'entassent dans le voisinage des plantations de canne ne disposent d'aucune installation sanitaire. Il n'y a pas même l'eau courante. La vermine infeste le sol boueux où ils doivent coucher. Les plus chanceux d'entre eux disposent d'un morceau de carton dont ils se servent comme matelas pour les isoler de la boue humide. »[172]

Baje fè antre nan komite direktè 1 la egzile ki nan sendika kretyen yo. Nouyòk, pè Bisent (Bissainthe) ak yon òganizasyon charitab ap ranmase don pou fondasyon Baje a. Otorite dominikèn yo rekonèt fondasyon an ofisyèlman.

A tranntwazan Baje gen tan reyalize yon pakèt bagay. Li pase nevan an Frans ap etidye teyoloji ak filozofi. Pandan sejou l an Frans li patisipe nan plizyè ouvraj ki trete pwoblèm klèje nasyonal la. Apre sa l al ann Afrik pou senkan, l ap anseye filozofi enpi l ap dirije yon jounal. Nou jwenn li ann Ayiti an 1962, li toujou pwofesè. Li direktè *Rond-Point*, yon piblikasyon kiltirèl katolik pou jèn yo. Li konbinen aktivite sa a avèk animasyon sant jenès katolik enpitou li patisipe nan lansman yon lòt piblikasyon relijye *l'Église en marche*. An jiyè 1963, yo mete l an rezidans siveye diran twa senmenn poutèt li t ap eseye ouvè yon mezon pou omonye jenès la yo nan Pòtoprens.

Anndwou Maklelann (Andrew McClellan), reprezantan entèameriken sendika A.F.L.- C.I.O, fè yon seri deklarasyon sou Divalye ak sitiyasyon Ayisyen kap travay nan plantasyon dominikèn yo. (A.F.L.: American Federation of Labor) (CIO: Congress of Industrial Organisation) .Se de pi gran sendika ameriken. Kon sa kòz Baje ap defann nan vin koni. Se 30 000 koupè d kann Ayiti founi chak ane,

---

172 Pifò ladan yo ap viv nan move kondisyon, nan salte, nan grangou. Ti kay an bwa kote y al boure kò yo a nan zòn plantasyon kann yo, pa gen okenn enstalasyon sanité. Pa menm gen dlo kouran. Plen vèmin nan labou atè kote yo kouche a. Sa k gen plis chans yo jwenn yon moso katon ki sèvi matla pou koupe imidite labou a.

dapre MacClellan, depi 1957. Li di toujou divalyeris yo resevwa 15 dola pa travayè yo founi, epi, an plis de sa, yo ba yo mwatye nan salè l. Rakèt sa a rapòte ant 6 al 8 milyon dola pa ane. Souvni san diktati a fè koule yo twò fre pou nenpòt moun nan lari a pa ta senpatize avèk kòz emigre ayisyen yo nan Sendomeng. Nan premye moman yo li fè prèv jenewozite. Pi devan li vin chanje. Li pa sa rive konprann chire pit ki egziste ant diferant faksyon nan emigrasyon an. Yonn ap akize lòt, alòske yo gen yon grenn lènmi komen: Divalye. Anpil émigre konsidere sèten lidè kòm pi danjere pase sa ki chita nan palè a. Yo pa sa fè okenn kowalisyon ki dire. Sa pa pran tan pou Dominiken yo gen anpil dout sou Ayisyen yo.

Gen yon gwoup jèn ki pral soti nan matyaka a pou yo pase a laksyon. Yo pa kite lòt emigre yo konnen mouvman yo kòm si lòt yo se te ajan Divalye. An reyalite, gen bon kou ladan yo ki pral bay Papa Dòk bourad. Frèd Batis, yon ansyen patizan Dejwa reyisi travèse fwontyè a, men, li pa antre anba banyè vye woutye yo. Li rete nan yon bidonvil Sannto Domengo an konpayi lòt jèn. Kote yo demere a tèlman etwat, yo oblije dòmi pa woulman, atè. Yo pase jounen yo, y ap chache non pa ravitayman men zam pou y al konbat Divalye. Kwak yo fè pati espedisyon an, pi fò nan jèn sa yo pa t dakò ak atak Wanament Kantav te deside a. Olye de sa, yo te vle yo otorize yo sèvi ak bèl zam modèn Kantav te resevwa a yo. Enpi, zam sa yo estoke pou le moman nan asnal dominiken. Yo reklamen yo nan men militè yo, men yo pa remèt yo. Nan tout konferans yo fè nan plas piblik yo, jèn yo antann yo pou yo pa sèvi ak mo geriya a yo. Yo gen tandans asosye tout gè liberasyon ak mouvman kominis. Yo te pito rele tèt yo kamoken (Camoquins), dapre non yon pilil yo itilize kont malaria ann Ayiti. Batis pran plezi esplike se kon sa peyizan yo rele rebèl yo poutèt se grenn sa a k ap konbat plichon sa a k ap detwi Ayiti a, divalyeris la. Pè Jòj pral tounen parenn mouvman kamoken an. Diy eklezyastik sa a deklare pi gwo rèv li se wè Divalye pati. Apre plizyè senmenn envestigasyon, Batis avèk li fini pa jwenn yon kote ki ka sèvi yo kòm kan antrènman. Yon ti elvaj poul anviwon dis kilomèt distans ak kapital la. Pou moman an, li pa an fonksyon. Zòn nan trankil, li ase lwen Sannto Domengo – ansyen Ciudad Trujillo – pou yo evite jouda kap vin gade pou y al pale.

Rekri yo yo chwazi avèk prekosyon, glise kò yo tou dousman, yo vin antrene lanui, nan fènwa. Apre sa y al fè yon ti dòmi nan poulaye yo. Lajounen yo fè teyori sou tablo ak enpe pratik nan lantouray ki lwen wout la ak vwazinay. Pi fò nan kamoken yo te deja resevwa kèk enstriksyon militè nan diferan kan anvan atak Wanament lan. Yo deja abitye ak fizi, ak mitrayèt, menm bazouka. Gen ladan yo se ansyen sòlda yo ye. Moun ki pa gen pratik zam a fe, y ap enstwui yo ak fizi an bwa, ak desen sou tablo nwa. Li ta twò danjere pou yo ta gen zam nan perimèt kan an. Sa k fèk kòmanse yo, yo rele yo aspirin. Yo mete yo nan gwoup debitan k ap sibi tout kalite brimad (bizutage). Yon bagay ki ale tèlman lwen, gen jèn ki wete kò yo nèt, paske yo kwè se veritab lougawou moun yo ye. Refijye ki enterese nan fòmasyon militè al vizite kan antrènman an. Yo pati ak enpresyon gen yon jefò serye ki fèt. Chèf la mete bon jan disiplin. Batis te gen trantan alepòk epi ti frè l la te ede l. Yo etidye Mòs (Morse) nan pwogram nan, jis kon sa, paske yo pa gen ni radyo ni okenn ekipman telekominikasyon. Chak jou gen seremoni koulè menm jan ak nenpòt ki kazèn.

Menm jan sa konn fèt deja plizyè fwa oparavan, douzèn fwa, kamoken yo pral jwenn obstak ki pral oblije yo dispèse an mas 1964. Pou kòmanse se Fred Batis yo oblije mennen lopital. Twòp sousi, li ranmase l ak yon ilsè. Gen lòt moun ki dekouvri egzistans kan an. Ak konkou yonn nan lidè yo, yo pral eseye detwi gwoup la. Anpil nan lidè yo pa tolere okenn tantativ ki pa anba patwonaj yo. Yo pa vle l reyisi. Yo deside jefò jèn sa a yo ap fè a, an reyalite, se yon antrepriz danjere pou yo bloke pa nenpòt ki mwayen. Y al jwenn jeneral Wessin y Wessin pou yo fè l konnen kan yo dekouvri a se yon repè (kavèn) pou kominis. Ak konviksyon antimaksis li, Wessin y Wessin pa pèdi tan ak sa.

Dimanch 15, nan maten, ajan ki nan sèvis sekrè pèsonèl jeneral la ki ap siveye depi twa jou, deside briske bagay yo. Yo antre an fòs nan kan an. Ak kout kwòs fizi, yo fè wout pou yo pase pami emigre yo kap fè « corvée du jour ». Gen yonn yo frape tèlman fò, kwòs fizi a

kase sou tèt li. Yo brake zam sou tout moun. Kounye a, chèf detach-
man an vle fòse Ayisyen yo admèt yo se kominis. Yo Mennen tout
ti twoup la nan katye jeneral Wessin nan, san bliye konfiske liv,
rad, istansil kuisin ak ti viv yo te ka jwenn. La, yo akize yo, y ap fè
aktivite kont labyennseyans. Dapre Dominiken yo, Batis ak konpayèl
li yo gen konplisite anmenm tan ak Kastwo, ak Divalye. Yo gen lide
anvayi Ayiti ak zam ki soti an Dominikani. Apre sa olye yo sèvi
ak zam yo kont Divalye, y ap remèt li yo. Kongrè entèameriken de
près ki pral fèt Sannto Domengo yon senmenn apre, pral anbarase
jent sivil la. Batis plede non koupab ni pou li ni pou konpayèl li
yo, men sa pa anpeche Wessin y Wessin remèt yo bay lapolis. Y al
pran Klèmon ak de Franse, Andre Rivyè (André Rivière) ak Klod
Maten (Claude Martin) lakay yo. Wessin fè konnen nèg li yo jwenn
nan kan an, liv pwopagann kominis, film enstriksyon pou geryewo
yo reyalize kay Castro. Donal Rèd Kabral (Donald Reid Cabral),
prezidan triumvira kap gouvènen nan epòk la fè yo pote materyèl
yo ba li. Yo dekouvri pi fò nan ti liv yo soti nan sèvis ameriken
enfòmasyon, anwetan yon manyèl enstriksyon pou geriya, se Che
Guevara ki redije l. Apre sa, Reid ansanm ak chèf sèvis sekrè Wessin
nan rann li nan estidyo Radyo Sannto Domengo pou y al vizyone
film yo sezi a. Imaj yo wè yo pa gen sipriz ladan yo tou. Sekans yo
tounen ane anvan an, tou pre Dahabonn, kote se ofisye dominiken
kap moutre Ayisyen kouman pou yo sèvi ak yon bazouka. Yo lage
yo, men yo bliye remèt yo bòt yo, rad yo ak pwovizyon yo. Kounye
a fòk yo fonksyone yon jan ak Wessin ki pa fye yo, ki deja plase
omwen yon espyon nan mitan yo.

Yo rive nan konklisyon si yo pa gen patwonaj yon politisyen,
tout jefò yo ap initil, Kamoken yo nonmen Pyè Rigo (Pierre Rigaud)
ak pè Jòj (Georges) kowòdonatè mouvman yo a ki rele kounye a
F.A.R.H., "Forces Révolutionnaires Haïtiennes" . Ak gwo tit sa a, ak
pwoteksyon yon politisyen koni, lènmi yo pa fouti denonse yo kòm
kominis.

Nouyòk gen yon lòt pè k ap bouje bò pa li. l ap kontinye estriktire
mouvman *Jeune Haïti* a. Se pè Bisent (Bissainthe), trannkatran. Pitit
yon avoka, relijye sa a te fè yon pati nan etid li yo an Frans. Apre

sa, li te pwofesè Pòtoprens kote li te omonye divès asosiyasyon jèn. Li di li pa nan tèt mouvman kominis. Sa li plis vle se yon sistèm ki pi pre kibboutzim Izrayèl yo. Dapre sa l di *Jeune Haïti* gen lide pran lezam kont Divalye.

Divalye okouran tout konbinezon yo. Lè seremoni ki te vin anvan referandòm nan, li te anchaje minis Afè etranjè l la voye yon mesaj, 7 jen, bay Konsèy Sekirite nasyonzini pou avèti l y ap prepare yon envazyon k ap soti Repiblik Dominikèn. Avètisman sa a pase apeprè inapèsi jis fen jen. Se dat sa a, Batis ak kamoken yo deside frape.

Se twa sèvis sekrè diferan, san konte lapolis, k ap suiv viretounen kamoken yo. Yo chak, pou afè pa yo. Sa pa anpeche yo twonpe vijilans anj gadyen yo, Yo kite kapital la san bri san kont 27 jen 1964. Nan apre midi, yon ti fougon vin chache ventnèf revolisyonè yo nan kan an yo. Yo kondi yo nan yon apatman ki nan katye rezidansyèl yo Sannto Domengo. Yo ofri yo yon vendonè. Apre sa yo moute nan machin yo y al pran gran wout ki kondi nan ayewopò entènasyonal la. Yon wout transversal kondi yo bò lanmè a, yon kote ki gen 20 kilomèt distans apeprè ak vil la. Jiska la dènyè minit pa gen yonn nan kamoken yo ki konnen se sou wout pou Ayiti yo ye. Se sèl chèf yo ki okouran. Sèl sa ki enkyete yo pou lemoman se si lapolis arete yo, paske machin yo a pa gen limyè dèyè. Li onzè di swa. Dènye kourye entènasyonal la fèk sot dekole nan ayewopò a. Yonn nan chèf yo koumanse manevre yon wòki tòki ansyen modèl. Li voye yon mesaj jis nan kannal. Repons soti nan lanmè a. Apre yon ti bout tan, gen yon bato ki pwente bò yon dlo kote yo t ap tann depi plizyè zè. Tout moun moute à bò. Bato a fè demi tou san pèdi tan. Li pouse pou pi lwen. Li pran direksyon Ayiti. Kaptenn nan soti Miami. Li pa espesyalize nan transpòte anvayisè, li plis nan kontrebann. Jodya, an plis moun yo, li gen yon chajman zam ak minisyon byen kache nan kal la. Yo soti nan yon zòn kote Kiben yo ap fè yon bèl trafik zam.

Rive nan zòn zile Beata, yon gadkòt dominiken rele yo. Yo pa okipe l. Patrouyè a bay yon koudsemons nan fènwa a. Sanzezite, kaptenn nan rabat koutiy yo sou tèt pasaje ki gen maldemè epi li lanse motè a tout vole. Talè kon sa y ap wòdpòte.

Douvanjou, bato a jete lank nan nivo Saltwou sou kot wès Ayiti. Lanmè a moute. Kapitèn nan bezwen livre machandiz la, moun yo ak zam yo, byen vit, pou l tounen. Kamoken yo koumanse transpòte materyèl yo atè ak yon ti kannòt bò. Imedyatman yo koumanse gen pwoblèm. Gi Lukchesi (Guy Lucchesi), ki gen vennkatran, se yon etidyan ki soti Okap Ayisyen. Li enfim nan yon bra, men sa pa anpeche l vle goumen. Li pa tande si yo bay lòd sispann chaje kannòt la. Ak yon lòt kamoken ki gen ti non Chen Mechan, li moute sou ti kannòt la ki chavire. De nèg yo neye. Detonatè yo tou disparèt tou anba dlo a.

Moun gen tan wè yo Saltwou. Gen Tonton Makout ki wè yo. Yo vin sekouri yo. Ak teni vè oliv yo, yo pran yo pou moun ki nan fòs regilye yo.

Yon pechè byen kosto parèt ak yon vye bak a vwal chaje vèdegri. Li vin ede jenn yo chaje zam yo ak paktaj medikal yo pou l transpòte atè. Li vle rann sèvis. Anfen ventnèf jen kamoken yo pile sòl Ayiti. De nan nèg yo ki te toujou gen konpòtman egzanplè nan seyans antrènman yo, tèlman sezi nan kalite mouvman débarkman sa a, san menm yon zam sou yo, yo dezète, yo retounen nan tèritwa dominiken. Lè pechè a aprann nèg yo se rebèl yo ye, li chaje yon kès minisyon sou zepòl li, l al jwenn twoup la.

Gen yon lòt nèg ki te wè debakman an, se Selesten (Célestin), yon lyetnan nan lame Divalye a. Yo pa t remake l, li te an sivil. Kamoken yo vin konnen ki moun li ye. Yo presize kou l fin wè yo, li pran direksyon Tyòt (Thiotte), yon vil ganizon, bò yon pis ki kondi Pòtoprens pa mòn. Yo kouri swiv li. Yo jwenn li ak de Tonton Makout. Yo fout li yon kout manchèt, yo touye l.

Kounye a kamoken yo redui a vennsenk: de moun neye, de moun dezète. Y ap vale teren nan mòn nan. Yo chwazi yonn nan teren ki pi difisil yo, chèn Lasèl (La Selle). Lelandemen trant jen, Divalye pran nouvèl debakman an. Foli pran l, li fin anraje. Li espedye yon detach-man sou kòmannman majò Soni Bòj (Sonny Borges) pou al kontre avèk yo. Nèg gouvènman an yo gen zam modèn, mòtye, mitrayèz, kamoken yo gen vye peta. Anplis M-1 yo, yo gen twa "Enfield" epòk premye gè mondyal, men, yo ekipe ak linèt. Yo brikole grenad tou. Pi fò nan detonatè yo pèdi nan nofraj chaloup la.

Divalyeris yo pral goumen kont zonbi, kont lonbray. Y ap tire sou tou sa yo kwè ki rebèl, men, yo pa janm ka wè yo vrèman. Lè l konprann li sèke yo, Bòj transfòmen tout yon sektè an chan d tir. Yo pase twa senmenn ap jwe kach kach mòtel ak yon lènmi kap asle yo. Malgre rebèl yo pa gen okenn estrateji serye, imajinasyon peyizan yo ap travay fò.

Moman an rive pou Divalye mete inifòm kaki l sou li. Li rann li Fòdimanch. Li òdone direktris la, madan Maks Adòlf (Max Adolphe), chwazi venteyen prizonye. Pa gen anyen nan fason l ki pèmèt yo devinen ki raj ki nan kè l. Pi devan, yo vin konnen madan Maks Adòlf te panse se amnisti prezidan an te pral bay prizonye yo nan okazyon eleksyon l kòm prezidan avi a. Nan sa l chwazi yo, te gen plizyè moun pa li. Divalye pase lòd egzekite tout.

Le landemen, prezidan avi a chwazi yon pèsonalite ofisyèl anbasad ameriken ap kwè. Li delege emisè a bò kote diplomat yo pou l enfòme yo sou egzekisyon ki sot fèt yo. Kòm li panse Etazini tranpe nan espedisyon sa a, li bezwen fè yo wè kè di li di a, se pa nan pawòl sèlman.

3 jiyè, Chalmès voye yon telegram byen long Nasyonzini. Li akize Repiblik Dominikèn kòmkwa li vin atake l. Minis Afè etranjè a fè konnen anvayisè yo pare pou yo sote pon yo ak rezèvwa esans yo, nan kontèks yon vas kanpay ensandi kriminèl ak sabotay. Yo prepare yo toujou, dapre li, pou yo asasinen kolaboratè ki pi pre chèf Leta a yo. Remake Divalye pa menm manke mansyonnen limenm tou li sou lis moun ki kondane a mò yo. Lè l ap nonmen refijye ki, dapre limenm ap tire fisèl yo, li moutre li pa okouran ditou sitiyasyon an an Repiblik Dominikèn. Telegram li voye a se yon veritab brikabrak. Ou jwenn Lwi Dejwa, Anri Klèmon, pè Jòj, Leyon Kantav, Pòl Maglwa. Lè sa a, de dènye moun sa a yo t ap viv Nouyòk. Kantav pa t lwen adrès Nasyonzini an. Kipizè, nan moun yo site yo, yonn pa sa sipòte lòt. Pa gen yon journal nan Pòtoprens oswa nan sa ki antre Pòtoprens yo ki mansyonnen demach ki fèt bò kote Nasyonzini an. Kòm toujou, nouvèl envazyon nan sidwès la, y ap fini pa konnen l, akoz aktivite

militè yo. Kèk avyon ki fòmen lame anlè ayisyèn nan koumanse
fè kèk sòti regilyè. Divalye ap fè preparasyon sizoka ta gen yon
atak sou Pòtoprens. Li voye kamyon milisyen al pran pozisyon nan
mòn ki dominen Pòtoprens yo. Yo drese baraj sou wout Kenskòf ak
wout ki mennen Jakmèl la, nan sid peyi a.

Yo rekòmanse arête moun sistematikman. Jakmèl, yo pran yon
gwoup etidyan, yo mete yo nan prizon, yo wouze yo anba kou. Gen
ladan yo ki mouri.Moun yo sipoze ki opozan yo, se tout moun ki
gen yon moun li ann egzil. Yo mache arete tout, ata fanm ak ti
moun piti.

Yonn nan ka britalite gratuit sa a ki pi frapan se jan yo trete
Moris Dichatelye (Maurice Duchatelier), madanm li, yon ti bebe
ak yon pati nan bèl fanmi an. Dichatelye te direktè an apre ajans
lokal Pann Amerikann pandan plizyè ane. Apre sa, li vin direktè
vant petwòl Tekzako (Texaco). Madanm li sekretè nan Èrfrans (Air
France). Frè madanm li, ansyen lyetnan Klod Edlin (Claude Edline),
ap viv Nouyòk kòm egzile. Madanm nan gen yon Bòfrè li Franswa
Benwa (François Benoit), ansyen lyetnan tou, fran tirè ki nan yon
anbasad toujou kòm refijye.

Jis anvan debakman Saltwou a, Edlin kite Nouyòk yon moman
pou l al Baltimò (Baltimore) dèyè yon djòb pwofesè. Espyon
Divalye yo nan Nouyòk enfòmen Pòtoprens Edlin disparèt. Ann
Ayiti, otorite yo met nan tèt yo Edlin al jwenn lòt rebèl yo.

Yon swa, Edlin te sot nan biwo, l ap antre lakay li sou volan yon
machin antrepriz la, madanm li akote l, Tonton Makout yo poze
lapat sou li lè l rive. Bòn nan eseye sove timoun nan kay vwazen yo.
Vizitè yo jwenn li tou. Yo pa janm tande pale de fanmi sa a ankò.

Lè l pran nouvèl la, Edlin al nan konsila ayisyen an Nouyòk pou l
moutre li pa t avèk rebèl yo pou l wè si l te ka sove fanmi li yo. Yo
pa t sa fè anyen pou li. Li te deja twò ta.

Moun Pòtoprens yo jwenn yon siy ankourajman lè yo pa tande
pwopagann sou envazyon, enpi, sanble se yon bagay ki pran
toutbon. Radyo Sendomeng yo tou, pa fè pwopagann sou premye
jou debakman yo. Jounal yo otorize mansyonnen ofisyèlman nouvèl
debakman an yo men pa anvan 8 jiyè.

Yon senmenn apre, Chalmès di sa l te di a, li toujou kenbe l. Li pa gen anyen pou l di ankò. Li mande:

« Castro avait-il pris la peine de publier un communiqué avant d'avoir remporté la victoire lors de l'affaire de la Baie des Cochons ? »[173]

Nou pa sa di milisyen yo ak militè yo te fou pou y al afwonte ğerye yo nan mòn yo. Yo pa konn konbyen yo ye ni ki pòte zam ki nan men yo a. Anpil fwa yo kontante yo rete nan mache yo, pase raj yo sou moun yo sispèk ki ka vin ede rebèl yo. Si yonn jwenn dezoutwa dola sou yon peyizan li deside pou l gen kòb sa a, fòk se nan men yon kamoken. Se twòp atò, yo fiziye l. Timote (Timothée), jenn gason ki te egzekite nimewo nou konnen Pòl Vèna te moute lè espedisyon Kantav la. Enben, mouche dezobeyi lòd yo te pase l. Li rann li nan yonn nan mache lokal yo san l pa wete bòt li yo. Yo lonje dwèt sou li kòm kamoken. Divalyeris yo fiziye l la pou la.

Nan yon ti bouk ki rele Mapou, yo resevwa anvayisè yo ak kri « Viv Fiyole ». Yo rive nan yon magazen, mèt li te kouri kite l bay madanm li. Yo distribiye l bay peyizan an yo ki denonse Bènadòt (Bernadotte) kòm Tonton Makout. Yo jwenn yon pakèt papye tè peyizan yo te pote bay mouche pou ipotèk. Nan yon seremoni solanèl yo boule papye sa a yo an prezans enterese yo.

Nan bann nan te gen yon kamoken zele. Li te toujou rakonte kouman li te asiste Tonton Makout ki pran manman l nan cheve, yo trennen l sot lakay li. Bagay sa a tèlman dominen l, li te bezwen tire vanjans. Yo pa t gen tan kenbe l, li touye madanm Bènadòt la. Lè rebèl yo moute nan mòn nan, peyizan yo piye magazen Tonton Makout la nèt. Chak moun pran yon bagay ki ka sèvi l. Ann apre, Bènadòt tounen ak yon twoup, ak milisyen ki vin tire vanjans. Depi yo jwenn yon pyès a konviksyon ka yon peyizan, yo egzekite l kòm kolaboratè. Yon jou asasen madan Bènadòt la dezète, l al eseye travèse fwontyè ak yon lòt konpayèl li, Dominiken yo tire l.

Yon lòt pwoblèm poze pou rebèl yo toujou. Fòk yo dekouraje nouvo rekri yo, pwofitè yo tou. Pa gen zam ase ni ase manje pou

---

173   Èske Kastwo te pran lapèn pibliye yon kominike anvan l te ranpòte laviktwa nan koze Bè dè Kochon an ?

tout moun. Pou rezoud pwoblèm mank ekipman an, Batis fè yo
deplase an mach fòse, enpi, dapre itinerè ki ka fè nèg gouvènman
an yo panse gen plizyè bann an fas yo.

Pa gen yon pik nan masif Lasèl la kamoken yo pa plante kan yo,
souvan anba lapli. Tonton Makout yo pran pòz peyizan inosan yo.
Se kon sa yo vin espyone yo. Gen de ladan yo ki prezante yon jou.
Yo pretann yo se misyonè pwotestan. Kamoken yo mande

› Kote bib nou?

› Li kote nou prale a.

› Nou ta kontan tande n preche···

› De nèg yo rete bouch fèmen. Lè yo fouye yo, yo jwenn yo chak
  gen yon bayonèt kache anba kanson yo. Yo mande moun yo kilès
  nèg yo ye, yo di se Tonton Makout. Yo pann toulede.

› Moun Batis rankontre yo ansanm ak moun pa l yo pataje yon sò
  byen tris. Genyen ki tèlman pòv, yo pa menm ka achte yon man-
  chèt ki koute yon dola. Se ak men yo, yo grate tè a nan wòch
  yo pou yo plante pitimi. Peyi a pa fasil pou fè geriya, moun yo
  près pa gen anyen pou yo vann. Plis yon pwoblèm ravitayman
  dlo. Rejyon mòn Lasèl ak mòn do kale, ki antoure l yo, yo toujou
  sou efè desaz siklòn Flora. Se a pèn si pasi pala ou wè kèk ti
  pye pen tou flengèt. Se nan mòd peyizaj makab sa a, makiza yo
  pral konnen sa yo rele grangou ak swèf dlo pandan sèz jou. Yo
  tèlman swaf, se nan twou wòch yo y al tranpe lenj pou yo pran
  dlo. Apre sa yo mastike chiffon an nan bouch yo pou rafrechi
  gòj yo. Gen yon ti peyizàn ki te vin jwenn yo depi okòmansman,
  li pral jwe yon wòl kapital. Li disparèt pafwa pandan twa ou
  kat jou pou l al nan mache al chache dlo ak manje pote ba yo.
  Gen de lè pou yo twonpe grangou, yo manje ti blòk chokola
  laksatif yo te pote nan twous medikal yo. Afè dlo sa a mennen
  yo pi lwen pase jan yo te prevwa a. 21 jiyè yonn nan patwouy
  yo a al kontre ak yon lòt patwouy ki se patwouy dominiken nan
  fwontyè dominiken. Zòn fwontyè sa a tèlman wo, li tèlman etwat
  ou pa fasil wè liy demakasyon an. Donk sa pa etonan patwouy
  sa a pèdi. Yo reziyen yo, yo antere zam yo, yo antre nan tèritwa
  dominiken an tou malad, tou grangou.

Tounen yo tounen an pa fè gran bwi. Nan yon jounal dominiken, *Listin Diario*, nou ka li yon gwoup Ayisyen franchi fwontyè a kote dominiken. Redaktè atik la di yo panse moun sa a yo se moun ki vin chache divès founiti lakay nou pou y al ravitaye patizan yo k ap batay nan mòn Ayiti yo.

Militè dominiken yo fè kamoken yo desann mòn yo pou y al entène yo Neyba nan barakman lame a. Yo dakò pou yo lage yo, men pa anvan C.I.A. kominike rezilta ankèt li. Yo vle konnen si se vre yo se kominis jan yo te deja akize yo a. Yo di sèvis sekrè ameriken yo dekouvri gen yonn nan kamoken yo ki te nan "Parti Socialiste Populaire" lè l te jèn, men, an gwo, sèl entansyon gwoup la, sanble se ranvèse Divalye.

De senmenn apre, kamoken yo tounen Ayiti. 5 out pandan lannuit, militè dominiken yo kondi yo nan mòn nan sou fwontyè a. Yo pa gen okenn zam sou yo, sèl kèk ti pwovizyon zanmi nan Sendomeng te fè yo kado. Yo detere zam yo, enpi, yo pase a lofansiv. Si kantite yo te ye okòmansman an pa menm, yo jwenn yon konpansasyon ak kat peyizan ki pote yo volontè plis pechè Saltwou a ki rete fidèl.

Menm jou a, gen yon dezyèm fwon ki ouvè, enpi, kamoken yo pa menm konn sa. Se yon gwoup trèz jenn gason ki debake 5 out ak asistans pè Jòj. Yo debake nan dènye pwent penensil la nan sidwès, toupre Dammari. Uit ladan yo te fè yon estaj ann otòn dènye Kawolin di Nò (Caroline du Nord) nan yon kan pou fòs espesyal.

Lè yo tounen Nouyòk, yo te kontinye antrènman an ak pwòp mwayen pa yo pandan wikenn, pandan lanui, nan chan d tir. Yo pwofite ranmase mezi ekipman yo te kapab tou. Lajounen, yo tap travay a tan pasyèl, enpi, yo te tabli pèmanans yo nan yon otèl kèlkonk nan sant Nouyòk la. Se ti zanmi yo oswa madanm yo ki te konn ede yo kache zam yo oswa transpòte yo lè y ap deplase pou y al antrene. Yon jou, yonn ladan yo tap transpòte karabin mari li an pyès detache anba wòbsak li, nan metwo (tren anba tè). Pi fò nan jèn sa a yo te fè etid siperyè. Genyen ladan yo se N.Y.U. New York University, yonn nan pi gwo inivèsite Nouyòk, oswa Havard.

Yo fè divès dètou pou yo kite Nouyòk lè lè H la te rive. Yo tout te twouve yo Miami kote pè Jòj tap tann yo a. Li ba yo menm sèvis transpò ki te deja pèmèt kamoken yo debake Saltwou a. Dapre plan orijinal la, yo sipoze debake Jeremi, sou fas nò penensil sid la, men yo lage yo nan Ti Rivyè Dammari a, fò w mache pandan de jou anvan w rive Jeremi.

Pandan de mwa ven jou, trèz jenn gason sa a yo k ap apiye mouvman kamoken yo, san kowòdinasyon dayè, yo pral oblije Divalye demele gèt li nan tout direksyon.

Premye soti nouvèl debakman sa a, 5 out, Papa Dòk rele anmwe kominis. Li kouri enfòmen anbasad ameriken pou l di dapre sèvis ransèyman ayisyen yo, gen desan geriyewo ki soti kay Kastwo vin anvayi Ayiti. Yo rive abò yon batiman enpòtan ki jete lank nan lanmè a. Apre sa, yo fè lanavèt jisko rivaj ak twa vedèt, kòm yonn ladan yo te rete echwe, yo dekouvri yon enpòtan materyèl abandone, tankou fizi Browning ak lòt founiti lagè ki soti Ozetazini.

Divalye mande Etazini al fè vòl rekonesans sou tèt « Passage-du-Vent », paske li krenn yon lòt vèso fè vwal fwa sa a nan direksyon Pòtoprens. Lamarin amerikèn voye kèk nan aparèy li yo al verifye sitiyasyon an. Li kominike pou l di ekipaj li a pa detekte anyen ki sispèk.

Pandan tan sa a, gwoup trèz la koumanse antre fon. Divalye deklare penensil sid la zòn lagè. Li fè yon kòdon twoup izole l de rès peyi a. Nan lòt bout peyi a, kamoken yo pa rete aryennafè nan mwadout sa a. Fwa sa a, yo jwenn yon baz tou pre fwontyè a. Ou pa bezwen mache plis pase yon demi jounen pou jwenn dlo ak lòt pwovizyon. Malgre andikap òdinè yo, yo rive debwouye yo. Pa egzanp, lè y ap tounen an, yo rann yo kont zam yo te kache anba tè yo sibi kèk donmaj. Yo gen pou yo tann sa ki pi bon yo te pwomèt yo, omwen senk fizi mitrayè. Yo gen rad lejè sou yo. Sa vin kòz yo soufri fredi nan mòn nan. Tanperati yo ba anpil lannuit.

Lè yo fin fòmen twa seksyon separe, yo fè mouvman sou Forèdèpen (Forêt des Pins). Pou kòmanse yo sabote yon siri ki pwopriyete majò Tasi, yonn nan chèf Tonton Makout yo. Yo met dife nan yon traktè ak de kamyon bonè nan maten.

Apre midi, sou wout ki mennen soti Tyòt al Fon Vèrèt (Fonds Verrettes), yo banke ak yon kamyon ofisyèl boure milisyen. Fiziyad mete pye. Yo touye kat milisyen. Yo kite chofè a ale nan yon machin yo krible pou l al pote nouvèl la ale. Yo sote yon pati nan wout la. Yon depite ki tap pase chape de jistès anba atak la. Pitit li blese. Limenm, emosyon touye l ann apre.

Menm mwadout sa a, de kolonn kamoken atake yon pòs militè Savann Zonbi pandan lanui. Chèf milis la, Jan Jwachen (Jean Joachin) mouri tandis ke lòt divalyeris yo reyisi sove. Sepandan yon djip rebèl yo pa t bay tèt yo lapèn atake lavèy, te gen yon priz trèzenpòtan. Jan y ap konn sa an fèytan dokiman yo sezi nan pòs Savann Zonbi a. Yo kite jeneral Konstan chape an pèsòn. Peyizan yo fè kamoken yo konnen gen milisyen kap chire kat didantite yo kòm milisyen. An ka d atak, y ap senpleman kriye aba Divalye, enpi, antre nan kan rebèl yo.

Nan biwo pèsonèl li nan palè a, Divalye fè enstale yon gwo emetè-reseptè radyo. Se la li pase jounen l ap dirije pèsonèlman lit kont geriya a sou de fwon alafwa. Li pase lòd pou tout mesaj radyo ki emèt sou tèren an pase pa palè nasyonal vin jwenn chef siprèm fòs ame yo.

An vil, y ap pran yon plezi sou yon epizòd ki pase nan sektè Forèdèpen. Yon patwouy militè espedye yon rapò ki soti nan zòn nan. Yo enfòmen Divalye yo kaptire de vach, yon milèt, yon cheval, de bourik sou wout estratejik Estime a. Yo presize yonn nan bèt yo pote inisyal M.W. make bò flan l. Konklizyon an vini sou fòm sa a: « Nous attendons les instructions de notre chef suprême. »

Dezyèm semèn out, Divalye deside rann vwazen l yo laparèy. Li convoke 12 refijye dominiken nan palè prezidansyèl la. Pi fò ladan yo se moun li fè wete nan prizon. Li ba yo inifòm vè oliv ak zam. Daprè temwayaj yonn ladan yo, Divalye fè yo vin nan biwo li pou l ba yo detay sou misyon li ba yo. Yo gen pou yo atake, enpi, met dife nan pòs fwontyè dominiken an, nan zòn Èl Agwakate (El Aguacarte). Yo gen pou yo simen mitrayèt sou okipan an yo. Prezidan an di yo toujou yon patwouy ayisyèn byen ame ap ba yo bourad.

Men sa yonn nan patisipan an yo nan espedisyon an deklare. Yo te kaptire l, enpi, li prezante sou non ki pa fin sanble veritab non li, Temistocles Vicioso Abreu. Si pou n kwè l, li di Divalye distribiye bay chak òm 160 dola an lajan ayisyen. Apre sa yo resevwa uit fizi, de mitrayèt Tonmsonn (Thompson), de pistolè otomatik, uit grenad ensandyè ou a fragmantasyon, san konte esans ak koton nesesè pou fabrike koktèl molotòv. Lè anketè yo mande yo ki moun lòt onz konpayèl yo te ye, Vicioso Abreu deklare se ansyen polisye oswa endikatè ki te sèvi sou Twouyilyo. Li bay presizyon Divalye te ofri yo sejou nan otèl yon mwa anvan l lache yo al atake.

Premye esè yo fè a echwe. Yo tounen vin jwenn yon kapitèn ayisyen pou fè l konnen yo te pèdi. Yo mete yo nan prizon toujou. 17 out nan maten yo mennen yo devan Divalye yon lòt fwa ankò. Dapre Visyozo Abre (Vicioso Abreu), Divalye nan yon eta pwòch isteri. Li fini pa distribye lòt zam ba yo: senk revòlvè, de otomatik, senk Thompson ak yon fizi. Li ba yo yon lòt chans. De nan nèg yo refize pati yon dezyèm fwa.

Yo mennen lòt yo jis nan bitasyon yon peyizan ayisyen, anviwon twa kilomèt distans ak pòs fwontyè a yo gen pou y atake a. Apre yo fin repoze, yo lanse yo a laso jis avan minui. Jan yo te ba yo lòd fè l la, yo sèvi ak grenad, mitrayèt, men, yo pa t gen kè pou yo fè sa. Lè advèsè yo replike ak fizi, se debandad. Visyozo Abre twouve l pami prizonye ki tonbe anba men Dominiken yo. Li revele ki jan bagay yo te pase nan odyans Sannto Domengo yo, 21 out.

Bò kote pa li, Divalye prevwa yon dezyèm pati nan plan l lan. 18 out, li kominike bay ajans près yo emigre dominiken penetre nan peyi yo ak la fòs. Yo pran pozisyon tou pre Barahona, yo tou fòmen yon gouvènman pwovizwa. Ajans amerikèn *United Press International* presize nan depèch li voye soti Pòtoprens, li lese patènite deklarasyon l yo pou gouvènman Divalye a, sitou lè Divalye pale de yon « grande bataille déclenchée soit par les envahisseurs, soit par des troupes mutinées ».

An deyò Ayiti, yo dekouvri manti a byen vit. Anndan se pa nenm bagay, akòz kontwòl la ki sevè. Se konfizyon sou konfizyon.

Pou l mete plis pase ganyen, gouvènman an fè konnen yon avyon gouvènmantal dispèse yon gwoup « trèt a la patri » ki te enstale kan yo Leson (Lesson), tou pre yon lekòl riral, yo fè tèt yo pase pou yon ekip medikal Divalye voye.

Se te ekip *Jeune Haïti*. Trèz jenn gason yo soti Ti Rivyè, yo rive Leson. Se Gisle Vildwen (Guslé Villedrouin), ki te gen vennkatran, ansyen aviyatè ameriken, pitit kolonèl Tonton Makout te bat jis li mouri a, ann avril 1963. Ann apre li, se Jeral Briyè (Gérald Brièrre), trantan, etidyan an syans ekonomik ki te viv Ozetazini, enpi, ki te sèvi nan lame amerikèn. Yo te akize frè li Erik pou konplo. Polis sekrèt Divalye a tòtire l jis li mouri an 1960.

Pi fò lan yo, se milat ki soti nan fanmi Jeremi, vil kote Dima (Dumas père), papa a, ak natiralis Odibon (Audubon) te fèt. Objektif yo, se bijou vil pwovens ansyen sa a ki bay aspè yon Ayiti an degraba a.

Tout sikonstans batay la pa ko eklèsi, men, yo konnen nan lese frape ki fèt tou pre Jeremi, *Jeune Haïti* reyisi atire nan yon anbiskad yon detachman kokenn batayon taktik Divalye a, epi, li fè yo pèdi anpil sòlda. Men asayan an yo pa rive pran vil la. Yo ka wè tanperati Divalye nan yon mesaj radyo lame a, yo kapte. Ou ka tande yon vwa kòmandè palè nasyonal ki lanse : « Amenez-moi un prisonnier, juste un ». Kòmandan an ki te chape vivan nan anbiskad la mande voye mwayen transpò pou l ka transpòte moun ki mouri ak sa ki blese yo. Pou yo kenbe kantite moun yo sekrè, olye yo mennen yo lopital Pòtoprens, yo voye blese yo Okay. Kon sa yo pa kite penen-sil la divalyeris yo koupe ak rès peyi a. *Jeune Haïti* tire yon avyon pou gouvènman an diran batay Jeremi an, l al fè aterisaj fòse nan ayewopò lokal la.

Debake tou pre Jeremi, apre sa, pran vil la pa sipriz, se te premye lide ki te nan tèt Vildwen. Li echwe. Lè yo fin soti Leson, nèg li yo pral kòlte kòn yo ak fòs gouvènmantal yo ki sot Pòtoprens. Malgre yo te make pwen nan anbiskad yo te tann nan, yo blije repliye, bat ba devan yon twoup ki gen plis moun pase pa yo a. Gen yon lòt pati nan plan yo a ki p ap sa reyalize. Yo te prevwa yo t ap gade yon kontak radyo swa pou yo mande debake ranfò si tout bagay byen pase, swa pou yo wete kò yo pa vwa lanmè si bagay yo gate. Nan retrèt yo fè ki kondi yo soti Jeremi pa anndan nan direksyon Previle, Vildwen ak nèg li yo pèdi emetè yo a. Kidonk yo pa fouti mande èd.

Nan retrèt Previle (Preville) a, se ak kout grenad yonn nan nèg yo t ap eseye pwoteje kanmarad li yo. Yo touye l. Non li se Ivan D. Larak (Yvan D. Laraque).

Apre epizòd Jeremi an Divalye pral egzèse vanjans li an, tankou moun malad toutbon. Yo transpòte kadav Larak Pòtoprens. Apre sa se yon kamyonèt lapolis ki chaje kò a nan ayewopò a, al debake l nan kwen Granri ak avni Somoza. Yo kite l ekspoze la. Moun kap pase rete gade yon kadav kap anfle atache sou yon chèz jaden. Yo voye yon vye vès treyi vè oliv sou zèpòl li. Se kòm si mò a ap gade an fas, lòt bò ayewopò a, yon ansèy jeyan ki make: »Bienvenue en Haïti ».

Mizansèn sa a, fèt egzakteman kenz jou apre Divalye te pase Jera de Kataloy (Gérard de Catalogne), direktè touris, lòd lanse yon kanpay pwomosyon.

Se Larak ki kondi atak rebèl la Jeremi. Se sa Divalye deside. Yo mete yon pankat sou kadav la : « Chef des apatrides, tué à la Grande Anse. » Rès chawony lan rete espoze pandan twa jou. Anbasadè Liberya a al plenyen bò kote ministè Afè etranjè a, yon parèy espektak se yon wont pou moun ki gen san afriken nan venn yo.

Touye fanmi rebèl yo. Se lòd sa a milis Jeremi an resevwa. Gason, fam, timoun piti, yo pral tòtire yo, egzekite yo, piye kay yo, boule kay yo. Gen moun ki estimen viktim yo plis pase   san.

Sansarik (Sansaricq) yo se yon fanmi milat. Yo akize yo san rezon yo gen yon pitit yo pami rebèl yo. An premye, yo fè yo dezabiye yo konplètman pou y al defile kòtouni nan lari Jeremi devan yon foul divalyeris kap pase yo nan rizib. Yo di papa yo y ap lage fanmi li yo si l ouvri pòt kòfrefò a. Li ale nan boutik la, pa dèyè, li fè sa yo di l fè a. Dènye fwa yo wè yo se nan yon machin ki pran direksyon ayewopò a. Yo ponyade timoun yo nan men manman yo, yo fiziye granmoun yo.

Pou yo bay tèt yo yon dènye satisfaksyon, Tonton Makout yo pran abitid touye fanm oubyen timoun yo anvan pou yo ka rann gason yo fou. Se kon sa yo likide fanmi Dwen (Drouin), Vildwen

(Villedrouin), Laforè (Laforest), ak Gilbo (Guilbaud). Yon lòt koup komèsan, Jera Gilbo (Gérard Guilbaud) ak madanm li ki siyen Dwen (Drouin), pase menm jan an. Kay Vildwen yo, premye yo touye a se papa a. Apre sa, Tonton Makout yo pran manman an ak de pitit li yo, Liza (Lisa), dizuitan, ak Franns (Frantz) ki te gen sèzan. Yo tap chante yon kantik lè y ap egzekite yo a.

Pandan tan sa a, *Jeune Haïti* ap pèdi moun nan batay li angaje ak twoup gouvènmantal yo. y ap fini pa eliminien yo nèt. Nan rapò ofisyèl yo rebèl yo ap sige nan sid, estremite enferyè penensil la, apre echèk Jeremi an. 17 out, yo kwaze kòn yo ak milis la Kawann (Cahouanne). Sa pa dire lontan. Toude kote pèdi moun. Apre sa, yo oblike direksyon ès, yo fonse nan mòn yo. Yon patwouy gouvènman an tonbe nan yon anbiskad Kalyo (Caliot), 29 out. Kapitèn Leyon Achil blese. Rebèl yo kaptire l. Yo ba li premye swen. Yo ede l moute kot la ak yon gwoup peyizan. Lè l pran nouvèl la, Divalye fè Achil antre Pòtoprens. L al entèwoje l.

Kesyon ravitayman an poze mwens pwoblèm pou *Jeune Haïti* ke pou Kamoken yo ki debake Saltwou. Peyizan yo gen bagay pou vann. Jenn mesye yo menm gen dwa peye doub fwa lavalè sa yo mande yo a, pou moutre bòn fwa yo. Pa manke dlo. Kòm dabitid bri ap kouri nan kapital la. Moun yo koumanse wè rebèl tout kote. Yo pale de plizyè santèn nèg angaje sou de fwon. Ta menm gen kèk ki enfiltre nan Pòtoprens degize an Tonton Makout.

Lajounen Kapital la gen yon vizaj apeprè nòmal. Leswa lari yo vid. Nay klib yo fèmen. Moun pa al nan sinema ankò.

Pòl Blanchè ki toujou jwe wòl gran manitou nan pwopagann, ap eseye diminye enpòtans bagay yo:

> « Les rebelles ne représentent rien, affirme-t-il, ils ne peuvent réussir car la population ne marche pas. »[174]

Men, ofisyèl yo nan gouvènman an gen anpil enkyetid. Anpil ladan yo voye fanmi yo an vakans ann ewòp. Genyen menm ki pati tou lè Divalye ba yo pèmisyon kite peyi a.

---

174   Rebèl yo pa reprezante anyen. Yo p ap ka reyisi... popilasyon an p ap mache...

Fen out yon lòt siklòn, Kleo, frape penensil sid la. Anpil kay kraze Okay. Gen omwen sanvennkat moun ki mouri nan sektè a. Anpil sinistre ki pa gen kote pou yo rete, ki pa gen anyen pou yo manje. Lè siklòn Flora te frape an 1963, Okay pa t près gen anyen.

Divalye pè pou l oblije mennen yon kanpay ki long. Li pa t pare pou sa. Li koumanse ajite kò l pou l jwenn lòt founiti zam ak minisyon. Kòm konkiran, li gen pè Jòj, animatè « Forces Armées Révolutionnaires Haïtiennes » nan ki bezwen de tout ijans voye materyèl siplemantè bay de gwoup anvayisè yo. Òganizasyon pè Jòj la pral pran yon kle kou terib premye sektanm. Fonksyonè dwàn ameriken yo arete mouche Miami. Yo akize l l ap

« conspirer en vue d'exporter des munitions de guerre à des fins révolutionnaires ».[175]

Dwanye yo deklare yo sezi yon kamyon remòk chaje ak zam. Li soti nan Eta Nouyòk e se Jòj ki gen kle a. Li vèse yon kosyon 1000 dola, yo lage l. Ann apre, yo kite akizasyon yo tonbe. Divalye kontan. Li prese prezante nan jounal li yo arestasyon pè Jòj kòm yon egzanp soutyen Etazini ba li nan batay la.

Papa Dòk, bò pa li, tann pyèj li. Malerezman pou li, y ap bwouye. Li voye achte zam Amerik Santral ak Panama. Apre sa li tante chans li Ozetazini kote depi kriz me 1963 a, yo defann li espòte materyèl pou fè lagè.

Sa Divalye vle se T-28, aparèy antrènman , ideyal pou lite kont geriya. Gen omwen de avyon sa a yo ki soti Ozetazini pou y antre Ayiti ilegalman. Li fè lòt esè toujou, men Otorite amerikèn yo pase lòd bloke l. Papa Dòk pa gen chans. Mitrayèz ki nan lòt aparèy li yo pa fèt pou T-28 yo. Pesonn ann Ayiti pa ka chaje l de operasyon an, li eseye jwenn èd amirye ameriken. Wachintonn repouse demand li prezante pou l achte vennkat ti batiman pou fè lagè ki gen kèk vedèt lanstòpiy modèl PT.

Divalye fin pran chenn lè l tande sa ki rive Fòt Ladèdel (Fort-Lauderdale) la an Florid. Nan ayewopò vil sa a, ajan dwàn yo sezi yon gwo kagezon zam omoman yo te chaje l abò yon avyon ki te

---

175   Lap fè konplo pou l voye zam al fè lagè revolisyonè.

sanble ap fè wout pou Ayiti. Yo arete Doktè Kalo Mez (Carlo Mevs), yon Ayisyen dantis òm d afè enpi yo akize l pou kontrebann zam. Dapre estimasyon anketè yo, kagezon yo sezi a gen yon lo 50 000 bal mitrayez lou. Li vo kèk san mil dola, pri li lè l rive Ayiti. Pòtoprens sansire tout nouvèl ki konsènen arestasyon Mez.

Pi devan, yo akize Roudòf Baboun (Roudolph Baboun), konsil Divalye nan Miami kòm konplis espedisyon zam ann Ayiti san pèmi ekspòtasyon. Fwa sa a, se sitou ti lo revòlvè. Yo mele l tou nan koze de T-28 yo ki te achte an Florid enpi ekspòte ann Ayiti ilegalman. Yo pwopoze l de chwa: oubyen li kite peyi a, oubyen li pare pou yo jije l nan yon tribinal ameriken. Laprès lokal anonse li pran vòl soti Miami pou Ayiti twazè twa minit anvan dèle yo te ba li a espire. Pa rekonesans, Mèt li nonmen l premye atache komèsyal nan anbasad Meksiko. An 1967, li pran yon lòt pwomosyon. Li vin premye anbasadè ayisyen d orijin libanèz.

Depatman d Eta mande abandone tout chèf akizasyon yo. An retou yo fè echanj prizonye anba chal. Nan twokay la, gen sitwayen ameriken ki te abò Fèwins (Fairwinds), yon batiman kenz mèt ki te gen senk moun abò. Depi de mwa li kite Zile Vyèj (Iles Vierges). Bato sa a te konbinen kwazyè pou plezi ak relve idwografik (hydrographiques) ak kèk rechèch istorik. Sou senk pasaje yo, gen twa Ameriken, ladan yo, kapitèn Kit S. Kapp. Yo te soti Jamayik pou yo vin fè eskal Jakmèl, yon pò nan penensil sid Ayiti ki an plèn aktivite lè sa a. Otorite yo te kofre yo la pou la. Apre diznèf jou detansyon san motif valab, yo te transfere yo Pòtoprens pou yo lage yo. Miami, Depatman d Eta mande abandone akizasyon kont doktè Mez yo. Pi devan y ap fè menm bagay tou pou pè Jòj.

Pòtoprens, Papa Dòk ap fè kont betiz li. 6 septanm, yon gang antre an fòs nan yon legliz pandan lamès. Se polisye yo ye. Lè yo fin fèmen tout pòt dèyè yo, yo simen baton sou tout moun, ata pè yo pran kou. Pou kisa yo fè sa? Divalye resevwa yon rapò kòm kwa y ap chante yon mès nwa pou atire malè sou tèt li.

Yon jou a midi, nan klète sou tèt mòn, yo tande son yon vwa espayòl. Nou rive 30 out, kamoken yo bouke tann livrezon zam yo te pwomèt yo a. Lè yo te panse se yon patwouy dominiken k ap deplase sou fwontyè a, gen yon santinèl ki pa konn sa pou l panse, li tire yon kout revòlvè alam an lè.

Dominiken yo replike ak mitrayèz lou. Kamoken yo kouri wet kò yo. Yo pa bezwen goumen ak Dominiken.

Lapresman fè Fred Batis sot tonbe sou yon kònich li kase janm li de kote. Lè yo leve kan an, jenn rebèl yo deside repase fwontyè a nan lòt chimen detounen. Renèl, frè Batis la ede transpòte l.

Apre kèk jou, jeneral Viktò Elbi Vinyas Womann (Victor Elby Viñas Roman), minis Fòs ame dominikèn yo, fè konnen twoup ayisyèn yo te atake yon pòs militè Malpas, li blese yon santinèl dominiken. Li di ti kras anvan, te gen yon avyon ayisyen nan zòn ensidan an. Yo pral ranfòsi siveyans fwontyè a apre bagay sa a. Ann apre, prezidan Donal Red Kabral (Donald Reid Cabral) revele lame a te mande ogmante kantite tank detache nan fwontyè a, jeneral Wèsin y Wèsin te refize sou prétèks li pa sa degani fòs yo nan kapital la sizoka ta vin gen yon koudeta kont la Repiblik.

Yon lòt fwa ankò yo kaptire Batis ak nèg li yo. Yo fè yo desann mòn yo vin Neyba kote yo mete yo nan prizon. Yo twouve yo san ravitayman, a mwatye ni, piske yo te sede inifòm yo bay kèk lòt prizonye pou manje. Kon sa kamoken yo pral vejete nan yon eta ki pa lwen lafamin jiskaske prezidan an enfòme sou sò yo. Yo lage yo pou yo ranmase yo yon lòt fwa ankò nan vye kay kraze azil moun fou nan Nigwa (Nigua) a. Sanble se pwen d raliman Ayiyen yo ki sot nan ti lagè yo a. Neyba, li pa jwenn swen medikal, yo oblije transpòte Batis lopital ann ijans pou y al eseye sove pye l ki koumnse kangrennen.

Nan azil moun fou yo, kamoken yo pa gen yon siveyans sevè, kidonk yo pwofite pou yo mete yo o travay, enpi, kiltive tèren alantou a. Yo fè yon jaden yo wouze ak yon akedik enpwovize yo fè ak banbou. Yo pa bliye timoun yo nan vwazinay la ni sòlda a yo. Yo ouvri pou yo yon kou alfabetizasyon. Sa rive yo resevwa visit Graam Grin (Graham Greene) ki finanse an pati acha tipoul pou yo; yo vle lanse yo nan elvaj bèt volay. Men yo pa janm bliye disiplin militè a.

Bò pa yo geriyewo *Jeune Haïti* yo ap pare pou yo konbat jis sa kaba.

Rapò militè Divalye yo fè di, apre afè Kalyo (Caliot) a, yo fè mouvman an direksyon Dalès (Dallest) an pasan pa mòn Makaya. La, yo frape ak batayon taktik la, 8 septanm. Yo fè yon bref afwontman, yonn pa ba lòt chans. Twa rebèl mouri, Briyè (Brière), adjwen Vildwen (Villedrouin), Chal Anri Fòben (Charles-Henri Forbin), ki te gen venntwazan, ansyen parachitis nan lame amerikèn, pitit kolonèl Fòben (Forbin) yo te arete enpi egzekite an 1963 ; Jak Vadestran (Jacques Wadestrand), ventnevan, li te diplome Havad (Havard).

Jou apre yo, sa k rete yo moute sou tèt pik Fòmann (Forman), yonn nan de pi wo yo nan chenn Makaya. Yo pral pèdi de konpayèl toujou: de Jak yo (les frères Jacques) ak Maks Aman (Max Armand), vennsenk e vennsizan. Papa yo se te Benwa Aman (Benoît Armand) Tonton Makout te asasinen ann avril 1963.

Lis la pa fini. Masèl Nima (Marcel Numa), yon moun nwa ki gen venteyennan, pitit yon plantè kafe Jeremi. Li degize l an peyizan, l al nan kòt sid la, li rive Okoto 27 septanm. Konpayèl li yo voye l fè pwovizyon. Pandan l ap achte nan mache a, yo arete l. Lè polisye yo poze l kesyon, Numa avwe Nèg *Jeune Haïti* yo bezwen manje, yo bezwen rad. Moral yo ba. Lè Divalye konn sa, li rejwi.

Twoup gouvènman an yo kontinye talonnen rebèl yo. 29 septanm, gen yon nouvo konba ki fèt Mòn Sinayi. Miko Chandlè (Mirko Chandler) ak Jan Gèdès (Jean Gerdes) tonbe tou. Se de emigre ki te gen kont a regle ak Tonton Makout ki te masakre plizyè manm nan fanmi yo. Disparisyon yo redui kantite konbatan yo a kat.

Kat sa yo fè mouvman nan direksyon ès jis nan pik Tèt Bèf. Yo fè akwochay ak yon ekip milisyen, 4 oktòb. Wolan Rigo (Roland Rigaud), tranndezan, blese. De senmenn apre, 16 oktòb, yo tonbe sou yo toujou. Fwa sa a, se Lwi Dwen (Louis Drouin), ventuitan, pitit yon milat boulanje Jeremi, ki blese. Twa jou apre, milisyen yo kaptire l.

Agoni an koumanse. Yon dènye konba opoze milisyen yo ak advèsè yo, Gisle Vildwen (Guslé Villedrouin), Wolan Rigo (Roland Rigaud) ak Rejinal Joudan (Réginal Jourdan). Sa pase Ravin Wòch (Ravine Roche), 26 oktòb, kèk kilomèt distans ak Lazil (L'Asile). Avèk Vildwen se chèf gèrye *Jeune Haïti* yo ki disparèt. Papa l tou te viktim anba men Tonton Makout. Yonn nan premye viktim yo.

Kanta Rigo, se pitit dantis Jòj Rigo ki te kandida pou prezidan nan « Parti Socialiste Populaire ». Yo te mete l nan prizon pandan grèv etidyan an yo an 1960. Yo likide l. Joudan menm, yonn nan ra moun ki te rete vivan nan fanmi Ektò Ryobe (Hector Riobe), jenn revolisyonè ki mouri an konbatan an jiyè 1963. Lè yo fin tire dènye bal yo, se ak kout wòch yo seye kòresponn ak sòlda ak milisyen ki fèmen yo nan eto. Tout bagay fini. Kòm de jis, yo voye tèt yo bay Divalye Pòtoprens.

> Viktwa total. Se tit yon kominike gouvènman an pibliye 28 oktòb. Chalmès, minis Afè etranjè, distribiye fotografi bay jounal yo. Yo moutre tèt koupe Rigo, Joudan ak Vildwen ki detache sou fon blan, yo pa rekonèt men ki moun ki kenbe tèt yo. Yo pibliye tou foto kat didantite nèf konpayèl yo a yo.

Menm jou a, Divalye nasyonalize byen moun yo te touye pandan reprezay ki te fèt Jeremi yo. Yo wete nasyonalite ayisyèn yo, enpi yo deklare yo frape de mò sivil « mort civile ». De jou apre, Gérard de Catalogne, direktè touris, resevwa yon delegasyon karant direktè ajans vwayaj etranje. Nan diskou byenveni li, li pa manke siyale pou onorab vizitè yo tout bagay kal ann Ayiti. Se sèlman jounalis près sansasyon yo ki pretann lekontrè.

> Pour notre part, dit-il, nous n'avons ici ni de Harlem, ni de Rochester, ni de little Rochester, ni de little Rock. Chacun se sent en sécurité dans notre pays.[176]

Gen yon lòt fèt toujou pou selebre : ekzekisyon piblik Nima (Numa) ak Dwen (Drouin). Dat yo chwazi a se 12 novanm. Byen bonè nan maten, plisyè moun rasanble an dezòd devan mi yo moute devan simityè nasyonal la. Pou l si ap gen moun, gouvènman an dekrete lekòl ak magazen fèmen. Anplwaye Leta gen otorizasyon rive an reta nan biwo yo. Kamyon reprann navèt ant lavil ak lakanpay. Yo konseye elèv yo vin asiste seyans edikativ sa a.

Dapre Divalye, se etranje ki lènmi l. Li te konn repete sa souvan. Tou sa espektatè yo wè, maten egzekisyon sa a, se yon Nwa grann tay ak yon ti milat – Nima ak Dwen. Men yo mare dèyè do yo, yo

---

176 Nou menm, pa bò isit, nou pa gen ni Halèm, ni Wòchestè, ni Litoul Wòchestè, ni Litoul Wòk. Tout moun santi yo an sekirite nan peyi nou an.

chak mare nan yon poto an fas yon ploton egzekisyon nèf òm, an fas kameramann televizyon ak moun k ap pran son pou radyo. Y ap retransmèt dènye moman an yo kòm si se te yon match foutbòl. Tele Ayiti repase imaj yo diran tout yon semèn. Yo distribiye fèy volan ble bay foul la tankou se te pwogram. Men ki jan yo anonse viktwa Divalye sou trèz rebèl yo :

« Le Docteur François Duvalier accomplira sa mission sacro sainte. Il a écrasé et écrasera toute tentative des ennemis de la patrie. Pensez-y deux fois, vous les apatrides. L'or dont on a rempli vos poches, vous n'en profiterez pas. Voici le sort qui vous est réservé, à vous et à vos pareils. Ils ne passeront pas. S'appuyant sur les forces vives de la nation, le duvalierisme se tient prêt à écraser toute invasion sacrilège du sol sacré de la patrie...Ainsi périront les ennemis de la patrie qui essaient de replacer le pays de Jean-Jacques Dessalines sous la férule des colonialistes. Aucune force au monde n'est capable d'arrêter la marche invincible de la révolution duvaliériste. Sa puissance est celle d'un torrent... La révolution de Duvalier triomphera. Elle piétinera les cadavres des traîtres et des apatrides aussi bien que de ceux qui vendent leur patrie...[177]

De kondane yo mare byen rèd nan yon poto, y ap gade yon ti pè franse kap vin sou yo. Yonn apre lòt, yo refize rekonfò li pote pou yo a. Yon dènye fwa yo lanse pwofesyon d fwa antidivalye yo, enpi yo mouri an lansan yon dènye jouman. Lyetnan Albè Pyè (Pierre Albert) kriye « Feu ». Apre sa, yon liv nan yon men, yon gwo revòlvè otomatik nan lòt la, li panche sou moun yo fiziye yo pou l ba yo koudgras la. Foul la kenbe souf li nan yon silans absoli.

Lektè *Le Maten* yo pral kapab devore yon atik ki gen sansayon. Men yon echantiyon :

Et ce matin il fallait voir cette foule immense, cette foule fiévreuse communiant dans la même exaltation patriotique ; cette foule qui était animée d'un seul cœur, d'une seule âme, pour vouer aux gémonies l'aventurisme et le brigandage. Cette foule, elle se composait du peuple. Il y avait là des travailleurs, des fonctionnaires, des employés du gouvernement, des hommes d'affaires. Toutes

---

177 Doktè Franswa Divalye pral ranpli misyon sakre l la. Li rive kraze epi li pral kontinye kraze tou sa lènmi patri yo pral tante fè. Apatrid yo, kalkile de fwa. Lò yo ba nou pou n plen pòch nou an, nou p ap jwi l. Men sa k ap tann nou ansanm ak lòt parèy nou yo. Yo p ap pase. Ak konkou fòs dyanm yo nan peyi a divalyeris la pare pou l kraze tout envazyon sakrilèj sou bout tè sakre nou an... Se kon sa lènmi patri a yo k ap eseye remete peyi Jan Jak Desalin nan anba kontwòl kolonyalis yo, gen pou yo peri. Pa gen okenn fòs omonn ki kab anpeche revolisyon divalyeris la vanse. Yo pa ka venk li. Li gen fòs yon gwo kouran dlo... Revolisyon Divalye a gen pou l ranpòte laviktwa. Li gen pou l mache sou kadav trèt yo, nèg ki san patri yo tou kòm sila yo ki vann peyi yo a.

les forces vives de la nation étaient là à manifester leur adhésion totale à la politique de paix du gouvernement Duvalier... [178]

Sitou, yo pa chache pase sou silans èd trèz nèg yo ta jwenn nan men Etazini. Anvan mwa a fini pral gen yon voyay dekorasyon. Sanventnèf moun antou, militè kou sivil, manm milis ou manm polis resevwa meday pou patisipasyon yo nan eliminen trèz move sijè yo. Yobay Lik Dezi (Luc Désir) ak Eloyis Mèt (Eloïs Maître) yon diplis nan onè a pou « bravoure exceptionnelle » yo te manifeste 14 jiyè 1963, jou ki te make fen frè Babo yo.

Ayiti pare pou l negosye. Chalmès di l deja, enpi li repete l. Depi yo fin elimine anvayisè yo, Divalye fè ouvèti pou lapè ak vwazen dominiken yo. Sou rekòmandasyon O.E.A. avèk akò anba chal Etazini ki rete dèyè rido, toude peyi yo deside y ap chase militan ki te refijye sou tèritwa yo. Divalye voye yon gwo lis non Ayisyen li ta kontan yo chase nan Repiblik Dominikèn, men se nèf sèlman ki la toujou. Ladan yo, Lwi Dejwa (Louis Déjoie) ak Pyè Rigo (Pierre Rigaud). Nan yon lèt li voye bay yon pèsonalite ofisyèl dominiken, Dejwa pwoteste kòm kwa li pa janm mele nan okenn aktivite ilegal kontrèman ak Rigo (Rigaud), pè Baje (Bajeux) enpi kèk lòt ankò ki sou lis Divalye voye a. Jounal rapòte yonn nan deklarasyon l yo kote li afimen li gen otan de dwa pou l rete an Repiblik Dominkèn ke nenpòt kèl Dominiken. Yon deklarasyon ki choke Dominiken yo. Rigo menm li pwouve li gen souplès politik. Li remèsye ansanm sitwayen yo pou akèy yo ak koutwazi yo. Li fè valiz li, li met deyò.

O.E.A. reyisi konvenk otorite Pòtoprens yo pèmèt refijye ki nan anbasad yo kite peyi a libreman. Se sa ki pèmèt lyetnan Benwa ak lòt ofisye yon tribinal militè te kondane a mò pa defo, kapab finalman pase aletranje.

---

178 Maten sa a, fòk ou ta wè kalite foul moun sa a, foul sa a k ap vibre, k ap kominyen nan yon menm debòdman patriyotik ; foul sa a ki te chofe ak yon sèl kè, yon sèl nanm, pou yo kondane san pitye avantiris ak briganday. Foul sa a, se te pèp la. Te gen travayè, fonksyonè, anplwaye Leta, bizismann. Tout fòs dyanm nan peyi a te la pou yo vin di yo dakò nèt al kole ak politik lapè gouvènman Divalye a.

Richa Edè (Richard Eder), *New York Times* te voye, note ke oto-rite yo pa rate yon okazyon pou yo voye flè pou anbasadè Timonns (Timmons). Men ki jan li rezime imaj politik ameriken yo ann Ayiti :

Cette politique dite de « relations normales » avec le gouvernement du président François Duvalier et la manière dont elle est traduite par notre ambassade ici paraissent avoir fait descendre le prestige de l'Amérique à son point le plus bas depuis de nombreuses années.[179]

Pou kisa geriya a echwe ? Se pa poutèt konbatan yo pa t gen lafwa, devouman ak pèseverans nan misyon yo. Sa ki lakòz, se dezinyon nan mitan refijye yo, move tretman ak pèsekisyon yo sibi anba men Dominiken yo, swadizan senpatizan ki twonpe yo ak fo pwomès non pa nan api moral men materyèl. Yon erè fatal patizan an yo fè, epi, se li ki kwafe tout lòt yo : yo chwazi al batay sou yon teren ni, ki pa vle wè yo.

Ti gwoup yo te kondane davans poutèt yo tap mouri grangou, yo pa t gen dlo pou yo bwè, yo pa t gen ranfò. Lè n ap gade bagay yo ann apre, nou menm sezi wè yo kenbe tout tan sa a. Yon egzanp ki moutre aklè yo pa t planifye anyen, yo pa t ase òganize, de bann yo aji an fran tirè, yo chak aji bò pa yo. Ke w pran Frèd Batis ak Kamoken l yo, ke w pran trèz jenn gason *Jeune Haïti* yo, yo chak deklanche atak la an menm tan nan de estremite peyi a, men san lyezon, san objektif komen, san yo pa menm asire sou kolaborasyon opozisyon ki anndan peyi a.

Gwoup ki te gen manm li yo pi byen prepare ni sou plan materyèl ni sou plan ideyolojik, se *Jeune Haïti.* Yo kenbe près twa mwa, y ap konbat yon lènmi ki gen plis moun pase yo epi lènmi an rekonèt ann apre san l pa konnen nan yon kominike ofisyèl, syans militè yo ak rezolisyon yo. Anwetan de nan kamarad yo yo te egzekite, yo tout mouri zam alamen. Yo t al goumen nan yon bi presi, ak fòs konviksyon yo, ak espwa yo ka bati yon lòt sosyete nan peyi a. Sistèm gouvènman yo, yo te deja gen yon lide klè, presi, men, sektaris ak move tandans ki nan san politisyen ayisyen yo te deja

---

179 Politik sa a yo rele « relasyon nòmal » ak gouvènman prezidan Franswa Divalye a, epi fason anbasad nou isit tradui l la, bagay sa a yo gan lè desann pretij Lamerik la nan nivo ki pi ba kote li te deja desann gen plizyè lane de sa.

konpwomèt li depi okòmansman. Olye yo mete fòs yo ak lòt moun, yo pito se yo menm sèl poukont yo k al dèyè viktwa a.

Kote suisidè ekspedisyon yo a pouse kèk konpatriyòt senpatizan ki tabli sou tèritwa dominiken an eseye prese voye ranfò pou yo. Madanm yonn nan manm *Jeune Haïti* a yo, kite kay li pou l konsakre vi li nan tabli yon nouvo kan antrènman. Jefò dramatik sa a pral revele se te an ven. Trè lwen fwontyè a, kan ki sou sidès peyi a fonksyone yon jan satisfezan, jisko moman previ pou pase alaksyon lòt bò fwontyè a. La a tout moun jwenn yon bon rezon pou l pa fè anyen. Gen kèk nan chèf fòs ranfò yo anonse yo ki refize fè yon debakman ann Ayiti anvan yo resevwa fizi yo pwomèt yo a yo. Lè w tande y ap pale, yo pa gen okenn konfyans nan lòt konbatan parèy yo ki deja resevwa ekipman pa yo Miami nan men refijye kiben yo, enpi kap pare pou yo fè vwal pou Ayiti. Agiman yo, sèke yo pa pare pou yo sibi menm sò ak Batis ak Kamoken l yo.

Yon lòt kòz reta ankò : chèf nouvo espedisyon yo kont yon aksyon klandesten. Pou batiman yo ki dwe kite Miami, y al chache jwenn nan men otorite yo, pèmisyon pou yo fè relach nan pò dominiken yo, ravitaye an kabiran, enpi fè operasyon chajman. Yo pa tap janm jwenn pèmisyon sa a. Dèle sa a fatal pou yo, avan menm machindegè yo a mete l an branl, nouvèl ofisyèl echèk *Jeune Ayiti* te gen tan soti Pòtoprens vin jwenn yo.

Pou espedisyon Batis ak Kamoken yo, depi nan kòmansman, li prèske pa t janm gen ni òganizasyon presi, ni objektif. Prensipal motè li se vanjans. Nou ka konprann sa, lè nou konsidere pi fò moun ki nan gwoup la te sibi yon fason oswa yon lòt represyon sovaj anba pa t tiran Pòtoprens lan. Sa ki te ini yo, se yon tantativ dezespere pou yo debarase peyi yo a non sèlman de yon Divalye, men tou de tout politisyen kontanporen yo yo konsidere kòm kòwonpi, opòtinis, sanginè menm jan ak Papa Dòk limenm. Kòm yo chak gen yon kilti politik ki pa twò pouse, yo pa pataje yon lide metrès ki ka ranmase tou sa yo gide yo. Se pa lòt bagay.

Yo toujou pè yo trayi yo. Yo gen rezon. Trayizon an ap soti ni nan kan ekstrèm dwat ni nan kan lagoch. Tou dabò se yon ofisye siperyè dominiken ki twonpe konfyans yo. Li te pwomèt yo livrezon

yon kagezon zam tou pre fwontyè a. Sa pa janm fèt. Lòt bout evan-
tay politik la, se maksis yo ki pral ba yo pwoblèm. Sètwouve gen
yon chajman fizi mitrayè ki soti Nouyòk an kontrebann pou lrive
Sendomeng sou non Batis. Zam sa yo tonbe anba men Jak Vyo
(Jacques Viau). Ekzile Sannto Domengo depi 1946, dat yo te lenche
frè li poutèt li te touye yon direktè jounal nan Pòtoprens, mèt lekòl
ayisyen sa a kache senpati maksis li yo. Sèl zanmi l ki pi entim
avèk li yo okouran. Se limenm ki deside bloke livrezon zam yo,
jan li konfye sa bay zanmi l yo ann apre. Rezon an sèke Batis ak
Kamoken l yo pa kapab defini aklè ideyoloji ki motive yo a. Lè lagè
sivil te eklate an Dominikani an 1965, pwofesè lekòl sa a ki anmenm
tan gran powèt te pran kòmannman yon inite revolisyonè ak tan-
dans kastris. Karyè militè li fini 15 jen. Jou sa a yon obi bazouka
ameriken dechikte de janm li. Yo mennen l lopital, yo koupe yo,
men, li mouri.

Gen lòt refijye ki te ka nan gwoup Batis la olye yo rete trankil
nan ti kwen yo kote yo pa an danje, yo rete ap jwe wòl stratèj, ata
pòz sansè yo pran. Yo moutre Batis pa A plis B yo pa dakò avè l, yo
menm predi echèk li ak yon plezi yo pa kache. Yo voye bay jounal
yo kont randi ki boure ak manti sou aktivite geriyewo yo, yo akize
kòm touyèdmoun fewòs.

Pou kouwone tou sa, gen peyizan Lasèl la. Pòv pami pòv yo,
avrèdi pi mizerab pase tout. Kouman pou l te ka ravitaye patizan an
yo menm lè se peye yo peye li, alòske ni limenm ni fanmi li, yo pa
menm ka manje ? Kòm Batis wè sa, yo fè de li yon rekri. Yon kon-
disyon. Fòk li konvenki rebèl yo ap genyen kanmenm. Konsekans
echèk yo, se fanmi li nèt divalyeris yo detwi lè yo tounen.

Se yon gwo kout fwèt pou moral Papa Dòk lè an 1965 lagè sivil
rekòmanse an Repiblik dominikèn. Twoup ameriken yo entèvni nan
dezòd la, Dominiken yo gen twòp pwoblèm sekirite enteryè pou yo
ta tolere aktivite militè klandesten ki gen enpòtans. Yo pa bezwen
konnen kont ki moun l ap fèt.

Emigre ayisyen yo twouve yo bò kote fòs konstitisyonalis yo ki
apiye Bòch. Depi azil pou moun fou kote yo te toujou gen katye jene-
ral yo a, Frèd Batis ak patizan l yo te deklare yo an favè prezidan yo

depoze a. Se laperèz jeneral Wesin i Wesin mete nan kò yo kap gide yo. Jeneral sa a, se prensipal lidè fòs ki kont Bòch depi premye jou gè sivil la. Pi devan, Batis pral rakonte yo te avèti l pi gwo dezi Wesin se touye jisko dènye kamoken l ap rive kenbe.[180]

Soulèvman an koumanse samdi 24 avril 1965. Le 28, 23 000 **Marins** ak twoup ayewopòte ameriken debake ou ateri sou plaj. Yo entèvni apre O.E.A. te fin vote yon mezi militè pou mete yon bout nan konfli dominiken an e yo nan peyi a antan ke kontenjan Inter-American Peace Force.[181]

Ameriken yo ap rete an Repiblik Dominikèn diran gouvènman pwovizwa Ektò Gasya Godòy (Hector Garcia Godoy), e le 21 septanm apre doktè Balagè (Balaguer) te fin eli prezidan e enstale nan fonksyon l, yo kite peyi a. Yon ti bout tan apre goumen sa a yo, Batis anbake pou la Frans ak kèk nan lyetnan l yo. Dominiken yo ap fè ouvèti bay Divalye e difèt ke Kamoken yo te patisipe nan gè sivil la, yo rive nan konklizyon ke prezans yo, san pale de prezans près tout Ayisyen yo nan opozisyon an pa byenvini depi kèk tan.

---

180   Frè Batis yo, Frèd ak Renèl, deside pase fwotyè a, prèske san zam pou yo tabli ann Ayiti yon fwaye geriya.. Bout pou bout yo kaptire yo Tyòt (Thiotte) nan yon lese frape ki kòz yo pèdi yonn nan sizòm yo epi lòt kan an, de sòlda. Nou pa konnen si Divalye òdone egzekite yo imedyatman osinon si y ap kwoupi nan prizon.

181   Literalman, Fòs entè ameriken pou mentni lapè. Se bra sekilye O.E.A. Fonksyon li se ramne lapè nan ka sa a.

Chapit 18
Y ap chache yon lòt mak fabrik

Nan yon diskou li fè 1e janvye 1965, anivèsè Endepandans Ayiti, Divalye fè moun konnen listwa gen pou ba li rezon. Li tap fè bilan ane sa a ki sot pase nan vèse san an. Li di :

> Je ne cultive pas plus la violence que les représailles, dit-il, mais s'il faut les exercer, où que ce soit, alors je n'hésite pas.[182]

Li reprann yon sijè nou deja abitye tande, li di toujou:

> Nous prendrons toute mesure nécessaire pour mener à bien les obligations que nous avons contractées en tant que président à vie.[183]

Se premye fwa li gan lè fè ka de sa yo panse de li aletranje. Li pare pou l fè konsesyon pou l bay yon lòt imaj de limenm. Li koumanse di li dispoze retabli relasyon nòmal ak Repiblik Dominikèn.

Li voye pwent sou « une certaine presse » ki dekri Ayiti kòm peyi kote

> à chaque coin de rue, un bandit, pistolet au poing, attend le touriste pour lui arracher sa bourse » - « à cette presse pourrie, nous répondons par le mépris et poursuivons tranquillement notre travail.[184]

---

182   Se pa tèlman vyolans mwen pratike, se vanjans, men si m gen pou m pratike l, kèlke swa kote a, mwen pa p ezite fè l.

183   Nou pral pran tout mezi ki nesesè pou n byen fè devwa nou kòm prezidan a vi.

184   Chak kwen lari yon touris pase, yon bandi ap tann li ak revòlvèl nan men l pou pran bous li. – près pouri sa a, se meprize nou meprize l, enpi, nou kontinye fè travay nou trankilman.

Yon lòt fwa ankò, li envite tout Ayisyen yo mete tèt yo ansanm pou asire devlopman peyi a. Kòm egzanp sa ki ka reyalize lè tout moun mete men, li site nouvo ayewopò ki fèk fini an. Kounye a gwo avyon djèt kapab poze nan Pòtoprens.

Sa fè lontan yo t ap tann sa. Jan Divalye di l la, se yon bon egzanp de sa konpatriyòt li yo kapab fè lè yo ranmase kouray yo, enpi yo touse manch yo. Sa pwouve enbesilite rejim nan tou. Se depi omwen senkan avyon a reyaksyon te dwe kapab itilize enstalasyon ki genyen Pòtoprens yo. Si sa pa fèt se akoz anbisyon moun ki opouvwa a yo kap chache ti gradoub nan men antrepriz etranjè ki fè soumisyon pou konstriksyon pis yo ak enstalasyon yo. Nan de okazyon Etazini te di yo pare pou yo avanse montan travo yo, se sa Divalye tap chache. Ameriken yo te ofri sa lè Ayiti t ap fè chantay nan reyinyon O.E.A. Pounta dèl Este (Punta del Este) pou yo te kondane Kiba. Divalyeris yo te moutre yo tèlman voras (akrèk), yo jwenn mwayen rann kontra a kadik (nil). Yo siyen ak yon fim amerikèn prive ki pa t menm gen materyèl pou travo piblik, yon sosyete bidon.

Yo depanse pakèt lajan nan twa Etid preliminè. Yo siyen omwen kat kontra ak sosyete gran travo etranjè. Yo pa janm bay premye kout pèl la. Gen de rezon pou sa. Oubyen se divalyeris yo ki boykote operasyon an lè y ap eseye mete an priyorite konpayi y ap patwone yo, oubyen sosyete yo chwazi pou siyen kontra yo se senp biwo eskwokri (eskanmòtè). Sou pretèks yo vle finanse konstriksyon nouvo ayewopò, yo mete enpo nouvo oubyen yo kontinye kolekte ansyen yo. Montan yo ranmase yo reprezante plizyè fwa montan final pou operasyon an. ann avril 1960 yo te refize koute konsèy òmdafè ayisyen yo ki te davi pou bagay la te vin tounen yon antrepriz purman ayisyèn enpi yo te pwopoze yon plan finansman.

Se 22 janvye, dat Divalye renmen an, yo inogire ayewopò a. Yo pwofite okazyon an pou yo ranime touris la. Y ap fè yon bon jefò fwa sa a. Yo bale lari yo nan kapital la. Yo bouche twou yo. Yo pentire kèk gwo kay biznis nan sant vil la. Yo met anpil presyon pou yo kouri dèyè pòv k ap mande charite yo. Estatistik yo pale fò lè y ap konpare ak 1963 ane ajite kote cham Ayiti te atire yon pakèt touris, yo te konn vini an gran nonm toujou. Chif 1964 endike 19457 moun ki antre, yon bès de 58 %. Nan pi bon ane yo, yo konn konte jiska 75 mil vizitè e menm plis.

Divalye te kontakte yon fim relasyon piblik ki te bay kèk bon konsèy. Anpil moun sezi wè Divalye gan lè te vle koute l.

Pou egzèsis 1965 lan yo ogmante fon pou pwomosyon touris etranje. Pou l konplete yo, li solisite kontribisyon 159 dola pa tèt bò kote negosyan ayisyen yo. An prive gen òmdafè kap plenyen montan kapital ajisman divalyeris yo chase nan peyi a depase lajman bidjè pou touris la. De Katalòy esplike kanpay relasyon piblik pou atire touris amerikan yo p ap pote fwi avan 1966, sòv si sitiyasyon politik la retekal.

Kwak Ayiti gen uisan chanmdotèl kategori touris, se apèn si gen yonn ou de etablisman ki gen plis pase yon demi douzèn kliyan alafwa. Pi fò nan vizitè yo se batiman kwazyè amerikan yo ki mennen yo pandan li fè eskal pou kèlkezè sèlman.

Yon vòl inogiral mennen nan Pòtoprens yon delegasyon ajan d vwayaj ki soti Nouyòk. Gen kwonikè touris ki akonpaye yo. Yo fè resepsyon pou yo, enpi yo atire atansyon yo sou sant ki ka enterese touris nan peyi a. Yonn nan manm gwoup la rele Èbè Gold (Herbert Gold). Li difisil pou blofe l, limenm li konn sektè a depi lontan deja. Nan yon atik li pibliye nan *The Saturday Evening Post*, li pibliye refleksyon yon abitan Pòtoprens li te entèvyouve. Li rekonèt Divalye akonpli yon veritab mirak ekonomik, men li di :

> « il nous a appris à vivre sans argent, et à manger sans nourriture. Non, ce n'est pas tout, Duvalier nous a aussi appris à vivre sans vie. [185]

Gold di toujou:

> Quelques uns des journalistes retourneront avec une opinion plus favorable cependant. [186]

Divalye deside solisite Nwa amerikan yo. De Katalòy (De Catalogne) pretann

---

185 Li moutre n kouman pou n viv san lajan, manje san manje. Non, se pa sa sèlman, Divalye moutre nou viv san vi tou.

186 Men, gen kèk nan jounalis yo kap tounen ak yon pi bon opinyon.

« Du fait que nous sommes une nation noire, la clientèle américaine de couleur pourrait trouver intéressant de faire le voyage d'Haïti. »[187]

Nan delegasyon amerikèn nan gen twa kwonikè Nwa. Se yo menm ki pral demoli espwa nèg ki te resevwa yo a ak yon analiz tèt fret li fè sou pèspektiv yo.

« Si le Noir amerikèn qui vient ici est insensible au spectacle de la misère, tant mieux pour lui, dans ce cas il peut se payer du bon temps ».[188]

Se Djems Kiks (James Kicks), redaktè an chêf *Amsterdam News* nan Nouyòk ki ekri sa. De konfrè l yo, Alèks Pwennsèt (Alex Poinsett) nan ebdomadè Eboni (*Ebony*), Filis Galan (Phyllis Garland) nan Pitsbèg Kourye (*Pittsburgh Courier*) rejte sipozisyon kòmkwa Ayiti ta kapab atire Nwa ameriken yo poutèt li se yon nasyon nwa. Men sa Pwennsèt ekri :

« Quand je vois des noirs autour de moi, j'ai d'abord l'impression d'être chez moi. Ce n'est qu'après qu'on découvre les préjugés de couleur et de classe, car ils sont subtiles. Ainsi se trouve ternie l'impression favorable ressentie au départ. »[189]

Touletwa rekòmande Ayiti pou bote natirèl li.

Si vous avez les moyens et vous sentez d'humeur vagabonde, alors, allez-y, Haïti vous attend. Attention toutefois, car si vous êtes sensibles au spectacle de la pauvreté et la plupart des Noirs le sont, vous serez profondément choqués par ce que vous verrez là-bas. Dans ce cas restez dans votre hôtel, n'allez pas faire un tour dans la nature.[190]

Je Divalye toujou rete brake sou èd amerikèn ki gen pou koule ankò sou Ayiti. Premye mwa 1965 yo, li mande prezidan Djonnsonn

---

187   Poutèt nou se yon nasyon nwa, kliyantèl nwa amerikèn an ta ka byen twouve l enteresan pou yo vwayaje ann Ayiti.

188   Si eskandal mizè a pa touche kè Nwa amerikèn ki vin isit la, meyè pou li, konsa li mèt pwofite pran plezil.

189   Lè m wè m antoure ak Nwa, an premye, mwen gen lenpresyon mwen lakay mwen. Se apre sèlman ou vin dekouvri prejije sou koulè ak prejije ki baze sou klas, yo menm yo sibtil. Konsa, premye bèl enpresyon w te ganyen o kòmansman an, li disparèt.

190   Si mwayen w pèmèt ou enpi w santi w anvi flannen, annavan, Ayiti ap tann ou. Men sependan si w gen kè sansib devan lamizè, e pi fò nan Nwa a yo kon sa, sa w pral wè laba a pral choke w jis nan trip ou. Lè sa a, rete nan otèl la, pa sot deyò.

(Johnson) non sèlman fon, men tou kèk deklarasyon piblik ki ka pase pou yon kosyon rejim li an. Papa Dòk pa dekouraje yon sèl enstan poutèt, sèl ane anvan an Etazini refize senk demann èd enpi pandan plis pase twazan pa gen prezidan ameriken ki pale an byen de diktatè a. Wachintonn pa renonse konvenk Divalye pou l akite dèt li ak envestisè ameriken li dwe anpil kòb. Depi 1962 Wachintonn pa gen lide vin sekouri Pòtoprens. Yon asasina ki fèt Kap Ayisyen vin konplike travay souflatchou ofisyèl rejim nan poutèt emosyon li kreye nan popilasyon an nan vil sa a. Men sa Edwa Bek (Edwards G. Burks) ekri pou **New York Times**, ki date k ap Ayizyen 11 mas. Viktim nan se Antwàn Pikyon (Antoine Piquion) ki te depite sou Maglwa. Sa pase Woumba Klib (Rumba Club), yon bwatdenui twoup Divalye yo ak Tonton Makout yo te konn frekante. Yon kote ki gen tire toutan. Li rekoni pou sa. Chèf òkès la al plenyen de sa bay zanmi li Divalye. Li mande li fè nèg yo kalme yo. Yo twò cho devan bann nan. Mesye yo vekse, yo lage nan kò l, yo pa jwenn li nan klib la, se Pikyon ki tonbe anba yon rafal mitrayèt k al blese de konsomatè. Yo transfere ofisye ki lotè zak la Pòtoprens.

Divalye deside anbyans lan pa favorab pou touris vini. Pi devan ministè enteryè pibliye yon kominike pou l rekòmande popilasyon yo soti leswa, pran plezi yo, enpi rann lavi pi atiran leswa nan kapital la. Li konseye anplwaye Leta a yo, divalyeris yo, ale nan ba a yo, restoran an yo, kazino entènasyonal la.

Gen yon kwonikè **Time** ki demaske pwogandis ofisyèl yo ki bezwen atire touris yo. Nan yon nimewo mwadout li enfòmen lektè yo ann Ayiti ou ka achte ti bebe ak karant santim pa tèt. Se pwòp manman yo k ap vann yo poutèt yomenm poukont pa yo, y ap mouri grangou ki dira pou y al nouri timoun. De Katalòy voye pye lè l li atik la. Li ekri **Time** pou l kalifye rapò a de « fantaisiste ». Yo pibliye lèt li a, apre l, yo pibliye kòrespondans yon manm misyon batis pou jenès ki ann Ayiti.

« Je peux me porter garant, écrit-il, de la réalité des conditions déplorables que vous décrivez. »

Yon lòt polemik deklanche sou kòrespondans yon jounalis ameriken ki te de pasaj Okay. Li siyale se pa milye moun yo ap mouri grangou akoz sechrès la ki vin agrave ravaj siklòn Flora ak Kleo ki te detwi vejetasyon an nan penensil la de ane ki sot pase yo. Li di gouvènman ameriken an te ofri sipli alimantè de milyon dola pa entèmedyè òganizasyon charitab. Òganizasyon sa a yo mande Divalye peyè transpò a ki moute dis al pou ven mil dola. Li refize. De Katalòy prese demanti l malgre moun yo kontinye di se vre. Bout pou bout, 5 sektam, Divalye deside voye twa kamyon manje pou sinistre yo.

Sitiyasyon ekonomik lan kontinye anpire, ouvèti Divalye yo pou lapè koumanse vin pi presi. Nan diskou li fè pou anivèsè endepandans lan gen yon nouvo tèm se sou li l chwazi baze pwopagann li pou l sove mouvman l lan.

> « Les temps sont venus, annonce-t-il, de mettre un terme à la phase explosive de la révolution duvalieriste ».[191]

Li mande tout moun vin mete men pou yo kòmanse yon peryòd kolaborasyon « à la fois nationale et internationale », pou n fè fas ak pwoblèm grav ekonomi peyi a ap travèse. Li di peyi a pa sa rete ap neye anba yon « explosion de méfiance et d' incompréhension, la crainte et la terreur··· »

> « A tous les Haïtiens, je renouvelle mon appel patriotique à la rèconciliation, à l'entente, à la concorde de façon à faire vaillamment face à la bataille pour l'édification...d'une nouvelle Haïti. »[192]

Pou kanpay relasyon piblik li fèk lanse la a ka reyisi pi byen, li manyè desere vis la an 1966. Alèkile, Divalye se yon nonm kòrespondan etranje yo ka rive jwenn. Li pral resevwa yon pakèt pandan tout ane a. Toujou menm refren an. Ki sa Ayiti bezwen ? Lapè, konpreyansyon, mete yon bout nan dezòd. Depi plizyè ane, se premye fwa vizaj diktati a koumanse parèt mwen brital pou jounalis yo. Ganyen ladan yo ki nouvo, gen lòt se veteran yo ye nan zèfè Karayib yo. Tout ap eseye prezante yon vèsyon ekilibre nan yon peyi ki pèdi ekilib li.

---

191   « Li anonse moman an rive pou yo mete yon bout nan faz brital revolisyon divalyeris la ».

192   M envite tout Ayisyen yo vin rekonsilye, vin antann nou, vin mete tèt nou ansanm pou n fè fas kourajezman a batay pou konstriksyon yon nouvo Ayiti.

Divalye pase an revi ane prezidans li yo, li deklare bay Jòj Natannsonn (George Natanson), jounalis Los Angeles Times:

> « J'ai fait le maximum dans le domaine de la législation sociale. C'est à cet égard qu'Haïti se place en tête de l'hémisphère occidental. »[193]

Prezidan an presize, pwogram sosyal li a ki rele « Code François Duvalier », garanti antrot dwa, yon salè minimum yon dola pa jou. Bank entèamerikèn pou devlopman pibliye chif pa l yo : revni anyèl pa abitan ann Ayiti se swasann kenz dola.

Yon kòrespondan *Associated Press* de pasaj ann Ayiti, Wobè Berelèz (Robert Berrellez) dekri telefòn ki sou biwo Divalye a pandan yo tap pale ansanm. Yon modèl tip kòkòt nan bèl epòk la, an ivwa ak lò masif. Sou kadran an, pa gen nimewo, men lèt DOC. Aparèy sonnen, Divalye dekwoche.

> « Qui demandez-vous » s'informe-t-il. Li mande ki moun ou bezwen, enpi li reponn : « Non. Ici ce n'est pas la police. C'est le président... (temps d'arrêt)... Oui, merci. Au revoir. » Li vire gade jounalis la pou l esplike li : « Je reçois beaucoup de communications comme celle-ci. Un jour, c'était un deuxième classe qui s'était trompé de numéro. Nous avons discuté un bon bout de temps de ses problèmes. »

Berrellez pa t fouti pa fè kòmantè sa a :

> « Le fait que le téléphone ait sonné est presque une nouvelle en soi-même. Dans ce beau mais pauvre pays qui est le vôtre, monsieur le président, le réseau téléphonique est à l'image de presque tout le reste, c'est-à-dire délabré. Obtenir dans ces conditions un correspondant que l'on appelle à Port-au-Prince est à peu près aussi facile que de gagner à la borlette. »[194]

Apre sa li mande l si se vre jan emigre yo pretann nan li likide tout prizonye politik yo. Divalye reponn:

---

[193] Mwen fè tou sa m te kapab nan domèn lejislasyon sosyal. Se sa k mete Ayiti nan tèt emisfè oksidantal la.

[194] Telefòn nan ki sonnen an se prèske yon nouvèl. Nan bèl peyi pòv ou a, mesye le presidan, rezo telefonik lan li tankou tout lòt bagay yo nan peyi a, ki vle di li fin dekrenmen. Nan sitiyasyon sa a, pou jwenn yon moun ou bezwen rele nan Pòtoprens, se menm bagay ak yon nimewo bòlèt ou ta genyen nan lotri.

«Non. Ils sont tous passés à l'étranger», réplique Duvalier. «Il y en a au Libéria, aux États-Unis, au Canada. Quelques uns se sont établis au Brésil, dans un endroit nommé l'île des Fleurs.»[195]

Enpi li kontinye ak kouplè sa a ki vin tounen yon klasik:

En Haïti, il n'y a pas de prisonnier politique.[196]

Berrrellez fè l remake sò santèn moun yo te arete nan divès kriz yo an 1960, 1963, 1964, sa enkyete fanmi yo kap viv aletranje. Li di *La Commission interamericaine des droits de l'homme* pa t resevwa otorizasyon pou l vin ankete sou plas ann Ayiti. Divalye moute zèpòl li, yon jès trè «français», enpi ak yon diskou w pa ka fin konprann, li remèsye vizitè a dèske li esprime dezi entèvyouve l. Entèvyou a fini la a tou.

Politik dousè ak souri sa a pral jwenn yon demanti nan yon pakèt bagay ki pral rive yonn apre lòt. Sanble yo soti jis nan hèn ak jalouzi biwokrat yo ki nan sistèm Divalye a.

Gen yon sèten Henri Vixamar ki soti ann Afrik li vin tabli nan Nouyòk. Limenm tou li nan emigre ayisyen yo. Enpi li wè gran. Anbisyon li se pran plas Divalye a. Pou sa, li mare sosis li ak yon lòt refijye, kiben, limenm, Wolan Masferè (Rolando Masferrer). An wetan kèk ti diferans tou piti, konplo de nèg yo se bagay klasik nèt ki antre nan menm kategori ak sa ki te fèt anvan an yo. Se yon mache donan donan. Refijye kiben yo ap ede Ayisyen yo jete Divalye. Bò pa yo, y a otorize yo mete baz yo ann Ayiti pou y atake Kastwo.

Sa k ap di la a kapab gen plizyè entèpretasyon diferan. Sa yo plis rakonte, sèke Divalye aprann Vixamar espedye òm e materyèl nan Nò peyi a an patan de yon baz Bahamas, selon teknik enfiltrasyon. Li mete sou pye alèt fòs li yo Okap. Men ki lòd li sanble te bay:

« Eliminez physiquement tout Haïtien arrivant de Nassau. »

---

195   Non. Tout pase aletranje. Genyen ki Liberya, Ozetazini, Kanada. Gen kèk O Brezil, yon kote yo rele Ile des Fleurs.

196   Pa gen prizonye politik ann Ayiti.

Se kon sa an mas, Tonton Makout yo asasinen yon demi douzèn malere ki soti laba a abò yon ti batiman lè yo rive nan pò a.

De lòt ensidan ki pa gen rapò yonn ak lòt pral ogmante nèvozite moun yo toujou a kèlke jou entèval. De blòk kay pran dife. Yon kou sikui ki ta lakòz. Rimè piblik, mete l sou kont swa rebèl, swa fòs lòd yo kap eseye met dife pou fè yo soti kote yo kache a.

Dezyèm ensidan an pa pi klè. Se yon fiziyad ki fèt nan zòn palè a. Moun pa fouti konn anyen sou sa ki pase a poutèt Divalye toufe bagay la pou l pa sal imaj de prestij l ap fabrike a. Lè w fin filtre rimè yo, men sa w ka avanse. Uit manm gad prezidansyèl, ladan yo gen yon sèjan, yo kenbe yo kap konplote oswa yo soupsonnen y ap konplote. Men sa ki nan orijin ensidan an, se yon vòl zam ki fèt nan palè a. Yo pa ka afimen si zam yo se te pou ekipe nèg ki revòlte kont rejim nan oswa si se pou fè mache nwa. Epòk sa a, yo te konn pran anpil reta pou peye fonksyonè yo; manke likidite. Yo entèwoje uit nèg yo. Ka yo trete devan yon ploton egzekisyon. Sa vin kòz yo limoje kèk ofisye enpi yo menm pale de lòt egzekisyon ki ta fèt toujou.

Lè nouvèl sa yo soti Ayiti yo rive deyò, moun yo panse nan tout difikilte sa a yo l ap traverse a, Divalye kapab tonbe lè w pa tann. Kòm toujou, gen yon dekalaj ant enfòmasyon an ak evennman li rapòte yo.

« La Commission Internationale des Juristes » pibliye yon nouvo bilten an mas pou l denonse « le dédain flagrant où sont tenues les notions démocratiques élémentaires en Haïti ».

Pou yo mete Divalye plis an kòlè toujou, Anglè yo chwazi peryòd difisil sa a pou yo raple chajedafè yo Pòtoprens enpi fèmen anbasad yo. « Foreign Office » pretann se nan sousi ekonomi li fè sa. Dezòmè reprezantasyon yo ann Ayiti ap asire ak anvwaye rezidan yo nan Jamayik. Yo pa kache di w li vin difisil pou bay sijè « sa Majesté britanique » yo asistans lè yo an difikilte à koz atitid otorite yo.

Karakas, nan kongrè Asosiyasyon entèamerikèn de près yo pral sal figi Papa Dòk toujou. Men sa nou li nan rapò li sou libète laprès nan de Amerik yo:

« Quant à Haïti, le pays a sombré à un tel point dans la dictature exercée par Duvalier qu'on peut affirmer qu'il a perdu tout contact avec le reste de l'hémisphère occidental. Il est à peine permis d'espérer le rétablissement dans un avenir prévisible de la liberté de la presse ou des autres droits de la personne humaine. »[197]

Li lè li tan pou Papa Dòk eseye rekole moso pòtre ofisyèl yo. Nan lide sa a, li anonse Lyon de Jida a, anperè Etyopi a, Ayile Selasye (Haïle Selassié) ap vini ann Ayiti. l ap fè eskal okouran deplasman li pou yon semèn li pral fè nan Karayib la. Yon chèf d Eta etranje fè vwayaj la Pòtoprens se deja yon evennman. Se pa anyen an konparezon ak sa Divalye anonse. Limenm ki pa janm met pye l andeyò Ayiti depi li prezidan an, li gen lide reponn envitasyon Ajantin voye bay chèf d Eta nan de Amerik yo alokazyon fèt nasyonal li an jiyè. Yon lòt fwa ankò refijye yo tonbe fè kòmantè. Si Divalye pran ris soti nan peyi a li riske jwen tout pòt fèmen lè l ap tounen. Jan y ap pale a, apèn avyon an dekole nèg ki kandida pou chèz boure a yo ap koumanse goumen.

Pou l ka byen resevwa wa Etyopi a, yo antreprann yon bann travo. Yo prepare yon rezidans Petyonvil pou akeyi pi gwo mak vizitè sa a. Yo asfalte lari kote vizitè a gen pou l pase. Yo rafrechi figi batisman yo nan palè prezidansyèl la, enpi yo pa mennaje lacho blanch pou yo badijonnen kay ki chak bò lari yo rebatize an lonè Negus la. Pou kreye plis anbyans fèt, yo distribiye dimil ti drapo.

Yo desi lè ampere a deside li pase nuit lan pa bò isit. Divalye pral eseye tire meyè pati posib de douzè vizit ofisyèl la pral dire a. Li pase enstriksyon fòmèl sèl limouzin koulè nwa dènye modèl ki ka sèvi pou deplasman diyitè yo. Kòm pak ofisyèl la pa gen ase, yo pral prete nan men patikilye ki gen modèl otomobil yo vle a.

Negus la rive anfen. Divalye deplase pou l al akeyi l nan ayewopò a kote ki pral gen yon seremoni nan okazyon vizit la. Li vini ak madanm li, ak pitit li. Yon baraj Tonton Makout ame jiskodan. Tout moun mete yo sou tranteyen yo. Papa Dòk menm li

---

197 Pou Ayiti, peyi a tèlman plonje fon anba diktati Divalye a, yon moun kapab fasilman di li pèdi tout kontak ak rès emisfè oksidantal la. Apèn si nou kapab espere yon jou libète laprès ak lòt dwa moun va retabli nan peyi a.

mete chapo koma li, yon jakèt pou seremoni. Ayle Selasye (Haïlé Sélassié) menm li ann inifòm. Yo fè diskou, yonn reponn lòt. Divalye remèt li kle kapital la ak mo sa a yo:

> « Votre auguste présence exhorte mon peuple à garder sans cesse nos regards rivés sur ces sommets montagneux vers lesquels nous marchons, avec peine, c'est certain, mais aussi animés de la foi qui galvanise, qui inspire l'héroïsme et remporte les victoires. »[198]

Nan repons li anperè a fè remake isiba bonè a dwe toujou konte ak malfezans enpi li nesesè pou gen zanmi tout kote. Yon dejene prive reyini de chèf d Eta a yo ki fè echanj dekorasyon enpi diskouri sou lapè enyènasyonal ak koperasyon. Anvan vizitè yo pati, swa sa a, yo òganize yon resepsyon pou yo nan palè a.

Se yon gran jou pou Ayiti. Divalye santi sa. Li ouvè tout palè a bay jounalis etranje ki de pasaj yo. Lè yo pale l de konplo ki sanble ap mare kont li nan peyi a, li pase sa nan rizib enpi li reyafimen li gen lide ale ann Ajantin.

Apre sa, li envite refijye yo tounen lakay yo « pou ede remèt Ayiti sou pye, bliye sa k te pase » epi li di :

> « Il est urgent que chaque Haïtien revienne et collabore avec le président et son cabinet, avec tous les investisseurs étrangers aussi dont Haïti a besoin pour assurer son développement. »[199]

Nouyòk, klòch la bay yon lòt son. Se kowalisyon ayisyèn ki esprime l chak jou nan radyo ak televizyon, enpi, ki reflete santiman majorite refijye yo:

> « Il est évident que Duvalier ne fait qu'essayer de tromper son monde en débitant des slogans démocratiques. En vérité ce qu'il veut, c'est de l'argent et tout autre aide, sous quelque forme que ce soit. Qu'elle vienne des États-Unis ou des organismes charitables, de sorte qu'il puisse maintenir sous sa poigne de fer un peuple qui commence à s'agiter... »[200]

---

198   Prezans ou sèlman ak respè li merite envite pèp mwen an kale je l san rete sou wotè kote nou vle rive nan tèt mòn nan, ak anpil difikilte, se sèten, men tou ak yon konviksyon ki ba nou enèji ak odas pou n ranpòte laviktwa.

199   Li plis ke tan pou tout Ayisyen tounen vin kolabore ak prezidan an, ak kabinè li, ak tout envestisè etranje yo Ayiti bezwen pou l asire devlopman li.

200   Se yon bagay ki klè, Divalye ap eseye twonpe moun ak eslogan demokrarik l ap plede resite yo. Sa l vle an reyalite, se lajan ak tout lòt kalite èd. Ke l soti Ozetazini oubyen nan òganizasyon charitab, li bezwen l pou l ka kenbe pèp la ki koumanse ajite a, anba ponyèt an fè li a.

Byennantandi, kòmantè sa a ak anpil lòt ankò ap pase sou silans Pòtoprens.

Chenn radyo ak televizyon C.B.S. reyisi jwenn yon entèvyou nan men Divalye. Emisyon sa a kapab bay yon apèsi sou fonksyònman mantal diktatè a. Pou kòmanse, li lanse l nan yon deklarasyon ki fè yon mikmak ak tout sòt demi verite kòm dabitid, menm manti tou. Se mizantren li, tankou yon chofè machin kap pase vitès :

« Voici ma doctrine. En Haïti, nous avons une démocratie, la démocrartie haïtienne. Papa Doc … n'est pas un dictateur. C'est un démocrate. Son propre peuple le considère comme un démocrate pour la raison qu'il est le chef de la nation. »[201]

Lè yo mande l pou kisa Haïti se yon Leta polisye. Divalye reponn qu'à ce jour il n'y a pas eu moins de sept invasions contre son rejime depuis qu'il est au pouvoir.[202]

Yonn nan patisipan yo nan emisyon an vle konnen pou kisa li kwè l oblije mete moun nan prizon, egzekite yo menm pou l pwoteje entegrite tèritwa nasyonal la. Kounye a, san l pa pèdi asirans li, angle l bwouye.

« Personne dans les prisons…personne exécutée…que…que…racontez-vous là ? »[203]

Li di si l vin prezidan a vi se granmèsi volonte an fè pèp ayisyen an. Se pèp la ki reskonsab, se mwen li vle. Se paske mwen menm tou mwen pa sèlman prezidan de la repiblik, men chèf pèp la.

Yonn nan jounalis C.B.S. yo mande l si l kwè se li sèl ki kapab asire premye majistrati peyi l la. Divalye reponn: « Oui, j' ai insisté sur ce point plusieurs fois. »

Gen yon lòt echanj enteresan ki fèt toujou lè yon dezyèm jounalis etone ke sansè yo deside siprime yon atik sou Ayiti nan **New York Times** anvan nimewo yo enkriminen an distribiye Pòtoprens. Divalye fè kòm si l pa konnen.

---

201   Men doktrin mwen. Ann Ayiti, nou gen yon demokrasi, se demokrasi ayisyèn. Papa Dòk pa yon diktatè. Se yon demokrat. Pwòp pèp li konsidere l kòm yon demokrat poutèt li se chèf nasyon an.

202   Jouk jounen jodi a pa gen pi piti pase sèt envazyon kont rejim li an depi l sou pouvwa a.

203   Moun ki nan prizon…moun ki egzekite … ki…ki… kisa w ap rakonte la a ?

« Quoi? Pas possible! Votre article supprimé? Tous les Haïtiens achètent le New York Times… c'est le journal le plus populaire en Haïti. »[204]

Jounalis la tounen sou kesyon an toujou

« Peut-être ne me comprenez-vous pas? »[205]

Divalye reponn sèchman:

« Je vous comprends très bien…on a coupé votre article… quoi? Avec des ciseaux? Où? Dans ce numéro? Non, non… tout le monde a pu l'acheter. »[206]

Yo poze Papa Dòk lòt kesyon toujou men san pi bon rezilta. Yo aprann nan bouch li kesyon èd amerikèn nan ap diskite. Kòm yo poze l kesyon sou vodou a, li koupe kout met nan makout:

« Vous ne me comprenez pas très bien, je suis un homme de science. »[207]

Romansye Graam Grin (Graham Green), itilize Ayiti ak refijye yo kòm fon pou l ekri yon istwa li rele *Les Comédiens*. Ou jwenn ladan bagay komik, mele ak bagay trajik (tris). Mas ki nan figi moun yo, yon lè li fè w anvi ri, yon lè li fè w anvi kriye. Men sa Grin ekri nan pa pòt woman an:

« Ce n'est pas là oeuvre d'imagination, du moins en ce qui concerne l'état pitoyable du pays et la nature du régime Duvalier. Je n'ai même pas eu besoin de noircir ce dernier pour en tirer les effets dramatiques. On n'ajoute pas aux ténèbres absolues. »[208]

---

204   Kisa? Se pa posib! Atikou si prime? Tout Ayisyen yo achte Nouyòk Taym,,, Se jounal ki pi popilè ann Ayiti.

205   Ou ka byen pa konprann mwen ?

206   « Mwen konprann ou trè byen…yo koupe atik ou a.. Kòman? Ak sizo? Ki bò? Nan nimewo sa a ? Non, non…tout moun te ka achte l.

207   Nou pa konprann. Mwen se yon òm de syans.

208   Nan sa ki regade eta deplorab peyi a epi nati rejim Divalye a, se pa bagay moun envante. Mwen pa t menm bezwen nwa si tablo a pou m jwenn efè dramatik yo. Lè l fè nwa koulank, ou pa sa rann li pi nwa pase sa.

Chapit 19
Kominis lan parèt

Parante kominis

Pati kominis yo ak piblikasyon yo

Pati yo:

P.C.H. – Pati kominis ayisyen. Se Jak Woumen (Jacques Roumain) ki fonde li an 1934. Menm ane a yo deklare l ilegal. An 1944, Woumen mouri. Apre dezyèm gè mondyal la, P.C.H. la retounen. Li reyòganize, enpi li konnen yon egzistans legal tikras plis pase ennan de sa. Li fonn tèt li pou kò l, pou l pa mete prezidan Estime nan move pozisyon.

P.S. P. – Pati Sosyalis Popilè. Se kèk transfij P.C.H. ki fòmen l apre dezyèm gè mondyal la. Yo deklare li ilegal an 1948.

P.P.L.N. Pati Popilè pou Liberasyon Nasyonal. (Parti Populaire de Libération Nationale). Se ansyen Pati Demokratik Popilè (Parti Démocratique Populaire) fonde an 1958. Pami lidè klandesten l yo te genyen pwofesè Jan Jak Anbwaz (Jean-Jacques Ambroise) Divalye pase lòd touye l ak madanm li an 1966. Pa lontan apre, pati a chanje non toujou, li vin tounen P.U.D.A. Pati Unifye Demokrat Ayisyen.

P.E.P. Parti de l' Entente Populaire. Se Jak Aleksi (Jacques Alexis) ki fonde l an 1959. An 1961, Divalye fè egzekite l.

F.D.U.L.N. Front Démocratique Uni de Libération Nationale. Se P.E.P. ak P.P.L.N. ki fonde l nan kongrè 4 jiyè 1963. De fòmasyon fè yon sèl fwon.

O.R.E.F.H. Òganizasyon eksteryè F.D.U.L.N. Se F.D.U.L.N. Ak twa mouvman refijye afilye ki fonde l Sanntyago, o Chili, an 1964,

P.U.C.H. Parti Unifié des Communistes Haïtiens, rezilta fizyon an desanm 1968 P.E.P. ak P.U.D.A., apre sis mwa jefò pou rapwochman.

Piblikasyon

Libération – piblikasyon P.P.L.N. Li koumanse parèt an kreyòl an 1960. Li chanje non an 1966, li rele Demokrasi.

La Voix du Peuple – Jounal P.E.P. Yo pibliye l an franse.

Rassemblement – F.D.U.L.N. ki pibliye an franse. Li koumanse parèt an fevriye 1964.

Ralliement – Li parèt an septanm 1962. Adrès postal an Suis. O.R.E.F.H. adopte l. Li sispann piblikasyon l an 1967. Se Lambi ki ranplase l.

Avant-Garde - Bilten politik ak ideyolojik P.E.P. Li parèt Ayiti an 1962 sou fòm roneyotipe. Piblikasyon entèn pati a.

Cerf-Volant – Piblikasyon lig jenès pwogresis yo, òganizasyon jenès ak P.E.P.

Manchette. – Maksis disidan tandans pwo chinwa ki fonde l. De nimewo parèt Bèljik.

S a ki chanjan nan metòd gouvènman Divalye a, – nou te dwe di absans metòd –, fè l vin yon sib fasil pou fanatik kap chache divinèz pou yo touye. Yo ba li pote etikèt estremis de goch. Alaverite si Papa Dòk se yon estremis, li estremis modèl fachis menm jan ak defen Twouyilyo ki disparèt san kite tras. Li koumanse ak yon pòz nasyonalis, li konnen Ayisyen sansib pou sa, apre sa, li sèvi ak sa pou l moute sou pouvwa a. Kon sa, li mete non li nan gwo lis diktatè ann Amerik di sid yo. Si an patan li afiche pretansyon pou ideyalism, bagay sa a yo pral chanje ak prejije pèsonèl li yo, ak nesesite li genyen chak jou pou l eseye rete an vi politikman. Pa gen yon enstitisyon, pa gen yon klas nan sosyete a li pa vide sibstans li, pou l mete mak fabrik pa l sou li ki p ap mennen okenn kote.

Entèlektyèl ki te entwodui kominis lan ann Ayiti yo, te vire lòlòj Divalye lè l te jèn. Sa te make l anpil sou plan ideyolojik. Sa vin voye l agoch nan panorama politik la, men nou pa sa di li tradui konsepsyon teyorik li yo nan reyalite a. Fò w al chache kle pèsonaj la nan paranoya (maladi psikanalitik nan konpòtman yon moun oswa yon gwoup ki toujou met nan tèt li y ap pèsekite l) ki frape l. Orijin konpòtman deliran sa a : degoutans ki nan moun ras li yo, santiman hèn kont Ameriken l ap nouri depi nan peryòd okipasyon, konplèks k ap devore yon ti doktè frajil an aparans, rèv li se vin yon nouvo Desalin, anfen danje pèmanan ki menase l ak tout rejim li an. Kon sa, li rive prezante tèt li kòm sipèmann pou ras li, nouvo sen Jòj kap kraze dragon an. (Yon zannimo lejann prezante ak grif lyon, zèl enpi ke koulèv).

Mistik pa l la sou plizyè plan. Ak yon operasyon mantal espesyal, Divalye pral jwenn li nan sa ki posib. Li kontante l transfòmen l an mesi ki gen misyon gide pèp li a, pitit li yo ; rekonpanse yo oswa pini yo dapre sa yo merite, chak fwa li nesesè. Menm jan ak fab sou Wa ki toutouni an, pa gen moun ann Ayiti ki pran chans di l li fou. Nasyonalis, kominis, sosyalis, kapitalis ak moun ki reprezante yo a, tout se zouti k ap sèvi l. Depi li wè sa nesesè, li pa gen pwoblèm pou l jete yonn ranmase lòt.

Nan kòmansman manda li kòm prezidan, opozisyon an te enfòmen C.I.A. ak Depatman d Eta diran ane skolè li pase nan inivèsite Michigan an 1944-1945, Divalye t al Meksiko an kachèt (san pesonn pa konnen) l al siyen yon manifès kominis. Kwak lènmi l yo ensiste sou pwen sa a bò kote otorite amerikèn yo, yo pa fouti pwouve sa yo di yo. Men sa opozisyon an rele tolerans anvè kominis yo pral yon sous pwopagann ki p ap chèch. Jenn militan Estime egzile yo, Divalye resevwa yo a de bra lè yo tounen. Nan gouvènman l lan w ap jwenn kèk manm « de la vieille garde intellectuelle de sa jeunesse ». Ou jwenn maksis byen koni kòm Lisyen Domèk (Lucien Daumec) ki redije diskou elektoral patwon l an atandan li vin bòfrè l. Nan tèt « Cour des Comptes » li nonmen Jil Blanchè (Jules Blanchet) ki te nan pati kominis fransè apre sa nan ansyen P.C.H. Se li Divalye chwazi kòm konseye yonn nan premye misyon ekonomik li voye

Wachintonn. Pi devan li nonmen l minis san pòtfèy. Apre sa, n ap jwenn li kòm anbasadè d Ayiti oprèd « Marché commun ».

Frè li, Pòl Blanchè (Paul Blanchet) se yonn nan zanmi entim Papa Dòk yo. Limenm tou, yo akize l li te manm Pati Kominis Franse a, byenke epòk yo soti akizasyon sa a yo, li pa t janm al an Frans. Minis Enfòmasyon ak Kowòdinasyon, Pòl Blanchè moutre li antia-meriken wouj. Yon lòt pèsonaj ki te gen atachman ak P.C.F. la vin minis Finans Divalye. Se Ève Bwaye (Hervé Boyer). Tout nèg sa a yo reprezante oryantasyon ewopeyèn kominis ayisyen an. Sa fè n wè tou pou kisa pati a, jiska arive Divalye pa t gen gwo enflyans. Kolektivis sa a yo te rete nan rezidans liksye, yo deplase nan esfè siperyè gouvènman an, yo pa gen okenn kontak ak pèp la.

Nan militan pi jèn ki tounen sot ann Ewòp de Lès yo, nou jwenn Rene Depès (René Dépestre), Woje Gaya (Roger Gaillard). Manm P.C.H., li rejwenn an 1938 a sèzan. Jak Aleksi (Jacques Alexis) tounen sot an Frans an 1954 ak diplòm medsen l nan pòch li. An 1958, se Depès ak Gaya ki antre nan peyi a. Madanm Depès se yon fransèz d orijin woumèn. Li te anplwaye nan sèvis touris. Gaya te ekri nan *Le Matin*. Gen yon lòt pèsonaj ki tounen soti Peken. Se Frank Fouche (Frank Fouché), otè dramatik. Li te konn bay konferans sou teyat chinwa. Laprès te konn fè kòmantè sou sa.

Anpil tekstil te konn vin sot ann ewòp de lès. An 1960, gen yon kagezon drapo ameriken a ba pri ki antre ann Ayiti. Medam yo renmen koulè yo ak desen yo. Touris ameriken yo sezi wè yon pakèt fanm ap woule dèyè yo nan labanyè etwale. Operasyon drapo sa a se pa yon konspirasyon balkano kominis. Se plis yon lide jenyal kèk komèsan Nouyòk te jwenn pou yo likide an sòld yon estòk ki pa t ka vann. Machandiz la make ak karantuit etwal alòske kantite Eta ameriken an te pase a senkant.

Pandan lènmi tradisyonèl Divalye yo eskandalize apwopo kèk epizòd kote yo wè men Moskou, klas jèn kominis k ap moute yo se ri yo ri yo. Bò pa li, Depatman d Eta deplizanpli pridan nan apresiyasyon faktè kominis lan ann Ayiti. Yon rapò ki fèt an 1966 rekonèt fòs reyèl mouvman an, yo pa konnen, kwak enfliyans kominis lan manifeste anmenm tan ak sendikalis ouvriye ki nan ze toujou ak sèten sektè nan biwokrasi a.

Lè yon pati kominis oblije antre kò l nan klandestinite (viv nan kache), li toujou difisil pou evalye enpòtans li nan nenpòt ki peyi. Ann Ayiti, se yon travay ki pi di toujou akoz sèten faktè espesifik. Ou gen kreyòl la ki difisil, koutim peyizan an yo ki kòresponn ak estrikti klan, pratik vodou epitou divalyeris la, yon lafimen ki sèvi ekran pou sere fanatik li yo, ni sa ki vre ni sa k ap fè similak. Li koumanse kou jwèt nan salon yo rezève pou entèlektyèl, li etann li, sou Divalye, jis nan kouch peyizan iletre yo, jis nan popilasyon bidonvil yo.

Mouvman an koumanse avèk yon jenn ekriven milat ki gen anpil talan. Li sot nan yonn nan fanmi elit tradisyonèl yo. Se de Jak Woumen (Jacques Roumain) n ap pale. Zèv powetik li yo ak lòt kalite zèv yo klase pami sa ki pi meyè Ayiti pwodui. Woumen fèt an 1907. Li te frekante lekòl katolik Pòtoprens anvan l al fè etid agwonomi nan yon inivèsite an Bèljik. Lè l tounen nan peyi a an 1927, l al jwenn entèlektyèl yo ki, pandan peryòd *Marins* yo te okipe Ayiti a, te konn eksprime lide nasyonalis yo nan *La Revue indigène*. Li te rete nan yon bèl kay fanmi li te genyen Bwa Vèna, yon katye chik, rezidansyèl, elegan.

An 1930, diran gouvènman pwovizwa Louis E. Roy, Woumen aksepte yon djòb chèf sèvis nan ministè Enteryè. Mwens pase yon senmenn apre li fin pran djòb la li demisyone.

An 1934, li pibliye yon manifès li batize *Analiz chematik 32-34*. Yon etid selon vizyon maksis yo genyen sou sitiyasyon politik ak sosyoekonomik Ayiti. Nan menm okazyon an, li anonse fondasyon P.C.H., « le Parti Communiste Haïtien ». Anpil nan konfrè l yo ap vin anba banyè l. Pa tout. Aktivite pati a bò kote mas yo neglijab. Ak konkou Jòj Peti ak Woje Koven, Woumen pibliye *Le Petit Impérial* ki kòz yo arete yo sou prezidan Vensan (Vincent) ki akize yo, y ap enprime ekriti sibvèsif. Pwosè yo pral fè anpil bri. Yo menm mare goumen nan sal odyans lan lè avoka gouvènman an akize Woumen li soti nan yon fanmi asasen. Li tap fè chonje granpapa Woumen, prezidan Tankrèd Ogis, kèk moun te sispèk li te fè sote ansyen palè nasyonal la an 1911. Woumen kite bòks la, li plonje sou pwokirè a, apre sa li vire kont isye yo. Lè yo lage l, Vensan fòse l pran egzil ann Ewòp. Yon dekrè 19 novanm 1936 deklare Pati Kominis Ayisyen an ilegal.

Kidonk Woumen rive Pari. Yo wè l souvan nan Mizedelòm. Li vin zanmi tou ak yon lòt kominis, powèt Aragon, san konte anpil lòt entèlektyèl de goch. Malgre siveyans lapolis ki pa lache l yon may, enpi yon sante ki pa fin twò bon, K. Bolye (C. Beaulieu) reprann Flanbo a Pòtoprens, li vin chèf P.C.H. la nan klandestinite. Lè dezyèm gè mondyal eklate, Woumen rantre lakay li. An 1941 li fonde Biwo Etnoloji a, liy direktris li yo pral atire atansyon Divalye.

Epòk sa a tout gouvènman ki kont Iklè (Hitler) antre nan santiman Moskou, ata gouvènman Lesko a. Se poutèt sa Woumen aksepte pòs chajedafè nan anbasad d Ayiti Meksiko a. Poutèt se Lesko ki nonmen l, yo kritike l, yo menm trete l de swadizan maksis. Pou l defann tèt li, Woumen reponn, prezidan an limenm, apre tou, li manm a pa antyè kowalisyon antifachis la. Kwak epòk sa a P.C.H. la pa t gen relasyon ofisyèl ak Moskou, Woumen aji kòm pa ensten nan sans Sovyetik yo swete l la.

Malerezman pou li, li tonbe nan bwè. Se yon moun malad ki tounen ann Ayiti pou l vin mouri ann out 1944. Zèv li yo pi konnen an, se *les Gouverneurs de la Rosée,* yo pibliye apre lanmò li. Daprè bri k ap kouri, se pwazon yo ta ba li. An reyalite se li ki te pwazonnen tèt li, li fè siwoz (cirrhose) nan fwa.

Depi Woumen disparèt la, fòs Pati a diminye. Anpil nan zanmi l yo bay vag, yo chita kò yo yon lòt fwa ankò, nan sa yo rele maksis entèlektyèl la.

Lagè fini, yon nouvo jounal pwente: *La Ruche.* Se yon gwoup jèn etidyan ki fonde l. Pami yo ou jwenn Depès, Aleksi, Gaya, Domèk, Jera Dominik (Gérard Dominique), Jan ak Jera Chenè (Jean ak Gérard Chenet). Lè prezidan Lesko (Lescot) òdone entèdiksyon *La Ruche*, se kondanasyon l li te siyen san l pa konnen. Grèv etidyan ki deklanche a pral kòz li tonbe an janvye 1946.

Kòm Lesko pa sou sèn politik la ankò, se yon nouvo P.C.H. ki parèt. Nan ane 1946-1947 yo, tèz kominis ayisyen yo sè ke revolisyon

demokratik 1946 la fèt pou l vin yon revolisyon sosyalis. Pa konse-
kan, lènmi nimewo 1 an, se boujwazi ayisyèn nan. P.S.P. kiben an
pral denonse tèz sa a kòm « infantile », jwèt timoun.

Omoman revolisyon 1946 la, pral gen disidans nan mitan komi-
nis yo. Sa pral soti nan prejije sou koulè po moun. Pi fò nan milat
maksis yo pral gwoupe yo anba banyè Pati Sosyalis Popilè a. Bò
pa yo, jèn yo ki te fache, ki te esprime mekontantman yo nan *La
Ruche*, rasanble yo otou yon pastè pwotestan ki te kolabore avèk
Woumen. Reveran Feliks Dòleyan Jis Konstan (Félix d' Orléans Juste
Constant). Se li ki vin sekretè jeneral nouvo P.C.H. la. Jounal pati a
rele *Combat*. Lè w ap konte konbe yo ye kominis yo an pozisyon
enferyorite, se sa k fè yo pa okipe prezante yon kandida pa yo nan
eleksyon 1946 yo.

Nan tèt P.S.P. a se de milat : Antoni Lespès (Anthony Lespès),
yon elèv volay, ak Etyèn Chalye (Etienne Charlier). Lespès jwe wòl
sekretè jeneral. Yo deside apiye kandidati Jòj Rigo (Georges Rigaud).
Lè mouche elimine nan senatorial yo, P.S.P. a pote chwa li sou Edga
Nere Nima (Edgar Néré Numas), yon entèlektyèl nwa, ansyen depite
ki jwi de prejije favorab nan anbasad ameriken, kay Twouyilyo tou,
ak Lwi Dejwa (Louis Déjoie).

Twouve se Estime (Estimé) asanble a vote pou l vin prezidan.
Epòk sa a, pa t gen referandòm prezidansyèl. Sepandan, P.S.P.
anrejistre yon siksè minim. Maks Idikou (Max Hudicourt), yonn
nan manm li yo eli senatè. Yon fwa li pase, yon lòt palmantè, depite
Wosini Pyèlwi (Rossini Pierre-Louis), al jwenn P.S.P. a. Idikou
(Hudicourt) gen yon jounal ann asosiyasyon avèk Jòj Peti (Georges
Petit), *la Nation*. Yo fè l vin ògàn ofisyèl P.S.P. a.

Estime debite donk ak yon kabinè kowalisyon. Yo nonmen
Rigo nan Komès, Fiyole nan Edikasyon nasyonal. Rigo lanse yon
ofansiv ki riske antrene depa yon pati nan òmdafè etranje yo. Pou l
elimine mache nwa, yon pratik trè an vòg ann Ayiti , sitou pami
negosyan etranje yo, nan ane lagè yo, ministè l la fikse kèk pri li
enpoze pa dekrè. Yo prevwa gwo pinisyon pou moun ki pa aplike
l yo. Si yon komèsan kite yo bare li kap vann machandiz li pi wo
pase pri ki legal la, yo ka konfiske bagay li yo, fè envantè estòk li yo,

enpi vann yo. Delenkan an ap jwenn pwodui vant lan lè yo fin wete amand yo ak lòt frè pou yo dedui. Pi rèd y ap retire patant li.

Fiyole sote sou okazyon an pou l atake kòlèg li a nan radyo. Kòlèg la tèlman vekse, li demisyone pou l moutre endiyasyon l. Vin gen yon kriz ministeryèl ki fè Fiyole oblije rale kò l tou. Se kon sa Estime debarase san pwoblèm ak gouvènman kowalisyon an.

Rigo antrene P.S.P. a nan opozisyon, men P.C.H. la, bò pa li, kontinye apiye prezidan an. Ann avril 1947, li pibliye yon kominike, kote l anonse:

> pou « éviter de placer Estimé dans une situation ambarassante et compliquer ainsi ses relations avec les États-Unis qui commencent à manifester de l'inquiétude à propos de sa politique »,[209]

li deside disoud tèt li poukont li. Manm P.C.H. ki pa dakò ak demach taktik sa a, pral gwosi ran P.S.P. a.

Erè sa a pral revele l kapital. Menm lè komite direktè P.C.H. la prezante desizyon l lan kòm egzijib pou enterè nasyonal la, sa pa anpeche Pati Kominis Franse a wè nan sa « Une capitulation devant l' impérialisme américain »[210]

Pètèt se enfliyans doktrin yo rele Bwoderis la, sou P.C.H. la nan epòk la, ki ka esplike manèv la. Il Bwòdè (Earl Browder), chèf pati kominis ameriken an kwè nan posiblite koegzistans, nan ane ki vin tousuit apre lagè a.

Bò pa li, tèz P.S.P. ap defann nan, limenm tou, li pa al twò lwen pase sa.

> ...Haïti étant un pays semi-féodal et semi-colonial dominé par l'impérialisme, le mouvement socialiste haïtien en est à la phase de la lutte anti-impérialiste pour la démocratie et l'indépendance nationale, pour la création d'entreprises nationales, aussi bien dans le secteur industriel que l'agricole. Il en découle qu'il doit s'allier à une frange de la bourgeoisie nationale qui s'oppose aux monopolistes étrangers du fait que son principal ennemi est l'impérialisme américain... Cependant, vu sa structure et l'origine sociale de ses membres, provenant généralement de la bourgeoisie et de classes moyennes,

---

209   Pou evite mete Estime nan sitiyasyon anbarasan ki ka konplike relasyon l ak Etazini ki kòmanse gen enkyetid sou politik li

210   (P.P.L.N., Analyse de la situation haïtienne, pp 25-26).

le P.S.P. n'avait pas de racines dans le peuple et ne pouvait donc pénétrer efficacement les masses. Finalement il s'est trouvé sapé du dedans par la question raciale.[211]

Egzistans de pati yo, P.S.P. ak P.C.H., menm moman an, sa pwouve divizyon entèn ki genyen depi nan kòmansman mouvman socialis ayisyen an.

Kounye a, Estime pral briske bagay yo. 20 fevriye 1948 li deklare tout aktivite kominis ilegal, kèlkeswa etikèt politik yo. Tout manifestasyon yo deklare k ap kontrarye lòd piblik entèdi. Kidonk li sibvèsif. Se kou 1936 la ki repete, du moins sou sèten aspè.

Yo voye jenn ki pi agresif yo al kontinye etid yo an Frans. Sou dis ki pati nan kondisyon sa a, gen twa, Depès, Aleksi, Gaya, ki fè yon dètou bò lòt bò rido an fè a, pou y al konplete kilti yo.

Anfen kolonèl Pòl Maglwa (Paul Magloire), yon nonm ki gen grenn, parèt. Lè an 1950, li voye Estime deyò, li enstale l nan fotèy prezidansyèl la, li fèk sot fè kanpay sou tèm majè lit kont kominis. Yon tan, kominis lan sanble disparèt sou sèn politik ayisyen an. Pou opozisyon an ka fè tande l, etidyan de goch yo regwoupe yo nan plizyè vil, nan asosiyasyon jenès pwogresis.

An 1957, nan kanpay eleksyon pou plas prezidan, ou jwenn entèlektyèl de goch yo nan arèn nan. Se yo ki itilize talan literè yo, ladrès yo pou yo òganize emisyon radyo, diskou elektoral kandida yo apiye a, menm lè se pa manm P.C.H.

Se kon sa diran alyans ki pa dire Divalye ak Dejwa fè pou yo jete Maglwa a, se de ansyen manm P.S.P., Etyèn Chalye (Etienne Charlier) ak Michèl Women (Michel Romain) ki redije diskou Divalye pwononse an septanm 1956 Sen Jera (Saint-Gérard) twa mwa avan Maglwa tonbe. Lisyen Domèk (Lucien Daumec) ki te nan P.C.H., lontan, limenm tou, se yon pwòch konseye Divalye. Li   patisipe

---

211   Kòm Ayiti se yon peyi ademi fewodal, ademi kolonyal enperyalis la ap domine, mouvman sosyalis ayisyen an, nan faz lit anti enperyalis pou demokrasi ak endepandans nasyonal, pou kreyasyon antrepriz nasyonal osibyen nan sektè endistriyèl ke agrikòl. Sa fè li oblije fè alyans ak yon franj nan boujwazi nasyonal la ki pa danse kole ak monopolis etranje yo poutèt prensipal lènmi li se enperyalis ameriken an... Sepandan, lè w ap gade chapant li ak orijin sosyal manm li yo ki soti nan boujwazi a ak klas mwayèn yo an jeneral, P.S.P. a pa t gen rasin nan pèp la, kidonk, li pa t kapab reyisi penetre nan mas yo. Finalman kesyon rasyal la ki deja anndan sen li an, pote l ale. (P.P.L.N., Analyse de la situation haïtienne, pp 25-26).

nan tout kanpay elektoral la, l ap ekri diskou pou patwon l ki pral pèmèt li antre nan palè a ann apre. Pou Jak Aleksi (Jacques Alexis), powèt la, yo di se li ki te ekri yonn nan pi bèl diskou Dejwa yo, yon avètisman lanse o dènye moman pou bagay yo pase kòm sa dwa.

Se an debandad kominis yo afwonte kriz 1956-57 la. Yo pa gen okenn chans al chache yon ti avantaj ki pi piti. Sa pran diktati Divalye a pou fòse yo met ansanm, konsolide òganizasyon yo a an patan de divès eleman goch la kap balote.

1958, Pati Popilè Demokratik (Parti Populaire Démocratique) ki pral vin P.P.L.N., Pati Popilè pou Liberasyon Nasyonal (Parti Populaire de Libération Nationale), parèt sou sèn nan. Se Dépès, powèt, manm plizyè pati kominis, ki tounen vin bay nouvo pati de goch sa a, plis fòs toujou. Nou fèt pou nou site tou S.N.A.D., Sosyete nasyonal a dramatik (Société nationale d' art dramatique) qui fasilite nesans yon nouvo mouvman entèlekyèl de goch. Sepandan, kont kap regle ant Depès ak Aleksi, yonn pa sa santi lòt, li debouche sou polemik ki parèt nan jounal *Le Nouvelliste* ak *Le Matin*. Chirepit sa a yo pa fasilite travay goch la.

Men prensip kap gide P.P.L.N. jan nou jwenn yo nan *Analyse de la situation haïtienne,* p. 44.

> Non-intervention dans les affaires intérieures des autres pays ; respect de l'autodétermina-tion des peuples ; libre choix par notre peuple et par lui seul de la voie la plus apte à favoriser le développement économique de la nation, celui-ci étant considéré comme la base de l'évolution sociale et spirituelle de l'homme haïtien. Finalement, liberté d'établir des relations économiques et commerciales, diplomatiques et culturelles avec tous les pays du monde qui désirent nous aider sur la base d'avantages réciproques et du respect de notre souveraineté. Ce mouvement démocratique, populaire, national et anti-impérialiste est ouvert aux partis, aux groupes, aux citoyens de diverses tendances politiques, unis, cependant, par des buts communs. Ses objectifs prioritaires sont : a) la

suppression de la dictature néo-faciste de Duvalier ; b) le démentellement de l'État terroriste ; c) la prise du pouvoir par un gouvernement de coalition nationale.[212]

An 1959, Jak Aleksi (Jacques Alexis) kreye Parti d' Entente Populaire, P.E.P. An 1960 li pibliye yon pwogram politik sou fòm manifès. Men ki jan P.P.L.N. kritike l :

> Dans ce document, il est spécifié que l'un des objectifs de la lutte démocratique, antiféodale et anti-impérialiste consiste à « respecter les intérêts stratégiques » de la plus grande puissance du continent, c'est-à-dire des États-Unis, la principale nation impérialiste. Mais comment concilier les intérêts de la lutte pour la révolution anti-impérialiste et ceux, stratégiques, de la plus grande puissance impérialiste du monde, laquelle est en même temps le plus grand fauteur d'agression et de guerre ? Le caractère contradictoire d'une telle déclaration, laquelle constitue la thèse cardinale du P.E.P., est évident. Cet opportunisme aura pour conséquence d'égarer les masses et de faire dévier la signification de la lutte révolutionnaire. En fait, il s'agit là d'une nouvelle capitulation face à l'impérialisme, comme cela a été le cas pour le P.C.H.[213]

Definisyon sa a P.P.L.N. bay P.E.P. a nan *Analyse de la situation haïtienne,* p. 42, li rive yon moman de pati yo te angaje nan yon polemik andyable. P.E.P. jounen jodi a ankò repwoche moun k ap kritike l yo dèske yo wete yon fraz nan kontèks li pou yo dekrete l « tèz kadinal ». Kounye a, nan « analyse de la situation » teyorisyen P.P.L.N. yo egzaminen konsekans yon aliyman P.E.P. a.

> On arrive ainsi à la condamnation de la lutte démocratique et nationaliste du moment que les deux aspects de cette lutte anti-féodale et ant-impérialiste, sont indissolublement liés. Les

---

212   Pa foure bouch nan zafè koze k ap pase nan lòt peyi ; kite pèp yo deside sou sò yo poukont yo ; se pèp ki pou chwazi chimen ki pi bon pou favorize devlopman ekonomik nasyon an ; devlopman ekonomik lan menm yo konsidere l kòm baz evolisyon sosyal epi espirityèl lòm ayisyen. Pou fini, libète pou tabli relasyon ekonomik epi komèsyal, diplomatik ak kiltirèl ak tout peyi nan monn nan ki dezire ede nou sou baz avantay pou chak bò ak respè dwa granmoun nou. Mouvman demokratik, popilè, nasyonal epi anti enperyalis sa a, li ouvè pou tout pati, gwoup, sitwayen divès tandans politik ki gen bi komen ki ini yo. Sa l vize an premye, se : a) siprime diktati neyofachis Divalye a b) Demantibile Leta tèworis la ch) Remèt pouvwa a bay yon gouvènman kowalisyon nasyonal.

213   Nan dokiman sa a, yo di yonn nan objektif lit demokratik anti fewodal ak anti enperyalis la se respekte enterè estratejik pi gwo pisans nan kontinan an, ki vle di Etazini, prensipal nasyon enperyalis la. Men, kouman enterè lit pou revolisyon anti enperyalis pral fè pou l matche ak enterè estratejik pi gwo pisans enperyalis nan monn nan ki se an menm tan pi gwo chachè d kont k ap pwovoke lagè ? Kontradiksyon ki nan deklarasyon tèz kadinal P.E.P. a, li byen klè. Pozisyon opòtinis sa a pral mele moun yo, li pral fè yo pèdi sans lit revolisyonè a. An reyalite se le gen yo bay enperyalis la, menm jan P.C.H. te fè l la.

protagonistes de la thèse du « respect » - en cette occurrence les leaders du P.E.P. – ont été et sont dénoncés par le peuple comme étant les nouveaux représentants de la politique traditionnelle d'abandon des intérêts fondamentaux de notre patrie et comme des saboteurs...[214]

An 1960, Depès kite Ayiti pou Kiba lè lapolis te lage de gidon nan kò li. Lè l rive Lahavàn, li kolabore regilyèman ak *Revolución*, ògàn ofisyèl mouvman 26 jiyè Kastwo te fonde a. Ak moun li an kontak yo, li plenyen sou sò jounalis yo nan peyi l. Olye yo peye otè atik ki parèt nan kotidyen yo ann Ayiti, yo gen abitid mande yo peye pou yo ka enprime tèks yo ekri a. Se yon bagay tris ki etonan, daprè Depès. An 1962 yo koumanse tande l nan emisyon radyo li prepare an kreyòl Kiba pou konpatriyòt li yo ki rete nan peyi d Ayiti. Vwa trankil li a, yon ti jan pale nan nen, se pafwa sèl opozisyon Ayisyen yo tande ki soulve kont mèt ke yo a. Depès presante yo nouvèl yo nan yon vizyon maksis. Li pwodui yon seri dokimantè istorik byen long sou epòk okipasyon amerikèn. Li fè oditè yo chonje kokenn chenn aksyon kako yo, enpi li ensiste sou sa l rele afwon souverènte nasyonal la sibi anba pa t Ameriken. Kwak li pa nan yonn nan de pati kominis ayisyen yo, Depès se yonn nan prensipal pòtpawòl peyi li nan mitan tout nasyon reyini k ap pwoklamen yo se maksis-leninis.

Nan kòmansman ane swasant yo, kèk etidyan ayisyen rann yo kont sèl chimen ki pou pèmèt yo antreprann etid siperyè, li pase pa Kiba.

Distans lan kout sou lanmè. Pri pasay la abòdab. Ou nèk pran yon ti batiman, enpi w mete vwal sou Pasaj di Vent.

Aleksi tou kite Ayiti an out 1960 san moun pa konnen. Li ale Moskou, enpi li siyen, nan non peyi a, deklarasyon katreven en pati kominis ki te reyini an kongrè siyen tout ansanm. Apre sa, li tounen an pasan pa Peken ak Kiba. Li pa ko tounen Ayiti an novanm, lè grèv etidyan yo te koumanse ; enpi se san l pa konnen, Divalye itilize yon lèt P.E.P., pou ede mete fen nan grèv la. Se ann avril 1961 li tounen nan peyi a. Se pou l te vin premye moun yo matirize nan pati lla.

---

214 Kon sa yo rive kondane lit demokratik e nasyonalis la di moman ke de aspè lit la anti fewodal epi anti enperyalis pa fouti detache yonn ak lòt. Nèg k ap pouse tèz respè» yo, lidè P.E.P. yo, nan ka sa a, pèp la te toujou denonse yo epi li kontinye denonse yo kòm nouvo reprezantan politik tradisyonèl la ki abitye abandone enterè fondalnatal patri nou an, epi tou li denonse yo kòm sabotè.

Ou ta di lènmi l yo pran pawòl Hilarius Hilarion yo, alalèt. Pèsonaj
sa a nan *Compère Général Soleil* te deklare: « Lorsque vous arrivez
dans un pays de borgnes, fermez un oeil. » Lè yo fin kenbe mouche,
yo pete yon grenn je li ak kout wòch. Li te debake 22 avril 1961 tou
pre Mòl Sen Nikola (Môle-Saint-Nicolas). Yo kenbe l, yo mare l, yo
mare konpayèl li yo tou ak kòd pit, enpi yo trennen yo sou gran plas
Mòl Sen Nikola a. Lè yo rive la, menm jan yo te konn fè moun ki
gen lèp yo nan Bib la, yo kraze yo anba kout wòch. Lè yo fin pran yo,
vennkatrè pa pase, yo tòtire yo, pase yo alenfinitif menm jan ak yon
kantite lòt opozan ki disparèt.

Aleksi te yon entèlektyèl nan tradisyon Woumen te met an
plas la. Liv li yo pibliye Pari. Se dènye fraz yonn ladan yo ki sèvi
epitaf (pawòl yo ekri sou tonm yon moun) pou li:

> « Les arbres s'abattent de temps à autre, mais jamais la voix de la forêt ne perd sa force. La vie
> commence. »[215]

Diran ete 1963 Papa Dòk deklanche yon kriz politik ki mete
kè tout moun sou biskèt. Se pandan l okipe regle pwoblèm li ak
Repiblik Dominikèn, ak Etazini, P.E.P. ak P.P.L.N. fè yon kongrè
ansanm pou yo rive fonn yo nan yon sèl mouvman. Sa k pi dwòl
la se Pòtoprens, enpi yon peryòd kote kapital la te anba gwo mezi
sekrite, yo reyini pou yo jwenn yon antant. Apre plizyè senmenn
diskisyon ak machanday, delege yo tonbe dakò, 4 jiyè, pou yo met
tèt yo ansanm anba yon nouvo banyè. Se jou sa a Fwon Demokratik
Inifye pou Liberasyon Nasyonal (Front Démocratique Unifié de
Libération Nationale, F.D.U.L.N.) fèt. Lide prensipal la se mete
yon bemòl nan plede redi pou plas devan ant manm eta majò de
fòmasyon yo, enpi minimise konfli ideyolojik yo. Se sitou yon fwon
komen yo bezwen fòmen kont Divalye. Si yo reyisi tonbe dakò pou
yo bliye sa ki te pase, se menm bagay pou sa ki pral rive pi devan,
alalong feblès sa a pral soulve ansyen pwoblèm yo.

Ennan apre, laprès kominis fè konnen F.D.U.L.N. kontakte
Sanntiyago di Chili (Santiago du Chili) twa lòt òganizasyon

---

215   Tout tan y ap koupe pyebwa, men vwa forè a pa janm pèdi fòs. Lavi koumanse

politik ayisyèn yo pa idantifye pou fòmen avèk yo O.R.E.F.H. ou Organisation extérieure du Front Unifié pour la Libération Haïtienne. Ògàn mouvman an se *Ralliement.* Pibliye soti 1962 rive 1967, li sèkile osibyen aletranje ke ann Ayiti. Li gen yon adrès postal an Suis. An 1968 *Lambi* ranplase *Ralliement.*

Malgre enpresyon pwopagann yo a ka kreye, F.D.U.L.N. ak O.R.E.F.H. ki pwente a, sa pa vle di gen yon pati omojèn ki kreye. O debi te gen mezantant ant Aleksi ak Depès. Kounye a, divèjans yo pote sou konsepsyon menm reyalite ayisyèn nan plis pwosesis òganizasyon pou yo adopte.

Omwen yo dakò sou nesesite penetre nan mas riral yo. P.P.L.N. enterese espesyalman nan mouvman etidyan. P.E.P. konsantre aksyon li sou sendika ouvriye yo. Si P.P.L.N. te premye rekonèt nesesite lit ame teyorikman, P.E.P. bò pa li, fonksyone selon chema tradisyonèl la. Yo anchaje kèk ti gwoup militan kominis pou fè travay enstriksyon, pwopagann ak òganizasyon nan milye ki pi retif yo.

Lè te vin gen chis chinois, konsekans yo pa t atenn de pati kominis ayisyen yo. Yo te twò okipe ak pwòp divizyon pa yo, enpi pwoblèm y ap viv lakay pa yo.

Apre alyans yo fè a, P.P.L.N. ak P.E.P. chanje ang yo vize a. Kounye a se esplwatè ti pwopriyetè tèryen yo yo plis vize, sa ki rive deposede l de tè l la ou toutomwen koupe ladan (twonse l). Se pa sib ki manke pou pwopagann yo, keseswa entèmedyè parazit pwodiksyon agrikòl, oswa estrikti biwokratik ki ba yon chèf distri pouvwa prèske absoli sou lavi ak byen moun l ap administre yo.

Yap pase lavil pou yo penetre nan mòn; toudabò P.P.L.N. nan ki byen chita nan katye lavil ki gen anpil moun yo, rekrite ladan yo sa k fèk vini soti nan menm zòn avèk yo. Lè yo fin fòmen yo kòm ilfo pou yo fè yo vin kad pi devan, yo reespedye yo nan kominote riral yo, pou y al fè yon travay òganizasyon.

Kiba jwe wòl katalizè (eleman ki pwovoke yon reyaksyon pa senp prezans li oubyen entevansyon li fè) nan demach pou fè inite a. Alòske nesesite ekonomi fè Kastwo mete l kareman sou menm liy ak Larisi Sovyetik, P.P.L.N. chanje pozisyon pa l tou.

Sepandan toujou gen ti dife boule anndan kay la. *Rassemblement* kritike P.P.L.N. enpi li espoze pwoblèm Fwon popilè a an jen 1965.

« Il apparaît évident à tous que depuis sa fondation, le P.P.L.N. ... n'a jamais suivi la ligne du marxisme-léninisme ... Il a gardé toutes les imperfections de ses prédécesseurs ... »[216]

Redaksyon an plenyen tou dèske P.P.L.N. te kalifye P.E.P. Aleksi de « manœuvre divisioniste ».

Èske gen sifizaman reseptè ann Ayiti pou émisyon Depès yo Lahavàn ka vrèman efikas ? Se kesyon sa a anpil moun ap poze tèt yo. Repons lan sèke kantite radyo tranzistò ki nan peyi a pèmèt li jwenn yon odyans konsiderab, enpi odyans sa a vin ogmante ankò ak yon kantite klib ekout klandesten. Anfen, gen teledyòl, sa yo rele telefòn arab nan lang franse a, ki konn releye fè yo souvan nan yon vèsyon egzajere. Li efikas tou pou bri yo kouri rapid. Depès te koumanse ak yon emisyon inè. Kounye a, se dezè – yon premye, bonè nan maten, sizè pou setè, yon lòt leswa, nevè pou dizè. Nan kèk rejyon, espesyalman nan Nò ak nan sidwès, sitou se sèl estasyon kibèn yo ou ka kapte. Mòn yo fòmen yon baryè twò wo pou fèb emetè Pòtoprens yo oswa Kap Ayisyen yo. Jiskaske Kowalisyon ayisyèn nan, yon òganizasyon emigre ayisyen ki emèt de Nouyòk koumanse manifeste l sou ond yo an patan de jiyè 1965, se sèl vwa opozisyon Ayisyen yo te ka tande. Evidaman ou ka kapte pwogram « *la Voix de l'Amérique* » yo ak radyo Santo Domingo ki ofri yo chak pwennvi etranje yo sou sitiyasyon an. Men, dènye emisyon sa a yo, se ann espayòl yo ye. Yo pa gen menm efè ak pwogram kotidyen Depès ak Kowalisyon ayisyèn ap fè an kreyòl.

Yon bagay ki dwòl, kontwòl sevè yo egzèse ann Ayiti jwe an favè emisyon radyo etranje yo ak bilten woneyotipe klandesten mouvman de goch pibliye. Yo vin gen plis enpòtans toujou lè estasyon radyo yo ak jounal ayisyen yo sispann bay lòt nouvèl ke sa gouvènman an ba yo yo, pou yo pa sibi reprezay bò kote otorite yo. Sèl eksepsyon: enfòmasyon twò inosan pou l ta blese siseptibilite yon

---

216   Tout moun konnen depi l egziste P.P.L.N pa janm suiv liy maksis leninis lan. ... Li pran tou sa k pa t bon nan sa ki te la anvan l yo.

moun. Piblikasyon etranje yo pa gen pi bon tretman. Ase souvan ou ka achte yon ebdomadè ameriken oubyen yon quotidyen, enpi ou jwenn kèk twou ladan l. Se la pou jwenn nouvèl sou Ayiti. Yo fè komèsan yo konnen si yo kenbe yo k ap vann yon piblikasyon etranje, kèlkeswa piblikasyon an ki ta gen yon atik yo jije ofansan, menm si atik la te pase inapèsi bò kote otorite yo, se yomenm pèsonèlman y ap rann reskonsab. Apre asasina prezidan Kenedi a, otorite yo ale jiska reprimande ak severite yon gwoup pèsonalite ki nan domèn ekriti ki te fè yo yon devwa rann li yon omaj kolektif nan yon ti liv Enstiti ayisyano ameriken pibliye.

Pou l enpresyone anbasad amerikèn, Divalye òdone peryodikman entèdi yo vann literati kominis. An menm tan tou an koulis yo avèti librè yo ak machann jounal yo se sèlman liv pwopagann yo, e non ekspoze doktrinal yo. Sa a yo, gen yon bon kou ladan yo se Moskou yo enprime. Erezman ou ka jwenn yo, enpi bon mache. Si l nesesè ou ka menm al chache yon kilti maksis kredi an peyan kèk ouvraj pa mansualite. An 1963, ane ki te gen anpil dezòd, yon sèl kyòs te resevwa quarantuit gwo liv sèt santimèt epesè sou teyori maksis leninis. Tout estòk la fin vann menm senmenn nan.

Liy di a yon gwoup chinwa reprezante atire yon nouvo gwoup an 1966. Nan piblikasyon yo a yo rele *Manchette*, maksis disidan sa yo k ap viv ann Ewòp regrèt P.E.P. ak P.P.L.N. tou kòm fwon popilè yo a kite revizyonis estil Kroutchèv detounen yo, enpi andyoze yo. Yo tout gen konplèks mesiyanik, moun ki sanble ap tann Fidèl Kastro oswa Che Guevara vin fè revolisyon an nan plas yo.

26 jiyè 1966, yon esplozyon ki fèt nan yon kay Petyonvil pral oblije yo pase men an pwofondè nan òganigram komite direktè kominis lan. Kòm de fèt, aksidan an revele egzistans yon depo zam, yon sant antrènman, P.P.L.N. ki anbake nan yon pwogram aksyon dirèk kont Divalye, te enstale nan kay sa a. Nan panik lan ak raf ki fèt yo, yo arete yonn nan chèf P.P.L.N. yo, pwofesè Jan Jak Anbwaz (Jean-Jacques Ambroise), madanm li ak pwofesè Maryo Ramo (Mario Rameau). Yo tòtire yo jiskaske yo mouri. Anbwaz se yonn nan ra kominis ayisyen ki pa kontante l lite pou kòz la an pawòl sèlman. Li toujou viv selon prensip li yo. Gen lòt reskonsab wo plase

ki reyisi pase aletranje. Mwa ki vin apre yo, P.P.L.N. san dirijan, pral viv yon lòt transfòmasyon toujou. Li tounen P.U.D.A. Sig kreyòl ki siyifye Pati Unifye Demokrat Ayisyen. P.E.P. antre nan batay. Nan finisman ane a, li pran desizyon bò pa l tou, pou l antre nan lit ame.

Se li ki revandike ann avril 1967 lansman bonm ki eklate Pòtoprens yo. An me 1967, komite santral P.E.P. a pibliye yon ti liv ki rele *Moyens tactiques pour assurer la nouvelle indépendance d'Ayiti*. Ladan l ou ka jwenn byen klè objektif alafwa taktik ak estratejik fòs goch ayisyèn yo.

Nan rapò l fè a, P.E.P. a konstate: « Jiska prezan okenn nan fòs opozisyon politik yo pa moutre li kapab kanalize mekontantman popilè a pou l tradui l ann aksyon. Gen kèk sektè nan popilasyon an kap mande Etazini ak Repiblik Domonikèn ede yo debarase ak Divalye an entèvenan dirèkteman. Diktatè a kreye yon laperèz ki paralize moun nan yon pati enpòtan nan pèp la, enpi nou rive nan yon sitiyasyon kote anpil moun konsidere entèvansyon eksteryè a ou egzil volontè a kòm sèl pòt ki pèmèt nou soti nan sa nou ye a. An menm tan P.E.P. a note rejim nan ap chache nouvo mwayen pou l detann sitiyasyon an. Li konsidere kondisyon yo reyalize pou deklanche konba a anvan lontan. Ann atandan, ekstrèm goch la pa gen lòt chwa ke rete nan yon opozisyon tradisyonèl ki pa janm al pi lwen pase kèk aksyons izole. Dokiman P.E.P. a mansyonnen tou Kowalisyon ayisyèn nan, li konsidere kòm rasanbleman ki pi enpòtan, pi enfliyan nan opozisyon an. Nou kapab li ke sèvis sekrè ameriken yo epole li ofisyèlman.

Kek nan dirijan l yo se ajan C.I.A., kon sa, yo nan bigjè ajans lan. Yo jwe wòl espyon pou Ameriken nan kèk peyi Afrik ak an Giyàn (Guyane).

Kowalisyon ayisyèn nan eseye regwoupe divès sektè opozisyon reyaksyonè a. Trik la se lanse yon gwo kanpay kont diktatè a ak yon antikominis primè ki ta gen pou avantay konfonn Divalye ak maksis la nan yon espès amalgam,

Selon analiz P.E.P. a, yon lòt eleman diskòd nan sektè opinyon amerikèn nan ki pè konpwomèt li ak diktati a pou l evite reyaksyon pèp la. Gwo api ofisyèl li pote bay swadizan kowalisyon ayisyèn nan se yon faktè enpòtan nan politik kou doub la. Èd yo a ap konstwi premye pyès yon machin ki kapab asire tranzisyon an, lè lè a rive. Toujou selon P.E.P. Etazini ap prepare l pou l anvayi Ayiti kou lè arive.

Yo atire atansyon sou karaktè aryere popilasyon ayisyèn nan k ap tann yon sovè. Nou rive nan pwen kote

« l'accomplissement de la révolution dépend essentiellement du travail des révolutionnaires ».[217]

Sou pwen sa a P.E.P. a dakò ak gwoup gochis disidan an yo nan tradition kominis lan.

Li prevwa nesesite fòmen yon lame popilè pou yon lagè popilè. Yo ekri, prensipal teyat operasyon an se pral zòn riral yo san n pa bliye operasyon ame nan ti bouk yo, mawonaj epi gaye geriya a··· Yo siyale mawonnaj la se yon fòm lit ki espesyal nan sitiyasyon ayisyèn nan.

Ii twouve l an fas yon reyalite politik kote peyizan ayisyen an moutre yon degre konsyans revolisyonè, yon dispozisyon pou aksyon. Se yon fòm lit ki egziste depi lontan nan tradisyon peyi d Ayiti. Y ap viv sou enfliyans ideyoloji fewodal yo, patènalis yo. Pè an fis oblije obeyi esplwatè yo, nèg ki sou pouvwa a yo. Se yo ki posede tè. Tout bagay sa a yo pote mak fabrik ideyoloji relijye yo ak reziyasyon y ap preche a. Peyizan yo pèdi depi lontan pratik zam ki rete yon souvni byen vag sou leve kanpe ki te konn fèt lontan yo. Se nan kont, istwa, lejann ansyen yo nou jwenn souvni sa a yo. Nèg mawon an nan tan pa l la, li te zansèt geriyewo Ayiti yo, pètèt menm de emisfè oksidantal la. Esklav ki te sove nan bwa a okòmansman se limenm ki te rekri de baz lè yo tap mennen lagè endepandans kont Lafrans.

Sou plan politik ak ideyolojik, « maronnage » modèn pa menm ak sa ki te kreye kontèks lagè endepandans lan. Jounen jodi a se kont esplwatè ayisyen ki konplis etranje a ak pouvwa l, l ap fèt. Mawonaj la fèt pou l aplike selon vizyon ideyoloji sosyalis la ann akò avèk

---

217 Revolisyon an gen pou l fèt, men li depann konplètman de travay revolisyonè yo.

atizan alyans ouvriye ak peyizan. Sa mawonaj kontanporen an vle se destriksyon aparèy Leta feyodal la enpi etablisman yon gouvèn-man kap rasanble ouvriye ak peyizan. Sou plan militè, mawonaj la dwe yon bagay modèn ak kalite ameman l ak mwayen li chwazi pou l egzèse vyolans popilè a an fas kokenn resous teknik pouvwa reyaksyonè a gen nan men l.

Selon P.E.P. a, tout lòt fòm opozisyon dwe koube yo devan lit ame a pou yo fòmen yon fwon popilè.

Konsèp mawonaj P.E.P. ap fè gam pou li a, li rezime nan kreye yon mantalite rebelyon, dezobeyisans ak rayisman kap mennen nan aksyon revolisyonè vyolan ki dwe debouche sou yon vizyon plis politik ke militè. « propagande armée » sa a, se kontribisyon pa l nan lit la...

« Nèg mawon modèn nan gen pou l konvenk peyizan ayisyen an venk Divalye se yon bagay ki posib. Apre sa, li pral gen pou l òganize popilasyon riral yo militèman, dabò sou plan lokal, ansuit fòmen plizyè bann. Ann di sa a se mayon prensipal chenn ki pral fòmen plizyè fwaye geriya epi lame popilè a.

Sa k pi komik lan, kou P.E.P. fin konsevwa pwojè rezirèksyon mawon revòlte, liberatè, pou l lage kont Divalye fwa sa a, prezidan an pase lòd elve yon estati pou glorifye nèg mawon an. Li koute yon bagatèl de san senkant mil dola.

Rene Depès te pran lapawòl nan reyinyon delege Oganizasyon solidarite latino amerikèn an jiyè epi out 1967. Li deklare P.E.P. ak P.U.D.A. tonbe dakò sou kesyon revolisyon ann Ayiti a. Li note ke de pati yo mete yo dakò

> « c'est la lutte armée qui constitue la manière principale et même fondamentale d'assurer le triomphe de la révolution. »[218]

Men sa delege Ayiti a, André Faray, deklare bò pa li, 5 out:

---

218 Se lit ame a ki meyè fason pou revolisyon an triyonfe.

« Nous sommes en train de hâter la réunion des conditions propices à la lutte armée. Toutes les conditions objevctives de la révolution haïtienne sont désormais arrivées à leur point de maturation. Il n'y en a plus pour longtemps avant que l'affaire ne se déclenche. »[219]

Dizan reny Papa Dòk finalman reyisi elimine divè jans yo ; sa vin favorize nesans pati kominis ann Ayiti. Apre sis mwa diskisyon P.E.P. ak P.U.D.A. deside fonn ansanm pou yo fòmen yon pati inik, P.U.C.H., Parti Unifye des Communistes Haïtiens, an desanm 1968. Fizyon sa a antrene disparisyon ògàn chak fòmasyon. Se Boukan ki ranplase yo. - gwo flanm dife ki fè w anvi viv. Tout kominis ayisyen yo rekonèt li kòm lavwa ofisyèl P.U.C.H. Men sa joumal sa a enprime kòm deklarasyon prensip nouvo pati kominis lan:

La tâche politique essentielle de la révolution démocratique et nationale consiste à renverser la dictature des Duvalier, à s'emparer du pouvoir au nom du front uni de toutes les forces opposées au féodalisme et à l'impérialisme conduites par la classe des travailleurs, à détruire le présent régime social et économique, à promouvoir l'avènement des transformations essentielles opérées par la révolution pour la libération nationale dans les domaines sociaux, économiques, politiques et culturels[220]

Pou yo rive kote yo vle rive a, mwayen kominis yo deklare yo chwazi a se mawonnay ou lit ame.

---

219   N ap fè dilijans pou n reyini kondisyon ki pou pèmèt nou fè lit ame a. Tout kondisyon objektif yo deja reyalize pou revolisyon ayisyèn nan. Nou p ap tann lontan ankò pou bagay la deklanche.

220   Veritab travay politik revolisyon demokratik nasyonal la, se jete diktati Divalye a, pran pouvwa a nan non fwon ini tout fòs klas ouvriyè a ap dirije kont fewodalis ak enperyalis, detwi rejim sosyal la ak rejim ekonomik lan, ensiste pou veritab chanjman revolisyon an pote pou liberasyon nasyonal la aplike reyèlman nan domèn sosyal, ekonomik, politik epi kiltirèl.

Chapit 20
Yo konsidere vodou kòm zam

Pou l rive jwenn prestij, gen plizyè chemen ki parèt devan yon diktatè latino ameriken. Pi fò nan yo prezante pwogram travo piblik ki fèt sou rejim yo a pou jistifye severite yo. Enterè kolektif pa konte, sèl sa ki enterese l se piblisite a. Pou Papa Dòk, menm si l ta rive depase ti kote kripya l la ansanm ak kripya parèy li yo, tap toujou manke mwayen pou l fè sa. Li gen yon lòt trik limenm. Li konn konpatriyòt li yo byen. Ti doktè a konn ki jan pou l pwovoke reyaksyon ki nan enterè l. Yo adopte kilt negritid li a, yo sansib a atachman l pou koze entèlektyèl la, ak diplòm doktè li a. Li jwe tou sou vodou a ki pre klas ki pi ba yo, li moute imaj piblik li. Lè okazyon an prezante, li pran pòz sinatirèl li. Li abiye an nwa, koulè pa l la menm. Figi l won, li lis, l ap benyen nan yon limyè biza. Li deplase o ralanti menm jan sa konn fèt nan sinema. Li plis babye pou l esprime l. Pòpyè l yo tonban. Li gen yon demi souri, yon souri ki rete fiks yon ti moman. Tan an ap pase. Se pa pou li sa. Li pa gen anyen l ap regle. Ayisyen sansib pou tou sa ki pa sanble natirèl. Mòd miz an sèn sa a yo enpresyone yo. Pèsonaj la frèt, ou ta di yon kò mouri, lè l parèt sou ou.

Li pa etonan pou yon moun wè rapò a tousuit lè w gade pwofil sonm sa a premye fwa. Papa Dòk sanble kou de gout dlo ak Papa Gede Nibo (Nimbo), manm fanmi espri Gede ki reye nan simityè. Lè w fin wè resanblans lan, ou gen pou al chache lyen parante. Se yon

repitasyon ekspè Divalye fè pou tèt li, lè l te siyen ak Lorimè Deni
(Lorimer Dennis) an 1944 yon ti liv ki rele *L'Évolution graduelle du
vaudou.* Rive l rive prezidan kontak li ak fòlklò vodou a pral gen yon
lòt sans nan tèt pèp la.

Pandan kanpay elektoral la, men sa l reponn jounalis ki te poze l
kesyon sou vodou a :

> « Chaque pays a son folklore. Il fait partie intégrante de son patrimoine. Il en va ainsi en
> Angleterre, au Japon, et en Europe centrale. Grieg a trouvé ses thèmes musicaux dans la culture
> folklorique norvégienne. De façon similaire, nous devrions mettre en lumière notre propre folklore
> et permettre ainsi aux intellectuels haïtiens d'exploiter ses richesses au bénéfice de la littérature
> nationale. Considérant que l'expression populaire des sentiments religieux en constitue l'aspect le
> plus beau, nous l'avons étudié de façon à fournir leur documentation aux hommes de lettres. Il existe
> un aspect du vaudou qui partage la vulgarité de toutes les religions lorsqu'elles sont primitives. J'ai
> pu pour ma part étudier la culture des paysans dans ses aspects à la fois mentaux et matériels et je
> me propose de libérer le paysannat de la superstition de ses ancêtres. »[221]

Nan salon jòn palè a, anpil zanmi pre Divalye ki vin pèdi
konfyans, rakonte bagay dwòl yo konn wè kap fèt. Sa yo rakonte
yo, se kèk ane apre li fin pran pouvwa a yo te pase. Yo pretann
Divalye egzaminen trip kabrit pou l konn sa pou l fè. Pou lespri
yo kominike avèk li, li mete chapo koma li, li chita nan benywa
li. Yon fwa pa ane l al chita sou tonm Desalin pou l ka antre an
kominikasyon avèk li pandan l ap dòmi. Bri kouri nan palè li gen de
entèmedyè (medyòm) pwòp pitit li Mari Deniz enpi madanm yonn
nan kòmandan an chèf li yo.

Ke Divalye okipe afè vodou, pa gen dout nan sa. Nan ki pwen
li plonje nan pratik dwòl sa a yo ? Moun pa fin konnen. Bò kote
divalyeris lwayal yo, yo ensiste pou yo prezante Papa Dòk kòm yon
nèg entèlijan, yon espè nan anpil syans, an patikilye nan   fòlklò

---

221 Chak peyi gen fòlklò pa li. Li fè yon sèl ak patrimwán nan. Se kon sa sa ye ann Angletè, o Japon, ann
Ewòp santral. Grig (Grieg) jwenn enspirasyon pou mizik li yo nan kilti fòlklò Nòvèj la. Se menm jan an tou nou
ta fèt pou nou fè konnen pwòp fòlklò pa nou an epi pèmèt entèlektyèl ayisyen yo esplwate richès yo nan enterè
literati ayisyèn nan.. Kòm espresyon popilè santiman relijye yo se fasad ki pi bèl nan fòlklò a, nou te etidye l pou
n ka founi moun kap ekri yo dokimantasyon. Gen yon fasad nan vodou ki pran tout vilgarite ki nan lòt relijyon
yo lè yo primitif. Mwen menm mwen te rive etidye kilti peyizan an yo nan aspè mantal e materyèl. Mwen gen
nan tèt mwen pou m libere peyizánri a anba sipètisyon zansèt li yo..

peyi li, yon politisyen abil ki apiye sou konesans li genyen de sa a.
Pou ansyen divalyeris yo, yo gen enpresyon Papa Dòk viktim yon
ilizyon. Li met nan tèt li li an kominikasyon ak divinite vodou yo,
enpi li ka antre anndan panteyon yo a, nan sèk yo. Li voye kò l bò
kote ougan yo (pè vodou yo) ak bòkò (sòsye yo) pou l al chache
konnen sa ki pral rive, san konte metòd vwayans li kreye limenm.
Selon sous sa a yo toujou, li evolye soti nan vodou al nan maji nwa.
Li pratike yon latriye rityèl pou l atire byennèt sou limenm, malè
sou lènmi l yo. Yon ougan ki respekte tèt li pa antre nan mòd pratik
sa a yo. Li konnen lè w antre nan maji nwa a, fòk ou siyen yon
kontra ak Lisifè kap detwi w totouta.

Pandan peryòd kanpay prezidansyèl 1957 la, ougan ak bòkò relye
divès fason yonn ak lòt. Kèk ladan yo mache swa ak Divalye, swa ak
ansyen prezidan Pòl Maglwa, swa ak Lwi Dejwa. Gen lòt toujou, sa
Pòtoprens yo sitou yo te deklare yo an favè Fiyole.

Zakari Dèlva se yon bòkò Gonayiv. Li gen yon repitasyon dwòl.
Lè l rive prezidan, Divalye nonmen l kòmandan an chef milis la
ak otorite sou tout peyi a. Se nan yon limouzin long ki gen sirèn
ladan li deplase. Lè l an toune enspeksyon nan yon bouk, se ak im
nasyonal fanfa zòn lan resevwa l. Ki fè nou plis siyale sa, se sèl chèf
Leta ak prezidan an yo konn resevwa kon sa. Poutèt li fè yon bòkò
vin reprezantan pèsonèl li, sa bay Divalye oreyòl kòmandan an chèf
lejyon bòkò yo.

Chak onfò se yon lye kilt otonòm. Ougan ak bòkò jwe nimewo yo
chak bò pa yo. Pafwa yo gen dwa mete yon ti diplis pèsonèl nan
seremoni an. Ofisyan an resevwa lòd li yo nan men lwa a, ki vle di
lespri yo.

Depi okòmansman, Divalye mete bò kote li plizyè milye prèt ou
ka jwenn nan tout peyi a, depi Bonbadopolis jis Ansdèno. Li vle pou
yo chak konsidere l kòm mèt siprèm li.

Li anplwaye yon moun espre ki konn koze sa yo fen, pou l ka
ramne tout bòkò, tout ougan ki pi koni yo menm si yo te nan ziltik.
Anvan Divalye, pa t gen prezidan ki te sousye l chache dominen
gwoup enfliyan sa a.

Yon lè, an 1962, Papa Dòk voye chache yonn pou l fè l santi li se yon èt siperyè. Nonm nan soti Aken, sidwès peyi a. Se yonn nan gwo venerab, ansyen bòkò. Devan tout jandam ki plen palè a, mouche gen yon sèl dyare ki pran li, tèlman li te pè. Apre sa li pa t fouti jwenn odyans ankò. Nan plas Gran manitou a, yo fè l wè yon doktè, enpi yo fè l kado yon pantalon pou l ka tounen lakay li. Vizit sa a yo fè efè non sèlman sou ougan an men sou kominote yo tou. De tout tan Ayisyen yo toujou konsidere aparèy Leta a kòm yon fatalite pami lòt yo. Anmèdman sèlman ou ka jwenn ladan yo. Si yo aksepte monpè, prèt katolik, yon blan an jeneral, yo rezève respè yo pou parèy yo nan vodou a. Divalye reyisi al chache respè sa a. Ougan ak bòkò pè li, fidèl yo wè nan li yon sipè bòkò.

Li pa enposib pou se Divalye limenm ki ta fè sèkile rimè osijè yon sèten kalvè ki konstwi nan katye Bèlè. Kou l fin pran pouvwa a li te pase lòd rebati li. Fò l frape imajinasyon Pòtoprens, plas fò tradisyonèl Fiyole. L ap atenn bi li lè moun va koumanse rakonte Papa Dòk antere moun vivan nan pye gwo kwa a. Lè yo te detere kò papa a, lènmi l yo te pentire kalvè a ak poupou, pitit la te mande anraje.

An 1963, nan bagay Wanament lan ki te lage atakan yo nan konfizyon, Divalye pase lòd pote tèt ansyen kapitèn Filojèn Blichè ba li, pa avyon espesyal. Yo pote l ba li nan palè a nan yon so a glas. Pòtoprens, yo di Divalye chita ap fikse l plizyè èdtan. Sanble li te konvenk li devwale plan emigre yo.

Lè epizòd sa a, non Zakari Dèlva sèlman yo mansyonnen kòm anvwaye espesyal Divalye te sifi pou paralize plizè fanmi, tèlman yo pè. Pesonn pa oze ouvè bouch yo. Lè yo tande gwo limouzin nwa a kap vini, se rantre fon mete kò w yon kote.

Grasya fè konnen li fè seremoni pou l konbat lènmi chèf li. Kèk kote, nan nò peyi a, peyizan yo di yo sakrifye jenn timoun. Gen ladan yo ki bay presizyon, konbyen, ki bò, ki lè, ki moun ki te patisipe, sa lwa yo te di Dèlva.

Kriz entènasyonal, dezas natirèl, siklòn, kriz kè, esplozyon, tire, anyen pa t sa wè bout Papa Dòk. Li reyisi soumèt lame a, legliz, elimine enfliyans anbasad amerikèn. Sa pa etonan, moun ki bò kote l yo konvenki li se yon nonm desten an chwazi, anfan cheri lespri yo, ewo istwa nasyonal la. Yon jou li pa t deklare: *« Seuls les dieux peuvent me prendre le pouvoir »* ?

Sepandan nou ka mande n si Divalye disparèt, èske ap kontinye gen vodou toujou, tèlman li diskredite. Kòm de rezon, prezidan an transfòmen bon valè bòkò an senp pyon sou echikye politik li. Ougan ki tap fè wondonmon yo, li fèmen yo. Kòm tout aktivite ekonomik ann Ayiti, yo pete fyèl kil vodou a ak enpo. An 1960 enpo yo tèlman wo gen anpil oufò ki pa t ka selebre tradisyonèl seremoni paskal la an lonè lespri Gede yo.

Lòm pale li pa aji. Bondye aji, men, li pa pale. « Duvalier est un dieu » se sa nou li kreyonnen sou mi ansyen ministè Finans lan ane Divalye pran pouvwa a... Lè, an 1963 li konbat lènmi l yo sou tout fwon, li renmen, nan seri diskou li pwononse nan sikonstans lan, remoute moral patizan l yo ak mo sa a yo:

« Ils ne peuvent pas m'avoir. Je suis un être immatériel ».[222]

Li fasil pou dekouvri anpil respè ak lakrentif nan moun lan ti pèp la ki temwen etalaj pisans. Ata admirasyon. Se sèl yon gwo nèg bondye yo adore, ki kapab jwi yon otorite kon sa, dapre yo. Pou anpil moun, relasyon ki ini Divalye ak bondye yo, se yon bagay ki klè. Èske li pa manm Souvnans, pi gwo sant vodou a ? Yonn nan eritye yo, se pa Zakari Dèlva, gwo fonksyonè nan gouvènman an ? Byen si, yon moun ta byen anvi trete mòd konsepsyon sa yo de estipid, kwè granmoun pa sa kite mòd ti bagay sa yo aji sou yo. Pa bliye prezidan ki te la anvan Divalye yo pa janm fè anyen pou yo soulaje pov yo. Kipizè Divalye pwoklame piblikman atachman li pou ti divinite sa a yo pesonn, depi Bokman pa menm Desalin pa t janm onore kon sa. Pi fò nan prezidan ki pase yo, rann ougan yo vizit. Kèk ladan yo te gen lafwa, gen lòt ki te wè ladan yon mwayen pou swaye piblisite pèsonèl yo. Antouka, se ti doktè a ki pwoklamen lejitimite vodou a. Li prèske atenn estati relijyon ofisyèl.

Vaudou, ou vodoun, se yon mo ki sot nan lang Dawome (Dahomey). Li nonmen yon espri. Ou ka rekonèt ladan yon lyen

---

222 Yo pa fouti pran m, mwen se yon èt imateryèl.

reyèl ant Afrik orijin ak Ayiti. Se la Divalye ta petèt atenn pi gwo renome l depi 19ᵉ syèk la. Anwetan lajandamri riral, pwolonjman gouvènman an ak legliz katolik, pa gen lòt ki penetre aryè peyi a kon sa sistematikman. Nou ka defini vodou a kòm nanm Ayiti, yon reyaksyon rebelyon kont katolisis kolon franse yo ki mare avèk kwayans yo enpote soti ann Afrik ansanm ak esklav yo. Yon relijyon ki fèt sou mezi Ayisyen an, selon jan l ap viv la, selon jan l panse. Li ba li yon sistèm kwayans ki eksplike mistè ki gen nan lavi ak nan lanmò. Gen yon rityèl pou chak sikonstans: aksyondegras, rekonfò, gerizon, pwoteksyon. Tou sa w fè nan vi sosyal ou, tankou maryaj, li konsakre yo.

Fidèl li yo gen espri kominyon, epitou, sou plan espirityèl, yo ka jwenn yon idantite ladan l. Li pa brimen plezi, okontrè, li oryante anvi plezi a. Moun ki gen kè yo gwo toujou jwenn ladan yon konso-lasyon primitif ki wete nan san yo santiman kòmkwa yo koupab poutèt yo fè peche. Vodou a pèsistan, li vin tounen yon relijyon pratik ki konn rekonèt nesesite moun ki pi ba a yo nan vi a epi li trete yo ak yon espri liberal, ke se swa nan koze manje, ke se swa kay kote w rete, rapò sèks oubyen maladi. Se yon lafwa chanjan, elastik, ki pase jenerasyon an jenerasyon yonn di lòt. Seremoni yo, kwayans yo diferan kay chak ougan, nan chak vil.

Yo konsidere bondye a kòm kichòy ki gen yon pouvwa enpèsonèl. Sou non Bondye osinon Dye ou Gran Mèt, li reprezante yon vag imaj sa yo di ki byen an. Lwa a yo ou espri enferyè, pran plis plas nan vodou a. Yo kwè yo pi fasil pou jwenn enpi ou santi w pi alèz avèk yo. Panteyon lwa yo elastik menm jan ak imajinasyon moun. Ou kapab distenge de kategori prensipal espri: Rada yo ak Petwo yo. Premye yo gen orijin yo ann Afrik, Petwo yo se Ayiti. Se li ki pi vyolan, pi fewòs nan de yo. Se nan yon seremoni petwo Boukmann, esklav bòkò a, te pòte esklav yo revòlte kont Franse yo nan lannuit wouj 1791 lan. Anvan sa, li te fè sèman sou san yon kochon li sakrifye pou l viv lib oubyen mouri. Orijin lwa yo se divès kote yo soti. Nan monn sa a, yo te kapab ewo istwa nasyonal la, pirat, ougan, ouswa kèk lòt pèsonaj de mak. An jeneral pèsonalite ki gen plis enfliyans yo se Afrik yo soti. Lè mwayen natirèl yo pa bay rezilta, ou ka fè lwa a yo entèvni bò kote moun ki disparèt yo pou y al chache èd oubyen konsèy. Si yon moun mwayen natirèl li yo pa bay bon rezilta, li posib pou lespri l vin yon lwa. Fòk ou ba li antèman nan tout fòm ki nesesè pou l ka al jwenn gran fanmi kosmik lan. Si lwa yo sipoze se pwovidans fidèl yo, an retou, yo atann yo fidèl yo ap sèvi yo. Fòmil lan pratik e satisfezan. Depi se ougan an oswa manbo yo, kòlèg femèl li yo, ki sèvi entèmedyè ak lòt monn nan, se si y ap gen yon kokenn chenn pouvwa. Kominote a dwe yo anpil pou enfliyans yo nan vizyon inivè a li fasone a.

Òneman ki sèvi nan kil vodou yo sanble ak senbòl katolik yo. Lotèl yo dekore ak imaj ki reprezante sen yo nan kalandriye a. Gen kèk ofis ki mande pou resite Ak de fwa, ak « Je vous salue Marie ». Se La Vyèj Mari ki sèvi pou reprezante Grann Èzili, « déesse de la fertilité » (bondye fanm pou bon donnezon). Li gen tandans padone. Se yon manman. Anmenm tan tou, li pa ezite afiche karaktè ewotik li. Gason yo danse pou onore l. Yo lapriyè nan pye l, yo adore l. Yo damou pou li pafwa. Kwa kris la menm, li vin tounen senbòl Bawon Samdi.

Nan lòt bondye yo ou jwenn Papa Legba, yon espès sen Pyè nan vodou a ki kanpe nan pa pòt lespri yo. Li se patwon vwayajè yo. Yo prezante l sou vizaj sen Kristòf. Gen Agwe Awoyo ak Lasirèn, bondye lanmè; Loko Atiso, gran gerisè ki pwoteje w tou kont maji nwa. Danbala Wedo (Damballah Ouedo), bondye koulèv ki parèt ak vizaj sen Patrik. Papa Zaka, bondye kiltivatè. Apre sa ou jwenn yon pakèt sen, zanj, denmon. Rara reprezante karèm. Sent Trinite a menm se Mistè yo, Mò yo, Marasa yo. Moun sa a yo gen pouvwa espesyal, yo gen favè espesyal, menm nan vivan yo. Si marasa a yo mouri, yo kapab ba w anpil pwoblèm amwen ke w fè seremoni espesyal pou kalme lespri yo. Se pa pou marasa sèlman ki pwòch fanmi w kwayans sa a vo, men pou tout san disteng.

Se nan yon ti kay olye yon palè yon lwa santi l alèz, se sa moun yo kwè an jeneral. L ap itilize antre pa dèyè a, enpi l ap pran repo l sou bwa di yon ban. Li pa gen pwoblèm pou l viv akote moun ki analfabèt. Li santi l byen bò kote yo.

Chak peryòd legliz pati al fè lagè kont vodou san gwo rezilta laplipa di tan. Limenm ak katolisis la tèlman yonn antre nan lòt, sib la vin difisil pou idantifye. Nou jwenn yon egzanp nan ka ougan ki rekòmande fidèl yo sèvi ak « kat rejete a », yon sètifika yo ba li kote li fè sèman li renonse ak vodou, « *à ses pompes et à ses œuvres* ». Gen kontradiksyon, se sèten, men yo gen sans pratik. Ann Ayiti menm batèm nan benyen nan rit afriken olye nan rit women.

Fonksyon seremoni kil la se pèmèt ou antre an kominikasyon ak lwa yo. Gen yonn ou plizyè sal nan tanp lan. « Le jouxtan », yon lakou yo rele peristil, yo kouvri l an pay, enpi se tankou ma batiman ki soutni li. Gen ban, gen chèz. Se poto nan mitan an yo rele potomitan ki sèvi pou lwa a vini, pou lwa a ale. Yo konn ba li aparans koulèv, yo konn kwochte imaj ou senbòl vodou pou ankouraje lwa yo. Pòtre Divalye nan plas d onè sou potomitan an.

Anndan tanp lan gen yon lòt pyès yo rele honfò (houmfort). Se la w jwenn enstriman kil la pou ougan an sèvi. An premye, ou gen tanbou yo. Yo fèt ak twon pyebwa yo retire sa k anndan yo. Yo kouvri bouch li ak po kabrit redi byen rèd. Ansuit Ason an ou hochè sakre, dekore an zo kòtlèt koulèv, vewotri ak klochèt. Apre sa se lotèl la. Espri zansèt yo sere nan ja an tè kuit yo rele govi ou ankò nan pyè lwa. Yo pavwaze ak drapo sosyete a. Sa ka rive ou jwenn bwason pou bwè, swa kleren, wonm endijèn ki met dife nan vant ou swa yon melanj zèb masere. Pou nouri lwa a yo, pou ba yo plis fòs, yo prevwa yon sakrifis. Y ap bezwen yon poul, yon kabrit, yon kochon ou menm yon towo bèf. Lakoutim vle pou yo lave bèt la, seche l, pafime l, poudre l menm kèk fwa. Si se yon towo oswa yon kabrit, ase souvan yo abiye l ak swa ou vlou. Enpi yo kouwonnen l ak yon kwaf. Pou lwa a aksepte l, fòk bèt la te manje ou bwè yon likid konsakre. Se lè sa a ougan an ap sakrifye l. Asistan yo ap chache etabli yon kontak fizik pi pre posib ak bèt la. Yo karese l, yo fwote l, pafwa yo moute sou li. Apre sa, se yon rityèl konplike, Yo koupe gòje bèt la, apre sa, yo bwè san li.

Yon vrè seremoni koumanse ak yon salitasyon pou Papa Legba, Jipitè (Jupiter), Olenp (Olympe) vodou a. Si w bliye flate l, li ka move jis li gate tout rès seremoni an. Apre sa, ougan an limen yon bouji, enpi, selon yon metòd ki fè chonje penti jestyèl Jaksonn Polòk (Jackson Pollock) oubyen yon Matye (Mathieu), li simen farin atè a oubyen sann dife pou l fè yon desen sakre, vèvè a. Asistan yo tout an blan y ap fè jès entwodiktwa, y ap resite priyè ki ale nan sans patikilye fidèl ki prezan yo. Tanbou koumanse frape. Dans lan ka dire plizyè èdtan.

Dans lan ka vire an "frenésie", moman tout moun ajite lè l vin ak melope ki reprann opwen pou l pwovoke ipnoz (somèy moun ki epize). Efè li atrapan (kontajye). A en moman done lwa a ap reklamen yonn nan patisipan an yo. Lè sa a, yo di moun nan gen lwa. Bondye a fè l fonksyone kòm si se te yon chwal li te ye. Li sèvi ak bouch li pou l pale, epi se li toujou ki fè moun ki gen lwa a woule a tè lè l anba transpò mistik. Lè li nan pwen sa a, moun nan gen dwa voye sou kò l, kè l gen dwa rete tou, sa rive ase souvan. Dabitid sakrifis la deklanche yonn ou lòt. Lè ke, apre plizyè zè monotoni ritme, yo koupe gòj bèt la sanzatann, san vole tou cho, ou pa ka pa sezi. Lè l resi soti nan eta sa a kote l tap bege nan yon lang moun pa konnen, aktè prensipal la twouve l nan yon etadfatig erez ki vini pafwa ak pèdans memwa. Gen moun ki pretann ekzèsis sa a, di fèt ke li pèmèt moun yo libere yo de dezi ki kache yo san yo pa krenn moun ri yo, se yon soupap sekirite pou Ayisyen yo. Se kon sa yon moun ki dyòlè ka vin chwal Ogou Feray, bondye lagè a, tapajè a, yon nèg ki gen mannyè fanm kapab tonbe anba yon lwa femèl enpi jwe wòl yon fanm ki damou. Gen Ayisyen ki di lè w pran abitid refoule anvi yo, transfere yo sou plan espirityèl, fot yo espiye, pwoblèm yo pèdi entansite yo.

Tout bagay sa a yo fasilite kreyasyon atistik. Vèvè yo, teyat ki nan mistè sakre yo, bagay dwòl, biza, koulè penti ki nan dekorasyon yo, pouvwa ofisyan an, se pa ti bèl chan an bèl pou fè tèt ou travay. Menm jan ak kreyòl la, rasin li plonje nan sòl nasyonal la, vodou a se veritab espresyon nanm ayisyen an.

Fonn toulede ansanm, se sa powèt Feliks Moriso Lewa (Félix Morisseau-Leroy) te eseye fè ak adaptasyon « Antigone ». Li reekri pyès la an kreyòl. Kreyon (Créon) vin tounen yon jandam san pitye, Tirezyas (Tirésias), yon ougan.

Gen tout yon seri seremoni kil tou kòm diferan degre inisiyasyon. Laplipa di tan, yon patisipan pa depase frekantasyon rit « lave tèt ».

Sepandan gen degre siperyè, tankou kanzo. Pou rive la, fòk ou fè prèv andirans, kouray, tan, pasyans, kèk fwa, konn sakrifye lajan w. Moun ki bay satisfaksyon nan eprèv yo, yo plase l sou patwonaj dirèk yon lwa. Kon sa li gen yon pwoteksyon pi efikas kont denmon ak yon estati sosyal pi elve. Ougan an gen pou l asiste nouvo inisye a espesyalman. Kanzo a gen yon eprèv dife lè l ap fèt, moun ki vin chache otorizasyon pouvwa nan men lwa a dwe plonje men li nan flanm nan ou ankò woule boulèt vyann nan yon resipyan plen luil kap bouyi. Boule zen se yon lòt rityèl menm jan an toujou, men pi avanse. Ou gen pou mache sou chabon dife vif. Pou soti senn e sov nan eprèv kon sa, fòk ou gen pwoteksyon fizik ki pa gen anyen natirèl. Espè nan vodou bay kòm esplikasyon posib, swa oto ipnotis, swa aplikasyon preparasyon iminojèn ou jwenn nan tradisyon an, bagay sa a yo fè pwofàn yo kwè se mirak kap fèt.

Vodou ak tout akonpayman l yo vin yon atraksyon pou touris. Si w vle kwè ti liv ajans vwayaj yo, si yon moun vle soti nan ti wout abityèl yo, rekonpans lan ap vini sou fòm espektak otantik. Sisewòn ou apral yon chofè taksi oswa yon gid. Seremoni an ka dejenere an atraksyon fwar lè w bezwen fè touris kirye ou nayif plezi. Ou ka wè yon chalatan enstale nan peristil, monte yon nimewo pou konsomasyon gogo etranje. Yonn nan kote ki pi pòte sou jan egzibisyon sa yo se Lasalin, yon bidonvil chaje ak labou santi ki bòde katye pò yo nan kapital la. Touris ki gen malè al pèdi nan zòn sa a yo riske resevwa yon chòk lè yo afiche pri antre yon dola. Byennantandi pano a redije ann anglè. Kliyantèl la renmen wè san, sèn ewotik, anpil bri. Fòk gen san. Tank genyen, tank yo kontan. Pafwa bagay yo konn dwòl nèt. Asistans lan gen dwa bouke ak sa yo ofri l kòm espektak la. Li deside fè pa l. Genyen ki konn pran yon poul, yo tòdye kou l, yo bwè san l tou pandan tanbou ap bat, onsi ap danse. Pou desann san an pi byen, yon bon kout tafya. Men, gen yon ti detay touris la konn pa konnen. Lòt bò palisad la, gen plizyè douzèn grenn je ki kole nan fant yo y ap obsève espektak vizitè yo.

Ougan an moutre l chèf toutbon nan geri maladi oubyen nan prevni maladi. Pou l ka fè sa, fòk li sèvi ak konesans li, enpi, fòk li bon aktè. Anpil nan gerizon li fè yo, se resèt psikolojik li gen don pou l aplike. Gen lòt gerizon ki soti nan trik pi senp. Pi fò nan ougan an yo fò nan konesans plant ki bon pou gerizon. Souvan dwòg yo a yo soti nan famakope familyal. Yo trete enfeksyon ak aplikasyon lay. Yo trete emoraji ak twal areye ; yo fè moun ki endispoze revni ak kèk sèl yo fè yo respire. Akòz pouvwa sinatirèl yo sipoze yo genyen, ougan an gen yon avantay sou medsen klasik la. Li ka jwe nan tèt malad la, voye l al bese kòlè lwa a yo prese prese anvan l koumanse tretman an. Pwennvi sa a espesyalman enpòtan nan kontèks ayisyen an. Li ka esplike an pati, enterè Divalye moutre li genyen pou vodou a depi okòmansman. Pou peyizan an, tout maladi yo, tou sa k fè l mal, ki antre sou li sanzatann, gen yon kòz ki pa natirèl. Li kwè li fè yon sakrilèj oubyen li fè espri yo fache poutèt li pa t pratike tèl ou tel rit, yon bagay ki fè l sibi chatiman. Ougan an itilize yon bann fòmil dwòl pou l konbat yon bann fòs dwòl. Kantite ti Ayisyen kap plede mouri an bazaj, yo toujou di se lougawou kap manje yo. Yo deplase lannuit y al souse san timoun yo ki san defans. Sependan, yo pa sa fè yon timoun mal san pèmisyon manman an. Kon sa, yo twonpe konfyans manman an, pou yo gen pèmisyon an. Pou l fè fas ak pwoblem sa a, ak lot toujou, ougan an dwe al chache nan rezèv li yo resèt ki pi bon an. Alò, kòm divinò, li kominike ak espri yo, pou l jwenn kòz yon maladi ki pa natirèl. Apre sa, li bay vèdik li, li tanmen yon tretman ki long, ki koute chè : ofrann pou espri yo, pratik majik, kèk fwa yon remèd bòn fam, ata envokasyon pou adrese sen legliz katolik yo nan ka espesyal.

Maladi ki plis fè moun pè yo, se sa lespri malveyan yon moun ki mouri deja vin pote sou ou. Tretman egzijib nan ka sa a, vle pou konsidere malad la kòm yon moun ki deja mouri. Bò kote sa w sipoze ki kadav li a, ou mete kèk poul. Apre sa w pran yo, w al antere yo vivan. Pafwa malad la konn wè yo fè tretman ak alkòl yo boule. Gen de lè ougan an jete yon ponyen poud nwa nan foye dife a pou ekla a ka chase movèz espri yo. Resèt sa a, yo konn rekòmande l anpil nan tretman maladi timoun ki te viktim yon maladi yo rele move je. Pou yo lite kont sa, majorite manman yo pandye yon kolye madyòk nan kou ti bebe a. Yon ti moun ki viktim yon move je bezwen yon tretman konplike. Peyizan an pè tibèkiloz.

Kwayans popilè ranje l pami maladi w trape lè yo voye mò sou ou. Moun ki frape a pa gen espwa geri. Elefantyazis (maladi gwo pye kou pa t elefan), limenm, se lè moun nan pase sou yon poud majik ki gen pwazon vyolan, yon bòkò te tann pou li. Si san moute nan tèt li tousuit, l ap gen konjonktivit. Kounye a fòk yo pije san an nan tèt la. Yo poze sansi bò kou moun nan pou rale san an. Ilsè nan lestomak nan peyi twopikal, se lespri yo ki an kòlè. Se sèl ougan an ki ka trete l. Si yon moun soufri biskèt tonbe, ki vle di depresyon estènòm, yo fè l chita tout janm li deyò pandan y ap mase do li ak vant li enpi y ap redi pous li yo. Nan ka sa a, gen yon lòt tretman posib: yon te yo prepare ak twa boujon kafe ak tij yon flè espesyal. An menm tan gen yon priyè pou yo repete senk fwa devan malad la, kat fwa nan do l, twa fwa lè l poze sou vant li. Jeneralman yo panse sèten ka enpisans (moun ki pèdi bann) soti nan distraksyon koupab yon manman kap alète pitit li, li kite yon gout lèt tonbe sou ti pati l. Pou trete kèk demanjezon, yo fè moun nan chita sou wòch frèt.

Entèvansyon ougan an nesesè tou nan lanmò. Se pi gwo etap nan vi yon peyizan. Ou pa dwe neglije anyen, menm si se mande w al mande, menm si se prete w al prete pou ofri defen an pi bèl veye finèb la. Ougan an fè seremoni pou l libere lespri mò a nan anvlòp chanèl la pou l loje l nan kò yon manm fanmi an ki vivan toujou oubyen yon zanmi entim li. Peyizan an toujou rete mefyan. Li rete kwè mò li a bezwen yon pwoteksyon espesyal. Kon sa pou garanti l yon somèy pèzib, lakoutim vle pou anvan yo mete l nan tè, yo glise ant de po bouch li ki kole byen rèd yon poud blanch vejetal ki gen asenik. Si yon lènmi enkoni al sou tonm mò a pandan lanui enpi li rele l nan non l trèz fwa san rete, li pase l lòd leve, lè sa a, asenik lan ap fè l ret trankil, anpeche l vin esklav lòt la (zonbi li).

Ann afè ak yon zonbi ou tounen yon zonbi oumenm, se pa yon krentif initil. Zonbi a, se yon revenan bòkò a resisite pami mò yo ak kèk fòmil majik pou l fè l tounen esklav li enpi sèvi ak li jan l pito. Ougan yo tèlman konnen zèb yo byen nan peyi a, ak dwog yo, moun yo kwè, zonbi a vin kon sa apre yon dwòg ki mete l nan yon eta katalepsi. Li prezante tout siy moun mouri. Yo deklare l mouri. Yo antere l pou yo wete l nan twou a vè pi ta. Kounye a li esklav, epi, daprè sèten espè, yo oblije ba li dòz nakotik regilyè pou yo kenbe l nan eta apati mantal. Kòd kriminèl ayisyen an di moun ki rann yo koupab ap fè mòd pratik sa yo, y ap akize yo kòm moun ki touye moun, menm si viktim nan pa trepase. Poutèt pi fò nan antèman yo fèt près tousuit apre lanmò a, li posib pou yon bòkò dwoge viktim nan, antere l, enpi ramne l nan lè pou l ka respire, pou l pa sivoke. Pou pwovoke yon somèy kon sa, yo sèvi ak yon zèb ki rele *touye leve.*

Nan wayom maji nwa a, gen zonbi, gen wanga. Se de senbòl ki ka vin nuizib. Peyizan yo kwè yon bòkò kapab pwovoke maladi e menm yon ansyen lwa ann Ayiti defann moun fè wanga nan nenpòt ki sikonstans. Nan anpil ka, yo mete efikasite l sou kont oto ipnotis. Men se pa tout ka yo ka entèprete jan sa a.

Gran chanpyon zonbifikasyon an se Divalye, pa gen dout nan sa. Nou pa pe janm repete l twòp. Pou l dominen mas riral Ayiti yo jan l vle, li sèvi ak laperèz ak sipètisyon pou l ka kenbe yo anba pa t an fè li a, fè yon jan pou l pa soti nan somnolans politik sa a li plonje ladan l prèske san entèripsyon depi 1804, fen epòk revolisyonè a. Kòm kouwa transmisyon volonte li, li chwazi chèf natirèl yo nan kominote vilajwaz yo, prèt vodou yo, bòkò yo. Kil la ganyen kèk mati. Ougan ki te refize swiv yo, chèf siprèm nan fè likide yo.

Desalin te mete lespri zansèt yo an kòlè pou jan l te trete yo san menajman. Menm jan ak lòt ewo yo, li te konnen sistèm li se fè konplo. Li te krenn li. Lè yo fin asasinen l an 1806, li antre kanmenm nan panteyon vodou a an kalite de lwa.

Divalye pa pe jwenn yon pwomosyon kon sa poutèt li deja resevwa l. Li moute Ayiti menm jan yon lwa moute yon moun li fè l tounen chwal li. Kous la, ansanm ak vodou a, ap tounen dezas.

Chapit 21
Lan dis

L an dis rive. Reny Papa Dòk deja gen dizan. Yo pral selebre evenn-man an. Diznèf egzekisyon ansyen òm de konfyans ak divès konspirasyon dwòl, ladan yo gen yonn ki divize fanmi prezidan an, yo pa t prevwa sa nan pwogram lan. Si n vire gade dèyè, n ap wè se yon bagay nòmal, li klasik.

Menm lè Papa Dòk mete moun li yo sou yon pyedestal, trete yo tankou wa, sa pa anpeche yo dezini. Se kon sa nan tout diktati, li pa fouti estab, li devlope entrig nan palè a ; jalouzi mete pye, anbisyon, mefyans, yonn sispèk lòt, se nan anbyans sa a y ap evolye. Se toujou kon sa depi Antikite.

Pa gen rad ase chè pou Divalye yo. Machin yo dènye modèl. Yo vwayaje souvan ann Ewòp, Ozetazini. Nan palè a, fim yo kòmande kay esplwatan yo pwojte an prive. Lè lè a rive pou fi yo pran yon nèg pou mari, se bagay byen kalkile selon pwojè li gen nan tèt li.

Se yon nonm en mèt katrevenuit, Maks Dominik (Max Dominique), kapitèn Gad prezidansyèl, Mari Denise (Marie Denise), premye pitit Divalye a, sa l pi renmen an, chwazi. Nikòl ki vin apre l, grasouyèt, li menm li chwazi yon milat je vèt, Lik Albè Fouka (Luc-Albert Foucard), yon agwonòm, moun Pòdepè (Port de Paix). Se frè madam Frans Fouka Senviktò (France Foucard Saint-Victor), sekretè patikilye Papa Dòk.

Yo koumanse rakonte de bòfrè yo se de rival yo ye. Kòm li pa fye pèsonn, Divalye mefye l de bofi militè l la. Li konnen ki pouvwa li genyen sou manm Gad palè yo, sou fòs sekirite piblik yo, Okap Ayisyen, vil kote l soti a. A trannkatran Maks Dominik (Max Dominique) sou dezyèm maryaj li. Lè Mari Deniz (Marie Denise), yon fi vennsizan ak yon fòs karaktè, te tonbe pou li, li te deside pran l pou li. Mouche divòse ak madanm li ki te deja gen de pitit avèk li, pou l marye ak pitit fi prezidan an. Premye rekonpans li se yon galon kolonèl. Se li ki kòmande rejyon militè Pòtoprens lan. Divalye pito Fouka pase l. Fouka pi demonstratif. Madam Senviktò ankouraje l tou. Nan Lan Dis la, yo koumanse goumen seryezman pou favè chèf siprèm nan. Madan Divalye mete l nan kan Dominik yo. Gen moun ki panse se jalouzi l ap fè pou madam Senviktò li konsidere kòm sekretè ki twò patikilye.

15 avril, bonm rekòmanse pete toujou. Yo kontinye fete swasantyèm anivèsè prezidan an ki te tonbe lavèy, 14 avril. Rejwisans yo dwe dire soti 12 rive 16. Esplozyon yo fèt tou pre griyay palè a. Yo te mete yonn nan bonm yo nan machin yon machann glas anbilan. Machin nan voltije anlè, pwopriyetè a dechikte. Divalye sispèk kolonèl Dominik. Èske se pa anbarase l ap chache anbarase bòfrè l la yo fèk nonmen minis touris enpi ki òganize pwogram rejwisans ofisyèl yo pèsonèlman ?

Lòt bonm nan esploze nan kazino entènasyonal la. Yo pretann se kat vizit li Foucha voye pou Dominik. Kominis yo menm reklamen patènite twa atanta a yo. Pa gen anpil moun ki okipe yo. Entrig nan pale a pi enteresan kòm sijè.

Papa Dòk menm li p ap kite bagay yo trennen. Sa pa nan abitid li. Li apiye sou kan Fouka a pou bay yon premye kout bale. 24 avril 1967, byen ta nan lasware, gen kèk jenn ofisye gad prezidansyèl ki te gen konfyans prezidan an, yo resevwa lòd afektasyon imedyat nan ganizon ki nan peyi pèdi. De semèn apre, menm ofisye sa a yo resevwa avi yo wete grad yo sou lòd Divalye. Twa semèn pase, yo fè yo retounen Pòtoprens. Se an souriyan sèten ladan yo parèt, yo si yo pral reprann grad yo, lajan yo dwe yo, enpi yo fèk kare pral sèvi mèt yo pou plizyè lane ankò. Yo dezame tout moun kou yo rive, yo kondi yo Fòdimanch, yo mete yo nan kacho.

Netwayaj dwe rive touche Tonton Makout pwa lou yo ak milisyen Okap yo, vil kote Dominik soti a. Se sa Papa Dòk deside. Yo wete yo nan kò a, yo piye kay yo ak benediksyon ofisyèl. Gen kèk ki gen tan chape poul yo swa nan kòf otomobil, swa yo peye gwo kòb pou sa. Dezyèm semèn me, se tou pa chèf Tonton Makout Pòtoprens ak Petyonvil, yon kominote ki pa lwen, pou yo pase anba men Divalye.

Mwa a pa gen tan pase, yon lòt pèsonaj disparèt san kite tras. Se Djonnni Abès Gasya (Johnny Abbes Garcia). Se te espyon nimewo en Twouyilyo, ki te vin pase nan kan Divalye. Ane anvan an, li te antre Ayiti ak yon fo paspò, an konpayi madanm li ak de pitit. Li te ofri Divalye sèvis li. Yo te mete yon rezidans a dispozisyon li Petyonvil. Toulekat disparèt.

Divalye fè kofre diznèf ofisye, dis ladan yo te wo grade nan gad prezidansyèl la. Kounye a nèg yo pa ko touche yo, koumanse chache pran azil nan anbasad latino amerikèn yo. Lyetnan kolonèl Jan Tasi (Jean Tassy), reskonsab rechèch kriminèl nan direksyon lapolis, olye li ale Okap Ayisyen kote yo fèk sot nonmen li 2 jen an, li chwazi sove al mande azil nan anbasad Brezil ak madanm li, ak kat lòt manm nan fanmi l. Menm Ayisyen ki te konn plenyen de britalite Tasi ak kòlèg li yo, choke. Pè Lik Ilè (Luc Hilaire), omonye palè nasyonal, divalyeris tou, pran anbasad Chili, lè l wè li pa jwenn liberasyon frè li lyetnan Serge Hilaire nan men Divalye. Te gen uit moun pou pi piti ki pran azil nan anbasad yo.

Divalye deside make dizan pouvwa li a ak yon seremoni espesyal. Byen ta nannuit 8 jen, manm wotetamajò a resevwa yon konvokasyon sanzatann. Jeneral Konstan (Constant) ak kolonèl Dominik (Dominique) konvoke nan palè tou. Pandan ofisye siperyè yo ap antre nan palè a, gen milisyen ame jiskodan kal jwenn yo. Divalye fè yo tann pandan dezè nan seren mwadjen an. Nèg yo sou dan. Anfen prezidan an parèt ann inifòm. Li pase lòd swiv li. Yon kòtèj otomobil deplase an silans nan kapital la. Pa gen chat nan lari. Kote yo prale ? Fòdimanch, nan limit vil la. Lòt milisyen resevwa yo nan pòt la. Yo ame ak mitrayèt. Ak tout etamajò l dèyè l, Divalye ret kanpe sou chan d tir la. Nan lòt pwent lan, diznèf ofisye yo arete yo, zam milisyen pwente sou yo. Tout se zanmi Dominik.

Sis semèn anvan, nèg sa a yo se te grenn vant divalyeris yo. Yo te jije yo an sekrè. Kounye a, men yo kanpe an liy devan fizi. Nou ka rekonèt majò Joze Soni Bòj (José Sony Borges), ansyen kòmandan twoup ki anchaje represyon geriya. Yon semèn anvan, li tap dirije pwopagann radio gouvènman an. Men kapitèn Ari Tasi (Harry Tassy), divalyeris « de la première heure ». Krim li komèt la : l al drage pitit prezidan an, Simòn (Simone) ki te gen venteyennan. Te gen lyetnan Jozèf Lawòch (Joseph Laroche), èddekan premyè dam Larepiblik la. Li te konn akonpaye l lè l ta pral vizite bofi li Maks Dominik. Te gen toujou lyetnan kolonèl Jozèf. K. Lemwàn (Joseph C. Lemoine), san pou san divalyeris, reskonsab militè nan Nò peyi a ; twa frè Monnestim yo (Monestim), de ladan yo te fè pati gad prezidansyèl; majò Pyè Toma (Pierre Thomas), chèf sèvis imigrasyon nan direksyon lapolis. Fonksyon l te mande pou l an kontak chak jou ak anbasad ameriken, yo siyale l kòm ajan C.I.A.

Yo mare diznèf ofisye yo, chak nan yon poto, de bra dèyè. Divalye pase lòd pou ofisye etamajò yo aksepte fizi yo pote ba yo a, enpi fòmen yon ploton egzekisyon. Papa Dòk kriye "Feu !". Diznèf kò efondre. Anwetan fanmi moun sa a yo, pa gen anpil Ayisyen ki kriye pou yo. Dizan ap fè zèl pou sèvi diktatè a, sa pa ba yo plis valè pou nasyon an. Lè pa Dominik pa ko sonnen.

22 jen, yon makòn peyizan anvayi Pòtoprens nan kamyon, yon lòt fwa ankò. Papa Dòk òganize yon nimewo pou yo nan fason pa li.

> « Duvalier va faire quelque chose. Il va faire l'appel. Je ne sais pas si vous pourrez répondre à cet appel que je fais afin d'être en mesure de vous protéger. Bien. Commençons. Major Harry Tassy où êtes-vous ? Venez à votre bienfaiteur... Absent. »[223]

Li jwe menm teyat sa a pou l rele lòt ofisye li te egzekite yo, enpi, ak yon souri rize, li di :

> « Tous ont été fusillés. »[224]

---

223   Divalye pral fè yon bagay. li pral fè apèl. Mwen pa konnen si w ap kapab reponn apèl la pou m ka rive pwoteje w. Oke. Ann kòmanse. Majò Ari Tasi, kote w? Vin jwenn byenfetè w... Absan.
224   Nou fiziye tout.

Apre sa, gen yon lòt kalite apèl ki fèt. Fwa sa a, se apèl pou ofisye ki pran refij nan anbasad yo. Mouche presize:

> « Ceux en qui j'avais placé toute ma confiance. « Ex-lieutenant colonel Jean Tassy, où êtes-vous ? Venez... »[225]

Li rele yo yonn apre lòt, san l pa bliye Pyè Jiyòdani (Pierre Giordani), yon Kòs (Corse), ki te fè karyè nan Tonton Makout. Lè l soti nan makout, li vin chèf seksyon, yo ba li nasyonalite ayisyèn, yo te menm mete l depite. Divalye kontinye pou l di :

> « Ceux-là se sont enfuis après avoir bénéficié des faveurs de César » « Ils ont perdu le titre de citoyen ayisyen. A partir de demain, la haute cour militaire recevra l'ordre de s'attaquer à leur procès. Ils seront jugés selon la loi, car nous, nous sommes des civilisés. »[226]

Apre sa, li klotire :

> « Maintenant que nous avons fini avec l'appel des traîtres, nous allons nous adresser aux vaillantes populations des neuf départements de notre pays. Je suis tel un bras d'acier, frappant sans pitié... sans pitié ... sans pitié ... J'ai fait fusiller ces officiers dans le but de protéger la révolution et ceux qui la servent... Je m'aligne en compagnie des grands meneurs de peuples tels qu'Ataturk, Lénine, Nkrumah, Lumumba, Azikiwe, Mao Tsé-Toung.[227]

Lelandemen, Papa Dòk ak madanm li rann yo nan Ayewopò a. Yo vin swete de pitit fi yo, Mari Deniz ak Simòn, ansanm ak bofi yo, Dominik, bòn vwayaj. Se yon papa gato k ap separe ak moun pa l yo. Poutan, si se pa t entèvansyon madanm nan, Dominik tap yon senp kadav pami lòt yo, nan fòs komin Fòdimanch. Jounen jodi a, li anbake ak tit anbasadè Ayiti ann Espay. Granmèsi madanm li ak bèlmè l ki fè li te ka jwenn pwomosyon sa a. De pitit fi Divalye yo

---

225 Moun sa a yo mwen te mete tout konfyans mwen nan yo a. Ansyen kolonèl Jan Tasi, kote w ? Vini non...

226 « Moun sa a yo ki kouri ale lè yo fin pwofite tout favè Seza te fè yo a. Yo pèdi tit sitwayen ayisyen an. Dè demen, wot kou militè a ap resevwa lòd koumanse fè pwose yo. Y ap jije yo selon lalwa, paske nou menm, se moun sivilize nou ye.

227 Kòm nou fini ak apèl pou trèt yo, nou pral pale ak popilasyon vanyan ki nan nèf depatman jewografik yo nan peyi a. Mwen menm jan ak yon bra ki fèt ann asye. Mwen frape san pitye ... san pitye ... san pitye... Mwen fè fiziye ofisye sa yo pou m ka pwoteje revolisyon an ak moun k ap sèvi l yo... Mwen mete m nan ran gran nèg ki konn ki jan pou yo kondi pèp yo, nèg tankou Atatik, Lenin, Nkwouma, Loumoumba, Azikiwe, Mawo Tse Toung.

pran tout prekosyon yo. Yo vole ak tout lajan yo te ranmase, ak tout bijou yo. Avyon an apèn dekole, Tonton Makout arete de gaddikò Dominik yo ak chofè a. Gen tire. Bri kouri Pòtoprens yo eseye touye prezidan an. Verite a pi senp. Yo bezwen elimine sistematikman tout moun ki te gen atachman ak Dominik.

Premye out, kolonèl Jak Lawòch (Jacques Laroche) pibliye yon kominike. Li akize Dominik de trayizon. Yo wete l nan lame a *"pour le bien du service"* enpi yo pase l lòd tounen ann Ayiti nan trant jou pou l konparèt devan wot kou militè pou yo jije l. Nan ak akizasyon an yo di li te eseye deklanche yon leve kanpe ansanm avèk diznèf ofisye yo egzekite yo, li fè konplo pou l asasinen Divalye 24 avril, enpi li eseye kreye panik nan tout peyi a. Yo di tou se li ki lotè bonm ki te pete yo nan menm mwa a.

Papa Dòk pa nan san l menm. Nan palè a, se sèn sou sèn ak madanm li li rann reskonsab bofi l ak de pitit li yo ki pati a. Lè l mande yo tounen an, yomenm yo reponn kareman, non. Madan Divalye rive sigjere pou l al jwenn pitit li yo aletranje. Papa Dòk mande anraje, li pran frape l. Janklod (Jean Claude), pitit prezidan an, yon jennonm ki twò byen nouri, ponyen papa a, li fèmen l a kle nan yon pyès a kote a.[228] Tonton an fin dechennen pandan twazè san rete. Alafen li tire yon sonèt alam. Non sèlman gad palè yo kouri vini, men sirèn palè a deklanche. Vakam jeneral. Papa Dòk pwoklame kouvrefe ak alèt jeneral.

Milis la rasanble an katastwòf, Divalye fè l konnen kè l pa kontan nan kò kay li. Se pa madanm li k anpeche l kenbe Dominik nan peyi a pou l jwenn sa l merite ? Devan moun yo, prezidan an di madanm li yon bann koze ki pa gen ni ke ni tèt. Yon sèten moman li repwoche l li pa vo yon Eva Pewonn (Éva Peron). Omwen li menm li te kolabore ak diktatè ajanten an.[229]

---

228   Nòt tradiktè a : otè a mande korije sekans sila a ki pa ta egzat dapre deklarasyon Janklod Divalye nou ka jwenn nan yon lòt liv li ekri, "L'Héritier", p. 22-23. Al gade tou paj 350 nan menm liv la, pòtre Janklod Divalye ak liv *Papa Doc et les Tontons Macoutes* la nan men li. La p siyale erè a bay otè a.

229   18 mas 1969, kolonèl Dominik, madanm li, pitit li tounen nan peyi yo. Nou te ka asiste manm premye fanmi nan peyi a kap ri, bo, bay nan men, nan ayewopò Franswa Divalye. Enpi kòtèj ofisyèl la ki pran direksyon palè kote madan Senviktò gen tan wete kòl kòm moun ki sanble an disgras pou le moman.

Janklod Divalye ak liv Papa Doc et les Tontons Macoutes la nan men li.

Tandiske Ayiti tounen yon panyen krab kote divalyeris, yonn ap dechire lòt, lè Dominik fin pati, egzile ki fikse osid Florid la, deside pran chans yo yon lòt fwa ankò. Se yon ansyen moun nou konnen, pè Jòj, yon ansyen divalyeris ki gen yon sèl lide nan tèt li: jete Papa Dòk. An dezespwa de koz, l al fè ekip ak yon lòt egzile, kiben limenm, Wolanndo Masferè (Rolando Masferrer). Yo ba li yon ti non, Tig. Men pè Jòj ki foure pye l nan marekay konplotè yo ki reve tounen Lahavàn. Toutotou Miyami se konplotè kap fè manèv yonn kont lòt. Jòj anbake an konpayi endividi ki se koutye nan revolisyon, menm jan gen ajan d afè. Yo pare pou vann nenpòt bagay, revòlvè ou tòpiy.

Se okouran ete 1966 asosiyasyon ant pè Jòj ak Masferè pran fòm. Masferè sa a sanse se te yonn nan egzekitè tout moun konnen ki te osèvis Batista nan Kiba. Plan envazyon yo fè a, li sanble ak dife bwa vèt ki pa janm fin pran nèt. Efè yo, yo santi yo nan tout Karayib la, espesyalman ann Ayiti omoman epizòd Dominik lan.

Pè Jòj vin tounen yon espè nan ranmase fon pou yon kòz. Se kon sa yon reyalizatè fim ki senpatize ak objektif li yo, fè l kado 50 000 dola. Sa k pi dwòl la, yo reyisi vann chèn radyo televizyon

C.B.S. dwa esklizif fim envazyon yo pwojte a. Premye sekans yo moutre konplotè yo ki reyini nan yon sousòl Nouyòk. Lòt sekans yo ap pote sou espedisyon an kap pati depi kòt Florid yo, apre sa se klou fim nan, Divalye ki tonbe. Yo p ap depase mwatye metraj yo anvizaje a. Li pral koute pwodiktè C.B.S. yo 100 000 dola.

Envazyon se fab nan Miyami. Depi afè bèdèkochon an, yo pa janm wè yon operasyon klandesten (an kachèt) vin tounen si vit yon sekrè tout moun konnen. Anbakman an p ap janm fèt. Sa yo bay ti non bèdèkochonè a, li pa pral okenn kote.

Preparatif yo pral kreye kèk epizòd ki fè anpil bri. Pa egzanp, yon konferans estratejik nan Koral Gaboulz (Coral Gables), sou gazon yon vila, kote yo kominike ak megafòn. Ou ankò jwaye dril (sòlda vakabon), ki eseye pistolè mitrayè li nan jaden li, li pentire l, li mete l seche sou kòd a lenj li pami rad lesiv li yo. Yon jou lapolis Miami pwente nan yon lòt reyinyon. Yo te enfòmen ajan yo gen bagay dwòl k ap pase. Yo frape pòt kay ki gen moun sispèk yo. Se yon nonm a bab byen miskle ki vin ouvè pou yo. Yon polisye mande l "sa k gen isi a?" Li fè konnen se plent yo pote ki fè l vini. Lòt la menm li eskize l, se senpleman yon reyinyon veteran eskout ki t ap repete yon manèv. Apre yon koudèy rapid, polisye yo rale kò yo. Lè yo rive nan wout, yo tounen. Twò ta, "bòyskout yo" mete van nan vwèl yo.

An novanm 1966, ekip tounaj C.B.S. la ranmase zafè l, li kite Miami pou Nouyòk, men yo fè pati yon rimè, anvayisè yo ta deja debake ann Ayiti. Premye esè a avòte, lè yon refijye kiben, kòmandan an chèf pou sikonstans lan, renonse an tretan lòt yo de ransè. Se yon ansyen kapitèn Kastwo, epòk li te nan kache yo. Li rele Napoleyon Vilaboa (Napoléon Vilaboa). Napoleyon deklare zam li genyen yo pa bon, enpi, mini marin de gè Masferè te pwomèt yo a, li egziste inikman nan imajinasyon Masferè. Menm bagay tou pou lame anlè a ki raple nou Lilipit. (Lilliput). Tout bagay klase. Sèl sa k rete se gwo diskisyon kote chak moun vle se yo ki gen rezon.

Yon epizòd kategori Djems Bond (James Bond) vin moute sou sa anvan an yo. Konsil d Ayiti Miyami an, Ejèn Maksimilyen (Eugène Maximilien), mele ladan l. Mouche pretann Masferè pwopoze l pou l anile envazyon an pou 200 000 dola. Kiben an demanti sa, enpi li atake bò pa li. Limenm li pretann se Maksimilyen ki ta deklare li dispoze apiye anvayisè yo pou yo ba li yon pòs diplomatik ann Ewòp si kou a reyisi. Yonn nan de yo pa pote prèv ki kenbe. Detay enteresan, yon ajan ki te sou kontra C.I.A. epòk la, te kapte nan mikwofòn yon konvèsasyon d afè Maksimilyen. Li deside pa sèvi ak sa kont Maksimilyen. Kwak otorite amerikèn yo toujou ap veye konplotè yo, pè Jòj ak Masferè pa janm dekouraje, pa avan kòmansman ane 1967 la. Dwanye ameriken entèvni pou yo mete yon bout nan travay nèg yo. Yo arete swasanndis moun. Yo sezi yon estòk materiel pou lagè nan yon blokòs sou yon plaj an florid. Yon mitrayèz lou nan pòt antre a.

Yo arete yo, yo konvenk yo, yo anfrenn lwa kont detansyon esplozif ak zam pou lagè. Jòj ak Masferè aksepte di yo rekonèt yo koupab. Jijman yo ki fèt an novanm 1967 revele te gen de plan diferan. Premye a sipoze sou asistans yon Dominiken, jeneral Anntonyo Enmbè (Antonio Imbert), sèl moun kap viv ankò nan ekip moun ki te asasinen Trouyilyo yo. Enmbè te gen pou l founi moun, zam, ak lajan. Granmesi enfliyans li, yo te ka jwenn yon baz ann Amerik Santral, Ondiras (Honduras). Dezyèm plan an te prevwa yon anbakman Florida Keys. Anvayisè yo ta val nan direksyon de zile ayisyen. Premye a nan bè Pòtoprens, se Lagonav. Lòt la se Zile Latòti sou kòt septantriyonal. Jiri a deklare akize yo koupab. Masferè yo rele Tig la rekòlte katran prizon. Pè Jòj rekòlte dezan. Limenm li pase swasant jou nan prizon, apre sa yo mete l sou siveyans lapolis pandan twazan. Rene Leyon (René Léon), yon ansyen kolonèl ayisyen pran swasant jou prizon tou. Yon mèsenè ameriken yo rele Maten Franswa Ekzavye Kasey (Martin François Xavier Casey) jwenn pou nèf mwa.

Èske kandida pou envazyon yo te gen kontak ann Ayiti menm ? Enposib, nou pa sa reponn. Nou ka sigjere pè Jòj te gen api nan lame a. 18 novanm 1966, fèt lame a, onz ofisye siperyè p ap asiste parad tradisyonèl la. Rezon ? Yo pran azil ak fanmi yo, nan anbasad Brezil.

Gran panpan ak pretansyon se sa ki make Ane Dis la. Pa gen anyen nouvo nan sa. Laplipa di tan yo maske echèk yo kon sa. Enpi, fòk nou ta bay plis detay. Senp fè ke Papa Dòk an vi toujou se deja yon siksè. Nan peyi mizè sa a, gen kèk espwa ki parèt pa si pa la. Pa fasil pou wè. Fò n di sa.

Yo soti yon emisyon espesyal tenm lapòs. Sou viyèt la ou ka wè pwofil dore prezidan an ak anblèm pèsonèl li, yon pentad ki detache sou yon po lanbi. Lejann ki ekri a « An Dix de la révolution duvalieriste. » Palman an, bò pa li vote yon lwa ki otorize frape aletranje pyès ann ò ak vizaj Divalye. Yo rezève en milyon uisansenkant mil dola pou sa. Emisyon sa a, yo prezante l kòm

« un élément de prestige et de propagande capable de renforcer le crédit et la réputation d'Haïti à l'étranger ».[230]

Sepandan Lan Dis ap pase, yo p ap wè pyès yo ki te prevwa pou mitan ane a. Kounye a yo esplike piblik la se fòt espekilatè yo ki akapare yo pou valè yo genyen kòm koleksyon.

Pou onore gran chèf la, Jera Domèk (Gérard Daumec), jenn ti ekriven, pibliye yon ti liv flatè ki imite, menm jan senj yo konn fè a, *Le petit livre rouge de Mao.* Liv Divalye a wouj e blan. Tit li se *Quarante ans de doctrine – dix ans de révolution – Bréviaire d'une Révolution.* Se yon rekèy panse Papa Dòk yo depi okòmansman. Ou jwenn ladan kèk ekstrè nan sa Divalye te ekri ane anvan lagè yo. Kèk panse moral li te konn lanse nan piblik la pandan kanpay prezidansyèl nan yon anbyans tèt koupe ak anbyans « *Le petit catéchisme* ». Pa egzanp :

« Que Dieu me garde de considérer cette cause comme ma cause personnelle. Non. C'est la vôtre ! Si je suis descendu dans l'arène, c'est uniquement pour vous. »[231]

« *Le Guide des œuvres essentielles de Duvalier* » se yon lòt omaj yo rann vizyon ak sajès Chèf la, menm ane a··· Ann out, yo kòmande nan men editè Anri Dechan (Henri Deschamps) yon lòt ouvraj toujou alaglwa Mesi a. Fim li an gen referans, vre. Se li menm ki te okipe fè menm operasyon an pou prezidan Maglwa otrefwa. Li sanse pare pou dizyèm anivèsè eleksyon l, Liv Divalye a p ap soti nan dat yo te prevwa a. Fabrikasyon an poze kèk pwoblèm. Pi piti a, se difikilte

---

230   Yon eleman pwopagann pou relve prestij ak repitasyon Ayiti aletranje.

231   Bondye tande m, kòz sa a se pa kòz pèsonèl mwen. Non. Se kòz nou. Si m antre nan batay, se inikman pou nou.

pou jwenn fotografi prezidan an kote ou pa jwenn akote l kèk nan kolaboratè l yo ki viktim nan divès netwayaj li fè yo. Malgre touch konsiderab yo fè kliche yo sibi, yo oblije reziyen yo rejte pi fò nan dokiman sa a yo. Sa s pe ke gen lòt foto ki vin initilizab yomenm tou.

Gen yon lòt konplo ki desinen, ki pral dechire klan Divalye a ankò. Fwa sa a, se mwens lanbisyon ke fòs lanati yo ki reskonsab.

Maten 18 oktòb 1968. Yon konferans fèt nan biwo yon cherif. Te gen reprezantan F.B.I., C.I.A., Depatman d Eta. Sijè diskisyon yo se Lik Albè Fouka, bofi Divalye, òm de pay pou li nan moman an. Li sipliye lapolis Miyami pran l anba pwoteksyon l. Si pou n kwè li, babouz Papa Dòk yo lage dèyè l. Se chema klasik la. Se chema triyang òm, fam, mètrès.

Bagay yo vin pi sere. Madam Fouka pa janm deplase, menm poul al fè acha Miyami, san l pa trennen yon ekip Tonton Makout dèyèl. Li koumanse sispèk gen bagay louch kap pase. Mari l absan twò lontan sou pretèks randevou d afè.

Li voye gaddikò l yo al swiv Lik Albè (Luc Albert). Yo rive jwenn li nan yon otèl. Fouka dekouvri nèg yo kap swiv li. Li konnen twò byen kisa Tonton Makout ka fè, li rele lapolis, li mande mete l nan prizon pou sekirite l.

Lelandemen maten Nikòl al jwenn konsil Ayiti a. Li vle pou l entèvni pou l fè yo wete mari l nan selil kote li refijye a pou yo ba li l. Se egzakteman sa Lik Albè krenn nan. Konsil la menm, li konnen sè Fouka a se madam Senviktò ki nan siyay prezidan an, enpi, se non li ki parèt chak fwa y ap gade kilès ki ka pran plas la. Li refize kite yo manipile l sou yon tèren pyeje kon sa, enpi li rale kò l san bri san kont. Lik Albè ka respire. Li toujou dèyè bawo. Kòm li pa t ka jwenn sa l te bezwen an, Nikòl retounen ann Ayiti ak suit li. Kounye a yon seri negosiyasyon koumanse.

Machandaj la dire plis pase de semèn. Bout pou bout, Lik Albè kite yo konvenk li pou l tounen Ayiti. Li pral pran fonksyon ofi-syèl li, direktè touris - fanmi li gen yon moun an plis, premye pitit pitit Papa Dòk. Anfen li kapab jwi plezi vi konjigal la, nan di, men, san krent pou vanjans. Nikòl an pèsòn vin chache l Miyami pou l mennen l tounen Ayiti. Yo rive Pòtoprens 2 novanm.

Yon konferansye kap prezante yon fim sou Ayiti nan sal. Pleyel ta ka rele l « *Terre de contrastes.* »

Nan mitan mizè a, sipè mache ap pouse kou dyondyon nan kapital la. Se konpayi petwòl yo ki finanse yo. Gen yon konkirans sovaj kap devlope.

Alaverite fòk nou admèt gen yon klima detant ki parèt nan finisman Lan Dis la. Divalye fè anpil jefò pou l atire touris. Li koumanse jwenn kèk rezilta. Bote Ayiti ak atraksyon l yo reyisi atire menm vizitè, espès gouvènman sa a ak mizè li kondane zile a efreye. Yon lòt fwa ankò kazino entènasyonal la chanje men vennkatrè. Esplwatan anvan an yo, yon gwoup Kanadyen, pati san moun pa konn pou ki rezon. Se Ameriken ki ranplase yo, Lwis Kowen (Louis Cohen) ak de pitit li. Yo jwenn yon bay dizan. Yo pran angajman pou yo vèse yon sòm fiks, ogmante ak yon pousantay, bay Divalye, enpi yo reyisi ranime etablisman an ki t ap periklite. Yo fè vini Pòtoprens gwo jwè ameriken yo enpi yo ranbouse yo frè vwayaj yo sou fòm plak jwèt. Selon sètèn sous enfòmasyon Divalye retire jiska 100 000 dola pa semèn sou benefis kazino a, pi gwo manman bèf kap bay lèt la.

Elit ènmi tradisyonèl Divalye a, fini pa kopere limenm tou. Prezidan an pran api sou li, epi, limenm tou yonn soutni lòt. Pa opòtinis, òmdafè yo koumanse bliye koutba otorite yo te pote yo nan distribiye divès monopòl bay fidèl yo te bezwen rekonpanse yo, kon sa li diminye benefis yo. Vye rankin ki remoute nan peryòd eleksyon 1957 yo disparèt pou pifò ladan yo.

Lòt sijè ki etone vizitè etranje yo, se bèl vi elit tradisyonèl la kontinye mennen. Kwak manke dola, magazen yo toujou plen bijou, pafen, rad elegan, jwèt, pandan tout ane a. Sèl kliyan yo, se, swa moun rich yo, swa divalyeris yo.

Lòt bò tablo a depriman. Enstriksyon pou timoun yo de mwen-zanmwen asire. Alakanpay yon pakèt timoun pa kapab al lekòl, paran yo gen apèn de kwa manje. Yo pa menm ka achte rad.

Depi 1962, èd amerikèn te sispann pratikman. An 1966 Etazini deside reprann li, okontgout, yo pran swen mete l nan pwojè ki pwofitab pou ansanm popilasyon an e non pa sèlman kèk politi-syen oubyen fonksyonè san vègòy. Gen de pwogram èd ki pa janm sispann. Premye a, se inisiyativ Nasyonzini, li konsènen eradikasyon malarya. Dezyèm nan distribisyon gratis sipli alimantè ameriken. Ki vo en milyon dola pa ane.

Etid yo reyalize sou alimantasyon Ayisyen devwale kondisyon pitwayab pi fò ladan yo. Malnitrisyon atenn katreven sou san timoun ann aj pou al lekòl oswa nan preskolè. Medsen yo fè remake avèk konstènasyon si yon timoun an preskolè soufri ak malnitrisyon grav, sa kapab debouche sou domajman nan sèvo ki p ap sa repare, l ap pi fasil pou l vin yon envalid. Selon yon ankèt yo mennen Fon Parizyen, yon vilaj ki chita senkant kilomèt distans ak Pòtoprens, vilajwa a depanse uit senn pa jou (karannsenk santim) pou l manje. Pa jou li konsome 359 kalori, 32 gram pwoteyin. Bezwen minimòm yo fikse a 2590 kalori, 40 gram pwoteyin. Ozetazini, chif mwayen yo se 3 100 ak 91,6. An 1958, Divalye te ouvè yon biwo dyetetik, men li pa koumanse fonksyone avan 1962. Fòk ou tann 1966 pou l resevwa yon sibvansyon ofisyèl 300 dola pa mwa. Kat sant egziste ki ka resevwa yon gwoup trant timoun yo fè suiv yon reedikasyon nitrisyonèl pandan kat mwa. Si sipli ameriken yo pre-sye, yo menm sèl yo pa sa rezoud sitiyasyon an. Sou senk Ayisyen ki fèt, gen yonn ki mouri anvan l rive nan laj twa mwa. Konbe tan li espere viv (espérance de vie) se karant an. Katrevenkenz sou san jenn timoun yo resevwa yon eskolarizayon pi ba pase nivo fen etid primè. Pwodiksyon agrikòl kontinye bese. Etid sa a yo pote sou estimasyon. Yo pa pretann yo kouvri tout chan an yo nèt. Pa gen okenn mwayen ann Ayiti pou rasanble metodikman chif ki anbrase tout peyi a.

Kilti kafe ak endistri touristik se de manmèl ekonimi ayisyèn nan. Men yo menm sèl pa ase pou asire yon balans peyman pozi-tif. Pou twa ane ki fini an 1967, defisi nan peyi sa a ki gen bidjè 28 milyon dola pa ane moute plis pase senk milyon. Rekòt kafe tanto bon tanto move. Kondisyon meteyowolojik defavorab konplike sik tradisyonèl la. Lè l fin konnen pwen ki pi wo a sou Maglwa enpi sik ki pi ba a nan evennman 1963 a yo, aktivite touristik reprann. Pa ak pi bon lyezon ayeryèn.

Divalye kontinye kontrarye endistri otelyè ak yon seri deklarasyon efreyan kap repouse vakansye yo. Se espesyalite l.

Yon fè ki enpresyone tout obsèvatè san eksepsyon, se kantite Ayisyen kalifye kap kite peyi a. Ou jwenn yo souvan ann Afrik. Pami yo ou jwenn jij, avoka, doktè, lengwis, pwofesè lise, pwofesè nan fakilte, doktè an filozofi, enjenyè, finansye, jounalis. Gason, fanm, ou te ka mete talan yo osèvis yon peyi kap viv yon peniri trajik nan domèn sa a. Kèk ladan yo jwenn kèk pòs administratif mwayèn enpòtans nan peyi ki sou wout devlopman. Gen lòt ki moute pi wo toujou sou nechèl fonksyon piblik la. Kon sa doktè Jozèf Dejan (Joseph Déjean), yon emigre ayisyen pwomi konseye nan ministè Afè etranjè repiblik Gine. Yon estimasyon ayisyèn plase kantite konpatriyòt li yo ki okipe fonksyon ofisyèl nan sèlman Kongo prèske en milye. Se nan peyi sa a nou jwenn yonn nan refijye anbasad dominikèn yo an 1963, kolonèl Kòvenntonn (Corvington), ansyen ofisye fòs ayisyèn yo, jounen jodi a enstriktè fòs sekirite kongolèz yo. Li an konpayi mesye Rigo Maglwa (Rigaud Magloire), yonn nan prensipal konseye finansye peyi d akèy la. Se toujou yon emigre ayisyen, Anbasadè Jak Leje (Jacques Léger) Nasyonzini nonmen an Kotdivwa (Côte d' Ivoire) pou pran an chay pwogram asistans teknik yo.

Yon jou Pòtoprens wè yon misyon kongolèz ki rive. Li te resevwa pèmisyon rekrite enstititè. Plis pase mwatye etidyan dènye ane lekòl nòmal enstititè ki depann de inivèsite nasyonal la poze kandidati yo. Se kon sa yon peyi analfabèt a katrevendis sou san fè don ak plis pase mwatye nan pwomosyon anyèl edikatè l yo.

Desan swasannkat etidyan an medsin pran diplòm yo nan dis dènye ane yo ann Ayiti . Twa rete nan peyi yo. Kanada poukont li gen plis medsen ayisyen, desan senkant, pase Ayiti.

Twa siklòn, Flora, Kleo (Cléo), Inès (Inez) frape penensil sidwès Ayiti an 1963, 1964, 1966. Yo fè dega ki dire lontan nan ekonomi peyi a. Si sidwès te pi touche, van vyolan, lapli, detwi rekòt yo nan anpil lòt rejyon. Si l ka vire lòlòj diplomat yo, Divalye pa fouti frennen eleman dechennen sa a yo. Flora poukont pa l touye plizyè milye moun, devaste plizyè douzèn vilaj, detwi yon bon pati nan rekòt kafe yo. Lè Etazini entèvni pou l ofri asistans, Divalye refize sou pretèks èd ameriken an ka sèvi kouvèti pou aktivite sibvèsif. Lè sa a, nou te nan plen lafyèv envazyon. Pandan yon semèn li otorize yon minimòm sekou jiskaske rapò yo akimile ki bay senk mil mò, sanvennsenk mil sinistre ak afame. Lamerik ofri desan senkant mil dola (250 000 dola) pou soulaje misè, li espedye douz mil tòn viv sou yon peryòd kat mwa, transpòte an pati pa marin de gè a. Pandan tout tan sa a Divalye gade sou pye de gè senkmil òm ki nan lame a, ak senksan gad palè yo. Mefyans ki pouse l aji kon sa. Pi ta, se pa rekonesans li genyen pou sa l resevwa, men mekontantman poutèt yo pa t ba li plis pase sa.

Lòske mwens pase de semèn apre Flora, prezidan Kenedi (Kennedy) anonse nominasyon Timonns (Timmons) pou ranplase Tòstonn (Thurston) nan anbasad Pòtoprens lan, Divalye te pratik-man mete l deyò, nèg yo fèk voye a gen pou l tann plizyè semèn anvan prezidan Divalye konsanti resevwa l. Jou li prezante lèt kreyans li, li fè l tout yon diskou sou bon lizaj an diplomasi. Mwens pase yon mwa apre, yo te fèk asasinen Kenedi, Tonton Makout yo bwè nèt pou yo fete lanmò yon lènmi mèt yo. « Move je » sa a, an palan de Kenedi ki, menm jan ak Tòstonn, disparèt sou sèn politik la pa pouvwa volonte mistik Papa Dòk. Se sa yo te kwè.

Menm jan ak òganizasyon entènasyonal k ap ede Ayiti met lòd nan finans li, Etazini sezi wè eta Reji Tabak la (La Régie du Tabac), yon monopòl Leta. Se yonn nan rezon ki fè Etazini sispann èd li an 1962. Monopòl sa a pa kouvri tabak ak sigarèt sèlman, men savon ak lòt atik. Sou Divalye yo mete siman, farin, lèt ak lòt pwodui. Nan sèten ka taks yo reprezante an mwayèn dis pou san pri machandiz la. Resèt yo pa figire nan bidjè Leta. Se yon lòt koze dwòl toujou, ki pa respekte okenn prensip. Yo depanse selon bon plezi prezidan an. Òganizasyon entènasyonal yo panse lajan sa a yo ki antre a te dwe sèvi pou diminye defisi Trezò piblik la. Nan rekòmandasyon yo, Divalye wè yo vin moute sou dwa granmoun nasyon an. Yo depoze lajan an nan Bank komèsyal, yon etablisman prive, pwopriyete Klema Jozèf Chal (Clémard Joseph Charles).

An 1966, gen yon lòt devire ki pral fèt toujou nan finans lan. Fon yo kolekte yo ap rete an deyò bidjè a. Fwa sa a, yo mete yon systèm retrèt pou vyeyès. 30 000 salarye Ayiti dwe antre ladan. Yo retni twa pou san nan salè yo. Ann sipoze moun nan travay diran ventan omwen, li rive alaj swasannsenkan, yo ba li yon sètifika medikal ki moutre li pa ka travay ankò, benefisyè a kapab reklamen dwa li, si l ap viv ankò, paske tan li gen espwa viv se karantan.

Pou l attire kapital etranje, Divalye dispoze bay envestisè yo kèk avantay pou yomenm sèl. Pa genyen anpil ki moutre w yo rantab. Òmdafè yo pa fin twò cho pou yo mete lajan yo nan yon peyi ki enstab kon sa. Ayiti bò pa li, pa vle vin tounen yon koloni ekonomik amerikèn. Se espekilatè yo ki pran relèv la san mank.

Sou tab echèk la, kote biznis ak politik fè yon sèl, yonn nan kou ki pi estravagan pètèt, se yon bizismann ejipsyen, Mohamèd Fayèd (Mohammed Fayed) ki reyalize l. Nèg 25 an sa a rive nan peyi a an jen 1964. Li pretann nan peyi li, se cheik li ye. Sou kat vizit li, – li pa mennaje w – ou ka li antèt yon sosyete petwòl Kowèt (Kuwait). Ayisyen yo prezante l kòm yon moun ki gen yon cham eksepsyonèl. Òf envestisman li fè otorite yo resevwa yon repons trè favorab.

Se kon sa ak yon seri kontra esklizivite, li dominen endistri petwòl la, transpò sou lanmè, ak pò a. Li dakò l ap envesti yon milyon dola nan yon rafinri petwòl pandan de ane kap vini yo, senk lòt milyon sou katran pou devlope enpi amelyore enstalasyon nan pò yo. Yo nonmen l ajan esklizif douz nan konpayi maritim ki desèvi Ayiti yo. Pou onorè li ak komisyon l, li resevwa dwa waf la otorite yo te konn touche, li prese ogmante montan an yo. Lòt esplwa toujou Fayèd reyisi akeri nasyonalite ayisyèn nan espas kèk mwa alòs ke abityèlman yon rezidans dizan nesesè pou sa. Pou amelyore pò a, yo balize dlo yo ak bwe, yo enstale pwojektè sou waf la. Yo nonmen yon Anglè kapitèn pò a.

De sendika afretè tap fè rebelyon yon jou; reprezantan yo al plenyen bay Divalye. Yo deside fè yon reyinyon. Men Fayèd pa prezante. Prezidan an rekonèt sitiyasyon an pa bon. Li deklare y ap eseye jwenn tras Ejipsyen an nan divès kapital, enpi li avwe an menm tan tou gen yon gwo lajan ki pati ansanm ak mouche. Yo

deside bloke kont bankè òmdafè a, men, twò ta. Direktè lokal yon
bank kote li te gen kont pral peye po kase a. Yo mete l deyò sou
pretèks li pale gouvènman an mal.

Yonn nan sekrè moute an flèch Fayèd fè a, se Klema Jozèf
Chal, bankye Divalye a. Finansye sa a, te resevwa monopòl asirans
otomobil ann Ayiti. Li tap opere ak Ejipsyen an. Gouvènman an
soti yon dekrè, chak otomobilis oblije souskri yon kontra nan Bank
Komèsyal. Etablisman Chal posede a gen tou yon patisipasyon nan
yon lòt monopòl gouvènman an bay yon sitwayen kanadyen. Yo te
ba li transpò piblik machandiz ak vwayajè nan peyi a. Pou enterè
petwolye Fayèd yo, pou l te jwenn yo, yo te oblije kase yon kontra
ak yon konpayi amerikèn pou konstriksyon yon rafinri enpi yo te
ekspilse reprezantan an.

Nan tout afè Divalye konkli yo nou jwenn yonn kote li ba yon
prens iranyen dwa eksklizif pou li bati otèl pou touris sou pi gwo
pati litoral sid Ayiti a ann echanj konstriksyon yon wout. Nan yon
lòt ka, yo jwenn yon jewològ ameriken. Pou yo rekonpanse l pou
aktivite pwospeksyon min, yo ba li yon pati nan enterè gouvèn-
man an nan komèsyalizasyon pit.

Melanj politik ak afè sa a jwenn yon nouvo ekleraj an 1963, lè
Sena ameriken tap ankete sou ajisman yon trafikan ki gen anpil
enfliyans, Wobè G. Bekè (Robert G. Baker), zanmi l yo rele l Bòbi.
Yon sèten epòk li te sekretè fiti prezidan Djonnsonn (Johnson) lè l te
lidè majorite a nan sena a. Komisyon estati yo pwodui yon dosye ki
di Heychann Amerikann Mit Paking Konmpani (Haitian-American
Meat Packing Company) espòte machandiz li nan direksyon Etazini
ak Pòtoriko. Se yon bagay ki pa gen sans lè w konnen ann Ayiti se
dizèt pèmanan. Bekè touche yon komisyon yon senn pa liv. Sa k pi
grav la yo akize l, li te ede sosyete alimantè a jwenn pèmi ameriken
pou l ekspòte. Pou jwenn pèmi sa a, fòk ministè agrikilti bay fevè,
apre enspeksyon ki konkli règ ijyèn ak kontwòl pwodui a konfòm
ak nòm ameriken yo. An 1961, yon reprezantan anbasad ameriken
te fè enspeksyon an enpi li te refize delivre pèmi an pou « sètèn
defisyans ». Ann apre, y ap bay li.

Komisyon an revele gen manm fanmi gwo richa teksan Klintonn W. Mèchinson Jr. (Clinton W. Murchinson Jr.) ki gen yon minotri ann Ayiti. Soti 1e jiyè 1961 rive 30 septanm 1963, Heychann Amerikann ekspòte 5 237 242 liv vyann, prensipalman sou Pòtoriko. Okòmansman, etablisman sosyete sa a te sanble yon bon afè pou Ayiti. Li te ranplase yon vye abatwa diznevyèm syèk ki te konn anpeste Lasalin plis toujou. Li te tou pre dòk yo. Vyann anpakte sa a te twò chè pou Ayisyen yo; yo te plis konn achte l sou fòm boulèt bon mache. Izin nan te gen monopòl, men li pa t ka fè yo respekte l. Bouche yo ki te nan lari, te koumanse touye bèt an kachèt, anba pon, dèyè kay, nan lakou, yon seri kote ki pa gen kondisyon ijyèn, san enspeksyon veterinè tou. Se nan anbyans sa a M. Bekè te vin parèt.

Divalye pa kite okenn sous revni chape anba men l. Yonn ladan yo rele O. J. Brant (Brandt). Se yon Jamayiken. Gen senkantan li te rive Ayiti kòm ti anplwaye labank. Li fè fòtin nan kafe ak twal. Toujou sijè britanik, Brant al Jamayik yon jou. La, yo fè l konnen li entèdi de sejou ann Ayiti. Li ranje sa, apre l fin achte bon Leta pou valè de milyon dola. Pou l ranbouse bon yo, dayè se pa premye acha kon sa Jamayiken an fè, Divalye mete yon taks espesyal sou esans lan, enpi li kredite l tout.

Divalye Lan Dis la pa yon diktatè kè kontan. Kòlè l pa gen limit. Lè l bouke lite kont vye denmon yo, li anvi kraze kèk nan fanatik li yo li te bay pèmi fè fòtin. Moun ki met nan tèt yo y ap respekte yo poutèt fonksyon ofisyèl yo ranpli, Divalye renmen imilye yo. Yon jou gen yonn nan ra reyinyon kabinè kote plizyè òmdafè etranje te la, yon minis vin plenyen ba Divalye yon milisyen manke l dega nan pòt la. Papa Dòk esploze, li flank li yon souflèt:

Je peux trouver un nouveau ministre au premier coin de rue, mais un homme comme ce garde esttrè difficile à remplacer. Il s'est battu pour moi et continue à me protéger au péril de sa vie.[232]

Apre epizòd Dominik lan ann avril, gen yon premye netwayaj ki fèt. Li ranvwaye Jan Jilme (Jean Julmé) minis Enteryè ak Defans nasyonal,

---

232 M ka jwenn yon minis nan nenpòt kwen lari, men yon nonm kou gad sa a trè difisil pou m ranplase. Li goumen pou mwen, epi, l ap kontinye riske vi li pou l pwoteje m.

Liknè Kanbwòn (Luckner Cambronne), minis Travo piblik. Divalye pral bay yon bourad nan revokasyon Jilme ak Ramo Estime (Rameau Estimé). Kòm minis enteryè, li nonmen Moril Figaro (Maurille Figaro), yon nonm ki depi douzan okipe fonksyon sekretè patikilye prezidan an. Li rann li devan Palman an ki rasanble 27 jen, enpi, li akize Jan Jilme ak Estime, yo toulede depite, kòm kwa yo se trèt.

> « ... Le peuple crie vengeance ... Le peuple adore son Chef et le Chef aime son peuple ... Le pain n'arrive pas jusqu'au peuple parce que des mains invisibles le volent au passage... Aussi longtemps qu'il se trouvera une main pour dérober le pain que Duvalier tend au peuple, il y aura une tête à couper... »[233]

Elokans Figawo a pwofetik. Ann oktòb, li disparèt tou. Se doktè Orèl Jozèf (Aurèle Joseph) ki ranplase l nan ministè a. Orèl te deja nan ministè sa a oparavan. Lè Divalye te jèn li te kolabore avèk li nan batay kont pyan.

Anvan l disparèt la, Figawo te gen tan prezante yon pwojè lwa nan Palman an. Depi w chache azil nan yon anbasad etranje se yon krim ou komèt. Moun ki bay azil la, pèsonèl anbasad yo, yo fèt pou konsidere kòm konplis. Refijye yo ap pèdi nasyonalite yo, enpi, y ap konfiske byen yo. Pwojè a pase alinanimite. Ann out, Palman an vote dekrè ki denonse kat konvansyon sou kesyon dwadazil, peyi Amerik latin yo te siyen.

Gen yon kou sanzatann ki frape Divalye kounye a. Se doktè Jan Prays Mas (Jean Price Mars), papa Negritid tout moun konnen an, ki ba li l. Li kontinye yon gwo polemik ak doktè Rene Pikyon (René Piquion), yonn nan premye patizan negritid la. Li fèk sot fè parèt yon ti liv li rele *Lettre ouverte au docteur Piquion* pou l reponn *Manuel de Négritude* Pikyon te sot pibliye a. Sosyològ, istoryen ayisyen ki gen plis pase katrevensizan deklare fòk nou pa konfonn pwoblèm klas ak pwoblèm koulè.

> «En fait, depuis l'origine même, la réforme de Toussaint Louverture a divisé la population de Saint-Domingue en deux catégories bien distinctes, d'une part la classe gouvernante, de l'autre

---

233 ... Pèp la kriye vanjans ... Pèp la adore Chèf li, epi Chèf la renmen pèp li... Pen an pa rive nan men pèp la poutèt gen men envizib k ap vòlè l lè l ap pase... Toutotan gen yon men k ap vòlò pen Divalye lonje bay pèp la, ap gen yon tèt pou yo koupe...

la classe majoritaire des asservis sur lesquels s'est édifiée la pyramide économique de la nouvelle société. »[234]

Desalin pa t chanje anyen nan chapant sosyo ekonomik sa a yo. Selon Prays Mas, li enteresan pou remake, nan de ka a yo, klas ki o pouvwa a, li gen Nwa, li gen Milat. Opinyon pa li, ne pwoblèm ayisyen an, se pa yon pwoblèm rasyal, men yon pwoblèm sosyal. Tèz li a rejte tèz Divalye ak Lorimè Deni ki nan baz doktrin politik Divalye a, kòm kwa pwoblè klas la, li fè yonn ak pwoblèm koulè. Anvan tèz Prays Mas la pibliye, Divalye te deja kontredi pwòp teyori pa l la. Kounye a, li mete ni Nwa ni Milat bò kote l. Yonn nan konseye l ki pi entim, madan Senviktò, se pa yon Milatrès ? Lè l gen pou l chwazi ant de bofi l yo, se pa Lik Albè Fouka li chwazi, olye Maks Dominik ? Kanmenm, Lèt tou ouvè Prays Mas la, pa ka pa twouble Papa Dòk. Dayè, li entèdi enprime l. Yo konfiske tout nimewo ki soti yo, menm sa otè a te gen nan men l lan.

An plen, pandan koze Dominik lan cho a, Ekwatè koupe relasyon diplomatik ak Ayiti. Houlyo Prado (Julio Prado), minis Afè etranjè li deklare yo pran mezi sa a poutèt:

« attitude obstinée du gouvernement... contre l'institution humanitaire du droit d'asile et son dédain des droits essentiels de la personne humaine ».[235]

Yon lòt fwa ankò, komisyon entèamerikèn dwa moun eseye ankete. Yon lòt fwa toujou Ayiti refize bay reprezantan l yo dwa vin ankete sou plas. Pa gen ransèyman kap kominike non plis. Yon lòt òganizasyon ki depi lontan pa menaje kritik li pou rejim nan rezime nan yon rapò sevè nouvo devlopman yo ann Ayiti. « Commission Interaméricaine des Juristes » ki tounen toujou, denonse Ayiti kòm peyi ki pi pòv nan « Amerik Latin nan, konsekans dirèk enkonpetans, enbesilite ak kòripsyon gouvènman l lan. Asosiyasyon

---

234 An reyalite, depi okòmansman, refòm Tousen Louvèti a divize popilasyon Sen Domeng lan an de kategori byen disteng, yonn se klas dirijan lan, lòt la se klas esklav yo ki an majorite. Se sou li yo konstwi piramid ekonomik sosyete tou nèf la.

235 Atitid gouvènman an k ap fè tèt di ... kont enstitisyon imanitè dwadazil, epi mepri li afiche pou dwa moun.

entêamerikèn de près refize kandidati de kotidyen ayisyen. *Motif: pour être éligible, un journal doit être indépendant du gouvernement de son pays.*

Lan Dis fini yon fason ki nòmal. An septanm popilasyon Kap Ayisyen an manifeste piblikman kont otorite yo. Moun yo desann nan lari ak kri : « Aba la mizè ! Aba lafen ! » Sou mi Enstiti Ayisyano amériken yo pentire : « Viv okipasyon an ! » Yon fason pou yo di yo pito prezans twoup amerikén yo pase yo rete nan yon mizè ki p ap fini. Reyaksyon gouvènman an pa soti nan chema klasik la. Yo voye Tonton Makout. Prezidan an pase lòd fèmen enstiti a ki te òganize klas angle yo, enpi, li te releye sèvis enfòmasyon yo tou. Yo raple direktè a.

8 novanm gen yon ti ensidan k pase ki rete nan ton evennman ki te pase nan dis dènye ane yo. Anfen Ayiti tounen yon nasyon sivilize granmèsi Papa Dòk. Alèkile Ayisyen yo konn hòldòp (hold-up) tou. Sa k te pase jou sa a. ou ka mezire l ak Djesi Djems (Jesse James). Men ki jan Le Maten rapòte l :

> « Quatre individus armés se sont enfuis en emportant 77 800 dollars. Le hold-up s'est passé à huit heures du matin. Il s'agit là d'une opération d'envergure, exécutée avec une audace et une vitesse déconcertante. »[236]

Jounal la di direktè bank lan asiste agresyon an lan fenèt biwo l, dapre deklarasyon l. Twa nan nèg yo pa menm okipe mete mas nan figi yo oubyen degize. Lavèy, pandan lanui, bandi yo te vòlè yon ti otobis ki sèvi pou mennen ti moun lekòl, apre sa yo penn de kwa wouj sou li, enpi, yo enstale sirèn. Yo kenbe temwen yo sou pwent zam, yo hise kòfrefò bank lan abò veyikil la, apre sa, yo demare ak sirèn. Lè yo fin kite vil la, yo prese debarase tèt yo ak kòf vid la, yo lage l sou yon chemen travès enpi yo disparèt nan lanati. Ki moun vòlè yo te ye ? Jis jounen jodi, pa gen moun ki konnen. Anpil Ayisyen kwè se yon lòt fason pou Papa Dòk ak akolit li yo fè enpo antre. Gen lòt ki di se Tonton Makout yo ak benediksyon prezidan an. Yo pase lòd

---

236 Kat endividi ame pati ak 77 800 dola. Hòldòp la fèt a uitè di maten. Se yon konkennchenn operasyon gran fòma ki fèt ak anpil odas nan yon tan rekò.

fouye tout machin kap kite Pòtoprens. Nan ayewopò a yo fouye pasaje k ap pati yo. Kapab gen yon lyen ant hòldòp la ak pakèt blesi espyon nimewo 1 Divalye a te resevwa nan men Elòys Mèt (Eloïs Maître) nan yon fiziyad ki fèt 7 desanm nan ayewoppò a. Epizòd sa a, pral fini ak lanmò kapitèn Dèlva ki rete san esplikasyon. Li te ranplase madam Maks Adòlf nan direksyon Fòdimanch, fò lanmò a. Kilès ki pase lòd tire ? Kilès ki te gen dwa sa a, si se pa Papa Dòk ?

Machin laterè Divalye a fonksyone san ratman, se pa yonn ou de tanzantan. Li mache trankilman pou l pa kontrarye touris la. Anpil etranje iyore egzistans li.

Pou l byen parèt devan vizitè yo, Divalye pran yon nouvo dekrè o kòmansman desanm. Tout moun oblije pentire kay yo. Menm moun ki rete nan site ouvriye yo oblije fè l. Se kon sa yon kominike ki soti 7 desanm bay jisko 15 pou moun site Sen Maten yo repare fasad kay yo. Moun ki pa fè sa merite sanksyon. Nan yon lòt kominike 15 desanm tout bòs ki konn pentire konvoke nan otèl de vil pou yo deside ki pèn y ap bay moun tèt di yo.

23 desanm, li pran yon lòt mezi. Lasalin, bidonvil katye dòk yo boule, li pase anba bouldozè. Yo pa menm avèti moun yo. Yo pa mete yo nan lòt lojman. Sèten al plante tant yo Dèpre (Déprez), yon sektè rezidansyèl ki nan pye mòn ki dominen Pòtoprens yo. Se la yo rekonstitiye kounouk kote yo te chase yo a. Yo boule ti kay yo, yo fè yo ale ankò. Yon fwa yo fin raze Lasalin ou ka wè malere yo chase yo ak ti chay yo sou do yo y ap pwonmennen nan sa k te katye yo a.

Dizan Divalye yo, se yon bilan plen san. Lènmi l yo, sa ki vrè, sa li soupsonnen yo, yo swa likide swa egzile. Fewosite Divalye pote a, se sèl Desalin ou ka konpare avèk li. Omwen revolisyonè sa a gen eskiz li te konn sa yo rele kout fwèt esklav la. Sou plan politik ak ekonomik Divalye reyisi konsolide pouvwa l. Li menm rive gen mezi prestij li lè l defye Etazini san anyen pa rive l. Sansès li netwaye lame a, kochma tradisyonèl tout diktatè ayisyen. Non sèlman li òganize l li reprann relasyon ak vwazen dominiken yo, men li jwenn asirans yonn pa gen dwa atake lòt kòm nan bon moman l ak Twouyilyo yo. Moun nan ansyen konplis li yo ki gen twòp memwa oubyen yo nan fòs komin tankou Babo, swa ann egzil tankou Tasi, swa an disgras kòm Liknè Kanbwòn. Nèg sa a rekonvèti nan lèzafè. Li okipe l de kafe. Li toujou sou siveyans lapolis. Li fè kò l piti, li timid. Yon jan pou yo pa wè l. Lè w byen konsidere, lè w konpare atou Papa Dòk te gen nan men l yo ak sa advèsè l yo te genyen ou fèt pou wete chapo devan jan l byen jwe pati pòkè politik la.

Men, gen yon rezèv. Nou fèt pou n rekonèt tou, si Divalye te rive kranponnen nan pouvwa a kon sa, se granmèsi lènmi l yo. Sòtiz yo komèt yo depase limit, menm jan jimnastik prezidan an fè yo rive nan yon degre entèlijans siperyè..

Sou sèn Gran Giyòl sa a, kote fou ri vin apre kanaj la. Yon senèt pral jwe 20 me 1968 nan maten. Jou sa a, yon B-25 detache nan yon syèl bledazi pou l parèt sou tèt palè prezidansyèl la. Aparèy la lage kichòy ki gen fòm silenn. Lè l rive atè, konntenè a ouvè, yon pake ki gen fòm kare soti l al rikoche sou mi palè a. Se pwobableman trak. Nou p ap janm si. Espeditè selès yo te neglije delage koli a. Trak yo pa t ka gaye. Bonbadye a vire lantman, li pase sou tèt rezidans prezidan a vi a. Yon lòt silenn ateri, li pa menm ouvè.

Katrè pase san okenn ensidan. Epi yon monomotè Cessna amenaje pou l resevwa yon fret mande pèmisyon pou l poze nan ayewopò Okap la. Apèn yo mete pye atè, pasaje yo koumanse dirije yon tir woulan, ak mitrayèt yo sou tou de kontwol la, sèl ouvraj militè, sèl konstriksyon an ou ka wè nan yon reyon de kilomèt edmi. Kwak tou a literalman raze, pa gen moun ki reyaji. Se lè syès.

Chedèv presizyon militè Cessna a gen B-25 ki suiv li. Limenm, lè l fin redui Pòtoprens an sann, li tounen nan baz li, yon zile Bahamas. Se la, li anbake yon ventèn avantirye ak lòt vatangè. Sa a yo mete teni kamouflay yo pou sikonstans lan. Ou toujou ka wè etikèt ki koud la ; « chasse au gros gibier » ; stil Bwodway. Fwa sa a yon moun nan tou a gen lè ouvè yon je l, li sonnen alèt. Trè rapidman chasè enpwovize yo tounen gwo jibye nan pwent fizi nèg gouvènman an yo.

Adèp onomansi, Divalye kwè nan prezaj nonb yo. Selon prensip sa a, li deside 22 se jou pa li. Se 22 me li fè transpòte prizonye yo Pòtoprens. La, se Chèf revolisyon an, Gran Pwotektè komès ak endistri a ki pral entèwoje yo. Yo te disparèt de sikilasyon an, men diran lontan, B-25 yo a rete espoze nan ayewopò Franswa Divalye anvan yo ajoute l nan fòs frap aviyasyon ayisyèn nan.

Pou kòmanse minis Papa Dòk yo pral egzekite yon nimewo yo te prepare depi lontan. Yo jwe sou kòd sansib Etazini ki toujou gen obsesyon kominis; yo jete fot la sou Kastwo. Se li ki moute afè a. Divalye, bò pa li fè manèv l abitye fè nan ka sa a yo. Li depoze yon plent bay O.E.A. ak O.N.U. Toulede anrejistre kòm sa dwa. Se kon sa uityèm tantativ envazyon an fini.

Omoman n ap ekri liy sa yo, li prèske si gen yon nevyèm espedisyon kap prepare kèk kote. Opozan lòt tandans dwe moute yon dizyèm deja pou vin an fas nevyèm nan. Si yonn nan tantativ sa a yo kap plede rekòmanse a ta rive reyisi, sa k tap pase ? La a nou nan domèn sipozisyon. Fotdepen Ayiti viv ak espwa pou l wè diktati a disparèt ak diktatè a. Jou sa a, bèl tè sa a, kwak li ravaje, l ap kapab anfen antre nan ventyèm syèk la sou lidèchip kèk nèg ki gen sans reskonsablite. Se pa plan pou redrèsman ki manke.

Wi··· men··· pou le moman, fò w konte ak yon faktè ki asire perenite yon chema tradisyonèl, yon varyab endepandan okenn ekwasyon pwogrè pa fouti swa entegre, swa rejte. Jou apre jou, mwa apre mwa, ane apre ane, papa vennde ap twone nan enòm biwo kajou li. Nan miwa siperyè a tou pre l, gen yon revòlvè gwo kalib, ‑ pa vennde ‑ ak yon bal o kanon.

Li kontinye plenyen Etazini pa konprann li. Fanatik li yo, asosyel yo, lemonn antye pa konprann li. Anfas biwo a, yon balkon. Li chita la souvan, tanto pou rele sou foul la an begeyan ak vwa pike epi vwa nan nen, mak fabrik moun lwa Gede moute, yon lòt lè se pou l admire yon solèy twopikal kap kouche. Sa konn rive tou l ap kontanple, kichòy ki transpòte l byen lwen, gwo estati an bwonz Nèg mawon an, ki ranplase estati Tousen Louveti a.

Sou balkon an, Papa Dòk ka admire espektak sou reny li. Yo prezante sou pi bon ang yo. Premye a se nouvo syèj Direksyon dèzenpo, yon imèb byen wo ki gen bèl aparans. Lòt la jis lòtbò lari a. Se long batis jonat ki ebèje lapolis la. Yo rebatize yo Kazèn Franswa Divalye.

Pòsfas

$2$6 mas 1969, geriya ki opoze depi dizuit mwa manm Pati Unifye

Kominis Ayisyen yo ak rejim nan, li make ak yon koudekla. Militan an yo ankadre yon bann peyizan ki pran ti vilaj Kazal la jou sa a. Yo rete la diran sizèdtan. Kazal sitiye nan Chèndèmate (Chaîne des Mateux), yon senkantèn kilomèt distans ak Pòtoprens. Debi avril, yon kòmantè kominis dekri epizòd la kòm:

« une action de type classique dans le contexte de la lutte révolutionnaire à ses débuts. « L'affaire de Casale, est-il dit, a une portée historique. »[237]

An reyalite se premye fwa vrè revolisyonè chache kolaborasyon sitwayen k ap viv nan mòn yo; yo pwofite okazyon an pou esplike yo lit P.U.C.H. la fè yon sèl ak lit pèp la, enpi, lè a rive pou pèp la antre nan batay la. Apre sa se yon apèl pou yon leve kanpe : Se pou tout Ayisyen leve kanpe, pote kole ak tout fòs revolisyonè yo, enpi kontinye konba ki koumanse nan Kazal la. Konba sa a, se yon premye pa nan lit pou liberasyon nasyonal la···

Sepandan, Bagay Kazal la pral vire an favè Divalye. Konsiy yo ap soti nan Palè nasyonal kòmdabitid: tout moun yo soupsonnen ki senpatize ak kominis yo fèt pou likide imedyatman. Bri a rive vit anlè a, yon lòt tanto jenn kominis yo pa pe jwenn okenn moun pou ede yo. Pi fò nan rekri yo abandone etid yo ann Ewòp pou yo antre

---

237 Yon aksyon klasik nan kontèks lit revolisyonè ki fèk kòmanse a. Afè Kazal la genyon dimansyon istorik.

an kachèt ann Ayiti vin pran zam kont Divalye. Depi fen avril, yo
lage nan kouri, yo pa gen lajan ankò ak zam, gen ajan Papa Dòk ki
antre nan sen yo tou. Lendi 2 jen, militè yo pran plezi pou y anonse
yo te angaje yon konba ak yon gwoup 22 kominis, yo touye tout.
Kad la se yon kay ki nan ri Maten Litè King (Martin Luther King),
Pòtoprens. Jan nou pral konnen l, fab la kòresponn ak reyalite a. Se
kon sa yo likide Komite santral P.U.C.H., yon mwa anvan gouvènè
Nèlsonn A. Wòkfelè (Nelson A. Rockefeller) vini. Fòk nou di sèl bon
akèy yo fè reprezantan Wachintonn nan nan toune sid ameriken
li se akèy Ayisyen yo. Divalye pa manke yon okazyon pou l afiche
antikominis fawouch li nan sikonstans lan. Èske yon patizan zele
Etazini tankou l, pa merite èd Etazini ?

Pami viktim yo gen de frè Sansarik (Sansaricq), Adriyen (Adrien)
ak Danyèl (Daniel). Yo te mete yo bò kote revolisyonè yo apre
divalyeris yo te fin masakre fanmi yo Jeremi an 1964. Jeral Brison
(Gérald Brisson), yon chèf prestijye, sèvo premye wòldòp (Hold-up)
kont yon bank, aksyon li mennen kont pòs militè, egzekisyon plizyè
chèf seksyon Tonton Makout... Plizyè douzèn lòt aktivis reyèl ou
sipoze, tonbe tou. Yon travay òganizasyon ki te pran plizyè ane redui
a zewo ak eliminasyon brital dirijan P.U.C.H. yo.

Desanm 1968 wè retou nan peyi a, "pitit fi espirityèl Papa Dòk,
Mari Deniz, ti non li se Dede. Li tounen sot nan yon egzil ewopeyen
dizui mwa, avèk pwojè revolisyon nan palè. Tounen li tounen lakay
li a, fanm ki gen tèt sa a, li poze kondisyon. Se vre papa l mande l
tounen, men li pran prekosyon l tou. Li kite pitit li, ti Aleksann, dèyè,
mari li Maks ak yonn nan sè li yo, Simòn. Kòm li lib pou l remete
lòd nan kay la, li pran reskonsablite revoke madam Senviktò, sekretè
papa l la, enpi li pran plas li. Papa Dòk oblije mòl kò l. Pami douzèn
koutizan ki pèdi avantay yo te konn jwenn yo ke Dede mete deyò
nan palè a, gen Pyè Novanm (Pierre Novembre), ougan ofisyèl Papa
Dòk enpi ki la pou goute manje chèf Leta a pou pwoteje l kont lènmi
ki ta vle anpwazonnen l.

16 mas 1969, sè kadèt la rive ak ti Aleksann, ak enfimyè l ki
fransèz. Divalye anjwaye, li fyè, li granpè. Li tyen aske l al akeyi
pèsonèlman pitit pitit li nan ayewopò Franswa Divalye. De   jou

apre, le 18, se Maks ki ateri an konpayi madanm li. Yon jounal nan Pòtoprens ekri « Le gratin du Duvaliérisme était présent ». Sa jounal la pa di sèke malgre tout bèl manifestasyon sa a yo, anpil ofisye siperyè ap mande ki sa k ap tann yo, sitou sila yo ki te fè pati kou masyal ki te kondane Maks a mò yo. Ak sila yo ki te apwouve santans lan apre sa.

Lyetnan kolonèl Maks Dominik soti lwen··· se pa jwèt non. Yo egzekite meyè kanmarad li yo nan lame a, frè l yo te oblije mande azil politik, papa l pase nèf mwa nan prizon. Okap Ayisyen anpil Tonton Makout yo te sispèk ki rete fidèl ak li, yo likide yo oswa yo mete fen nan karyè yo, avansman yo konpwomèt. Kounye a, men Maks ki sanble yon nonm ki pa t janm an movèz posti.

8 me rive Divalye fè yon dezyèm kriz kè, si nou ka fye nou sou kominike doktè l yo. Alò, Mari Deniz pran renn pouvwa a, Papa Dòk tounen Manman Dòk.

Konvalesans onorab pasyan an deranje ak yon ensidan ki vin tounen yon woutin. Yon kadrimotè « Constellation » parèt nan syèl kapital la 4 jen nan maten, li lage yon douzèn konntenè esans sou vil la. Byennantandi palè a ki ta dwe boule, yo pa menm touche l. Red la deklanche yon bèl panik nan Pòtoprens kote twa moun mouri. Ladan yo gen yon ti bebe ki mouri dapre kominike otorite yo. Rezèvwa l yo transfòmen an paswa, asayan an yo al refijye Fripòt, Bahamas, enpi yo entène ekipaj la. Gen yon demi douzèn Ameriken ak de Ayisyen. Yonn nan Ayisyen yo se pa lòt moun ke kolonèl Rene Leyon (René Léon). Se te dènye atanta li kont vye lènmi l lan, Divalye. Yon atanta ki pa reyisi, menm jan ak lòt yo. Antretan, Divalye esplwate ensidan an; li pretann Kiben yo atake l. Li rele Ameriken vin ede l.

Ane 1970 la make reyinyon klan Divalye a, an wetan Lik Albè Fouka (Luc-Albert Foucard). Nikòl reyisi divòse avèk li. Li rete aletranje menm jan ak sè li, madam Senviktò k ap viv pèzib an Florid. Touris rekòmanse desann sou Ayiti pa bann e pa pakèt. Mayk Maklaney (Mike Mclaney), yon jwè pwofesyonèl ameriken, ap reye sou destine kazino entènasyonal la.

4 avril 1970, Papa Dòk deside gen yon nouvo konplo ki menase l. Yo mete ranmase moun yo sispèk. Pami sivil yo met nan prizon yo, gen yon ansyen patizan Divalye, Leyons Bòd (Léonce Bordes) ki sikonbe nan prizon an anba yon kriz kè. Pou bò kote militè yo, yo arete kolonèl Kesnè Blen (Kesner Blain), ak kèk ofisye pi ba ran. Yo entèwoje yon lòt kolonèl, Oktav Kaya (Octave Cayard), kòmandan gad kòt. Enpi 24 avril nan maten, sanble Divalye deside kwizinen kèk nan nèg Kaya a yo. Lè lòd rive nan gad kòt pou yo arete Kaya, mouche te yon divalyeris lwayal aparaman jiska midi jou sa a.

Kaya bay flotiy li a lòd apareye pou y al bonbade palè prezidansyèl la. Pandan vennkatrè batiman ofisyèl yo ap sibi kout zam tanzantan, men tire yo pa presi. Se twa vye rafyo ki te la nan tan lagè. Divalye konfimen ann apre rebèl la ba li yon iltimatòm pa radyo pou l rann tèt li. Sepandan, vike kanon l yo pa fè gran efè, yon lòt kote epizman minisyon yo ak viv, Kaya pase lòd mete tèt yo nan direksyon baz amerikèn Gwanntanamo, Kiba. Lè yo rive la, batiman ameriken eskòte yo jis Pòtoriko. Sandiznèf òmdekipaj mande azil, yo akòde yo l. Se sèl yon milat ki chwazi antre ann Ayiti. Pitit yon endistriyèl ki rich. Papa Dòk rekipere flotiy la yo radoube antretan, li rebatize l *Marins* ayisyèn.

Soulèvman sa a yo pa bay bon rezilta sou sò Papa Dòk, sepandan sante l deklinen rapidman. 12 novanm li gen yon atak. Mari Deniz ak Maks Dominik vin sot an Frans ak twa espesyalis. Bri koumanse kouri, Papa Dòk rive nan fen kous la ; laprèv, seremoni jou fèt lame 18 novanm se Jan Klod Divalye pitit prezidan an ki twò byen nouri a , ki prezide seremoni yo. Yo fè yon seremoni trè senp nan palè a. Yo dekore militè yo, twa medsen franse yo k ap swaye Divalye, papa a. Vèdik yo gan lè pa ankourajan piske yonn nan premye inisyativ pasyan an se asire siksesyon l. Yon bagay konstitisyon 1964 la pa t prevwa.

Yon endiskresyon *Nouveau Monde* 23 novanm ki kòz yo retire edisyon an an sikilasyon, bay yon ti apèsi. An premyè paj, yon editoryal fè lektè yo konnen:

« C'est dans cette optique que l'Honorable Président Duvalier a fait choix de son fils Jean-Claude pour la continuité de son œuvre de réparation. Aussi a-t-il tenu à ce que la projection de l'avenir soit présente auprès de cette jeunesse dans toutes les manifestations de la vie nationale ».[238]

Pwomosyon jennonm respektab sa a vini ak yon restriktirasyon konplèt wo kòmannman lame ayisyèn nan. Apre yon rekò sizan kòm kòmandan an chèf lame a, yo ranplase jeneral Konstan pa kolonèl Klod Remon (Claude Raymond), pwomi jeneral brigad pou sikonstans lan. Diplome nan akademi militè Meksik, Remon te deja nan tèt Gad palè a, milis la tou. Li paran ak Papa Dòk. Li se fiyèl li. Kounye a karyè Janklod kòm « *successeur désigné à vie* » papa l ki prezidan, depann de li.

Nan diskou li fè 2 janvye 1971 lan, alokazyon Jour des Aieux, Divalye konfime li vle fè plebòy gwo figi a vin eritye l. Li deklare

« A ce propos, déclare-t-il, je crois venu le temps de lever une certaine confusion qui a marqué la vie publique à la fin de l'année dernière. A l'occasion de mes quelques jours de maladie, profitant de certaines délégations d'autorité à mon fils Jean-Claude, mille plans semblent avoir été échafaudés par les politiciens à l'affût d'une crise de pouvoir ou d'une vacance du siège présidentiel. Comme des fourmis contrariées, ceux qui font profession d'être mes amis – pour les autres, on sait à quoi ils rêvent – paraissent avoir erré ici et là à la recherche de la planche de salut qui leur assurerait bien chaude leur position confortable. Et pourtant, depuis bientôt six ans je n'ai cessé de répéter à l'occasion que, le moment venu, je remettrais le pouvoir à la jeunesse.

« Des oreilles plus attentives, tout au moins plus sagaces, auraient dû capter et comprendre le message. Ce n'était pas artifice littéraire ni vain désir de flatter la jeunesse. Mes intentions étaient sincères. Elles sont devenues décisions fermes au fur et à mesure que les années ont passé... Si nous voulons assurer la pérennité de notre révolution, lui insuffler de nouvelles vigueurs, c'est vers la jeunesse haïtienne qu'il faut nous tourner... Et pourtant, nous savons tous que César Auguste à dix-neuf ans prenait en main le destin de Rome et que son règne demeure le siècle d'Auguste...

« Toutefois, à cette jeunesse haïtienne que j'ai décidé de faire l'héritière du pouvoir politique, le temps venu, j'offrirai et je proposerai un leader. Il s'agit d'un citoyen qui a pu suivre de près les affaires de mon gouvernement, que je me serai attaché à instruire des réalités de ce pays, que j'aurai initié petit à petit au gouvernement de la Chose publique. Il sera digne de porter et de transmettre

---

238   Se nan lide sa a Onorab Pprezidan Divalye chwazi pitit gason l Janklod pou l kontinye fè travay reparasyon an. Se poutèt sa li tyen aske pwojeksyon avni an prezan bò kote jenès sa a nan tout manifestasyon yo nan vi nasyonal la.

les fruits de l'enseignement que je lui aurai inculqué. Il sera assez lucide pour assumer la tâche au point précis où j'aurai trébuché. En résumé, il sera capable d'assurer la pérennité de la Révolution, aidé des forces saines et neuves de la Nation.

« Je compte l'associer de plus en plus à mes Actes san perdre mes droits constitutionnels ; je continuerai de le guider jusqu'à ce que mes forces me trahissent... J'envisage d'engager le processus légal et constitutionnel qui doit, le moment venu, faire de lui le continuateur incontestable de la Révolution. »[239]

13 janvye, se tou pa depite Liknè Kanbwòn pou l manifeste l. Men pwojè amannman li pwopoze a :

« La nation a opté pour la continuité en nommant pour successeur à son Excellence François Duvalier, président de la République à vie, son valeureux fils Jean-Claude Duvalier, espoir du peuple d'Haïti et leader national. Ce choix est judicieux si l'on considère les suprêmes qualités de cœur et d'esprit que possède un fils qui a vécu dans l'entourage immédiat de son illustre père quatorze années durant lesquelles il a partagé avec le Chef de l'État les épreuves et les victoires de la Révolution. Il est

---

239 An palan de sa, mwen kwè lè a rive pou mwen wete yon konfizyon ki nan tèt piblik la depi fen ane pase. Pandan kèk jou maladi m yo, kòm mwen te pwofite konfye pitit mwen Jan Klod kèk nan reskonsablite m yo, politisyen yo k ap gete tout tan yon kriz nan pouvwa a osinon yon vakans syèj prezidansyèl gan lè yo gen tan anvizaje mil plan. Tankou fonmi ki kontrarye, moun ki jire yo se zanmi m yo – pou lòt yo, nou konnen rèv yo – sanble yo t ap pwonmennen pa si pa la y ap chache bwe sovtaj ki ka pwokire yo yon pozisyon byen konfòtab. Poutan sa pral fè sizan depi mwen pa janm sispann repete lè lè a rive m ap remèt jenès la pouvwa a.

Moun ki pi vif yo, dimwen sa ki gen bon nen yo, te dwe kapte mesaj la epi konprann li. Se pa estil mwen t ap fè, ni se pa anvi mwen te anvi flate jenès la.

Mwen te byen entansyone epi m wen te sensè. Avèk le tan, entansyon m yo vin tounen desizyon fèm. Si nou vle revolisyon nou an dire lontan, refè fòs li, se sou jenès ayisyèn nan pou nou konte.... Poutan nou tout konnen Seza Ogis (César Auguste) te pran desten Wòm nan men li a diznevan epi ren y li rete « Le siècle d'Auguste ». Sepandan, jenès ayisyèn sa a mwen deside fè vin eritye pouvwa politik la, lè lè a rive, mwen pral ofri l e m ap pwopoze l yon lidè. Se yon moun ki reyisi swiv de prè tou sa k ap fèt nan gouvènman nan. M pral fè sa m kapab pou m fè l konnen reyalite peyi sa a, ti pa ti pa m ap prepare l pou l gouvènen repiblik la. Lap an mezi pote epi transmèt rezilta leson m ap ba li yo, l ap wè klè a se pou l pran mayèt la egzakteman kote m tribiche a. Orezime, l ap kapab pèmèt revolisyon an kontinye pi rèd ak konkou lòt fòs ki sen yo nan peyi a.

« Mwen gen lide mele l nan sa m ap fè yo san m pa pèdi dwa konstitisyonèl mwen yo ; m ap kontinye gide l jiskaske m pa kapab ankò. M ap anvizaje koumanse demach legal, konstitisyonèl la ki dwe fè l vin nèg ki pral gen pou l kontinye Revolisyon an san kontestasyon.

donc tout désigné pour compléter l'œuvre entreprise et le peuple d'Haïti a fait preuve de discernement en le choisissant. Ainsi la Révolution suivra-t-elle son cours, Duvalier succédant à Duvalier. »[240]

Douz diskou elòj suiv deklarasyon sa a, enpi yo adopte amann-man an, men leve.

Koutizan yo tire boulèt ki santi bon sou Janklod. Mouche separe ak papa l tout tit flatè sa a yo yo te rezève pou li a. Fonksyonè ak militè, òmdafè, boutikye, analfabèt, tout oblije vin manifeste pa ekri apwobasyon yo sou chwa nouvo prezidan avi a, jennonm ki gwòsè yon elefan yo te konn wè nan seremoni ofisyèl yo.

22 janvye, landemen piblikasyon amannman konstitisyonèl la nan *Le Moniteur*, yon seremoni envestiti san parèy fèt nan palè nasyonal la. Anba plim tiriferè Jera de Katalòy (Gérard de Catalogne), yon editoryal ki pote tit « Le Président Duvalier choisit son fils Jean-Claude comme successeur. » Ton atik la patetik.

« ...Et cette émotion se concrétisa, écrit de Catalogne, encore davantage quand le Chef de l'État annonça qu'en vertu de ses pouvoirs constitutionnels, il avait fait choix de son fils Jean-Claude pour lui succéder un jour à la Magistrature Suprême.... Aucun de ceux qui étaient présents ne pouvait même imaginer que ce cœur d'airain un jour ne battrait plus, que cette énergie indomptable connaîtrait la paix éternelle... »[241]

Lè yo li liy sa a yo, gen anpil moun kap mande tèt yo ki sa ki separe Papa Dòk ak lapè etènèl sila a.

31 janvye yon lòt maskarad eleksyon sou fòm referandòm. Chwa ki sou bilten vòt yo byen senp. Men ki jan l prezante:

---

240   Nasyon an deside kite bagay yo jan yo ye a. Li nonmen pitit Sonnekselans Franswa Divalye prezidan avi Repiblik la nan plas papa l la. Se yon nonm ki gen anpil kouray, se espwa pèp ayisyen, yon lidè nasyonal. Se yon bon chwa lè nou konsidere bon kalite siperyè li gen nan kè li, nan lespri li. Se yon pitit ki viv katòz ane bò kote yon nonm selèb tankou papa l, l ap pataje ak Chèf Leta a moman difisil yo ak viktwa Revolisyon an. Kidonk li tou la pou l fè rès travay ki koumanse a. Pèp la moutre li gen lespri lè se li l chwazi a. Kon sa, Revolisyon an ap rapousib ak Divalye ki pran plas Divalye.

241   De Katalòy ekri: ... Emosyon sa a, li pran chè tout bon vre lè Chèf Leta a anonse granmèsi pouvwa konstitisyon an ba li yo, li chwazi pitit li Jan Klod pou ranplase l yon jou nan pi gwo fonksyon Leta a... Pa gen yon moun nan asistans lan ki te ka imajinen yon jou kè ann asye sa a te ka sispann bat, enèji sa a pesonn pa sa donte a, ta gen lapè etènèl...

Le citoyen François Duvalier, Président à vie de la République, ayant le droit, suivant les dispo-sitions des articles 100 et 101 de la Constitution de 1964 amendée, de désigner son Successeur, a fait choix du citoyen Jean-Claude Duvalier pour lui succéder à la Présidence à vie de la République, selon le prescrit de l'article 102.

Ce choix répond-il à vos aspirations et desiderata ?

Le ratifierez-vous ?

Réponse : OUI.[242]

Rezilta: 2 391 916 « OUI », pa gen yon sèl «NON»

Malgre tout gran panpan ofisyèl ki antoure l, pa gen moun ann Ayiti ki te ka imajinen Janklod, ou tout lòt pretandan, te ka rete lontan sou pouvwa a, lè Papa Dòk al anba tè.

Sepandan lavi konyinye, enpi, diran pi fò nan mwa d fevriye a, pèp la fete Kanaval kòmdabitid. Nan semèn sa a yo, moun yo bliye mizè y ap viv depi syèk la, yo rekonfòte nan chalè rejwisans yo, anba kleren. Soupap sirte a byen fonksyone. Nou wè yon lòt fwa ankò kòtèj dansè kap fè tou vil la nan pousyè, y ap banbile dèyè ti djaz, y ap bouje, y ap gouye sou lè mereng: « Janklod···pou lavi··· ». Fwa sa a ankò Papa Dòk bay figiran yo satisfaksyon.

---

242 Sitwayen Franswa Divalye (Le citoyen François Duvalier), Prezidan avi Larepiblik, ki, dapre dwa dispozisyon atik 100 ak 101 Konstitisyon 1964 amande a ba li pou l deziyen ranplasan li, chwazi sitwayen Janklod Divalye (Jean-Claude Duvalier) pou ranplase l kòm Prezidan avi Larepiblik an règ ak sa atik 102 a preskri.
Èske chwa sa a konvni w, èske se sa w t ap tann ?
Ou bal a dezyon w?
Repons : WI.

Enpi yo etenn lanpyon yo

17 mas a onzè karannsenk, prezidan an fè yon aksidan serebwo vaskilè. Etranje ki vin prezante lèt kreyans yo, pa jwenn prezi- dan pou resevwa yo. *"Cas de force majeure"*. Yo raple medsen franse yo toujou pou vin asiste Divalye. 7 avril 1971, ka a anpire. Yon lòt fwa ankò se Mari Deniz kap gouvènen Ayiti ann atandan Divalye trepase. Anpil moun konnen li pa gen pou lontan ankò.

Jedi, Palè nasyonal anonse: *Port-au-Prince (Haïti), 22 avril 1971. – Le président François Duvalier est mort.*

Pitit Franswa Divalye a, Janklod Divalye (M. Jean-Claude Duvalier), nonmen prezidan.

Malgre tout konsè lwanj ak retorik klik Divalye yo ap adrese Divalye ak « revolisyon l lan », pandan trèz ane edmi gouvènman peyi a tounen yon sèk kap vire won sèlman: moun rich yo vin pi rich, pòv yo vin pi pòv, enpi gen plis pòv. Ansyen elit la vin pi asire nan pozisyon l ak privilèj klas li pèmèt li jwi, ak pisans ekonomik li. Kou Divalye mouri, anbasad ameriken reprann politik dominasyon li te pèdi pandan mouche te vivan an.

Sa ki pi frapan toujou, peryòd apre Divalye a, lame a te reprann wòl gadyen lòd piblik li enpi li te vin yon fwa ankò fòs majè nan vi politik peyi a. Divalye te sèvi ak Tonton Makout yo pou l netralize lame a, epi, kenbe pouvwa a. Bò pa yo tou, Eritye Divalye yo itilize lame a pou bride pouvwa mèt peyi sa a yo (seyè lagè). Sa esplike balans ki retabli an favè enstitisyon sa a.

Sosyològ ayisyen Lesli Manniga (Leslie Manigat) di nan yon atik li pibliye apre lanmò diktatè a

> « Sa ki fè de Divalye yon jeni politik se si tou kapasite li genyen pou l esplwate fay ki nan chapant sistèm ayisyen an. Li esplwate tou – li fè yon jan pou l pa korije l – konsekans psikolojik ak objektif enjistis mas riral, mas popilè yo viktim nan enterè mwens pase dis pou san moun nan popilasyon an. »

Li kontinye pou l di :

> « La crise haïtienne remonte au début de ce siècle, et le dénouement en a été différé par l'Occupation américaine de 1915 à 1934. C'est pourquoi Duvalier combina l'Haïti du 19e siècle et un pouvoir contemporain sous la pression du progrès du vingtième siècle. »[243]

Kou Divlye mouri yo remèt tout pyès yo nan plas yo sou tab echèk ayisyen an, jan y abitye ye a.

Avèk yon sèten klèvwayans Divalye antreprann yon travay difisil, reyini fanmi li an 1968. Twazan apre lanmò l fanmi ini sa a pran renn pouvwa a. Nan yon konferans pou laprès an 1968, Divalye te deklare, li bezwen pitit fi li a ak fanmi li ki egzile ann Ewòp, bofi li, lyetnan kolonèl Maks Dominik, yo kondane a mò annabsans li, lib pou yo antre lakay yo. Li kontinye pou l di :

> « Charles de Gaule avait rehaussé son prestige en pardonnant à ses ennemis ».

Li di l ap suiv menm egzanp lan. Malerezman padon an se pou fanmi li sèlman, se pa t pou kantite milye endividi sa yo ki disparèt nan prizon l yo.

Ak yon espès nayivte, li anonse gouvèman l lan p ap fonksyone ankò nan laterè.

> « Je souhaite, a-t-il dit à des reporters américains, que l'évolution de la démocratie que vous avez observée en Haïti soit un exemple pour les peuples du monde entier, en particulier des Etas-Unis, en rapport avec les droits civils et politiques des Noirs. »[244]

---

243   Kriz ayisyèn nan koumanse depi nan kòmansman syèk sa a. Okipasyon amerikèn 1915 pou 1934 vin voye finisman kriz la pou yon lòt lè. Se sa k fè Divalye konbinen Ayiti 19e syèk la ak yon pouvwa modèn k ap sibi presyon pwogrè ventyèm syèk la.

244   « Mwen swete evolisyon demokrasi a nou obsève ann Ayiti a ap yon egzanp pou pèp yo nan monn nan, sitou Etazini ak kesyon dwa sivil ak politik Nwa a yo.»

Mari Deniz te fè yon pitit pandan li te ann egzil la. Li te rele l Alexandre. Se te non gran papa l, byen ke se Divalye ki te pase lòd mete nonm sa a nan prizon. Divalye te koumanse asle tout moun ki te moutre yo twò zele nan kanpay kont Maks Dominik lan. Moril P. Figawo ki te ekri nan yon jounal k ap soutni mouvman divalyeris la: « *Il n'y a pas de place pour deux César* », te bat rekò manda ki pi kout kòm minis enteryè. Papa Dòk revoke l.

Pale de tounen Dominik lan mete an dout tout sipozisyon ki tap fèt sou moun ki gen pou ranplase Papa Dòk la. Ki moun li te pi renmen, ki moun li te ka chwazi pou ranplase l nan palè a.

Bofi l la, Lik Albè Fouka, mari Nikòl pitit fi l ki te premye ba li yon pitit pitit ki rele Natacha, te sanble tou deziyen pou sa, apre eliminasyon Dominik. Nèg ki kapab. Li devan bann nan nan gouvèn-man an. Pozisyon l kòm bofi epi chèf touris pouse l fè eksè nan bwè. Kat datou Fouka se te madam Frannseska (France) Senviktò, gwo sekretè prive Papa Dòk. – Eminans griz. Pandan onzan, gouvènman Papa Dòk la pa gen okenn sekrè pou madam Senviktò. Se sèl Papa Dòk ki te kapab mezire pouvwa l avèk li.

Yon ti tan anvan Nwèl, Mari Deniz tounen nan peyi a pou l vin fikse kondisyon retou fanmi li. Papa Dòk vin piti devan l. Diznèf mwa anvan yo te akize mari l l ap fè konplo pou l jete Papa Dòk. pa t gen chape pou li. Kounye a, se Mari Deniz ki deklanche atak la. Avèk yon pèfeksyon diy de yon jenn Papa Dòk, Mari Deniz fè yon koudeta. Ak yon sèl kout bale, li netwaye zòn nan. Reny madam Senviktò pran fen. Prensipal objektif revolisyon Mari Deniz lan, se te sa. Li glise kò l adwatman, li okipe tit ak pòs madan Senviktò a. Yon pòs enpòtan li gade jis lè papa l mouri. Nou pa konn si l te prevni l ou non epòk sa a, men li pran swen prepare tranzisyon politik pasifik gouvènman an apre lanmò papa a.

Pou l rann koudeta a irevèsib epi anpeche entèvansyon Papa Dòk, Mari Deniz te kite pitit li, sè li Simòn ak mari l an Frans. Li sèvi ak retou yo kòm kondisyon ki ba li siksè total netwayaj prentan sila a li fè nan palè a. Se te yon fason pou l fè chantay ak Papa l, enpi sa te mache. Divalye te enpotan anvan aksyon pitit fi a fè a, ak konkou manman l. Pami kantite opozan li elimine yo te gen Pyè Novanm

(Pierre Novembre), fidèl goutè pou papa a, epi ougan ofisyèl palè a. Yo te konn kritike Papa Dòk pou vi sosyal li ak chwa zanmi. Anpil te fidèl ak li - demi analfabèt, Tonton Makout nan nivo ki pi ba sou nechèl sosyal la - Ak konkou nouvo zanmi li te fè Pari, Mari Deniz te deniche kèk valè sosyal li te eseye enpoze bay papa l ki te rann li kont konseye Makyavèl (Machiavel) li a pa t pran okenn dispozisyon pou dezagreman familyal sa a yo, Elas !

Dezyèm faz plan Deniz lan, li reyalize l 16 mas 1969, lè Simòn te tounen lakay li ak ti Aleksann epi nouris fransèz la ; limenm papa a te pase lòd egzekite mennaj li a. Franswa Divalye, gran papa fyè epi konble, al akeyi yo nan ayewopò a. Jan yon Divalyeris te fè remake l la, Aleksann se sèl moun ki te ka jwi afeksyon Papa Dòk.

De jou apre, 19 mas, anivèsè madan Divalye, Mari Deniz ki t al chache l Pari, tounen avèk bèl mari li. « Krèm » divalyeris la te kanpe pou vin akeyi l. Le Nouvelliste ki tap rapòte « gran moman » sa a siyale ke Papa Dòk sere bofi l nan bra l. Yon pakèt ofisye wo grade nan lame, ki te, selon lòd Divalye te pase yo, jije epi kondane a mò Maks Dominik, te malalèz pou jan bagay yo vire a.

Divalye pwofite ti absans Mari Deniz Pari a pou l fè madam Senviktò sove al an Florid. Avèk retou Dominik yo sou pouvwa a, klik Senviktò ak tout lòt ki te mare sosis yo avèk yo, an disgras toutbon. Nikòl divòse tikras apre ak Lik Albè Fouka ki ale Ozetazini pou yon tretman medikal trè spesyal. Ayisyen yo tap suiv entrig kou bizantin sa a. Yo te sispèk yon bagay. Yo pa t fè atansyon a jimnastik yon gwoup jenn patizan kominis ki te deside anplwaye de ane geriya tèworis yo pou yo asle gouvènman Divalye a.

Padan tan sa a, manm P.U.C.H. yo (Parti Unifié des Communistes Haïtiens) deklanche yon rebelyon nan vilaj Kazal, nan chèn montay Mate (Chaîne des Matheux), yon trantèn kilomèt nan nò Pòtoprens. Kominis yo te okipe vilaj la pandan sizè. Yo chase Tonton Makout yo ak sòlda regilye yo. Nan yon miting, kominis yo espoze rezon ki fè y ap goumen pou libere Ayiti. Yo gribouye eslogan sou mi ki masonnen yo nan ti vilajla.

Apre sa kominis yo fofile kò yo nan mòn yo avèk lame a ki lage de gidon dèyè yo. Se yon ansyen sèjan lame ki te nan Gad palè, ki tap gide yo.

Debi avril, piblikasyon kominis yo ak kominike pou laprès yo revele non Kazal (Casale) bay piblik la. Kominis yo deklare Kazal se yon travay enpòtan ki gen yon pòte istorik. « *une action importante qui a une signification historique* ». An reyalite se te premye fwa kèk vrè revolisyonè te chache soutyen peyizan nan mòn yo. Yo te esplike yo P.U.C.H. ap lite pou tout pèp la, moman an rive pou pèp la vin jwenn pati a. Yo te ensiste sou pwen sa a :

> « le temps est venu pour tous les Haïtiens de se lever, d'aider les révolutionnaires et de continuer l'opération qui a commencé à Casale et qui devait constituer le point de départ d'une lutte glorieuse pour la Libération Nationale ».[245]

Men, Kazal make yon pwen an favè Divalye. Mesaj abityèl la sonnen fò nan zòrèy nou : likidasyon nan mòn Kazal yo, abitan kominis yo gate yo. Aksyon kominis yo avòte poutèt yo pa t resevwa ni materyèl ni ranfò yo tap tann yo.

> Montés en épingle par la publicité, dans le monde, les jeunes gens qui s'étaient si adroitement infiltrés en Haïti, après leurs études en Europe, avaient étonné par leur audace. Leur identité était tenue secrète, tandis qu'ils commettaient des actes de terrorisme contre le gouvernement. Cependant ils s'étaient enfuis depuis avril.[246]

Yo te reyalize twò ta, depi 1961, yon ajan gouvènman an te glise kò l nan Komite Santral la. Yo te idantifye l kòm etan Frank Eysalène. Prentan sa a, twoup Papa Dòk yo tap deniche kominis kote yo kache a ak yon presizyon, wa di se iwondèl k ap tounen nan nich yo gran maten, byen bonè.

Dènye kou a se lendi 2 jen yo pote l. Lè lame a anonse yo sèke 22 kominis nan yon kay ri Maten Litè King (Martin Luther King), Pòtoprens, enpi li touye yo. Pa gen de kwa pou yo gonfle lestomak yo piske nan 22 yo, gen moun yo t al pran nan prizon pou yo touye yo enpi ogmante kantite moun yo touye nan kay la. Manm enpòtan

---

245 Lè a rive pou tout Ayisyen an leve kanpe, pou yede revolisyonè yo epi kontinye operasyon ki kòmanse Kazal yo ki se kòmansman yon lit pou liberasyon nasyonal la kap fè onè nou.

246 Jenn gason ak jenn fi ki te antre an kachèt ann Ayiti. Yo te jwenn bon kou piblisite tout kote. Apre etid yo ann Ewòp, odas yo te etone anpil moun. Pesonn pa konn ki moun yo ye, men yo te konn fè anpil aksyon tèworis kont gouvènman an. Sepandan, yo kouri kite sa depi avril.

komite santral P.U.C.H. la batay rèd pou yo defann tèt yo nan yon angajman douvanjou kont fòs siperyè sòlda byen ame.

Yon mwa apre, Yo touye yon lidè etidyan, manm P.U.C.H., yo te rekonèt nan lari Okap. Se te Remon Jan Franswa (Raymond Jean-François) ki te gen ventnevan. Yo te mete l nan prizon, tòtire l, debi 1960. Li te sove l al ann egzil. Li tounen an 1964 pou l mennen yon gè an soudin kont Divalye.

Lè Gouvènè Nouyòk la Nèlsonn A. Wòkfelè (Nelson A. Rockefeller) rive Ayiti premye jiyè, nan yon misyon ankèt li tap fè pou prezidan Etazini an nan tout Amerik Latin nan, Divalye te ka gonfle lestomak li dèske li kraze Komite Santral Pati Unifye Kominis Ayisyen yo, epi, pwouve li se yon fidèl alye (antikominis) Ameriken yo. Pa konsekan, li merite èd finansye Tonton Sam.

Sèten egzile Nouyòk ki te gen aksè nan medya a yo kontredi deklarasyon Divalye yo ak espwa Etazini ap soutni yo nan jefò y ap fè pou yo jete diktatè a.

Pami moun ki mouri nan Komite Santral la te gen Adriyen (Adrien) ak Danyèl (Daniel) Sansarik (Sansaricq). Divalye te pase lòd touye tout fanmi yo Jeremi an 1964. Adriyen te etidye medsin Meksiko epi li t al travay Kiba. Li te akonpaye Che Gevara (Che Guevara) nan epizòd Kongo a. Jeral Brison (Gérald Brisson), tranndezan, te deja ewo lejann anvan l mouri. Jenn anti divalyeris, yo ta pral egzekite l lè papa l achte libète l. Madanm li avèk li, yo te pati ann egzil. Yo te suiv kou nan Inivèsite Loumoumba, Moskou. Yo te tounen nan klandestinite pou yo rekòmanse batay la. Li te kòmanse yon etid sou sa peyi a bezwen pou yon veritab refòm agrè. Se Kowalisyon ayisyèn nan Nouyòk ki premye alète Ayiti ak gouvènman an sou retou ajan Kominis lan.

Kominis yo fè premye hòldòp yo (hold-up) labank. Yo fè atak sipriz kont pòs polis ki izole. Yo likide yon bon kantite ti chèf Tonton Makout. Si yo te angaje yo nan atak tèworis san yo pa t al nan soulèvman nan ti bouk, yo tap kontinye goumen jiskaske Divalye mouri. Kon sa yo ta ka ekri yon lòt paj nan istwa Ayiti a.

Egzile ayisyen yo nan Nouyòk, konnen Ameriken yo gen lakrentif pou kominis, yo jwe anpil sou kòd sa a. Yo deklare Fidèl Kastwo

ame koupè d kann ki dispoze anvayi Ayiti. Yo pibliye yon lis ki te
yon « obituaire »[247] manm P.U.C.H. Men yo fini pa admèt reyèlman
Divalye kraze Kominis yo. Yo peye kòz yo a chè. 204 manm aktif pèdi
lavi yo nan yon beny san an 1969. Kominis yo avwe tout ane sa a yo
yo fè ap travay pou mete baz enfrastrikti a, se yon echèk total.

Divalye te reyisi ekate tout opozan yo, kominis oubyen lòt kalite.
Sepandan rit travay li ak tansyon politik te minen l. Sante l tap
deteryore. Mèt peyi d Ayiti a, fèmen nan chanm li, ak yon itinerè
trè limite. Wòb de chanm li sou li, pantouf li nan pye l, l ap trennen
pye l soti nan kabann al nan biwo l, soti nan biwo l al mete l a
tab. Yon janm k ap fè l mal deplizanpli akòz move sikilasyon tap
paralize l chak jou. Li dyabetik met sou sa. Li sibi yon dezyèm
atak kè. Mari Deniz pran gouvènay la. Li dirije kòm yon veritab
« Manman Dòk ».

Bri maladi Papa Dòk kouri nan site a. Men, kòm d abitid, yo
pa konfimen l ofisyèlman. Se lè sa a, yon gwoup ki gen nan tèt
li lyetnan kolonèl ann egzil Rene Leyon (René Léon) eseye pote
koudgras la nan kè Papa Dòk ki deja fatige a. Li lage yon kokenn
chenn « koktèl Molotòv (cocktail Molotov) sou tèt palè a. Aksyon
sa a ki fèt 4 jen sou tèt Pòtoprens lan li touye twa moun dapre yon
kominike ofisyèl. Yonn nan sis bari 55 galon ki te soti nan vant
kadrimotè « Lockhedd Constellation » an esploze. Li pa fè dega
sou palè a. Men li pèmèt Divalye fè chantay ak Etazini. Li fè yo
konprann Kiba bonbade villa.

Nan vizit Wòkfelè a diran vwayaj ankèt li a, Papa Dòk resevwa
yon veritab tonik pou vye kè l la. Divalye te fè l konnen li dakò ak
eleksyon Richa Niksonn (Richard Nixon). Nan yon temwayaj feli-
sitasyon li swete pou Niksonn swiv tras Aysennawè (Eisenhower),
« *son illustre prédécesseur* ».

Lè misyon Wòkfelè a rive ann Ayiti , premye jiyè a, se yon seri
manifestasyon anti ameriken ki dejenere an maskarad. Twa peyi,
Pewou, Chili ak Venezwela te refize visit sila a. Lè Wòkfelè rive

---

247   (Nòt tradiktè a) Nan relijyon katolik, rejis ki gen lis non moun ki mouri, pou yo ka chonje priye pou yo
oubyen selebre anivèsè lanmò yo. (Le petit Larousse 2010, p. 700)

Pòtoprens, Divalye mete plis koulè nan madigrati a. Mas yo ki renmen fè makakri te resevwa lòd pran lari ak mas nan figi pou moutre lakontantman yo, pou yo resevwa vizitè a.

Divalye ki fin soti anba kriz kè a, te refize wè kikeseswa, sou pretèks li t ap prepare l pou l resevwa Wòkfelè. Li sèvi ak esperyans li pou l fè visit sa a tounen yon triyonf pèsonèl.

Gouvènè a, moute sou yon tapi wouj flanban nèf ki mennen nan biwo Divalye nan dezyèm etaj palè a. Li tout an souriyan devan foul la ki kontan resevwa l. Li di de twa ti mo an franse ak diktatè a. Apre sa li lonje yon lèt prezidan Niksonn ba li. Papa Dòk pran pòz rilaks li, li ret chita pou l li lèt la. Li souri. Apre sa, li gen difikilte pou l leve, kòm moun ki soti anba yon gwo maladi. Li mande Wòkfelè vin jwenn li sou balkon an ki pa lwen biwo a. Gouvènè a menm ganlè konprann se yon asistans medikal li bezwen. Deyò a, sou gazon palè a, nan lari a, foul sa a ki abitye al nan kanaval la, ap tann. Jounalis estimen li 35 000 moun.

Wòkfelè al jwenn Divalye sou balkon an. De nèg yo yonn kenbe bra lòt, y ap souri, y ap salye foul la. Pou Ayisyen yo ki anba a nan lari a, Divalye vin bay prèv li byen vivan. Pou lènmi l yo ak tout lòt medizan mal palan yo, foto mesaje prezidan Niksonn k ap bay Divalye le bra pou l salye pèp la, gen yon lòt siyifikasyon ki pi enpòtan: yo zanmi entim. Divalye pa t ka reyalize yon mizansèn pi majistral pase sa a, menm si l te ekri senaryo a.

Pa gen anyen nan sa Wòkfelè reyalize nan misyon l lan ki soulve plis kritik sou plan entènasyonal. Lè l tounen Wachintonn, pa lontan apre, Wòkfelè prezante rapò li bay soukomite Kongrè a. Reprezantan ameriken an, Jonatan Bingam (Jonathan Bingham), yon Demokrat Nouyòk fè l konprann se pa t yon bèl bagay ditou pou l kite yo fotografye l « *dans une attitude aussi satisfaite avec Duvalier... un dictateur de la pire espèce.* » Wòkfelè replike: « *Qu'auriez-vous fait s'il vous disait voulez-vous vous avancer sur le balcon ?* » Bingam dil : « *Si j'avais eu cette présence d'esprit je n'aurais pas agité la main ni souri* ». Wòkfelè reprann : « *Il y avait 30 000 personnes dehors, si vous êtes un politicien, votre instinct naturel est de leur répondre* ».

Kèlkeswa jan foul la te ye, ke l te gonfle jan gouvènè a di l la, ke l te pi mens jan jounalis yo te deklare l la, kèlkeswa sikonstans lan, Divalye jwenn sa l te bezwen an. Wòkfelè rekòmande bay Ayiti èd.

Lè Klintonn E. Nòks (Clinton E. Knox), yon Nwa 61 an d aj rive fen ane 1969 pou l ranplase Klod G. Wòs (Claude G. Ross) kòm anbasadè Etazini, sa te parèt klè Divalye kapab rapwoche l de Etazini. Nòks te gen bon jan lèt kreyans, li te gen yon diplòm doktè nan inivèsite Havad (Havard, 1939). Li fè karyè li nan diplomasi. Li fèt Masachosèt (Massachusetts). Li okipe pòs ann Ewòp soti 1945 rive 1953. Aprè yon sejou tou kout Ondiras (Honduras) yo te nonmen l anbasadè Dawome (Dahomey), dènye pòs li anvan l vin Ayiti.

Èd Ameriken yo tap bay okontgout, yo te redui l o minimòm, sèt dènye ane yo, yo koumanse ogmante l piti piti. Sa pa ta kapab otreman, piske opinyon piblik Ozetazini tap endiyen kont yon repriz èd la nan figi tout moun. Yo bay li tigout pa tigout pou sa pa parèt. Yonn nan premye egzanp yo se asistans finansyè ki soti nan fon espesyal anbasadè a pou finanse 50 ti pwojè chòk.

Anbasadè Nòks di atitid fwadè, kòrèd Etazini vizavi Ayisyen yo, se yon èrè. Ann apre li pral bay plis toujou pou l moutre pozisyon amerikèn nan se diskriminasyon li ye pou yon ti peyi ki gen Nèg ladan. Li rekòmande kareman pou yo rekòmanse ede Ayiti. Papa Dòk te renmen nèg sa a. Li te toujou ap plenyen y ap pini peyi l la pa poutèt represyon men poutèt li se yon peyi nèg nwè. Li te toujou ap souke ranyon sa a nan figi vizitè etranje yo. Li te konn fè yo repwòch sa a pou l reveye konsyans yo. Si se yon lòt moun ki te fè plent sa a, yo ta ka plis tande l epi konprann li. Men lè se Divalye ki vin avè l, yo pa konsidere l kòm yon pledwaye an favè mas pèp ayisyen an. Li toujou kenbe l nan yon eta mizerab ki depase limit. Yo konn sa, epi yo pa janm reponn. Yo pa t chache pran nouvo angajman. Anbasadè Nòks koute, epi li releye tèm sa a yo ki pa kanpe sou anyen.

« Duvalier, répétait-il aux journalistes, a relevé les Noirs tandis qu' il châtiait l' élite mulâtre ». Li pa menm manke pase pre verite a. Lis viktim Divalye yo moutre aklè te gen plis Nwa ki viktim.

Oligachi tradisyonèl la, nan manm li yo ki pa t chape poul yo devan tanpèt la oswa ki te tounen nan peyi a apre dezas yo, li menm konsolide baz pisans ekonomik li. Klas sa a yo pa janm touche a, li te konsève levye d kòmand sosyal yo tou. An retou, li aksepte rete lwen pòs kòmand politik yo. Se konsomatè estil boujwa ki okipe yo, jan Lesli Manniga (Leslie Manigat) ekri l la.

Pandan reny Divalye a, Popilasyon Pòtoprens ogmante 200 000 al pou plis pase en demi milyon moun. Vil sa a, te toujou yon refij pou peyizan mizè ak maladi chase nan pwòp tè yo. Sou gouvènman medsen kanpay la, tibèkiloz (maladi moun ki pwatrinè) vin andemik nan plizyè rejyon riral, enpi migrasyon riral ogmante. Lasalin, pi gran katye popilè nan Pòtoprens, blayi mizè li nan zòn pò a. Yo raze li, paske se yon bagay ki non sèlman lèd nan je moun, men tou yo te konsidere l kòm yon danje politik. Li te tounen yon kachèt pou chèf opozisyon yo ou pa sa konbat. Moun yo deloje la yo, y al bati vil yo ak fèblan, katon. Kòm yo toujou sou blag, pou bay tèt yo kouraj, yo rele nouvo bidonvil la Bwouklin (Brooklyn), kòmkwa li pa gen diferans ak vil sa a Ozetazini kote kèk santèn milye Ayisyen al chache lavi miyò diran dènye dizan rejim Divalye a.

> « Notre révolution a fait se lever toutes sortes d'espoirs pour les masses rurales et urbaines aussi bien que pour les classes moyennes » .

Se sa Divalye anonse pòv malere yo ann Ayiti, nan mesaj anyèl 2 janvye 1970, jou pa zansèt yo.

> « Je veux continuer à organiser cette révolution. Le grand réveil continue et il est accompagné d'un désir manifeste de changement et de développement ».

Li te toujou pase pou kòlpòtè espwa, kwak li pran nòt sou reyalite a:

> « J'ai noté avec satisfaction la conscience et la détermination du peuple haïtien de vivre dans des conditions totalement différentes à celles qu'exige le développement. »

Se sa li deklare.

Menm mwa a, de jèn opozan byen deside, Frèd ak Renèl Batis, ki pase senkan ap vwayaje ann Ewòp, ann Afrik, yo travèse yon lòt fwa ankò ann Ayiti ak senk lòt kanmarad pou yo vin plante yon nwayo geriya. Frè Batis yo, gèrye ki pa janm dekouraje, (1963-1964), k ap lite pou fè respekte konstitisyon an, yo retounen san bri san kont Sendomeng pandan gè sivil la. (Yo te arete Fred, apre sa, yo vin lage l.). Ak yon bann vye materyèl biza yo prete nan men Maksimilyen Gomès (Maximiliano Gomez), rebèl dominiken an, gwoup la retravèse fwontyè a pou y al moute geriya a. Yo kaptire yo tou pre vilaj Tyòt (Thiotte) kote twoup Divalye yo tap tann yo, apre gouvènman dominiken an te fin alète gouvènman ayisyen. Afwontman yo fè yon mò chak bò; yo kondi nèg yo nan prizon.

Avanti Batis yo an 1964, te bay Graam Grin (Graham Greene) kèk lide kouman pou l dekri geriya nan « *Les Comediens* ». Frè ki pi piti a, Renèl, kèk tan apre, te jwe wòl yon Tonton Makout Dahome, kote yo te tounen fim nan, Anbasadè Klintonn Nòks ki te reprezante peyi l nan rejyon an, te envite aktè yo nan yon resepsyon li fè pou   yo.

Debi avril 1970, bri kouri sou yon lòt konplo kont Divalye. Yon ankèt revele, omwen daprè sa prezidan an di, yon bon kantite diva-lyeris, ladan yo, gen kolonèl Kesnè Blen ak Kolonèl Kaya, yon nèg 48 an, ki te kòmandan batayon Desalin pandan twazan. Yon inite ki byen antrene nan kò *Marins* lan. Evennman 1963 yo, an patiki-lye lanmò brital kolonèl Chal Tinye (Charles Turnier), yo akize de konplo, te konvenk li mennen yon vi pi kal, lwen palè nasyonal. Li te mande kòmannman Gad kòt, se sa k te pèmèt li gen katye jeneral li Bizoton, lwen tout ajitasyon politik. Depi lè a, li eseye rete an deyò tout entrig. Li tap viv trankil. Tout distraksyon l, se te jaden l.

23 avril nan aswè, Divalye rele kòmandan Gad kòt la li mande l prezante demen nan Kazèn Desalin ak kèk nan ofisye l yo. Li gen kesyon pou l poze yo. Yon zanmi nan palè a konseye Kaya pa ale. Li suiv konsèy la, li pa prezante nan randevou a, li deside pati ak 118 nan 325 solda ki te nan konpayi l lan. Yo pran inite ki te nan marin nan (Le Dessalines, la Crête-à-Pierrot, le Vertières), enpi yo met deyò. Lè yo rive andeyò bè a, Kaya voye yon iltimatòm bay Divalye. Li mande l bay talon l nan pouvwa a.

Kòm repons lan te pran tan pou l vini, nèg Kaya a yo dirije kanon yo sou palè a, epi yo pran tire. Dapre sa ki di, kèk nan obi yo frape fasad palè a ak kèk lòt pwen, san yo pa fè okenn dega. Dezyèm etaj zèl wès la frape. Divalye te nan premye etaj.

Gouvènman an rapòte 2 moun mouri, 34 blese.

Yon avyon fòs anlè yo « marmita » atake batiman an yo. Te gen kanon enstale bò rivaj la pou repouse nenpòt debakman. Okenn nan dispozisyon sa a yo pa t bloke rebelyon an. Sepandan bato yo te manke kabiran, yo te oblije pati. Kaya lanse yon apèl omonn lib pou ba yo pwovizyon. Li pa jwenn okenn reponse. 25 avril bato yo pran direksyon baz naval amerikèn Gwanntanamo Be (Guantanamo Bay) Kiba pou y al dèyè èd.

Marins amerikèn dechaje bato yo, li refere yo nan baz Wouzvèl Wouds (Roosevelt Roods) Pòtoriko (Puerto Rico). Sèl le Dessalines te ann eta pou l fè vwayaj la ; lòt yo menm, yo te oblije remòke yo. Lè yo fin repare yo, yo voye yo tounen bay Divalye. Tout ofisye yo mande azil politik Etazini, anwetan yonn, Frits Tipinawè (Fritz Tipenhauer), yon manm nan elit eze Pòtoprens lan.

26 avril, bato rebèl yo te nan be Pòtoprens lan toujou, lè Divalye tap rakonte viktwa li nan radio. Li di :

> « Notre grande révolution sociale, les forces imbattables du 22 septembre 1957, sont en train de triompher et triompheront toujours de toute conspiration et de tout obstacle. La nation continue sous mon gouvernement sa marche ascentionnelle vers les travaux d'infrastructure de la seconde décade de l'ethnologie et continuera de lutter contre le désastre.... Suivez toujours l'étoile du chef de la révolution, et ayez confiance en sa destinée. Il a été choisi par les dieux pour accomplir une grande tâche. Son bras fort ne faiblira pas ».[248]

Yon lòt fwa ankò Divalye vire do bay reyalite a nan veye lènmi li sispèk. Nan arestasyon ki fèt yo, gen sèt manm Lachanm : frè kolonèl Kaya a Vòlvik (Volvick) ak Leyon Bòd (Léon Bordes), yon òmdafè an vedèt, sipòtè prezidan Estime (Estimé) ki vin divalyeris ann apre. Bòd mouri ak kriz kè nan prizon, men akoz kontak politik li, yo fè fineray piblik pou li.

Divalye te vin fèb apre yon lòt kriz. Bra ann asye l la koumanse lage l. Kò li pa t ka obsève konsiy lespri l. Laj ak presyon pouvwa a

---

248 Gwo revolisyon sosyal nou an, fòs 22 septanm 1957 yo, yo pa fouti venk yo, y ap triyonfe epi y ap toujou triyonfe kont tout konspirasyon, kont tout obstak. Nasyon an kontinye moute mach pwogrè a ak travo enfrastrikti dezyèm dekad etnoloji a sou gouvènman m nan, epi l ap kontinye lite kont dezas... Toujou swiv zetwal chèf revolisyon an, epi fè desten li konfyans. Se bondye yo ki te chwazi l pou l fè yon gwo travay. Bra l gen fòs, li pap febli.

oblije l veye konplo toutan ak atak dirèk. Bagay sa a yo fè l wè lanvè sèkèy li. Jwe wòl Prens Makyavèl (Prince Machiavel) se bagay epizan. 12 novanm, li fè yon konjesyon grav. Sistèm vaskilè l fin deteryore.

Mari Deniz ak anbasadè Maks Dominik te an Frans epòk sa a. Yo prese antre nan peyi a ak twa espesyalis. Jis 18 novanm fèt lame a, gravite eta sante Papa Dòk te sanble senp aparans.

Jou sa a, yon « Bouddah » 300 liv, Janklod, ki te gen 19 an, pran plas papa a sou estrad palè a pou l pase an revi twoup lame yo. Lè Ayisyen yo wè gwo bout ti gason sa a ak yon figi lalin won k ap pran pòz Papa Dòk li, yo pa sa kenbe ri. Janklod koumanse ranpli premye devwa l yo « avec un air de froide réserve non pa comme la momie de la parade mais dans l' attitude affectée de son père. »[249]

Lè l fin dekore manm lame yo, li antre nan palè a l al bay medsen etranje yo meday pou swen yo te bay papa l. Se premye fwa an trèzan, yon moun aji nan plas diktatè a.

Vèdik doktè yo pa t ankourajan. Dapre sa fanmi an di Papa Dòk ka viv 2 al pou senk an, li ka mouri tou nenpòt lè. Li ka pwolonje vi li si l kite palè a, l al viv lwen egzijans pouvwa a. Papa Dòk pa t ka aksepte sa a. Li te prizonye palè a, pandan trèzan. Se pou sa l te nan pouvwa a, enpi tou li pa t sispann repete se sèl lè kout kanon ap salye depa li pou dènye vwayaj la, l a kite l.

Se Madan Divalye, yon gran breng ki tou bouke poukont pa li ki fòse l met kò l yon kote. Konstitisyon 1964 la pa t prevwa siksesè. Se pa bagay fasil pou Divalye admèt li ka mouri. Li tèlman repete li « immortel », li « immatériel », gen anpil moun ki te kwè sa vre. Lonbrit yo te mare ak laperèz.

Madan Divalye ranje ak le « Nouveau Monde » pou l fè konnen nan edisyon 23 novanm 1970 la, Janklod Divalye, sèl pitit gason yo a, kòm li pa t gen tan gen lènmi, se li kap ranplase papa l. Editoryal sa a ki tap pale de avni divalyeris la di kon sa :

> « C'est dans cette optique que l'Honorable Président a fait choix de son fils pour assurer la continuité de la tâche de réparation ».[250]

---

249   nan fè figi di, non pa tankou momi ki nan parad, men ak ti lè arivis papa a.

250   Se nan bi sa a Onorab Prezidan an chwazi pitit gason l poul kontinye travay reparasyon an.

Li pèsiste pou l di y ap fè plan pou pi devan pou ti jennonm nan, nan tout manifestasyon nan lavi nasyonal la. Deklarasyon sa a ki fèt twò bonè a, yo pral rantre l, men mesaj pou fè moun dodo a deja piblik.

Pou yo bay transfè pouvwa sa a yon sanblan legalite nan je tout moun, epi entwodui nouvo Seza ayisyen an, yo fè tout yon montaj.

Premye bagay yo fè, se pase men nan lame a pou yo restriktire l. Kolonèl Klod Remon (Claude Raymond), 40 an, diplome nan Akademi Militè Meksiko (Mexico) tounen nan palè a pou l vin ranplase jeneral Jera Konstan (Gérard Constant). Remon, fiyòl Papa Dòk, paran lwen tou, li te nan tèt gad prezidansyèl la nan debi difisil diktati a. Li te kòmandan milis tou. Divalye fè plase zetwal jeneral sou zèpòl li pou li patisipe nan mete Janklo uityèm prezidan a vi nan peyi d Ayiti.

Nan mesaj anyèl li 2 janvye 1971, fèt zansèt yo, Divalye fè konnen nan gwo batay pou eritay yo rive fòje ti sèk etwat pouvwa a. Yo devlope tout yon dyalektik pou pwouve se sèl Janklod ki ka rafle tout vòt yo, epi ranime konfyans moun yo nan pati a.

> Durant le peu de jours où j'ai été malade, en me déchargeant d'une partie de mon autorité sur mon fils Jean-Claude, un millier de projets semblent avoir pris naissance dans l'esprit des politiciens espérant follement une vacance présidencielle. Comme des fourmis, ceux qui prétendaient être mes amis, aussi bien que mes ennemis, nous savons qu'ils en rêvent tous, ont couru dans tous les sens à la recherche d'une planche de salut leur assurant une position confortable. Cependant, pendant tout ce temps, je n'ai pas cessé de répéter que lorsque le jour viendra, je passerai le pouvoir à la jeunesse... »[251]

Se te yon nouvèl pou divalyeris ki nan gwo plas yo. Li kontinye :

> « Si nous voulons assurer la survie de notre révolution, y insuffler maintenant de la vigueur, c'est vers la jeunesse haïtienne que nous devons nous tourner... Nous savons tous que César Auguste avait

---

251 Moman an rive pou nou wete konfizyon ki make vi politik nou an nan finisman dènye ane sa a. Pandan ti kras tan mwen te fè malad la, mwen te dechaje yon pati nan responsablite m yo sou Janklod, pitit gason m nan. Politisyen yo te gen tan gen yon kantite pwojè nan tèt yo. Yo te fou ap tann pa gen prezidan ankò. Ni sa ki te pretann yo se zanmi m, ni lènmi m yo, nou konnen yo tout t ap tann sa. Yo tankou fonmi k ap kouri nan tout direksyon pou yo wè si y a jwenn yon pozisyon ki bon pou yo. Men, pandan tan sa a, mwen pa t sispann repete lè jou a rive, m ap pase mayèt la bay jenès la.

19 an quand il a pris en main les destinées de Rome, et que son règne est resté dans l'histoire sous le nom de « siècle d'Auguste... »[252]

Nan mesaj li a, Papa Dòk voye n nan referans epòk women yo pou l ka jistifye chwa li fè de Janklod ki gen 19 an pou ranplase l. Yon bagay ki pa ko janm fèt.

13 janvye, depite Liknè Kanbwòn (Luckner Cambronne), pitit yon jij de pè Akayè, ki vin predikatè, remoute kouran an apre yo te fin rejte l. Li mete machin nan an mach pou l bay siksesyon an yon ti koulè legal. Nan yon diskou emouvan devan « *Députés j'approuve* » yo, li mande kongrè a amande konstitisyon an pou pèmèt Janklod pran relèv papa l. Li di yo:

« La révolution poursuivra son cours, puisque Duvalier succèdera à Duvalier. »[253]

Douz lòt diskou lwanjè fèt apre l, enpi amannman yo pase ak bravo lakontantman. Yo pibliye amannman sa a yo ki ramne laj pou ka prezidan an ki te 40 an, a 18 an. Li pibliye nan « *Le Nouveau Monde* », 22 janvye.

30 janvye, yon lèt agreman ki pote siyati Janklod esprime yon sèten senserite:

« Je crois comprendre que vous voulez éviter à la nation des luttes fratricides, mortelles pour l'avenir du pays... Je crois aussi comprendre que vous voulez assurer la pérennité de la révolution, lui donnant le temps, facteur précieux, de s'ancrer dans la conscience du peuple ».[254]

Papa Dòk, an rekonesan ke li mòtèl malgre tout pale anpil li te konn fè pou l pwouve lekontrè, te prevwa tout detay pou tranzisyon an fèt. Li bafwe opozan l yo jiskalafen, li pa bay patizan l yo chans twouble inite ki te toujou genyen pami yo diran katòz ane diktati l yo.

---

252 Si n vle revolisyon nou an kontinye, ba li lòt kalite fòs, se bò kote jenès ayisyèn nan pou n voye kò nou... Nou tout konnen Seza Ogiste gen 19 an lè l te pran desten Wòm nan men li, epi, listwa tou konsakre reny li an « syèk Ogis ».

253 Revolisyon an pral kontinye piske se Divalye ki pral ranplase Divalye.

254 Si m byen konprann, nou vle evite batay kote yonn ap touye lòt, yon bagay ki mòtèl pou avni peyi a... Si m byen konprann toujou, nou vle asire avni revolisyon an, ba li tan, yon faktè presye, pou l antre nan konsyans pèp la.

Li òganize 31 janvye yon referandòm tèt chat, « *Papadocratie pure* ». Bilten vòt la te di senpleman yo chwazi Janklod pou l ranplase papa l. Te gen de kesyon, plis yon repons.

Èske se chwa sa a ou tap tann ?

Èske w dakò ak sa ?

Repons: Wi.

Dapre rezilta ofisyèl yo pibliye nan jounal Pòtoprens yo, vòt la bay 2391916 an favè l, pa gen yon sèl ki kont.

Maskarad referanndòm sa a te enpòtan pou Papa Dòk. Li konfimen avni Janklod kòm uityèm prezidan avi d Ayiti, enpi li bay tout moun asirans y ap mentni angajman entènasyonal yo.

Yo voye flè pou eritye yo prevwa a. Yo moutre l sou yon gwo afich kote li devan papa l, yon granmoun fini. Papa Dòk te gen yon men li sou kariti zepòl pitit la. Postè sa a fè n chonje yon lòt, kote an 1960 yo te prezante papa a ak Kris la nan do l. Sa k te ekri a : « *Je l'ai choisi* ».

Koze jenn diktatè sa a ki pral dirije yo a pa sanble deranje anpil nan Ayisyen yo. Yo te kwè jis nan fon kè yo Janklod pa tap janm ka dirije yo. Yo te konsidere l kòm yon elèv estipid, bòne, ki pa t gen anpil chans pou l rive nan pouvwa a. « Il a autant de profondeur politique qu' une huile glissante ». Li gen menm pwofondè politik ak yon luil kap glise ; « il est stupide ». Li sòt. Se sa kèk komèsan te panse de li. Men. Lè Divalye mouri, menm manm kominote negosyan sa a yo te byen kontan gen yon jenn chèf ak yon figi lalin.

Kòm dabitid, se pa de ni twa blag yo pa fè sou nouvo chèf sa a. Gen moun ki prezante li kòm yon retade mantal, byen gra. Sèl sa k enterese l se manje, fanm ak machin kous. Souflantchou yo wè nan li yon jeni, espè nan jido ak karate, enpi fran tirè. Nan tout bagay sa a yo te gen yon pati verite. Janklod, se te yon jèn ak yon entèlijans trè mwayèn. Pitit yon diktatè megalomàn (ki gen foli grandè). Li pran kapris papa l yo nan san. Pasyon l se te machin kous ki te pèmèt li chape anba siveyans papa l. Depi nan premye ane nan fakilte dwa Pòtoprens, lwayote l te pèmèt li jwenn kèk admiratè pami etidyan yo. Li te sibi enfliyans manman l ak sè li, Mari Deniz ki te janti avèk li, li te konn ba l konsèy. Anvan l pran pouvwa a, li te prepare yon vwayaj ann Ewòp pou li.

Mas pèp la defoule l epòk kanaval. Yo pwofite neye mizè a nan bwè kleren, yon wonm brit ki pa rafinen. Kanaval 1971 lan te gen yon karaktè patikilye. Yo te bay wonm gratis ti cheri. Pou selebre Janklod, yo voye ponyen lajan atè, yo ofri rekonpans pou meyè konpozisyon alonè Janklod (mil dola). Pòtoprens tap eklate anba kout tanbou ak twonpèt ti ansanm djaz ki t ap anime dans pou plizyè milye kò k ap loveye, klere kou po soud anba syè, pye k ap bayila nan sapat. Foul la menm tap chante mereng cho kap eksite yo simen gouyad.

Debi mas, eta sante Papa Dòk koumanse bay maltèt, sitou nan sèk ansyèn elit la ki te aprann viv ak li jan l ye a. Sèke nouvo sistèm politik li a te bon pou li. Sa k te ka rive si Divalye ta mouri ? Se elit milat la ki tap poze tèt li kesyon sa a. Si gen yon nouvo gouvènman, li difisil pou li, pou l fè yon ajisteman pouvwa. Menm sa ki te dejwayis lontan an yo, te pito sekirite divalyeris la ki te pèmèt yo plonje nan trezò piblik la epi ki te ba yo privilèj yo te toujou ganyen yo. Pou pòv ti Ayisyen an, sa pa gen okenn enpòtans. Li tap toujou rete jan l abitye ye a, enpi y ap kontinye dominen l plis toujou.

Komès la relve nòs li de dènye ane Divalye yo, ki ba li yon bon souf. Touris vini an mas plis ke jamè. Anbasadè ameriken an mande pou yo renouvle èd peyi d Ayiti. Li te anonse nominasyon yon lòt direktè ameriken nan tèt AID (Agence International de Développement). Li rive 15 avril, uitan apre misyon an te kite Ayiti. Pwojè konstriksyon baraj idwoeletrik Pelig (Péligre) vin yon reyalite. « Banque Interamericaine de développement » te akòde yon lòt prè 5 100 000 dola pou amelyore sistèm idwolik la nan kapital la. Fon Monetè entènasyonal apwouve yon nouvo kredi. Mendèv gwo kou kay, bon mache (75 santim pa jou), te atire yon pakèt endistri espesyalize nan enstalasyon ti manifakti ki anplwaye fanm sèlman. Yo asanble eleman yo enpòte yo sou plas epi atik yo fabrike yo, soulye, bal bizbòl, soutyen gòj, souvètman, eks, y al vann yo Ozetazini. Kanadyen yo te repare sèvis telefòn nan, yo fè l mache.

Mayk Mc Laney (Mike Mc Laney), yon Ameriken repite gran jwè kazino nan Kiba anvan Kastwo a, retounen ann Ayiti, li vin resisite kazino entènasyonal la. Etazini te konn delivre 7 000 viza pa ane, men yon Ayisyen te dwe al nan yon ajans vwayaj ki gen otorizasyon gouvènman an, peye 500 dola pou l jwenn yon viza. Kantite Ayisyen ki te pati aletranje pou rezon ekonomik diran 14 dènye ane yo moute kèk santèn milye. Se te yonn nan pi gwo sous revni pou peyi a. Yo estime li 14 milyon dola pa ane.

Divalye ki te inogire kanpay elektoral 1957 la kòm nasyonalis, te komèt pi gwo zak antinasyonal ki ka genyen. Kèlkeswa degre yo te kòwonpi, pa gen anpil Ayisyen ki tap vann mwenn pasèl tè d Ayiti bay etranje. Divalye pa t gen okenn jèn. Li ofri etranje yo bay sou de gwo pòsyon tè, pou yo esplwate. Dènye òf li, se zile Latòti bay yon gwoup yon lòt Freeport (Bahamas), ak estasyon touristik, kazino, ekzansyon taks ak dwa dwàn. Latòti lonje kòt Nòdwès la. Se te premye baz kolon Sendomeng yo.

Meksik te koumanse jennen pou imaj li, li deside aboli « izin divòs li yo » sou fwontyè sètèn vil kòm Siyoudad Houwarès (Ciudad Juarez). Divalye menm ki pa gen pwoblèm ak imaj peyi l, te plis enterese gade ki avantay li ka tire. Li fè parèt yon lwa ki pèmèt fè divòs sou de chèz nan Pòtoprens. Kanbwòn, yon jwè, kreye ajans vwayaj « Ibo Tour » ki te jwi dirèkteman avantay nouvèl dispozisyon an. Yo prelve yon sèten pousantay frè jidisyè yo pou fon defans yo.

Avan kò Divalye al repoze nan ti mozole simityè nasyonal la, gen bri ki tap kouri sou yon nouvo esplwatasyon komèsan divalyeris yo. Yo te òganize yo vann kadav yo pa reklamen nan mòg ayisyen yo bay lopital ameriken.

Papa Dòk pa t ka parèt ankò an piblik, jan Le Nouveau Monde te siyale l jou fèt li a, 14 avril. Yo revele gravite maladi l bay Ayisyen yo. Anpil moun te sispèk yon fent pou yo ka dekouvri nouvo lènmi. Jera de Katalòy, pòtpawòl palè nasyonal, fè sa l kapab pou l wete sa nan tèt moun yo.

Mari Deniz tap dirije nan plas papa a. Li pase tout tan l nan tèt kabann papa l ak doktè Aliks Teya (Alix Théart), Jera Dezi (Gérard Désir) ak Frits Meda (Fritz Médard), twa medsen ayisyen.

Mèkredi 21 avril, Divalye te di yo li santi l fè mye. Fanmi l te reyini avèk li pou dine. A 8 è 15 nan aswè, li fè fon pandan l ap mete yon fouchèt vyann nan bouch li. Yo rele doktè yo ki rann vèdik yo: enfaktis nan miyokad (infarctus du myocarde).

Madan Divalye te deja prevwa manm kabinè Janklod la. Yo prese ba li envestiti. Yo prevni anbasadè ameriken Klintonn Nòks (Klinton Knox). Li vin prezante kondoleyans li bay fanmi an enpi li tou mande nouvo prezidan an kouman li ka asiste l nan sa ki pi ijan yo. Ak jès sa a, anbasad amerikèn retabli politik fè enjerans ki vle di foure bouch li nan zafè Ayisyen. Yo pral konsilte l menm nan bagay entèn ki pa gade l.

Yo mande gouvènman ameriken siveye kòt Ayiti yo pou anpeche envazyon fèt. Kòm Kiba te yon sijè enkyetid, yo touye tout egzile ki rive, kèlkeswa kote l soti.

Nan fineray 24 avril yo, Nòks te pote nan revè vès li yon bouton ki gen figi Divalye ak figi Janklod. Konferans pou laprès ann apre yo, pa lese okenn dout sou senpati li genyen pou fanmi an.

22 avril, Janklod te gen pouvwa papa l la nan men l. Gan lè se Divalye ki, nan previzyon desten li, te chwazi dat estravagan 22 a. Nan premye mesaj li, jenn diktatè a pwomèt sijè l yo « la révolution duvaliériste », l ap kontinye l avèk « la même farouche énergie et la même intransigeance ».[255]

Ayisyen yo, Divalye te kenbe nan laperèz ak koze sinatirèl li yo, pa t ka reyalize ke li mouri kounye a. 22 avril, yo espoze l solanèlman nan yon sèkèy refrijere, linèt li nan je l. Yo poze yon kwa ann ò sou zòrèy gòch li, bò kote gòch li yo mete yonn nan liv li yo: « *Mémoire d'un leader du Tiers-Monde* ». 22 sòlda ak 22 ofisye fòmen gaddonè devan sèkèy la.

Lelandemen 24 avril, se sèvis finerè a. 101 kout kanon tire. Yo sonnen trepa nan tout legliz. Li kòmanse a 8 è 30 nan maten. Li

---

255 Nou anvi di menm ko utbwa a.

dire 6 èdtan. An 1963, lè kriz li a, li te pwomèt ann avril, se lè l mouri pou l kite palè a, enpi, se nan bri kanon. Chantè Gi Diwozye (Guy Durosier) chante konpozisyon l lan:

«François, nous te remercions de nous aimer. Ton étoile brillera dans la nuit».[256]

Yo retransmèt fineray la bay foul la ki mase deyò a. Nan manm fanmi an yo, se sèl fi ki pi jèn yo, Nikòl ak Simòn, ki moutre yo chagren. Janklod gade menm sanfwa papa a, pou moun pa wè sa l santi. Li te sou yon chèz bwa gwo dosye.

Sèkèy Papa Dòk apèn kite palè a, yon bouvari, pousyè, van, leve nan paraj la ak channmas. Pou ti malere Ayisyen yo, se pa yon bagay natirèl. Pou yo, se siy lespri Divalye tounen vin sou Janklod nan palè nasyonal la.

Ann Ayiti, kote kil pou mò yo toujou vivan, Ayisyen nan klas pòv yo, Divalye redui nan eta zonbi a, yo bezwen anpil tan pou yo venk lapèrèz sa a li lage nan kò yo a.

Te gen de moman panik pandan antèman an ki vin ranfòse pagay sa a ki fè tout Ayisyen pè a. Tansyon an te tèlman fò, pèp la, milisyen yo, timoun yo kouri al kache nan twou egou pou evite koudvan, san okenn rezon moun ta ka verifye.

Nan yon deklarasyon laprès etranje ki rive ann Ayiti, nan kad repòtaj sou lanmò Divalye, yo deklare Janklod Divalye amnistye egzile yo anwetan kominis ak atoufè kap met dezòd. Mezi diskriminatwa sa a, bare wout la pou egzile politik yo. Yon ansyen pè, Janklod Baje (Jean-Claude Bajeux), pwofesè nan inivèsite Pòtoriko, pran nan pyèj la. Li ekri prezidan an pou l mande l pèmisyon pou l tounen nan peyi l vin antere kretyènman manman l ki te malad a 64 an lè yo te arete l an 1964 ak de pitit fi l, de pitit gason l. Li fè menm lèt la pou tout egzile yo ; li mande pou yo dwa pou yo antere kretyènman moun ki chè pou yo ke yo jete nan fòs komin. Li pa janm jwenn reponse. Non sèlman rejim nan pa pèmèt egzile politik yo antre nan peyi a, men li pa pèmèt egzile ekonomik yo retounen tou, akoz 14 milyon dola yo voye chak ane ann Ayiti.

---

256 Franswa nou di w mèsi pou lanmou ou gen pou nou. Zetwal ou gen pou l klere nan mitan lannuit.

Depite Liknè Kanbwòn ki deja byen konfòtab nan pozisyon minis enteryè, defans nasyonal ak lapolis, pran tèt gouvènman an byen bonè. Li vin yon pilye nan rejim apre Divalye a. Pou l reponn yon kesyon konsènan liberalizasyon gouvènman an, Kanbwòn « aboya » jape bay yon repòtè:

> « Il n'y a pas eu de changement. La mission du président était de permettre au peuple noir de lever la face au soleil. C'était le but de la révolution et nous suivrons son chemin. Nous sommes duvaliéristes. »[257]

Nan yon lòt antrevi, li fè remake:

> « Duvalier n'a pas laissé d'argent, pas d'économie, mais il nous a laissé quelque chose, sa révolution. Nous y croyons et nous sommes disposés à la défendre de nos vies et de celles de nos familles. »[258]

Kanbwòn deklare y ap kreye imedyatman yon nouvo inite elit 509 òm ki rele Leyopa « Léopards ». Travay yo se pwoteje nouvo prezidan an, epi, konbat kominis.

Etazini te deside tirani san fen sa a p ap nui enterè ameriken. Pandan anbasadè Nòks tap ankouraje ouvètman kontinye kore divalyeris lan ak èd finansye ameriken, gouvènman ameriken an tap aplike menm prensip li te aplike kay vwazen, Repiblik Dominikèn nan jou ki suiv asasinay diktatè Rafayèl Twouyilyo a (Raphael Trujillo). Rezilta yo se te dezas. An 1961, prezidan Kenedi rezime sitiyasyon an nan twa posiblite: yon gouvènman demokratik desan, kontinye trouyiyis la oubyen kominis Kastwo a. Li refize premye solisyon an kòm enposib, li kenbe dezyèm nan paske li pè twazyèm nan.

Lè Papa Dòk mouri, yo fini pa kreye premye veritab mouvman inifye egzile yo. Yo te rele l « résistance haïtienne », li te reyini nan yon grenn opozisyon tout egzile. Nan tout aktivite yo ou te ka remake lit pou gen plis enfliyans epi chak ti gwoup ap defann pwòp enterè l. Pou sa te ka fèt, yo te oblije travay rèd pandan de ane.

---

257   Pa t gen chanjman. Misyon prezidan an se te pèmèt pèp nwa a leve tèt li pou l gade solèy la. Se te bi revolisyon an, n ap suiv tras li. Se divalyeris nou ye.

258   Duvalye pa t kite lajan, ni ekonomi, men li kite yon bagay pou nou, revolisyon l lan. Nou kwè ladan, epi, nou pare pou n sakrifye vi nou ak vi fanmi nou pou n defann li.

Malgre tou sa yo te repwoche yo, epi, yo t ap mete sou yo toujou, yo te moutre yo gen volonte pou yo kontinye lit la kont klan Divalyea ann Ayiti.

Kòm anpil ansyen politisyen, pilye rejim nan, te tonbe ak Papa Dòk, rejim gouvènman yon sèl moun nan te près rive nan dènye bout li tou. Ayisyen yo te kontinye ap poze tèt yo kesyon konbe tan politisyen kanibal yo pral pran ankò pou yo devore fanmi plizyè tèt sa a kap reye nan palè a ?